Hartmann   Sicherungsübertragungen und besitzlose Pfandrechte
im europäischen Insolvenzrecht

KTS Schriften zum Insolvenzrecht

Herausgegeben von

Reinhard Bork · Rolf Stürner

Band 58

Carl Heymanns Verlag 2019

Sicherungsübertragungen und besitzlose Pfandrechte im europäischen Insolvenzrecht

Unter besonderer Berücksichtigung des deutschen, englischen und französischen Rechts

Von Philipp Hartmann

Carl Heymanns Verlag 2019

Zitiervorschlag: *Hartmann*, Sicherungsübertragungen im europ. Insolvenzrecht, S. 1 (KTS, Bd. 58)

Bibliografische Information der Deutschen Nationalbibliothek
Die Deutsche Nationalbibliothek verzeichnet diese Publikation in der Deutschen Nationalbibliografie; detaillierte bibliografische Daten sind im Internet über http://dnb.d-nb.de abrufbar.

ISBN 978-3-452-29268-1

www.wolterskluwer.de

Umschlagkonzeption: Martina Busch, Grafikdesign, Homburg-Kirrberg
Satz: R. John + W. John GbR, Köln
Druck und Weiterverarbeitung: SDK Systemdruck Köln GmbH & Co. KG

Gedruckt auf säurefreiem, alterungsbeständigem und chlorfreiem Papier.

Vorwort

Die Idee für diese Arbeit entstand während meiner Zeit als juristischer Mitarbeiter am Lehrstuhl für Zivilrecht, Zivilprozessrecht und allgemeines Prozessrecht von Herrn Professor Reinhard Bork von 2014 bis 2016. Im Rahmen eines europäischen Forschungsprojekts konnte ich in dieser Zeit tiefgreifende Einblicke in das Kreditsicherungsrecht aller europäischen Rechtsfamilien gewinnen. Die dabei gefundenen Erkenntnisse sollten genutzt werden, um der Antwort auf die nach wie vor umstrittene Frage, wie einer fremden Rechtsordnung unterliegende Sicherheiten in der Insolvenz zu behandeln sind, näher zu kommen. Da die Darstellung aller untersuchten Rechtsordnungen naturgemäß zu einem Mangel an der für die Beantwortung dieser Frage erforderlichen Tiefe der Darstellung geführt hätte, habe ich mich in dieser Arbeit auf die vertiefte Darstellung des englischen und französischen Rechts konzentriert, stehen diese Rechtsordnungen doch jeweils repräsentativ für die großen Rechtsfamilien des *Common Law* einerseits und des römisch-rechtlich geprägten *Civil Law* andererseits. Die Arbeit richtet sich damit sowohl an die an den Entwicklungen des europäischen und internationalen Insolvenzrechts Interessierten, soll aber auch denjenigen eine Hilfe sein, die sich im Rahmen rechtsvergleichender und/oder rechtsvereinheitlichender Studien verstärkt mit dem englischen und/oder französischen Kreditsicherungsrecht auseinandersetzen möchten.

Die juristische Fakultät der Universität Hamburg hat diese Arbeit Mai 2018 als Dissertation angenommen. Deutsche Rechtsprechung und Literatur wurden bis Dezember 2018 berücksichtigt.

Bedanken möchte ich mich bei allen Menschen, die dieses Dissertationsvorhaben unterstützt haben.

Meinem Doktorvater Herrn Professor Bork danke ich für die Ermöglichung der Promotion, die Anregung des Themas, die effiziente Betreuung des Vorhabens sowie nicht zuletzt für zwei äußerst spannende und lehrreiche Jahre als wissenschaftlicher Mitarbeiter. Herrn Professor Mankowski danke ich für die schnelle Erstellung des Zweitgutachtens. Ebenfalls bedanken möchte ich mich bei meinen ehemaligen Weggefährtinnen/-gefährten am Lehrstuhl für den fachlichen Austausch und anregende Diskussionen.

Den Herausgebern danke ich für die Aufnahme in die KTS-Schriftenreihe.

Mein besonderer Dank gilt meinen Eltern Ellen Hartmann und Dirk Hauer sowie meiner Lebensgefährtin Luise Sofia Ruddat. Alle drei haben wertvolle Unterstützung bei der Entstehung dieser Arbeit geleistet, für die ich zutiefst dankbar bin. Ihnen soll diese Arbeit gewidmet sein.

Frankfurt a.M., im April 2019 *Philipp Hartmann*

Inhaltsübersicht

Inhalt

Einleitung und Eingrenzung des Themas

Die voranschreitende Globalisierung und insbesondere der stete Ausbau des europäischen Binnenmarkts haben dazu geführt, dass Insolvenzverfahren heute regelmäßig keine reinen Inlandsangelegenheiten mehr darstellen. Laut EU-Kommission weist innerhalb der EU heute vielmehr jedes vierte Insolvenzverfahren einen grenzüberschreitenden Bezug auf.[1] Diese Feststellung beschränkt sich keineswegs nur auf Unternehmen. Die Freizügigkeit gerade innerhalb Europas hat dazu geführt, dass auch Privatpersonen immer häufiger über Vermögenswerte außerhalb ihres Wohnsitzstaats verfügen.[2]

Besondere Bedeutung kommt in der Insolvenz den dinglichen Sicherheiten zu. Zum einen ist – zumindest in der Unternehmensinsolvenz – regelmäßig sämtliches schuldnerische Anlage- und Umlaufvermögen mit dinglichen Sicherheiten belastet. Zum anderen haben die dinglichen Sicherheiten gerade den Zweck, den gesicherten Gläubiger vor den Folgen der Insolvenz seines Schuldners zu schützen. Nichtsdestotrotz sehen allerdings alle Insolvenzrechte Europas Einschränkungen der dinglichen Sicherheiten insbesondere zum Schutz des schuldnerischen Unternehmens vor, wenn auch in unterschiedlichem Ausmaß. Vor diesem Gegensatz der Erwartungen gesicherter Gläubiger und den Beschränkungen dinglicher Sicherheiten zugunsten der insolvenzrechtlichen Zielsetzungen, erscheint es nicht verwunderlich, dass die Frage der Behandlung dinglicher Sicherheiten, welche im Zeitpunkt der Insolvenzeröffnung sachenrechtlich nicht der *lex fori concursus* unterstehen, auch nach Einführung der Europäischen Insolvenzverordnung umstritten geblieben ist. Ziel dieser Arbeit soll es nicht sein, zu versuchen, Art 8 EuInsVO *de lege lata* einen insolvenzfreundlicheren Regelungsinhalt zuzuschreiben. Solche Versuche sind bereits ausreichend unternommen worden und – so darf man wohl heute konstatieren – erfolglos geblieben. In den Blick genommen werden sollen vielmehr die Alternativlösungen, welche zwar durch den europäischen Gesetzgeber abgelehnt wurden, jedoch nach wie vor in der Literatur überwiegend für die bessere Lösung gehalten werden. Es soll untersucht werden, ob diese Lösungen tatsächlich dem Art. 8 EuInsVO vorzuziehen sind, oder ob am Ende konstatiert werden muss, dass die »einfache« Lösung des Art. 8 EuInsVO[3] bis zur Vereinheitlichung des europäischen Kreditsicherungsrechts vor dem Hintergrund einer eindeutigen und effektiven Regelung trotz aller berechtigter Kritik doch die beste aller – schlechten (?) – Lösungen darstellt. Zu berücksichtigen sind dabei auch die Änderungen, welche mit der Reform der EuInsVO 2015 beschlossen wurden und seit dem 26.06.2017 geltendes Recht darstellen,[4] soweit sie auf die Argumentation Einfluss haben.

---

1 COM(2016) 723 final, S. 3 (deutsch) – Vorschlag für eine Richtlinie über präventive Restrukturierungsrahmen, die zweite Chance und Maßnahmen zur Steigerung der Effizienz von Restrukturierungs-, Insolvenz- und Entschuldungsverfahren und zur Änderung der Richtlinie 2012/30/EU v. 22.11.2016.
2 Gottwald-*Kolmann/Keller*, § 130, Rn. 2.
3 *Virgós/Schmit*, Erläuternder Bericht, Nr. 97.
4 VO 2015/848 v. 20.05.2015 (EuInsVO Neufassung).

Da unter zwei der drei zu Art. 8 EuInsVO vertretenen Alternativlösungen eine Anpassung dinglicher Sicherheiten an eine fremde *lex fori concursus* erforderlich ist, kann eine eingehende Untersuchung der skizzierten Fragestellung nur unter der Betrachtung dinglicher Sicherheiten in mehr als einer Rechtsordnung erfolgen. Ebenfalls genügt kein grober Überblick, sondern vielmehr ist für die Beurteilung verschiedener Fragestellungen das vertiefte Verständnis ausländischer dinglicher Kreditsicherheiten erforderlich.[5] Dass in dieser Arbeit allerdings nicht alle europäischen Rechtsordnungen untersucht werden können, versteht sich von selbst. Sie beschränkt sich auf die Englische und die Französische. Neben der Tatsache, dass beiden Rechtsordnungen innerhalb ihrer Rechtsfamilien repräsentative Bedeutung zukommt, spielte bei der Wahl auch eine Rolle, dass diese Rechtsordnungen mit der *floating charge* und einer Vielzahl von in der Insolvenz zu beachtenden Privilegien jeweils Besonderheiten aufweisen, vor denen sich die zu untersuchenden Alternativvorschläge zu Art. 8 EuInsVO beweisen müssen. Weiterhin muss sich die Arbeit aus Platzgründen auf Mobiliarkreditsicherheiten und hier auf die praktisch weitaus relevanteren besitzlosen Mobiliarsicherheiten an beweglichen Sachen und Forderungen beschränken. Vor diesem Hintergrund müssen die gefundenen Ergebnisse gesehen werden. Ob insbesondere nationalstaatliche Interessen im Hinblick auf unbewegliches Vermögen sowie diesem registerrechtlich gleichgestellte bewegliche Sachen möglicherweise andere Ergebnisse rechtfertigen, muss aus Gründen des Umfangs ebenfalls anderen Arbeiten überlassen bleiben. Hingegen kann sich die Arbeit – soll sie nicht in vielerlei Hinsicht ohne Wert bleiben – nicht lediglich auf Sicherungsübertragungen beschränken, überwiegen doch zum Beispiel in Frankreich in der Praxis die besitzlosen Pfandrechte.

Mitten in diese Arbeit platzte am 23.06.2016 das bejahende Brexitvotum. Es bleibt allerdings zum einen abzuwarten, in welcher Form dieser sich letztendlich vollziehen wird. Und auch wenn von britischer Seite bereits geäußert wurde, sich nicht mehr der Rechtsprechung des EuGH unterwerfen zu wollen, bleibt zum anderen abzuwarten ob nicht zumindest inhaltlich die in den sekundärrechtlichen Rechtsakten zum europäischen Privat- und Zivilverfahrensrecht enthaltenen Regelungen im bilateralen Verhältnis zwischen der EU und Großbritannien aufrechterhalten werden. Selbst wenn es aber zur gänzlichen Neuregelung sämtlicher für diese Arbeit relevanten Regelungen käme, so bliebe diese Arbeit aus rechtsvergleichender Sicht durchaus von Interesse. Darüber hinaus können die Erwägungen gerade im Hinblick auf die *floating charge* auch auf die in anderen europäischen Rechtsordnungen vorkommenden Unternehmenssicherheiten übertragen werden.

---

5 Es sei beispielhaft auf das fiktive Zurückbehaltungsrecht des besitzlosen Pfandgläubigers im französischen Recht verwiesen und dessen Berücksichtigung für die Frage, ob eine Anpassung im Wege der Transposition oder der bloßen Hinnahme erfolgen sollte, siehe dazu unten 2. Teil C. II. 1. a) bb) (1) (S. 220 f.).

1. Teil Sicherungsübertragungen und besitzlose Pfandrechte an Mobilien in Deutschland, England und Frankreich

A. Sicherungsübertragungen

I. Deutschland

1. Entwicklung

Das deutsche Mobiliarkreditsicherungsrecht wird in der Praxis von der treuhänderischen Sicherungsübertragung in Form von Sicherungsübereignung und Sicherungsabtretung dominiert, deren Wurzeln bis zur *fiducia cum creditore contracta* des altrömischen Rechts zurückreichen. Letztere hatte aufgrund ihrer umständlichen Formerfordernisse nicht die Spätkaiserzeit überlebt und war vollständig vom Pfandrecht verdrängt worden.[6] Neben dem Besitzpfandrecht (*pignus*) hatten die Rezeptoren zunächst auch die besitzlose Form des römischen Vertragspfandrechts, die (Mobiliar-) Hypothek (*hypotheca*[7]), übernommen, welche damit ebenfalls Einzug in das gemeine Recht des Mittelalters erhalten hatte. Das Ende des besitzlosen vertraglichen Mobiliarpfandrechts kam mit der Industrialisierung und dem damit verbundenen Übergang vom Personal- zum Realkredit. Beruhte die Kreditgewähr mangels jeglicher Publizität auf dem Vertrauen des Kreditgebers in das Versprechen des Sicherungsgebers, zuvor keinerlei Pfandrecht an dem Pfandgegenstand bestellt zu haben, so war der echte Realkredit mit dem besitzlosen Pfandrecht nicht zu vereinbaren.[8] Auch die Möglichkeit betrügerischer Vordatierungen von Pfandrechten wurde zunehmend kritisiert.[9] An die Stelle der Mobiliarhypothek trat das Faustpfandprinzip, welches seinen Höhepunkt mit Einführung der Reichskonkursordnung von 1877 erreichte. Nach § 40 RKO konnte nur der Inhaber eines Faustpfandes abgesonderte Befriedigung aus dem Gegenstand erlangen. In den Partikularrechten noch vereinzelt zulässige besitzlose Mobiliarhypotheken boten damit jedenfalls in der Insolvenz keine Sicherheit mehr, was zum Aussterben

---

6 Justinian ließ schlussendlich in den Digesten das Wort *fiducia* durch die Worte *pignus* oder *hypotheca* ersetzen, siehe *Honsell*, Römisches Recht, S. 76.
7 Der griechische Begriff *hypotheca* entsprach zunächst dem römischen Vertragspfandrechtsbegriff *pignus*, siehe *Kaser*, Das römische Privatrecht, § 110 I.; *Aschenbrenner*, S. 9, Fn. 16. Jenes erforderte anfänglich noch die Besitzübergabe. Bereits in der spätklassischen Zeit unterschied man dann zwischen dem *pignus* als Faustpfandrecht und der *hypoteca* als besitzlosem Pfandrecht, siehe *Dernburg*, Pandekten, Bd. 1, S. 642, Fn. 11. Zur Entwicklung des besitzlosen Pfandrechts von der Gleichstellung des Gläubigers mit dem Eigentümer im Miet- und Pachtrecht bis zur Gewährung der *actio serviana* nach Einführung des absoluten Eigentumsbegriffs siehe *Hromadka*, S. 16, 19.
8 *Hromadka*, S. 49.
9 *Aschenbrenner*, S. 9 f.

des besitzlosen Pfandrechts führen musste. Diese Gesetzgebung ging jedoch an den praktischen wirtschaftlichen Bedürfnissen der Industrialisierung vorbei. Der erhöhte Kapitalbedarf war nicht mehr nur durch Immobiliarkredite zu decken und das Faustpfand stellte keine realistische Alternative dar.[10] Die Praxis kehrte zu den Anfängen der *fiducia cum creditore* des römischen Rechts zurück: dem Kauf unter Wiederkaufsvorbehalt verbunden mit der Vereinbarung eines Besitzkonstituts.[11] Die Rechtsprechung konnte sich dieser um sich greifenden Entwicklung nicht erwehren und folgte nicht der Lehre, welche in diesem Konstrukt ein Scheingeschäft oder eine unzulässige Umgehung der Pfandrechtsvorschriften erblickte.[12] Zunächst für den Verkauf unter Vorbehalt des Wiederkaufs bejahte das Reichsgericht 1885 dessen Zulässigkeit.[13] Gleiches folgte 1890 für die reine Sicherungsübereignung.[14] Auch die Sicherungsabtretung war zu dieser Zeit bereits fester Bestandteil der Kreditpraxis und wurde vom Reichsgericht als zulässig erachtet.[15] Diese Entwicklung machte auch vor den Arbeiten zur Einführung des Bürgerlichen Gesetzbuchs nicht halt. Der Antrag, dem § 874a BGB (heute § 930 BGB) einen zweiten Absatz hinzuzufügen, wonach die Vorschrift keine Anwendung finden sollte, wenn nach den Umständen die Veräußerung dem Erwerber zur Sicherheit wegen einer Forderung diente, da dies zu einer unzulässigen Mobiliarhypothek führe, wurde mit Verweis auf die Rechtsprechung sowie auf das Kreditbedürfniss der kleinen Leute abgelehnt.[16] Bereits kurz nach dem Inkrafttreten des BGB bestätigte das Reichsgericht die reine Sicherungsübereignung mit Besitzkonstitut auch unter dem neuen Recht unter anderem mit dem Hinweis auf § 223 Abs. 2 BGB a.F. (heute § 216 Abs. 2 BGB), der ausdrücklich die Übertragung eines Rechts zu Sicherungszwecken zulasse.[17] Der BGH hat diese Rechtsprechung fortgeführt.[18] Aus der Entwicklung der Sicherungsübertragungen erklärt es sich, dass neben den spezialgesetzlich zugelassenen Registerpfandrechten für Schiffe und Flugzeuge nie ein Bedürfnis für die Einführung eines allgemeinen besitzlosen Pfandrechts bestand. Die Lösung der mit der mangelnden gesetzlichen Ausgestaltung der Siche-

---

10 *Brinkmann*, Kreditsicherheiten, S. 93.

11 *Hromadka*, S. 142, 162. Die *fiducia cum creditore* setzte die Eigentumsübertragung in Form einer *mancipatio* voraus. Diese war notwendigerweise ein Kaufgeschäft, weshalb die *fiducia cum creditore* zunächst als Kauf unter Rückkaufsvorbehalt ausgestaltet war. Erst später war es möglich, die Übergabe des Geldes durch einen symbolischen Akt zu ersetzen, wodurch die *mancipatio* zur abstrakten Übereignung wurde, *Hromadka*, S. 13.

12 Siehe *Hellwig*, AcP 64 (1881), 369 ff.

13 RGZ 13, 200, 201 ff.

14 RGZ 26, 184; siehe zur reichsgerichtlichen Rechtsprechung ausführlich *Brinkmann*, Kreditsicherheiten, S. 94 ff.

15 RGZ 24, 161; *Brinkmann*, Kreditsicherheiten, S. 102 f.

16 *Mugdan*, Materialien III, S. 626 f. Von einer Entwicklung der Sicherungsübertragungen *praeter* oder *contra legem* kann aufgrund des gesetzgeberischen Bewusstseins kaum gesprochen werden, so aber *Baur/Stürner*, Sachenrecht, § 56, Rn. 1 und *Reinicke/Tiedke*, Kreditsicherungsrecht, Rn. 623.

17 RGZ 57, 175, 177; RGZ 59, 146, 147 ff.

18 Vgl. BGHZ 21, 52; BGHZ 28, 16; BGH WM 1963, 504.

rungsübertragung einhergehenden Vielzahl an Problemen konnte der Gesetzgeber (weiterhin) der Rechtsprechung und dem Schrifttum überlassen.[19]

2.   Sicherungseigentum und Sicherungsabtretung

a)   Begriff, Konstruktion und wirtschaftliche Bedeutung

aa)   Sicherungseigentum

Sicherungseigentum ist das durch Vertrag vom Sicherungsgeber auf einen Sicherungsnehmer übertragene und zur Sicherung einer Forderung bestimmte Eigentum an einer Sache, zu deren Verwertung der Sicherungsnehmer im Sicherungsfall befugt ist, um aus dem Erlös die gesicherte Forderung zu tilgen.[20] Konstruktiv handelt es sich dem deutschen Abstraktionsprinzip entsprechend um die dingliche Übertragung von Eigentum gemäß §§ 929 ff. BGB verbunden mit einem schuldrechtlichen (Sicherungs-)Vertrag, aus welchem der Sicherungszweck sowie die Rechte und Pflichten der Parteien hervorgehen.

Dass die Übereignung gemäß § 930 BGB auch ohne Übertragung des unmittelbaren Besitzes an der zu übereignenden Sache erfolgen kann, stellt den entscheidenden Vorteil der Sicherungsübereignung gegenüber dem gesetzlich vorgesehenen Vertragspfandrecht dar, welches die Übergabe der Pfandsache an den Pfandnehmer zwingend erfordert und deren Ersetzung durch Besitzkonstitut nicht zulässt.[21] Das Sicherungseigentum ermöglicht dem Sicherungsgeber somit, weiter mit dem Sicherungsgut zu wirtschaften, während der Sicherungsnehmer in der Regel ohnehin kein Interesse daran hat, den Sicherungsgegenstand in Verwahrung zu nehmen. Das Sicherungseigentum wird den Interessen der Parteien damit in sehr viel höherem Maße gerecht als das Pfandrecht. Ihm kommt daher in der Praxis überragende Bedeutung zu,[22] während das Vertragspfandrecht an beweglichen Sachen praktisch fast nur noch im Rahmen von Kleinstkrediten des täglichen Lebens (Pfandleihanstalten) und an dem Inhalt von Bankdepots nach Nr. 14 AGB Banken und Nr. 21 AGB Sparkassen vorkommt.[23] Etwas anderes gilt nur im Anwendungsbereich der speziellen besitzlosen Registerpfandrechte.

bb)   Sicherungsabtretung

Die Konstruktion der Sicherungsabtretung folgt derjenigen der Sicherungsübereignung. Auch die Sicherungsabtretung besteht damit aus einer dinglichen Übertragung, der Abtretung der Forderung nach § 398 BGB, welche der Übertragung des Eigentums

---

19 Dem Schrifttum ist insbesondere die Entwicklung der Treuhandlehre und die damit verbundene dogmatische Fundierung der Sicherungsübertragungen zu verdanken, siehe *Brinkmann*, Kreditsicherheiten, S. 100 ff.
20 Lwowski/Fischer/Langenbucher-*Lwowski*, § 11, Rn. 1.
21 Erman-*Schmidt*, § 1205, Rn. 1, 6.
22 NK-*Meller-Hannich*, § 930, Rn. 26.
23 *Baur/Stürner*, Sachenrecht, § 55, Rn. 8.

an beweglichen Sachen entspricht, sowie einem, der dinglichen Verfügung zugrunde-liegenden, schuldrechtlichen Sicherungsvertrag. Die Ausbildung der Sicherungsabtre-tung neben der Sicherungsübereignung ist der Systematik des deutschen Zivilrechts geschuldet, welches zwischen körperlichen Sachen (§ 90 BGB) und Rechten und der Art ihrer Übertragung unterscheidet. Während an körperlichen Sachen begrifflich das Eigentum als absolutes Herrschaftsrecht übertragen wird (§§ 925, 929 ff. BGB), regelt das Gesetz die Übertragung von Forderungen und anderer Rechte durch unmittelbare Übertragung derselbigen durch Abtretung nach §§ 398 ff., 413 BGB.

Die Anzeige der Forderungsabtretung an den Drittschuldner ist für die dingliche Ab-tretung einer Forderung nicht erforderlich. Dies stellt aus Sicht der Parteiinteressen regelmäßig den entscheidenden Vorteil gegenüber dem vom Gesetz vorgesehenen ver-traglichen Forderungspfandrecht dar, vgl. § 1280 BGB. Eine solche Anzeige kann zur Beeinträchtigung des Kredit- und Geschäftsansehens des Sicherungsgebers führen.[24] Wo eine Vielzahl an gegenwärtigen und künftigen Forderungen als Sicherheit dienen soll, wäre die Benachrichtigung aller Drittschuldner unpraktikabel.[25] Aus diesen Grün-den hat die Sicherungsabtretung das Pfandrecht an Forderungen weitestgehend ver-drängt.[26]

b) Die Begründung von Sicherungseigentum und Sicherungsabtretung

aa) Der Sicherungsvertrag

Dass die dingliche Übertragung des Sicherungsguts lediglich vorübergehend zur Sicherung einer offenen Forderung erfolgen soll, kommt im minimalistischen Gehalt der §§ 398, 929 ff. BGB nicht zum Ausdruck. Der bloße Sicherungszweck sowie die Rechte und Pflichten der Parteien werden vielmehr in einem schuldrechtlichen Siche-rungsvertrag zwischen Sicherungsgeber und -nehmer festgelegt,[27] welcher gemäß dem Abstraktionsprinzip von dem dinglichen Übertragungsgeschäft streng zu trennen ist. Aus ihm ergibt sich zudem erst die schuldrechtliche Verpflichtung und damit der Rechtsgrund zur dinglichen Sicherungsübertragung. Im Hinblick auf bewegliche Sachen und Forderungen bedarf der Vertrag grundsätzlich keiner besonderen Form, wenn auch die Schriftform in der Praxis die Regel ist.

---

24 Staudinger-*Busche*, Einl. §§ 398 ff., Rn. 66; *Baur/Stürner*, Sachenrecht, § 56, Rn. 3; *Kaduk*, in: FS Larenz, S. 684, 686; *Meyer/v. Varel*, JuS 2004, 192.

25 *Baur/Stürner*, Sachenrecht, § 58, Rn. 1.

26 *Kaduk*, FS Larenz, S. 684, 685; Lwowski/Fischer/Langenbucher-*Lwowski*, § 13, Rn. 1. Et-was anderes mag für die Besicherung anderer Rechte wie zum Beispiel Gesellschaftsanteile gelten. Hier besteht für den Sicherungsnehmer kein Interesse daran, in die Gesellschafterstel-lung einzurücken und der Verzicht auf die Drittschuldneranzeige bringt keine nennenswerten Vorteile gegenüber dem Vertragspfand.

27 Siehe zu den möglichen Parteikonstellationen im Drei-Personen-Verhältnis, *Bülow*, Kreditsi-cherheiten, Rn. 1157.

bb) Dingliche Übereignung/Abtretung

(1) Verfügungsvertrag und Bestimmtheitsgrundsatz

(a) Sicherungsübereignung

Auf rein dinglicher Ebene ist die Sicherungsübereignung eine Übereignung nach §§ 929 ff. BGB. Sie bedarf daher zunächst einer vertraglichen Einigung zwischen Sicherungsgeber und -nehmer in Bezug auf den dinglichen Eigentumsübergang, § 929 S. 1 BGB. Auch dieser Verfügungsvertrag bedarf keiner speziellen Form. Die Rechtfertigung der Wirkung absoluter Rechte gegenüber jedermann erfordert es, dass diese Rechte im Sinne der Rechtsklarheit jeweils einem bestimmten Gegenstand zugeordnet werden können. Gleiches gilt demgemäß für absolute Rechte übertragende Verfügungsgeschäfte.[28] Die dingliche Einigung hat sich daher immer auf eine so konkret bezeichnete Sache zu beziehen, dass diese aus dem Inhalt der Einigung heraus bestimmt werden kann.[29] Dieser Bestimmtheitsgrundsatz ist gerade im Falle der Sicherungsübereignung relevant, da mit dieser oft allgemein bezeichnete Sachgesamtheiten besichert werden und es in der Regel an einer Übergabe fehlt, welche gleichsam automatisch eine dingliche Zuordnung vornehmen würde.

(b) Sicherungsabtretung

Auf dinglicher Ebene stellt die Sicherungsabtretung eine Forderungsabtretung nach § 398 BGB dar.[30] Insofern erfordert sie einen Vertrag über die dingliche Übertragung der Forderung. Gleiches gilt nach § 413 BGB in Bezug auf andere Rechte. Der Abtretungsvertrag ist grundsätzlich formfrei möglich, selbst wenn die abzutretende Forderung auf einem formbedürftigen Verpflichtungsgeschäft beruht.[31] Etwas anderes gilt für die Übertragung hypothekarisch gesicherter Forderungen nach § 1154 Abs. 1, 3 BGB sowie dort, wo andere Rechte sicherungshalber abgetreten werden, deren Übertragung nach spezialgesetzlichen Normen einer besonderen Form bedarf. Auch die (Sicherungs-)Abtretung als Verfügungsgeschäft muss den Anforderungen des Bestimmtheitsgrundsatzes genügen. Die Drittwirkung gegenüber den Gläubigern der Beteiligten aber auch gegenüber dem Drittschuldner zeigt, dass lediglich das Recht aus der Forderung ein relatives Recht ist, während daneben ein dem Eigentum vergleichbares absolutes Recht an der Forderung besteht.[32] Die abzutretende Forderung muss anhand der Abtretungsvereinbarung individuell bestimmt oder bestimmbar sein.[33] Ihre Zugehörigkeit zum Vermögen des Zedenten oder des Zessionars, ihr Gegenstand, Umfang und die Person des Schuldners müssen sich notfalls durch Auslegung des Abtre-

---

28 *Westermann/Gursky/Eickmann*, Sachenrecht, § 2, Rn. 6 ff.
29 MüKoBGB-*Oechsler*, § 929, Rn. 6.
30 Bamberger/Roth-*Rohe*, § 398, Rn. 74.
31 MüKoBGB-*Roth*, § 398, Rn. 33. Strengere Anforderungen gelten für die Abtretung einer hypothekarisch gesicherten Forderung, § 1154 Abs. 1, 3 BGB.
32 Vgl. MüKoBGB-*Wagner*, § 823, Rn. 224.
33 BGHZ 26 185, 186; BGH NJW 2011, 2713, Rn. 6; Soergel-*Schreiber*, § 398, Rn. 5.

tungsvertrags ermitteln lassen.[34] Die Angabe des der Forderung zugrunde liegenden Rechtsgrundes ist nicht zwingend erforderlich.[35]

(2) Einräumung des mittelbaren Besitzes bei der Sicherungsübereignung

Die dingliche Sicherungsübereignung beweglicher Sachen setzt gemäß §§ 929 ff. BGB neben dem dinglichen Verfügungsvertrag die Übergabe der Sache oder ein Übergabesurrogat voraus. Um dem Sicherungsgeber das weitere Wirtschaften mit dem Sicherungsgut zu ermöglichen, bedienen sich die Vertragspartner üblicherweise des in § 930 BGB vorgesehenen Übergabesurrogats.[36] Erforderlich ist danach die Vereinbarung eines Rechtsverhältnisses im Sinne von § 868 BGB, Kraft dessen der Sicherungsnehmer mittelbaren Besitz am Sicherungsgut erlangt. Dieses Besitzmittlungsverhältnis liegt in dem schuldrechtlichen Sicherungsvertrag begründet, welcher der Sicherungsübereignung zugrunde liegt. Im Schrifttum findet sich teilweise die Formulierung, das Besitzmittlungsverhältnis dürfe kein rein abstraktes sein, die bloße Erklärung des Sicherungsgebers, ab jetzt für den Sicherungsnehmer besitzen zu wollen, genüge folglich nicht.[37] Es ist jedoch nicht zu verkennen, dass die Rechtsprechung des BGH wie auch das überwiegende Schrifttum in Bezug auf das Sicherungseigentum an die Konkretheit keine hohen Anforderungen stellen. Die ausdrückliche Regelung von Rechten und Pflichten der Parteien an dem Sicherungsgut ist nicht notwendig, vielmehr folgt die für die Konkretheit notwendige Regelungsdichte jedenfalls stillschweigend aus den von der Rechtsprechung anhand des fiduziarischen Charakters der Sicherungsübereignung entwickelten Maßstäben.[38] Es erscheint daher trotz mangelnder gesetzlicher Ausgestaltung überzeugender, in der Sicherungsabrede auch ohne weitere vertragliche Ausgestaltung ein den üblichen Überlassungsvertragstypen ähnliches konkretes Rechtsverhältnis i.S.v. § 868 BGB zu erblicken,[39] als von einer Aufgabe des Erfordernisses eines konkreten Besitzmittlungsverhältnisses zu sprechen.[40]

---

34 Erman-*Westermann*, § 398, Rn. 10; *Serick*, Sicherungsübertragung, Bd. II, § 24, II., 2. (S. 277).
35 Staudinger-*Busche*, § 398, Rn. 9.
36 Siehe ausführlich zu weiteren möglichen Konstellationen nach § 931 BGB und zur Besitzanweisung des Sicherungsgebers an den unmittelbaren Besitzer als Übergabe nach § 929 S. 1 BGB *Tiedke*, WM 1978, 446 f.
37 Jauernig-*Berger*, § 930, Rn. 11; MüKoBGB-*Oechsler*, § 930, Rn. 15; *Serick*, Sicherungsübertragung, Bd. II, § 20, I., 4., a) (S. 118); *Westermann/Gursky/Eickmann*, Sachenrecht, § 44, Rn. 6.
38 BGH NJW-RR 2005, 280, 281; vgl. auch *Baur/Stürner*, Sachenrecht, § 51, Rn. 22; *Westermann/Gursky/Eickmann*, Sachenrecht, § 44, Rn. 6; kritisch *Serick*, Sicherungsübertragung, Bd. II, § 20, I., 4., b) (S. 123).
39 MüKoBGB-*Oechsler*, § 930, Rn. 15; Soergel-*Henssler*, Anh. § 930, Rn. 44; *Westermann/Gursky/Eickmann*, Sachenrecht, § 44, Rn. 6; a.A. *Serick*, Sicherungsübertragung, Bd. II, § 20, I., 4., b) (S. 123), der die ausdrückliche Vereinbarung von gewissen Rechten und Pflichten in der Sicherungsabrede für erforderlich hält.
40 In diese Richtung Staudinger-*Wiegand*, Anh. §§ 929–931, Rn. 87 ff.

(3) Verfügungsbefugnis

Entsprechend allgemeinen sachenrechtlichen Grundsätzen muss der Sicherungsgeber Eigentümer des Sicherungsguts sein, um das Eigentum wirksam auf den Sicherungsnehmer übertragen zu können. Ein gutgläubiger Erwerb nach §§ 929, 932 ff. BGB ist zwar theoretisch möglich, praktisch jedoch ausgeschlossen, da der unmittelbare Besitz regelmäßig beim Sicherungsgeber verbleibt, vgl. § 933 BGB. Der gutgläubige Erwerb einer Forderung ist grundsätzlich ausgeschlossen. Die Verfügungsbefugnis des Sicherungsgebers erlischt insbesondere, sobald über dessen Vermögen ein Insolvenzverfahren eröffnet wird, § 80 InsO.[41]

cc) Die gesicherte Forderung und Akzessorietät

Sicherungseigentum und Sicherungsabtretung sind nicht akzessorisch zur gesicherten Forderung.[42] Kommt diese nicht zur Entstehung, hat der Sicherungsgeber aus dem Sicherungsvertrag einen Anspruch auf Rückübertragung des Sicherungsguts.[43] Die Parteien können allerdings eine Quasi-Akzessorietät herstellen, indem sie die dingliche Sicherungsübertragung unter die aufschiebende Bedingung der Entstehung und/oder die auflösende Bedingung des Erlöschens der gesicherten Forderung stellen.[44] Die Vereinbarung einer darüber hinausgehenden echten Akzessorietät ist mit dem *numerus clausus* der Sachenrechte unvereinbar.[45] Einen allgemeinen Grundsatz, wonach mangels anderweitiger Abreden eine Sicherungsübertragung stets durch den Sicherungszweck bedingt ist, gibt es nicht.[46] Vielmehr ist dies stets eine Frage der Vertragsauslegung.[47] Denn die vertragliche Quasi-Akzessorietät entspricht keinesfalls stets den wohlverstandenen Parteiinteressen,[48] zumal der Sicherungsgeber grundsätzlich bereits über §§ 986 Abs. 2 BGB, 47 InsO, 771 ZPO ausreichend geschützt ist und damit eines Anwartschaftsrechts nichts bedarf. In der Praxis wird üblicherweise keine aufschiebende- oder auflösende Bedingung vereinbart, sondern der Sicherungsnehmer ver-

---

41 In der Eigenverwaltung ist die Sicherheitenbestellung auch unter Verstoß gegen §§ 275, 276 InsO hingegen wirksam. Die Vorschriften lassen die Wirksamkeit eines Rechtsgeschäfts im Außenverhältnis unberührt, siehe FK-*Foltis*, § 275, Rn. 18, § 276, Rn. 12; K/P/B-*Pape*, § 275, Rn. 22; § 276, Rn. 19.
42 BGHZ 137, 212, 218; BGH NJW 2000, 957, 958; BGH NJW 1991, 353 f.; BGH NJW 1984, 1184, 1186; MüKoBGB-*Oechsler*, Anh. §§ 929–936, Rn. 10; *Baur/Stürner*, Sachenrecht, § 57, Rn. 10; a.A. *Wieling*, § 18 3. b).
43 Zur Sicherungsübereignung, siehe NK-*Meller-Hanich*, § 930, Rn. 35.
44 BGH NJW 1991, 353, 354 f.; BGH NJW 1984, 1184, 1185; *Baur/Stürner*, Sachenrecht, § 57, Rn. 10.
45 *Jauernig*, NJW 1982, 268, 270; *Petri*, S. 162 ff.; *Schmidt*, in: FS Serick, 329, 331.
46 BGH NJW 1991, 353, 354 f.; MüKoBGB-*Oechsler*, Anh. §§ 929–936, Rn. 10; *Baur/ Stürner*, § 57, Rn. 10; *Buchholz*, JURA 1990, 300, 302 f.; *Westermann/Gursky/Eickmann*, Sachenrecht, § 44, Rn. 21; a.A. *Becker-Eberhardt*, Forderungsgebundenheit, S. 615; *Reinicke/ Tiedtke*, Kreditsicherungsrecht, Rn. 657 ff.; *Serick*, Sicherungsübertragung, Bd. III, § 37, I., 3., b)–c) (S. 398 ff.); *ders.*, EWiR 1991, 147, 148.
47 BGH NJW 1991, 353, 354 (insoweit klarstellend die missverständliche Entscheidung BGH NJW 1982, 275, 276); *Schmidt*, in: FS Serick, S. 329, 334 ff.
48 Vgl. BGH NJW 1984, 1184, 1185 ff.; dazu MüKoBGB-*Oechsler*, Anh. §§ 929–936, Rn. 9.

pflichtet sich zur Rückübertragung des Eigentums bei Sicherungszweckfortfall. Folge der Nichtakzessorietät ist, dass Sicherungsübertragungen unproblematisch mehrere oder künftige Forderungen sichern können und die Sicherungsabrede nachträglich auf weitere Forderungen erweitert werden kann.[49] Das Eigentum am Sicherungsgut und gesicherte Forderung können unabhängig voneinander übertragen werden, auch wenn dies in der Regel gegen die Sicherungsabrede verstoßen wird.[50] Auch die Sicherung einer fremden Schuld ist möglich.

dd) Objekte der Sicherungsübereignung/-abtretung

(1) Sicherungsübereignung

(a) Einzelne Sachen

Gegenstand der Sicherungsübereignung kann jede bewegliche Sache i.S.v. § 90 BGB sein. Ob die Sache in der Zwangsvollstreckung pfändbar wäre, spielt keine Rolle.[51] Möglich – wenn auch unüblich – ist die Begründung von Sicherungseigentum auch dort, wo das Gesetz die Begründung besitzloser Registerpfandrechte ermöglicht. Das Sicherungseigentum bietet hier allerdings keine Vorteile. Andersherum stellen die durch die Registerpublizität gewährleistete Bestandsicherheit des Pfandrechts, die Möglichkeit der Bestellung nachrangiger Pfandrechte sowie eine höhere Anerkenntnisfähigkeit im Ausland entscheidende Vorteile der Schiffshypothek und des Registerpfandrechts an Luftfahrzeugen gegenüber dem Sicherungseigentum dar.[52]

(b) Künftige Sachen

Die Sicherungsübereignung künftiger Sachen ist nach allgemeinen Regeln im Wege einer antizipierten rechtsgeschäftlichen Einigung gemäß § 929 S.1 BGB verbunden mit einem antizipierten Besitzmittlungsverhältnis nach § 930 BGB möglich.[53] Der Eigentumserwerb des Sicherungsnehmers vollzieht sich erst in dem Moment, in welchem der Sicherungsgeber die Voraussetzungen des § 930 BGB erfüllt, mithin Eigentum und Besitz an der Sache erlangt. Der Sicherungsnehmer wird automatisch neuer Eigentümer, jedoch nicht bevor der Sicherungsgeber selbst für eine juristische Sekunde Eigentum erlangt hat.[54] Andernfalls hätte der Sicherungsgeber – vorausgesetzt er hatte auch keine Anwartschaft erlangt – niemals eine übertragbare Rechtsposition

---

49 Vgl. Schimansky/Bunte/Llwowski-*Ganter*, § 90, Rn. 104 ff.
50 Bei Abtretung der gesicherten Forderung ergibt sich für den Sicherungsnehmer aus dem der Zession zugrunde liegenden Schuldverhältnis oder analog § 401 BGB grundsätzlich die Pflicht auch das Sicherungsgut auf den Zessionar zu übertragen, siehe *Baur/Stürner*, Sachenrecht, § 57, Rn. 10.
51 *Reinicke/Tiedke*, Kreditsicherungsrecht, Rn. 626.
52 Vgl. Staudinger-*Nöll*, § 8 SchiffsRG, Rn. 18; *Grädler/Zintl*, RdTW 2014, 261 ff.; *Schölermann/Schmid-Burgk*, WM 1990, 1137, 1148.
53 Staudinger-*Wiegand*, § 930, Rn. 30 m.w.N.
54 OLG Düsseldorf ZMR 1999, 474, 479; Barmberger/Roth-*Kindl*, § 930, Rn. 27; MüKoBGB-*Oechsler*, § 930, Rn. 27; Soergel-*Henssler*, § 930, Rn. 16; Staudinger-*Wiegand*, § 930, Rn. 33.

innegehabt, aus welcher sich Eigentum entwickeln könnte.[55] Bis zu diesem Zeitpunkt muss der in der vorweggenommenen Übereignungsvereinbarung zum Ausdruck gebrachte Wille des Sicherungsgebers sowohl zur rechtgeschäftlichen Übereignungs- als auch zur tatsächlichen Besitzmittlung fortbestehen, was ohne eine nach außen erkennbare Handlung des Sicherungsgebers, die den Parteivereinbarungen zuwiderläuft, vermutet wird.[56]

Aufgrund des Durchgangserwerbs ist die antizipierte Sicherungsübereignung an künftigen Sachen nicht insolvenzfest. Wird zwischen antizipierter rechtsgeschäftlicher Übereignung und tatsächlichem Eintritt der Voraussetzungen des § 930 BGB ein Insolvenzverfahren über das Vermögen des Sicherungsgebers eröffnet, fällt das Eigentum am Sicherungsgut für eine juristische Sekunde in die Insolvenzmasse und kann daher nach § 91 InsO ohne Zustimmung des Insolvenzverwalters nicht weiterübertragen werden.[57]

(c) Sachgesamtheiten

Die Sicherungsübereignung kann sich auch auf eine Vielzahl gegenwärtiger und/oder künftiger Sachen erstrecken. Besonders üblich ist die Besicherung von Warenlagern mit wechselndem Bestand. Obwohl dabei nicht die Sachgesamtheit als solche, sondern jede einzelne zur Sachgesamtheit gehörende Sache übereignet wird,[58] verlangt der Bestimmtheitsgrundsatz nicht, dass jeder einzelne Gegenstand vertraglich explizit aufgeführt wird. Zulässig ist die Verwendung von Sammelbezeichnungen, *»wenn es aufgrund einfacher äußerer Abgrenzungskriterien für jeden, der die Parteiabreden im für den Eigentumsübergang vereinbarten Zeitpunkt kennt, ohne weiteres ersichtlich ist, welche individuell bestimmten Sachen übereignet worden sind.«*[59] Bloße Bestimmbarkeit dergestalt, dass Dritte anhand von außerhalb des Vertrags liegenden Umständen (Warenbücher, Rechnungen etc.) bestimmen könnten, welche Sachen von der Übereignung umfasst sind, genügt nach der Rechtsprechung nicht.[60] Neben Aspekten der Sittenwidrigkeit stehen insbesondere diese Grundsätze der Sicherungsübertragung des gesamten schuldnerischen Unternehmens als solchem entgegen, fehlt es hier doch an dem erforderlichen Bezug zu den einzelnen dazu gehörenden Gegenständen. In der Praxis sind zur Wahrung des Bestimmtheitsgrundsatzes Raumsicherungs- und Markierungsverträge entwickelt worden. Kommen solche Verträge nicht in Betracht, bleibt

55 *Westermann/Gursky/Eickmann*, Sachenrecht§ 39, Rn. 13.
56 BGHZ 7, 111, 115; BGH NJW 1992, 1162, 1163; BGH WM 1965, 1248, 1249; *Westermann/Gursky/Eickmann*, Sachenrecht, § 39, Rn. 11.
57 MüKoInsO-*Ganter*, § 51, Rn. 107.
58 Staudinger-*Wiegand*, Anh. §§ 929–931, Rn. 95.
59 Ständie Rechtsprechung seit BGHZ 73, 253, 254; siehe auch BGH NJW 2000, 2898; BGH NJW 1992, 1161; BGH NJW 1984, 803, 804.
60 BGH NJW 1995, 2348, 2350; BGH NJW 1986, 1985, 1986; Die vertragliche Bezugnahme auf ein nicht zur Vertragsurkunde gehörendes Inventarverzeichnis soll allerdings zulässig sein, siehe BGH NJW 2008, 3142, Rn. 16 ff.; BGH WM 1979, 300, 301. Die Rechtsrechung wird kritisiert, da der Bestimmtheitsgrundsatz auf die Eindeutigkeit der Güterzuordnung und nicht auf die Transparenz gegenüber Dritten gerichtet ist, siehe MüKoBGB-*Oechsler*, Anh. §§ 929–936, Rn. 5 f.; Staudinger-*Wiegand*, Anh. §§ 929–931, Rn. 99 ff.

11

nur der Rückgriff auf die Bezeichnung jedes einzelnen Gegenstands durch Einbezug von Bestandslisten in den Übereignungsvertrag. Künftige Gegenstände können dann nur durch fortlaufende, neue Übereignungen, welche durch die Übersendung aktualisierter Bestandslisten erfolgen, einbezogen werden (Mantelsicherungsübereignung).

(2) Sicherungsabtretung

(a) Nicht abtretbare Forderungen

Nicht abtretbar und damit auch nicht tauglicher Gegenstand einer möglichen Sicherungsabtretung sind unpfändbare Forderungen sowie Forderungen, die ihrer besonderen Natur nach nicht abtretbar sind, §§ 399 Var. 1, 400 BGB.[61] Das gleiche gilt für Forderungen die einem vertraglichen Abtretungsverbot zwischen Schuldner und Gläubiger unterliegen, § 399 Var. 2 BGB. Einem solchen Abtretungsverbot kommt damit gegenüber Dritten eine absolute Wirkung zu.[62] Dies gilt jedoch nicht, wenn die Forderung aus einem beiderseitigen Handelsgeschäft resultiert, es sei denn es handelt sich um eine Darlehensforderung eines Kreditinstituts, § 354a Abs. 1, 2 HGB.

(b) Einzelne Forderungen

Gegenstand der Sicherungsabtretung nach § 398 BGB kann jede übertagbare Forderung sein. § 398 BGB lässt, soweit eine Forderung teilbar ist, was insbesondere auf Geldforderungen zutrifft, auch die teilweise (Sicherungs-)Abtretung zu.[63]

(c) Künftige Forderungen

Auch zukünftige Forderungen können Gegenstand einer dinglichen (Sicherungs-)Abtretungsvereinbarung sein.[64] Der Verfügungsvorgang ist bereits mit der antizipierten Abtretungsvereinbarung abgeschlossen, der Rechtserwerb beim Sicherungsnehmer tritt jedoch erst in dem Zeitpunkt ein, in welchem die zukünftige Forderung tatsächlich entsteht.[65] Eine andauernde Willensübereinstimmung zwischen Sicherungsgeber und -nehmer bis zum Zeitpunkt der Entstehung der Forderung ist nicht erforderlich.[66] Hinsichtlich des Bestimmtheitsgrundsatzes gilt, dass die zukünftige Forderung so be-

---

61 Es handelt sich dabei um unselbstständige, personengebundene oder höchstpersönliche Ansprüche, siehe ausführlich MüKo-*Roth*, § 399, Rn. 9 ff.
62 BGHZ 112, 387, 389 f.; BGHZ 40 156, 160; Bamberger/Roth-*Rohe*, § 399, Rn. 20; MüKo-BGB-*Roth*, § 399, Rn. 36; Palandt-*Grüneberg*, § 399, Rn. 12; Soergel-*Schreiber*, § 399, Rn. 8; Staudinger-*Busche*, § 399, Rn. 65; lediglich eine relative Unwirksamkeit i.S.v. 135 BGB annehmend hingegen, *Armgardt*, RabelsZ 73 (2009), 314, 318 ff.; *Bruns*, WM 2000, 505, 506; *Canaris*, in: FS Serick, S. 9 ff., 32.
63 BGHZ 46, 242, 243; BGHZ 23, 53, 56; *Hollweg-Stapenhorst*, S. 68; Palandt-*Grüneberg*, § 398, Rn. 10.
64 U.a. BGHZ 167, 363, Rn. 6; BGHZ 71, 75, 78; BGH ZIP 2012, 2358, Rn. 8; Bamberger/Roth-*Rohe*, § 398, Rn. 32; Palandt-*Grüneberg*, § 398, Rn. 11; Staudinger-*Busche*, § 398, Rn. 63.
65 BGHZ 167, 363, Rn. 6.; BGHZ 88, 205, 206; BGH ZIP 2012, 2358, Rn. 13.
66 BGH ZIP 2009, 2347, Rn. 11.

12

zeichnet werden muss, dass sie im Zeitpunkt ihres Entstehens wenigstens bestimmbar ist.[67] Es ist also erforderlich, dass die Forderung anhand bestimmter Individualisierungsmerkmale im Zeitpunkt ihrer Entstehung zweifelsfrei der Abtretungsvereinbarung zugeordnet werden kann.[68] Nach der Rechtsprechung und der herrschenden Meinung im Schrifttum entsteht die abgetretene Forderung direkt beim Sicherungsnehmer, wenn ihr Rechtsgrund zuvor bereits gelegt war. Andernfalls kommt es zum Durchgangserwerb.[69] Die Gegenansicht nimmt hingegen immer einen Direkterwerb beim Zessionar an.[70]

Ist demnach ein Rechtsgrund für die im Voraus abgetretene Forderung im Zeitpunkt der Abtretungsvereinbarung nicht vorhanden und kommt es zwischen Abtretungsvereinbarung und Entstehung der abgetretenen Forderung zur Eröffnung eines Insolvenzverfahrens über das Vermögen des Sicherungsgebers, so steht der Insolvenzfestigkeit der Sicherungsabtretung § 91 InsO entgegen. Darüber hinaus wendet die Rechtsprechung § 91 InsO allerdings grundsätzlich auch auf Fälle an, in welchen bereits im Zeitpunkt der Abtretungsvereinbarung der Rechtsgrund für die abgetretene künftige Forderung gelegt war.[71] § 91 InsO soll nur dann nicht greifen, wenn der Sicherungsnehmer bereits mit Abschluss der Abtretungsvereinbarung eine gesicherte Rechtsposition erlangt hat. Dies soll zwar grundsätzlich auch im Falle der Sicherungsabtretungsvereinbarung über eine künftige Forderung möglich sein, wenn die Forderung ohne weiteres Zutun der Parteien sicher entstehen wird.[72] Tatsächlich hat die Rechtsprechung eine gesicherte Rechtsposition allerdings bislang lediglich im Fall der Abtretung bereits entstandener – wenn auch betagter – Forderungen bejaht.[73]

(d) Forderungsgesamtheiten

Ähnlich wie bei der Sicherungsübereignung können nicht nur einzelne gegenwärtige oder zukünftige Forderungen abgetreten werden. Sicherungsgut kann auch ein ganzes Bündel an gegenwärtigen und/oder künftigen Forderungen sein. Im geschäftsmäßigen Kreditverkehr besonders übliches Sicherungsmittel ist die Globalzession. Durch einen umfassenden dinglichen Abtretungsvertrag werden sämtliche gegenwärtige und zukünftige, aus bestimmten Rechtsgeschäften des Sicherungsgebers resultierende Forde-

---

67 BGH NJW-RR 2003, 1690, 1691; BGH NJW 2000, 276, 277.
68 BGH ZIP 2012, 2358, Rn. 8; BGH WM 1982, 482, 483; Schimansky/Bunte/Lwowski-*Ganter*, § 96, Rn. 44 f.
69 BGH NJW-RR 2003, 1690, 1691; Bamberger/Roth-*Rohe*, § 398, Rn. 70; MüKoBGB-*Roth*, § 398, Rn. 85; Palandt-*Grüneberg*, § 398, Rn. 12; Staudinger-*Busche*, § 398, Rn. 73 ff.; *Larenz*, Bd. I, § 34 III. (S. 585 f.); *Serick*, Sicherungsübertragung, Bd. IV, § 47, IV., 4. (S. 330 ff.).
70 *Bülow*, Kreditsicherheiten, Rn. 1419; Schimansky/Bunte/Lwowski-*Ganter*, § 96, Rn. 66.
71 BGHZ 191, 277, Rn. 9 (Rückübertragungsanspruch einer Grundschuld); BGHZ 167, 363, Rn. 6 (Vergütungsansprüche gegen kassenärztliche Vereinigung); BGH ZIP 2013, 1082, Rn. 27 (Mietforderungen); vgl. auch BGH ZIP 2012, 2358, Rn. 13 (Lohnforderungen).
72 BGH ZIP 2009, 380, Rn. 31 ff.
73 BGHZ 109, 368, 372; vgl. auch BGH ZIP 2010, 335, Rn. 21. Gerade in Bezug auf Forderungen aus Dauerschuldverhältnissen stellt sich die Frage der Abgrenzung zwischen künftig aufschiebend bedingt (§ 91 InsO ist anwendbar) und gegenwärtig betagt (§ 91 InsO greift nicht), vgl. BGH ZIP 2012, 2358, Rn. 14.

rungen zur Sicherheit an den Kreditgeber übertragen.[74] Durch die Globalzession kann insbesondere das aus Lieferung und Leistung resultierende Umlaufvermögen als Sicherheit eingesetzt werden, vergleichbar der Sicherungsübereignung eines Warenlagers mit wechselndem Bestand. Hinsichtlich der Bestimmbarkeit sind die Anforderungen nicht allzu streng. Es genügt eine allgemeine Kategorisierung, welche eine Bestimmbarkeit im Zeitpunkt der Entstehung der Forderungen zulässt. So genügt eine allgemeine Bezeichnung des Rechtsgrundes (»sämtliche Forderungen aus Warenlieferung und Leistung«) oder eine umfassende Bezeichnung der Drittschuldner (sämtliche Forderungen gegen die Kunden mit den Anfangsbuchstaben A–Z).[75] Daneben besteht auch hier die Möglichkeit im Wege der Mantelzession wiederholt lediglich die gegenwärtigen Forderungen des Umlaufvermögens abzutreten. Dabei wirkt die Übersendung aktualisierter Debitorenlisten oder Rechnungsdurchschriften konstitutiv für die dingliche Abtretung der darin enthaltenen Forderungen.[76] In diesem Fall ist der Sicherungsnehmer freilich in erhöhtem Maße auf die Vertragstreue des Sicherungsgebers angewiesen.

ee) Die Grenze des § 138 Abs. 1 BGB

Unter anderem der Mangel an Publizität, Akzessorietät und jeglicher gesetzlicher Ausgestaltung können zur missbräuchlichen Verwendung von Sicherungsübertragungen sowohl gegenüber dem Sicherungsgeber als auch gegenüber dessen übrigen Gläubigern führen. Die Insolvenzanfechtung ist auf diese Gefahrenlagen nicht zugeschnitten, ist sie doch an die Insolvenzeröffnung geknüpft und in erster Linie auf die Verwirklichung des insolvenzrechtlichen Gläubigergleichbehandlungsgrundsatzes gerichtet. Die Rechtsprechung hat daher mehrere kreditsicherungsrechtliche Fallgruppen entwickelt, in denen sie die Nichtigkeit des Kreditsicherungsgeschäfts aufgrund von Sittenwidrigkeit gemäß § 138 Abs. 1 BGB annimmt. Trotz der grundsätzlichen Neutralität des dinglichen Verfügungsgeschäfts ist in diesen Fällen neben der Nichtigkeit des schuldrechtlichen Sicherungsvertrags auch von der Nichtigkeit des dinglichen Übertragungsgeschäfts auszugehen.[77]

(1) Übersicherung

Übersicherung liegt vor, wenn der Wert des Sicherungsguts den Wert der gesicherten Forderung in erheblichem Maße übersteigt.[78] Tritt ein solches Missverhältnis erst im Laufe des Kreditverhältnisses auf (nachträgliche Übersicherung), so steht dem Siche-

---

74 Schimansy/Bunte/Lwowski-*Ganter*, § 96, Rn. 93.

75 Vgl. BGH NJW 1995, 1668; Lwowski/Fischer/Langenbucher-*Lwowski*, § 13, Rn. 81.

76 Zum Ganzen Schimansy/Bunte/Lwowski-*Ganter*, § 96, Rn. 89 ff.

77 BGH ZIP 2003, 1256, 1259; BGH NJW 1998, 2047; Palandt-*Herrler*, § 930, Rn. 24; Staudinger-*Wiegand*, Anh. §§ 929–932, Rn. 168; *Bülow*, Kreditsicherheiten, Rn. 1143; Lwowski/Fischer/Langenbucher-*Brünink*, § 3, Rn. 78; *Serick*, Sicherungsübertragung, Bd. III, § 30, II., 2. (S. 24); a.A. MüKoBGB-*Oechsler*, Anh. §§ 929–936, Rn. 35, der nur den Kondiktionsanspruch aus § 812 I 1 Var. 1 BGB gewähren möchte.

78 *Bülow*, Kreditsicherheiten, Rn. 1106; Westermann/Gursky/Eickmann, Sachenrecht, § 44, Rn. 32.

rungsgeber allerdings ein vertragsimmanenter, auf dem Treuhandcharakter beruhender Anspruch auf entsprechende Sicherheitenfreigabe zu. Einschränkende AGB-Klauseln sind gemäß § 307 Abs. 1 BGB unwirksam.[79] Bei nachträglicher Übersicherung besteht daher für Korrekturen über § 138 Abs. 1 BGB kein Bedürfnis.[80] Die maßgebliche Deckungsgrenze für den Freigabeanspruch ist erreicht, wenn der realisierbare Wert des Sicherungsguts mehr als 110 Prozent der gesicherten Forderung beträgt. Da der realisierbare Wert nur schwer zu ermitteln ist, wird – gestützt auf den Rechtsgedanken des § 237 BGB – widerlegbar vermutet, dass der realisierbare Wert zwei Drittel des Nominalwerts (Buchwert) des Sicherungsguts beträgt. Eine Vermutung für den Freigabeanspruch besteht daher, wenn dieser Wert 150 Prozent der gesicherten Forderung übersteigt.[81]

Demgegenüber kann im Falle der anfänglichen Übersicherung § 138 Abs. 1 BGB weiterhin relevant sein. Diese liegt objektiv vor, wenn bereits bei Vertragsschluss gewiss ist, dass im Verwertungsfall ein grobes Missverhältnis zwischen dem realisierbaren Wert der Sicherheit und der gesicherten Forderung bestehen wird. In subjektiver Hinsicht ist erforderlich, dass der Gläubiger aus einer verwerflichen Gesinnung heraus handelt, wofür insbesondere eine eigensinnige Rücksichtslosigkeit gegenüber den Interessen des Schuldners spricht.[82] Die Vermutung, dass dem Sicherungsinteresse des Gläubigers durch einen Abschlag von einem Drittel vom Nominalwert sicherungsübereigneter Ware ausreichend Rechnung getragen wird, gilt hier nicht.[83] Für die Bestimmung des Missverhältnisses sind anhand der Maßstäbe der nachträglichen Übersicherung und der Grundsätze zum Wuchergeschäft Pauschalierungsversuche vorgenommen worden.[84] Der BGH hat der Vermutungswirkung pauschaler Grenzen in Bezug auf den Nominalwert des Sicherungsguts eine Absage erteilt und verlangt stets die Ermittlung des voraussichtlichen Verwertungswerts.[85] Dabei sei Bewertungsrisiken und -unschärfen im Einzelfall ausreichend Rechnung zu tragen.[86] Die vorgeschlagenen Grenzen dienen somit allenfalls als Richtlinie unter Beachtung der Einzelfallumstände.[87] Ist im Einzelfall das Verwertungsrisiko sehr hoch und dies vom Sicherungsneh-

79 BGHZ 137, 212, 218 ff.
80 BGHZ 137, 212, 223. Die Vorschrift kann allenfalls für Individualverträge, welche die Durchsetzung des Freigabeanspruchs unangemessen beeinträchtigen, noch Bedeutung erlangen, siehe *Ganter*, ZIP 1994, 257, 259.
81 Mit Rücksicht auf die konkrete Risikolage kann auch in AGB eine höhere Deckungsgrenze als 150 Prozent für den Freigabeanspruch vereinbart werden, wobei die Notwendigkeit dafür vom Sicherungsnehmer im Steitfall substantiiert dargelegt werden muss, vgl. BGHZ 137, 212, 236; *Rombach*, S. 171 f.; a.A. *Schwab*, JuS 1999, 740, 744.
82 BGH NJW-RR 2010, 1529, Rn. 11 f.; BGH NJW 1998, 2047.
83 BGH NJW 1998, 2047.
84 *Rombach*, S. 194 kommt auf eine Deckungsgrenze i.H.v. 220 Prozent der gesicherten Forderung in Bezug auf den realisierbaren Wert, während *Nobbe*, in: FS Schimansky, S. 433, 453 auf 300 Prozent der gesicherten Forderung in Bezug auf den Nominalwert des Sicherungsguts kommt.
85 BGH NJW-RR 2010, 1529, Rn. 12; BGH NJW 1998, 2047.
86 BGH NJW 1998, 2047.
87 *Ganter*, WM 2001, 1, 7; *Tetzlaff*, ZIP 2003, 1826, 1831; *ders.* DZWIR 2003, 453.

mer dokumentiert, können Nominalwerte die gesicherte Forderung auch um mehr als 300 Prozent überschreiten.[88]

(2) Knebelung

Eine Knebelung liegt vor, wenn der Sicherungsnehmer den Sicherungsgeber in seiner wirtschaftlichen Bewegungsfreiheit übermäßig einengt.[89] Die Sicherungsübereignung des gesamten Umlaufvermögens begründet keine Knebelung, solange der Sicherungsgeber zur Weiterveräußerung und zum Einzug der entsprechenden Forderungen bis zum Eintritt des Sicherungsfalls ermächtigt bleibt.[90] Eine Knebelung wurde bislang lediglich angenommen, wenn sich der Sicherungsnehmer in der Sicherungsabrede weitreichende Eingriffsbefugnisse in die unternehmerische Entscheidungsfreiheit des Sicherungsgebers vorbehielt.[91] Sinnvolle Kontrollmaßnahmen muss sich der Sicherungsgeber gefallen lassen.[92]

(3) Gläubigergefährdung/Konkursverschleppung

Wird die Sicherungsübertragung genutzt, um dem Sicherungsnehmer Vorteile zu verschaffen und wird dadurch gleichzeitig die Gefahr der Täuschung und/oder des Vermögensschadens für andere Gläubiger des Sicherungsnehmers hervorgerufen, kann Sittenwidrigkeit unter dem Aspekt der Gläubigergefährdung vorliegen.[93] In diesen Fällen geht es regelmäßig um Sicherheitenbestellungen im Vorfeld der Insolvenz des Sicherungsgebers. § 138 Abs. 1 InsO kann dann im Verhältnis zu den Insolvenzanfechtungsvorschriften nur eingreifen, wenn über den Tatbestand der Anfechtungsnorm hinaus zusätzliche Einzelfallumstände vorliegen, die das Rechtsgeschäft als sittenwidrig erscheinen lassen.[94] Objektiv kann dabei die Größe der Gefahr für eine Vielzahl von Gläubigern relevant sein.[95] Auch die tatsächliche objektive wirtschaftliche Lage des Sicherungsgebers muss stets unabhängig von den subjektiven Annahmen der Parteien berücksichtigt werden.[96] Subjektiv ist die verwerfliche Gesinnung der Parteien maßgeblich. Auf Seiten des Sicherungsgebers muss grundsätzlich Täuschungsabsicht oder Schädigungsvorsatz hinsichtlich anderer Gläubiger vorliegen.[97]

---

88 *Lwowski*, in: FS Schimansky, 389, 394 ff.; vgl. auch OLG Hamm, Urt. v. 23.11.2009, Az. 31 U 323/06 = BeckRS 2010, 02549, welches einen Nominalwert in Höhe von 292 Prozent der gesicherten Forderung nicht als sittenwidrig wertete.
89 BGHZ 138, 291, 303; BGHZ 44, 158, 161; BGH NJW 1993, 1587, 1588.
90 BGHZ 138, 291, 303; BGHZ 20, 43, 49; BGH NJW-RR 1988, 1012; BGH WM 1961, 1297, 1298 f.
91 BGH NJW 1993, 1587, 1588.
92 Schimansky/Bunte/Lwowski-*Ganter*, § 90, Rn. 346.
93 *Bülow*, Kreditsicherheiten, Rn. 1132; *Gehrlein*, MDR 2008, 1069, 1073; Lwowski/Fischer/ Langenbucher-*Brünink*, § 3, Rn. 70.
94 BGHZ 138, 291, 299; BGH WM 2002, 1186, 1187; MüKoInsO-*Kirchhof*, Vor. §§ 129–147, Rn. 54; *Serick*, Sicherungsübertragung, Bd. III, § 32, II., 2. (S. 155).
95 Vgl. BGH NJW 1995, 1668, 1669.
96 BGH ZIP 2016, 1058, Rn. 50 ff.
97 BGHZ 138, 291, 299; OLG Hamm WM 2000, 518, 519 f.; OLG Köln WM 2003, 1070, 1071. *Gehrlein*, MDR 2008,1069,1073; MüKoInsO-*Kirchhof*, Vor. §§ 129-147, Rn. 54.

Besichert der Sicherungsgeber hingegen sein letztes freies Vermögen trotz unmittelbar bevorstehender Insolvenz, kann für die Annahme der Sittenwidrigkeit bereits genügen, dass er die Möglichkeit der Schädigung weiterer Gläubiger für möglich gehalten hat. Der Sicherungsnehmer handelt dann bereits sittenwidrig, wenn er sich Sicherheiten einräumen lässt, obwohl er die Umstände kennt, welche auf den bevorstehenden Zusammenbruch des Schuldners hindeuten oder sich diesen Umständen in fahrlässiger Weise verschließt.[98] Die Sittenwidrigkeit kann entfallen, wenn das Kreditgeschäft objektiv für eine Sanierung des Sicherungsgebers geeignet ist. Führt die Sicherheitenbestellung allerdings erkennbar lediglich zur Verzögerung eines Insolvenzverfahrens kann sie unter dem zusätzlichen Aspekt der Konkursverschleppung sittenwidrig sein.[99]

(4) Verleitung zum Vertragsbruch

Ebenfalls über § 138 Abs. 1 BGB gelöst hat die Rechtsprechung den Konflikt zwischen dem durch Globalzession gesicherten Geldkreditgeber und dem unter verlängertem Eigentumsvorbehalt liefernden Warenkreditgeber.[100] Unter Prioritätsgrundsätzen wäre die frühere Globalzession wirksam, die spätere gegenüber dem Warenkreditgeber ginge ins Leere. Da allerdings Lieferanten typischerweise nur unter Vereinbarung eines verlängerten Eigentumsvorbehalts zu liefern bereit sind, wäre der Sicherungsgeber, welcher auf die Lieferung neuer Waren angewiesen ist, gezwungen, seinen Lieferanten gegenüber die vorherige Globalabtretung zu verschweigen und gegen das mit diesen typischerweise vereinbarte Abtretungsverbot zu verstoßen. Wird also durch die Globalzession der Sicherungsgeber zum Vertragsbruch verleitet, so ist diese aufgrund von Sittenwidrigkeit gemäß § 138 Abs. 1 BGB unwirksam. Dies ist dann der Fall, wenn die Globalzession auch die aus der Veräußerung von Vorbehaltsware entstehenden Forderungen umfassen soll, obwohl der Sicherungsnehmer weiß, dass der Sicherungsgeber in der Regel von wenigstens einem Lieferanten nur unter Vereinbarung eines verlängerten Eigentumsvorbehalts beliefert wird.[101] In der Kautelarpraxis wird die Sittenwidrigkeit vermieden durch die Einfügung dinglicher Verzichts- bzw. Vorrangklauseln.[102] Bloß schuldrechtliche Verpflichtungs- oder Freigabeklauseln beseitigen die Sittenwidrigkeit indessen nicht.[103]

c) Publizität, Drittwirksamkeit, Rangfolgen

Sicherungsübereignung und Sicherungsabtretung sind publizitätslose Sicherungsrechte. Das deutsche Mobiliarsachenrecht kennt außerhalb der Mobiliarhypotheken keine Registerpublizität. §§ 398, 930 BGB machen deutlich, dass der grundsätzlich geltende

---

98   BGH NJW 1995, 1668, 1669.
99   BGH NJW 1995, 1668, 1669; siehe auch OLG Köln WM 2003, 1070, 1071 f.
100 Zum ganzen ausführlich Staudinger-*Busche*, Einl. §§ 398 ff., Rn. 98 ff.
101 BGHZ 55, 34, 35 f.; BGHZ 30, 149, 152; BGH NJW 1995, 1668, 1669.
102 BGHZ 98, 303, 314 f; BGH DB 1999, 329; *Lambsdorff/Skora*, NJW 1977, 701 f.
103 Zu Verpflichtungsklauseln siehe BGH NJW 1968, 1516, 1518; BGH NJW 1974, 942, 943; *Serick*, Sicherungsübertagung, Bd. IV, § 49, II., 3., b) (S. 398 ff.); zu Freigabeklauseln siehe BGHZ 72, 308, 310; BGH DB 1999, 329; *Reinicke/Tiedke*, Kreditsicherungsrecht, Rn. 954.

sachenrechtliche Publizitätsgrundsatz des BGB nur eingeschränkt gilt.[104] Mit Abschluss der dinglichen Vollrechtsübertragung entfaltet die Sicherungsübertragung Drittwirksamkeit. Letztere verleiht der Sicherheit erst ihren dinglichen Charakter, während die Unterscheidung zwischen einer dinglichen Wirkung lediglich *inter partes* und einer dinglichen Wirkung *inter omnes* mit dem deutschen Trennungsprinzip kaum zu vereinbaren ist.[105] Die Sicherung durch Vollrechtsübertragung macht zudem die Bestellung nachrangiger Sicherheiten an demselben Sicherungsgegenstand unmöglich. Entsprechend richtet sich die Wirksamkeit kollidierender Sicherungsverfügungen grundsätzlich nach ihrer zeitlichen Priorität.[106] Die Wirksamkeit einer zeitlich nachfolgenden Sicherungsübereignung mittels gutgläubigen Erwerbs scheitert regelmäßig an der erforderlichen Besitzübergabe, § 933 BGB. Möglich ist allerdings der Untergang des Sicherungseigentums durch gutgläubigen Erwerb eines Dritten gemäß § 932 BGB, § 366 HGB. Die in der Praxis bedeutsamste Durchbrechung des Prioritätsprinzips dürfte hingegen in der durch die Vertragsbruchslehre erreichten Zuschlagung von zuvor an einen Geldkreditgeber globalzedierten, aus der Weiterveräußerung von Vorbehaltsware resultierenden, Forderungen an den durch verlängerten Eigentumsvorbehalt gesicherten Warenkreditgeber liegen.

d)   Rechtsstellung der Parteien

aa)   Die dingliche Stellung der Parteien

(1)   Dingliche Rechtsstellung des Sicherungsgebers?

Die dogmatische Einordnung insbesondere des Sicherungseigentums in das System des vom *numerus clausus* geprägten deutschen Sachenrechts ist schwierig. Dies liegt weniger an der funktionalen Aufteilung der aus § 903 BGB fließenden Eigentumsbefugnisse zwischen Sicherungsgeber und -nehmer. Die Übertragung der Nutzungsfunktion durch den Eigentümer an einen Dritten und der transitorische Charakter der Sicherungsübereignung lassen sich ohne Probleme mit den Mitteln des Sachen- und Schuldrechts darstellen. Das Verständnis von Sicherungseigentum als eigenständigem Systembegriff rechtfertigt sich vielmehr aus dem Umstand, dass die schuldrechtlichen Abreden zwischen Sicherungsgeber und -nehmer in der Zwangsvollstreckung und Insolvenz in das Außenverhältnis zu Dritten durchschlagen und Wirkungen erzielen, welche nur schwer mit der Vermögens- und Haftungszuordnung in Einklang gebracht

---

104   MüKoBGB-*Oechsler*, Anh. §§ 929–936, Rn. 2.
105   *Kieninger*, RNotZ 2013, 216, 223.
106   Hinsichtlich der antizipierten Sicherungsübertragung künftiger Vermögenswerte gilt dies uneingeschränkt für Forderungen, da bei diesen bereits mit der dinglichen Einigung der Verfügungstatbestand abgeschlossen ist und eine nachfolgende Einigung damit ins Leere geht, siehe Staudinger-*Busche*, § 398, Rn. 74. Demgegenüber kann eine antizipierte Sicherungsübereignung, solange das Sicherungsgut noch nicht vom Sicherungsgeber erworben und damit der mittelbare Besitz noch nicht auf den Sicherungsnehmer übertragen wurde, durch eine nachfolgende kollidierende Sicherungsübereignung »überholt« werden, da der Sicherungsgeber mit der nachfolgenden Sicherungsübereignung signalisiert, den Besitz nicht dem ursprünglichen, sondern dem nachfolgenden Sicherungsnehmer mitteln zu wollen, siehe Staudinger-*Wiegand*, § 930, Rn. 33.

werden können.[107] Der Sicherungsgeber wird in der Zwangsvollstreckung und Insolvenz gegenüber dem Vermögen des Sicherungsnehmers durch Gewährung von
Drittwiderspruchsklage und Aussonderungsrecht einem Eigentümer gleichgesetzt,[108]
während das Eigentumsrecht des Sicherungsnehmers in der Insolvenz des Sicherungsgebers durch Gewährung eines Absonderungsrechts auf die Wirkung eines Pfandrechts
reduziert wird.[109] Sind diese Ergebnisse der Rechtsprechung vom Schrifttum uneingeschränkt gebilligt und in § 51 Nr. 1 InsO zum Teil kodifiziert worden,[110] so sind doch
die dogmatischen Begründungsversuche zahlreich.[111] Insbesondere wird hinterfragt, ob
dem Sicherungsgeber eventuell eine dingliche Rechtsposition am Sicherungsgut verbleibt. Obwohl die Diskussion ausschließlich im Bereich des Sicherungseigentums
geführt wird, lassen sich die Ansätze und Begründungen zum großen Teil auch auf die
Sicherungsabtretung übertragen.

So geht ein Teil der Literatur davon aus, dass beim Sicherungseigentum nicht das
vollumfängliche Eigentumsrecht i.S.v. § 903 BGB übertragen wird, es sich vielmehr
um ein beschränkt dingliches Recht gleich einem besitzlosen Pfandrecht handele.[112]
Ein anderer Teil des Schrifttums will wiederum mit unterschiedlicher Begründung die
Stellung des Sicherungsgebers in Zwangsvollstreckung und Insolvenz gegenüber dem
Vermögen des Sicherungsnehmers mit einem Anwartschaftsrecht des Sicherungsgebers unabhängig von den Parteivereinbarungen rechtfertigen.[113] Vereinzelt wurde
auch in Anlehnung an die durch das Reichsgericht entwickelte und vom BGH zum
Teil weitergeführte Terminologie[114] vertreten, dass Eigentum lasse sich in formaljuristisches sowie wirtschaftliches Eigentum aufspalten.[115] Demgegenüber sehen Rechtsprechung und ganz herrschende Meinung im Schrifttum im Sicherungseigentum zu
Recht die Übertragung des Vollrechts Eigentum i.S.v. § 903 BGB unter lediglich
schuldrechtlichen Beschränkungen im Innenverhältnis.[116] Alle anderen Auffassungen
sind mit dem *numerus clausus* der dinglichen Rechte nicht vereinbar oder lassen sich

---

107 MüKo-*Oechsler*, Anh. 929–936, Rn. 1; Staudinger-*Wiegand*, Anh. §§ 929–931, Rn. 211,
   321 ff. spricht insoweit von einer neuen, durch Richterrecht anerkannten, besonderen Art
   des Eigentums.
108 BGHZ 72, 141, 145 f.; BGHZ 11, 37, 41; RGZ 91, 12, 14 f.
109 BGHZ 72, 141, 146; BGH ZIP 1996, 1307; RGZ 124, 73.
110 Vgl. Nachweise bei Staudinger-*Wiegand*, Anh. §§ 929–931, Rn. 250 ff.
111 Vgl. die Ausführliche Darstellung der Diskussion bei *Aschenbrenner*, S. 81 ff.
112 *Henckel*, in: FS Zeuner, S. 193, 213 f.; *Wieling*, § 18 2.; dies auch für die Sicherungsabtretung annehmend *Smid/Nowitzki*, ZInsO 2009, 1721, 1724 f.
113 *Reich*, S. 94 f.; *ders.* AcP 169 (1969), 247, 258 ff., 265; *Wolff/Raiser*, § 179 III 1 (S. 735 f.),
   die von einer funktionalen Teilung des Eigentums ausgehen. Im Außenverhältnis erhalte
   der Sicherungsnehmer Eigentum während dieses im Innenvehältnis beim Sicherungsgeber
   verbleibe.
114 Grundlegend RGZ 45, 80, 85; siehe auch BGH NJW NJW 2003, 1182, 1183 (zur Sicherungszession).
115 Zuletzt noch *Assfalg*, NJW 1963, 1582, 1585.
116 BGHZ 72, 141, 146; MüKo-*Oechsler*, Anh. §§ 929–936, Rn. 1; Soergel-*Henssler*, Anh.
   § 930, Rn. 7; Staudinger-*Wiegand*, Anh. §§ 929–931, Rn. 58; *Baur/Stürner*, Sachenrecht,
   § 57, Rn. 3, 38; *Gernhuber*, JuS 1988, 355, 358 f.; Lwowski/Fischer/Langenbucher-*Lwowski*,
   § 11, Rn. 4; *Reinicke/Tiedke*, Kreditsicherungsrecht, Rn. 624; *Serick*, Sicherungsübertragung,
   Bd. II, § 19, I., 2. (S. 75); *Westermann/Gursky/Eickmann*, Sachenrecht, § 44, Rn. 3.

ohne entsprechende Parteivereinbarungen kaum begründen (Anwartschaftslehre). Um das Recht zur Drittwiderspruchsklage und Aussonderung des Sicherungsgebers dogmatisch zu begründen, reicht allerdings nicht der einfache Verweis auf die quasidingliche Wirkung der Sicherungsabrede.[117] Diese Begrifflichkeit beschreibt zwar zutreffend die anerkannten Folgen des Sicherungseigentums in Zwangsvollstreckung und Insolvenz, liefert jedoch keine dogmatische Begründung.[118] Diese kann vielmehr nur in einer der schuldrechtlichen Sicherungsabrede Rechnung tragenden funktionellteleologischen Auslegung der jeweiligen Haftungsnormen des Insolvenz- und Zwangsvollstreckungsrechts liegen.[119] Bereits die Anerkennung eines Aussonderungsanspruchs des Treugebers im Konkurs des Treunehmers in RGZ 45, 80 beruhte trotz der Verwendung entsprechender Terminologie keinesfalls auf einer dinglichen Aufspaltung des Eigentums in ein wirtschaftliches und ein formaljuristisches, sondern auf einer funktional-teleologischen und historischen Auslegung des Begriffs »gehören« des damaligen § 35 KO a.F. (§ 43 KO n.F.).[120]

(2) Treuhänderisches Sicherungsrecht

Nach dem Sicherungsvertrag steht dem Sicherungsnehmer am Sicherungsgut im Innenverhältnis lediglich ein Verwertungsrecht für den Sicherungsfall zu. Im Außenverhältnis hingegen erlangt er vollumfängliches Eigentum bzw. die Inhaberschaft an der Forderung. Dementsprechend kann er als Volleigentümer – wenn auch vertragswidrig – über das Sicherungsgut verfügen. Damit erfüllen Sicherungseigentum und Sicherungsabtretung alle Eigenschaften eines fiduziarischen Treuhandverhältnisses.[121] Deren wesentliches Merkmal ist die Vollrechtsübertragung mit der damit verbundenen, den im Innenverhältnis vereinbarten Treuhandzweck übersteigenden, Rechtsmacht im Außenverhältnis.[122] Entsprechend der überwiegend eigennützigen Sicherungsinteressen des treuhänderischen Sicherungsnehmers handelt es sich um eine (eigennützige) Sicherungstreuhand im Gegensatz zur (fremdnützigen) Verwaltungstreuhand.[123]

---

117 *Serick*, Sicherungsübertragung, Bd. II, § 19 I. 3. (S. 77) und Bd. III, § 35 II. 2. c) (S. 297), welcher weitergehend der Sicherungsabrede die Wirkung zuerkennt, das Eigentum des Sicherungsnehmers bei dessen Insolvenz wieder in Eigentum des Sicherungsgebers umzuwandeln; ihm begrifflich folgend *Adolphsen*, in: Kölner Schrift zur Insolvenzordnung, S. 1326, 1337; *Gernhuber*, JuS 1988, 355, 358 ff. *Reinicke/Tiedke*, Kreditsicherungsrecht, Rn. 762.

118 *Bitter*, Rechtsträgerschaft, S. 271; äußerst kritisch zum Begriff der Quasi-Dinglichkeit *Henssler*, AcP 196 (1996), 37, 48 ff.

119 So auch *Aschenbrenner*, S. 92; *Bitter*, Rechtsträgerschaft, S. 282 ff., 295 (bezogen auf die Verwaltungstreuhand); *Gaul*, in: FS Serick, S. 105, 127 ff.; *Henssler*, AcP 196 (1996), 37, 51 ff.; vgl. auch BGHZ 72, 141, 145.

120 *Bitter*, Rechtsträgerschaft, S. 124, 53 f.; *Gaul*, in: FS Serick, S. 105, 118 f.; *Gaul/Schilken/Becker-Eberhard*, § 41, Rn. 42.

121 Maßgeblich für die Einordnung des Sicherungseigentums als Treuhandgeschäft vor allem *Serick*, Sicherungsübertragung, Bd. II, § 19 I. 1. (S. 71 ff.) und bereits *Regelsberger*, AcP 63 (1880), 157 ff.; siehe auch *Coing*, S. 88 ff. und aus der Rechtsprechung BGHZ 137, 212, 218 f.

122 *Gernhuber*, JuS 1988, 355, 356.

123 *Coing*, S. 89.

(3) Schutz in der Zwangsvollstreckung durch Gläubiger des Sicherungsgebers

Das Volleigentum bzw. die Forderungsinhaberschaft des Sicherungsnehmers stellt den Prototyp des die Zwangsvollstreckung hindernden Rechts im Sinne von § 771 ZPO dar.[124] Gegen die Zwangsvollstreckung durch Gläubiger des Sicherungsgebers in das Sicherungsgut steht dem Sicherungsnehmer daher die Drittwiderspruchsklage zu.[125] Die Mindermeinung, welche dem Sicherungsnehmer unter Verweis auf die Wertung des § 51 Nr. 1 InsO lediglich die Klage auf vorzugsweise Befriedigung gemäß § 805 ZPO gewähren will,[126] verkennt, dass § 51 Nr. 1 InsO lediglich eine insolvenzhaftungsrechtlich funktionsbedingte Abweichung darstellt, die das Volleigentum des Sicherungsnehmers nicht in Frage stellt.[127] Solange keine Insolvenz vorliegt, ist es nicht erforderlich, das Sicherungsgut zur Haftungsmasse des Sicherungsgebers zu ziehen, da davon auszugehen ist, dass dessen Gläubiger auch anderweitig befriedigt werden können. Machte das Sicherungsgut das wesentliche Vermögen des Sicherungsgebers aus und liegt kein Fall einer Übersicherung vor, so muss der die Zwangsvollstreckung betreibende Drittgläubiger Insolvenzantrag stellen, um das Sicherungsgut zur Haftungsmasse zu ziehen und aus dem die gesicherte Forderung übersteigenden Teil Befriedigung zu erlangen.

bb) Die wesentlichen Rechte und Pflichten vor Tilgung der gesicherten Forderung

(1) Besitz, Nutzungen, Erhalt des Sicherungsguts

Erfolgt die Sicherungsübereignung nach § 930 BGB, so steht dem Sicherungsgeber auch ohne ausdrückliche Vereinbarung das Recht zum Besitz und zur bestimmungsgemäßen Nutzung des Sicherungsguts zu.[128] In diesem Rahmen trifft den Sicherungsgeber auch ohne ausdrückliche Vereinbarung die Pflicht, das Sicherungsgut in einem die Verwertung ermöglichenden Zustand zu erhalten und dementsprechend für eventuell erforderliche Reparaturen aufzukommen.[129] Verstößt der Sicherungsnehmer so gegen seine Pflichten, dass der Sicherungszweck gefährdet wird, so kann der Sicherungsnehmer neben möglichem Schadensersatz ausnahmsweise bereits vor Fälligkeit der gesicherten Forderung die Herausgabe des Sicherungsguts vom Sicherungsnehmer verlangen.[130] Eine weitergehende Verwertung kommt jedoch nur in Betracht, wenn durch Kündigung des Kreditvertrags der Sicherungsfall herbeigeführt wurde.[131]

---

124 *Aschenbrenner*, S. 260.
125 BGHZ 118, 201, 206 f.; BGHZ 100, 95, 103 f.; Jauernig-*Berger*, § 930, Rn. 49; Staudinger-*Busche*, Einl. §§ 398 ff., Rn. 96; *Brox/Walker*, Zwangsvollstreckungsrecht, Rn. 1417.
126 MüKoZPO-*Schmidt/Brinkmann*, § 771, Rn. 29; *B/L/A/H*, ZPO, § 771, Rn. 25.
127 *Gaul*, in: Festgabe BGH, Bd. III, S. 521, 547 ff.; zu den hinter § 51 Nr. 1 InsO stehenden Erwägungen siehe unten unter 1. Teil A. I. 2. f) aa) (S. 28).
128 MüKoBGB-*Oechsler*, §Anh. 929–936, Rn. 36.
129 *Serick*, Sicherungsübertragung, Bd. II, § 18 II. 5. (S. 65).
130 Staudinger-*Wiegand*, Anh. §§ 929–931, Rn. 222.
131 Vgl. MüKoBGB-*Oechsler*, Anh. §§ 929–936, Rn. 48; Schimansky/Bunte/Lwowski-*Ganter*, § 90, Rn. 541; a.A. *Westermann/Gursky/Eickmann*, § 44, Rn. 28, die bei schweren Pflichtverstößen einen Verwertungsfall annehmen; für eine analoge Anwendung des § 1219 BGB in solchen Fällen *Loy*, S. 59.

(2) Einziehung der sicherungshalber abgetretenen Forderung

Üblicherweise erfolgt die Sicherungsabtretung ohne Drittschuldneranzeige als stille Zession. In diesem Fall gilt der Sicherungsnehmer auch ohne ausdrückliche Vereinbarung als vom Sicherungsgeber ermächtigt, die Forderung beim Drittschuldner einzuziehen.[132] Der an den Sicherungsgeber leistende Drittschuldner wird von seiner Leistungspflicht frei, §§ 407, 185 BGB. Der Sicherungsgeber kann die Forderung zudem in nicht notwendigerweise offenzulegender Prozessstandschaft einklagen.[133] Eine Einziehungsermächtigung muss mangels anderweitiger Abreden zudem dahin ausgelegt werden, dass der Sicherungsgeber auch ermächtigt sein soll, die Forderung zu veräußern, solange diese Veräußerung die Sicherungsbelange des Zessionars nicht beeinträchtigt, es sich mithin um eine »deckungsgleiche Verfügung« handelt.[134] Regelmäßig legt der Sicherungsvertrag fest, unter welchen Umständen der Sicherungsnehmer berechtigt ist, die Einzugsermächtigung zu widerrufen und die Abtretung dem Drittschuldner anzuzeigen. Ohne entsprechende Regelungen wird man eine stillschweigende Widerrufsbefugnis bei Gefährdung des Sicherungszwecks annehmen müssen. Wird die abgetretene Forderung im Falle der stillen Zession vom Sicherungsgeber eingezogen, so ist mangels anderweitiger Abreden grundsätzlich davon auszugehen, dass der eingezogene Betrag weiterhin als Sicherheit des Kreditgebers dienen soll.[135] Der Sicherungsgeber hat ihn daher von seinem Vermögen getrennt zu verwahren, ansonsten drohen Schadensersatzpflichten.[136] Etwas anderes gilt im Falle der Globalzession an Forderungen des Umlaufvermögens. In diesem Fall gilt der Sicherungsgeber auch ohne ausdrückliche vertragliche Regelung als ermächtigt, die eingezogenen Beträge im Rahmen seiner betrieblichen Tätigkeit wieder zu verwenden.[137] Obliegt hingegen dem Sicherungsnehmer die Einziehung im Falle der offenen Sicherungsabtretung, so dient der eingezogene Betrag im Zweifel künftig als Barsicherheit, welche bei Wegfall des Sicherungszwecks zurück zu erstatten ist.[138] Übersteigt in diesem Fall der eingezogene Betrag den der gesicherten Forderung, ist der Überschuss sofort freizugeben.

132 BGHZ 120, 387, 395; BGH NJW 1999, 2110; Schimansky/Bunte/Lwowski-*Ganter*, § 96, Rn. 85.
133 BGH NJW 1999, 2110, 2111; BGH NJW 1990, 1117; BGH NJW 1978, 698, 699.
     Nach Offenlegung der Zession kommt nur noch ein Klageantrag auf Zahlung an den Sicherungsnehmer in Betracht, siehe BGH NJW 1999, 2110, 2111.
134 Echtes Factoring ist im Rahmen einer Globalsicherungszession danach regelmäßig unzulässig, siehe BGHZ 75, 391, 395 ff.; BGHZ 82, 283, 288 ff.; etwas anderes gilt im Rahmen des verlängerten Eigentumsvorbehalts, siehe BGHZ 72, 15, 20 ff.; unechtes Factoring als teilweises Sicherungsgeschäft wird ebfalls regelmäßig nicht von der Einziehungsermächtigung erfasst, siehe BGHZ 82, 50, 61.
135 BGH NJW-RR 1995, 1369, 1370.
136 BGH NJW-RR 1995, 1369, 1370; Schimansky/Lwowski/Bunte-*Ganter*, § 96, Rn. 73.
137 BGHZ 138, 291, 303; Schimansky/Bunte/Lwowski-*Ganter*, § 96, Rn. 73, 96.
138 Lwowski/Fischer/Langenbucher-*Lwowski*, § 5, Rn. 2; *Serick*, Sicherungsübertragung, § 39, II., 5., a) (S. 530 ff.).

(3) Veräußerungs-, Verarbeitungs- und Einziehungsermächtigung – Ausgestaltung als revolvierende Kreditsicherheit

(a) Sicherungseigentum

Insbesondere wenn der Sicherungsgeber Sachgesamtheiten des Umlaufvermögens (Warenlager) als Kreditsicherheit einsetzen will, muss es ihm möglich sein, einzelne Gegenstände aus dem Sicherungsverbund auszuscheiden und dafür neue Gegenstände einzufügen. Denn in diesen Fällen ist das Sicherungsgut gerade dazu bestimmt, durch Weiterveräußerung oder Weiterverarbeitung im Geschäftsbetrieb des Sicherungsgebers umgesetzt zu werden. Dabei erwirbt jener regelmäßig laufend neue entsprechende Ware, welche dann im Interesse des Sicherungsnehmers an die Stelle der umgesetzten Gegenstände treten kann. Aufgrund des Trennungsprinzips hat das deutsche Recht keinerlei Schwierigkeiten damit, diese wirtschaftlichen Bedürfnisse dogmatisch sauber abzubilden. Auf dinglicher Ebene kann der (Sicherungs-)Eigentümer dem Sicherungsgeber gestatten, wirksam über das Sicherungsgut im eigenen Namen zu verfügen oder dieses weiterzuverarbeiten, § 185 BGB. In der Praxis steht diese Verfügungsbefugnis regelmäßig unter der Einschränkung, dass die Verfügung im Rahmen des ordnungsgemäßen Geschäftsbetriebs erfolgt. Zusätzlich kann das Sicherungseigentum von vorneherein auf die künftig vom Sicherungsgeber neu zu erwerbenden Gegenstände erstreckt werden. Zum Schutz des Sicherungsnehmers werden zudem Schwellenwerte vereinbart, welche der sicherungsübereignete Warenbestand nicht unterschreiten darf. Die Vereinbarung einer revolvierenden Sicherungsübereignung ist damit problemlos möglich durch Erteilung einer Verfügungsbefugnis in Kombination mit der Erstreckung der Sicherheit auf künftig vom Sicherungsgeber neu zu erwerbendes Sicherungsgut.[139] Da somit allerdings ständig neues Sicherungseigentum an den neu angebrachten Sachen entsteht, führt diese Konstruktion zu einem erhöhten Insolvenzanfechtungsrisiko im Drei-Monats-Zeitraum vor Insolvenzverfahrenseröffnung, welches den Sicherungsgeber regelmäßig dazu zwingt, seine Veräußerungsermächtigung bei Insolvenzantragsstellung zu widerrufen.[140] Im Falle der Verarbeitung wird regelmäßig vereinbart, dass der Sicherungsnehmer Hersteller i.S.v. § 950 Abs. 1 BGB sein soll. Hilfsweise wird zudem das Sicherungseigentum auf die künftig herzustellende Sache erstreckt.

Das Recht zum Widerruf der Veräußerungs- und Verarbeitungsbefugnis muss aufgrund der betrieblichen Notwendigkeit stets an sachliche Interessen geknüpft werden. Die Vereinbarung eines jederzeitigen Widerrufsrechts in AGB ist unzulässig. In Individualverträgen sind Widerrufsklauseln an §§ 138, 242 BGB zu messen.[141] Üblich ist es, die Widerrufsbefugnis für den Fall schwerwiegender Vertragspflichtverletzungen

---

139 Siehe zur Sicherungsübereignung künftiger Sachen oben unter 1. Teil, A. I. 2. b) dd) (1) (b) (S. 10 f.).

140 Zur Anfechtbarkeit einer Globalzession hinsichtlich der neu entstehenden Forderungen gemäß § 130 InsO siehe BGHZ 174, 297. Überträgt man diese Grundsätze auf die Einbringung neuer Sachen unter einem Raumsicherungs-, Markierungsvertrag oder einer Mantelsicherungsübereignung, so wird man diese regelmäßig sogar als inkongruente Deckung gemäß § 131 InsO einordnen müssen, siehe *Obermüller*, ZInsO 2016, S. 491, 494 f. Siehe zum Problem der Aufrechterhaltung des Geschäftsbetriebs im Insolvenzvorverfahren auch unten unter 1. Teil, A. I. 2. f) cc) (S. 34 ff.).

141 *Pottschmidt/Rohr*, Rn. 570; Schimansky/Bunte/Lwowski-*Ganter*, § 95, Rn. 90.

oder der Stellung eines Insolvenzantrags über das Vermögen des Kreditschuldners zu vereinbaren.[142] In der Regel wird spätestens zu diesem Zeitpunkt aber bereits durch Kreditkündigung der Sicherungsfall eingetreten sein, welcher stets zum Widerruf berechtigt. Automatisch erlöschen Veräußerungs- und Verarbeitungsbefugnis allerdings erst mit Eröffnung des Insolvenzverfahrens.[143]

(b) Sicherungsabtretung

Will der Sicherungsgeber seine Forderungen des Umlaufvermögens (aus Lieferung und Leistung) zur Finanzierung einsetzen, so ist er darauf angewiesen, diese Forderungen weiterhin einziehen zu können und die daraus resultierenden Erlöse zur Aufrechterhaltung des Geschäftsbetriebs zu reinvestieren. Auch diesem Bedürfnis kann das deutsche Recht problemlos entsprechen. Der Sicherungsgeber wird zur Einziehung der Forderungen und zur Verwendung des Erlöses im ordnungsgemäßen Geschäftsbetrieb ermächtigt und gleichzeitig wird die Sicherungsabtretung auf die künftig neu entstehenden Forderungen des Umlaufvermögens erstreckt.[144] Auch hier führt diese Konstruktion zu einem erhöhten Insolvenzanfechtungsrisiko.[145]

Nach der Rechtsprechung ist eine Einziehungsermächtigung im Zweifel jederzeit frei widerruflich, solange nicht etwas anderes vereinbart wurde oder den Umständen zu entnehmen ist.[146] Dies ist im Falle der stillen Sicherungszession allerdings regelmäßig der Fall. Der Sicherungsgeber hat ein Interesse daran, die Abtretung geheim zu halten und die Einzugsermächtigung sichert die Aufrechterhaltung des Geschäftsbetriebs. Dementsprechend ist bei Fehlen ausdrücklicher Regelungen davon auszugehen, dass die Einziehungsermächtigung grundsätzlich an den Sicherungszweck gebunden ist.[147] Der BGH hat zwar Formularklauseln gebilligt, nach denen der Widerruf der Einziehungsermächtigung im billigen Ermessen des Sicherungsnehmers steht, allerdings ist die Ermessensausübung einer gerichtlichen Kontrolle zugänglich und erfordert unter Berücksichtigung von Treu und Glauben die Rücksichtnahme auf die Interessen des Scherungsgebers.[148] Individualvertragliche Abreden müssen sich an §§ 138 Abs. 1,

---

142 *Obermüller*, Rn. 6.1014.
143 BGHZ 144, 192, 198 ff.; BGH NZI 2006, 403 (jeweils betreffend das Erlöschen der Einziehugsbefugnis bei der Sicherungsabtretung); MüKoInsO-*Ganter*, § 51, Rn. 97; *Obermüller*, Rn. 6.1013; Schimansky/Bunte/Lwowski-*Ganter*, § 95, Rn. 124.
144 Zur Sicherungsabtretung künftiger Forderungen oben unter 1. Teil A. I. 2 b) dd) (2) (c) (S. 12 f.).
145 Siehe zur Anfechtbarkeit einer revolvierenden Globalzession hinsichtlich der neu entstehenden Forderungen gemäß § 130 InsO BGHZ 174, 297, Rn. 14 ff., 35 ff., wonach neben der Entstehung der künftigen Forderung auch deren anschließende Werthaltigkeitsmachung als anfechtbare Rechtshandlung in Betracht kommt; bestätigt für den verlängerten und erweiterten Eigentumsvorbehalt in BGHZ 189, 1, Rn. 36 ff.
146 BGHZ 82, 283, 290.
147 OLG München, WM 1986, 718; tendenziell auch BGHZ 108, 98, 106; Bamberger/Roth-*Rohe*, § 398, Rn. 96; MüKoBGB-*Roth*, § 398, Rn. 55; Staudinger-*Busche*, Einl. §§ 398 ff., Rn. 129. *Bülow*, Kreditsicherheiten, Rn. 1468; *Serick*, KTS 1982, 339, 342 f.
148 BGH WM 1963, 962, 963 (zu einer gleichlautenden Offenlegungsklausel). In der Literatur wird eine solche Klausel für unwirksam gehalten, siehe *Lambsdorff*, BB 1982, 336, 338; Schimansky/Bunte/Lwowski-*Ganter*, § 96, Rn. 79.

24

242 BGB messen lassen. Es gelten hier die gleichen Grundsätze wie beim Widerruf der Verfügungsbefugnis im Rahmen der Sicherungsübereignung.

cc) Rechte und Pflichten nach Tilgung der gesicherten Forderung

Erfolgen Sicherungsübereignung und -abtretung – wie üblicherweise – unbedingt, so hat der Sicherungsgeber auch ohne ausdrückliche Vereinbarung aus dem Sicherungsvertrag stets den Anspruch auf Rückübertragung des Sicherungsguts bei endgültigem Sicherungszweckfortfall.[149] Erfolgte die Sicherungsübertragung hingegen unter der auflösenden Bedingung des Sicherungszweckfortfalls, so erstarkt das Anwartschaftsrecht des Sicherungsgebers mit Tilgung der gesicherten Forderung automatisch zum Vollrecht.[150]

e) Verwertung

aa) Allgemeines

Die Modalitäten der Verwertung bestimmen sich in erster Linie nach dem Sicherungsvertrag.[151] In zeitlicher Hinsicht setzt die Verwertung den Eintritt des Sicherungsfalls voraus. Der Sicherungszweck gibt vor, dass dessen frühestmöglicher Eintritt mit der Fälligkeit der gesicherten Forderung erfolgen kann, vgl. § 1228 Abs. 2 BGB.[152] Ob daneben der Verzug eingetreten sein muss, ist bei fehlender Regelung eine Frage der Vertragsauslegung.[153] Um Unsicherheiten vorzubeugen, setzen Formularverträge regelmäßig den Verzugseintritt voraus. Nach allgemeiner Ansicht trifft den Sicherungsnehmer zudem grundsätzlich die Pflicht, die Verwertung unter Setzung einer angemessenen Frist anzudrohen, wobei diese Pflicht zum Teil auf die analoge Anwendung des § 1234 BGB und zum Teil auf die vertraglichen Rücksichtnahmepflichten gestützt wird.[154] Im Falle formularmäßiger stiller Sicherungsabtretungen von Lohnforderungen führt das Fehlen einer Androhungspflicht der Offenlegung der Zession zur

---

149 BGHZ 133, 25, 30; BGHZ 137, 212, 219; MüKoBGB-*Oechsler*, Anh. §§ 929–936, Rn. 47; *Baur/Stürner*, Sachenrecht, § 57, Rn. 45.

150 BGH NJW 1984, 1184, 1185; *Baur/Stürner*, Sachenrecht, § 57, Rn. 45.

151 BGH NJW 2007, 216, Rn. 18; BGH NJW 1980, 226.

152 BGH NJW-RR 1995, 1369, 1370; MüKoBGB-*Oechsler*, Anh. §§ 929–936, Rn. 48; Palandt-*Herrler*, § 930, Rn. 30; *Becker-Eberhard*, Forderungsgebundenheit, S. 580; *Bülow*, ZIP 1999, 985, 987; vgl. auch BGH NJW-RR 1995, 1369; BGH WM 1985, 953, 954.

153 Vgl. BGH NJW-RR 1995, 1369, 1370; Diese wird aber unter Rücksichtnahmegesichtspunkten häufig zum Verzugserfordernis führen, Schimansky/Bunte/Lwowski-*Ganter*, § 90, Rn. 541. In der Literatur ist umstritten, ob der Verzugseintritt zwingend notwendig ist, siehe dafür *Bülow*, Rn. 1215; NK-*Meller-Hannich*, § 930, Rn. 77; *Reinicke/Tiedke*, Rn. 703, a.A. MüKoBGB-*Oechsler*, Anh. §§ 929-936, Rn. 48; Palandt-*Herrler*, § 930, Rn. 30.

154 Für die analoge Anwendung des § 1234 BGB BGHZ 130, 115; 120 f.; BGHZ 130, 59, 63 f.; Palandt-*Herrler*, § 930, Rn. 30; *Baur/Stürner*, § 57, Rn. 42; *Bülow*, Rn. 1222; für die Herleitung aus vertraglichen Rücksichtnahmepflichten dagegen Staudinger-*Wiegand*, Anh. §§ 929–931, Rn. 235; *Pallas*, S. 158; *Serick*, Sicherungsübertagung, Bd. III, § 38, II., 2., c) (S. 469); siehe zur Entbehrlichkeit des Rückgriffs auf die Pfandrechtvorschriften auch OLG Bremen NJW 1971, 1994.

Unwirksamkeit der Sicherungsabtretung.[155] In der Praxis sehen entsprechend die gängigen Formularverträge regelmäßig die Androhung der Verwertung unter Fristsetzung unter dem Vorbehalt der Untunlichkeit vor.[156] Bei einer offenen Sicherungszession hingegen ist eine Androhung regelmäßig entbehrlich.[157] Auch nach Eintritt der Verwertungsreife trifft den Sicherungsnehmer grundsätzlich keine Pflicht, die Verwertung zu beginnen.[158] Er kann stattdessen aus der gesicherten Hauptforderung vorgehen. Etwas anderes kann sich im Einzelfall aus den Rücksichtnahmepflichten des Sicherungsnehmers ergeben.[159] Auch die Offenlegung einer stillen Sicherungsabtretung löst keine Verwertungspflicht aus, solange der Sicherungsgeber die Möglichkeit hat, im Wege der Prozessstandschaft gegen den Drittschuldner gerichtlich vorzugehen.[160]

bb) Durchführung der Verwertung und Verwertungsart

(1) Sicherungseigentum

Um die Verwertung durchzuführen, muss der Sicherungsnehmer zunächst den unmittelbaren Besitz am Sicherungsgut erlangen. Mit Eintritt des Sicherungsfalls verliert der Sicherungsgeber sein Recht zum Besitz. Der Sicherungsnehmer kann folglich die Herausgabe gemäß dem Sicherungsvertrag oder nach § 985 BGB verlangen. Regelmäßig kommt nur der Verkauf als Verwertungsart in Betracht. Andere Verwertungsarten wie ein Selbsteintrittsrecht, ein Nutzungsrecht oder eine Verfallvereinbarung bedürfen der praktisch nicht vorkommenden ausdrücklichen Vereinbarung.[161] Auch wenn der Sicherungsvertrag zur Art des Verkaufs schweigt, ist dem Sicherungsnehmer regelmäßig ein Wahlrecht dahingehend zuzugestehen, ob er das Sicherungsgut freihändig oder im Wege einer öffentlichen Versteigerung veräußern möchte.[162] Die Mindermeinung, welche die analoge Anwendung der §§ 1233 ff. BGB

---

155 BGH NJW-RR 2005, 1408; BGH NJW 1992, 2626, 2627.
156 Zur Untunlichkeit der Androhung und Mahnung bei Eigeninsolvenzantrag des mit dem Sicherungsgeber identischen Kreditschuldners siehe *Obermüller*, 6.597.
157 Bamberger/Roth-*Rohe*, § 398, Rn. 78.
158 BGH NJW-RR 2007, 781, Rn. 11.
159 So, wenn der Sicherungsnehmer das Sicherungsgut bereits in seinen Besitz gebracht hat, vgl. BGH NJW-RR 2007, 781, Rn. 11. Nach *Serick*, Sicherungsübertragung, Bd. III, § 38, II., 2., b) (S. 467) soll dagegen bereits die Aufforderung des Sicherungsgebers eine Verwertungspflicht auslösen; nach MüKoBGB-*Ochsler*, Anh. §§ 929–936, Rn. 49 soll dies nur bei Übersicherung der Fall sein.
160 *Serick*, Sicherungsübertragung, Bd. III, § 39, I., 4., c) (S. 501).
161 Siehe zum Selbsteintrittsrecht BGH WM 1960, 171; siehe zum Nutzungsrecht BGH NJW 1980, 226, 227; Die Zulässigkeit einer Verfallvereinbarung ist umstritten, wird aber von der herrschenden Meinung bejaht, siehe BGH NJW 1980, 226, 227; Erman-*Bayer*, §§ 929–931, Rn. 26; MüKoBGB-*Oechsler*, Anh. §§ 929–936, Rn. 51; RGRK-*Pikart*, § 930, Rn. 72; *Serick*, BB 1970, 542, 551 f.; *Weber/Weber*, § 8 V. 4. (S. 147); a.A. Staudinger-*Wiegand*, Anh. §§ 929–932, Rn. 234; *Gaul*, AcP 168 (1968), 351, 374 ff.
162 Herrschende Meinung, siehe Palandt-*Herrler*, § 930, Rn. 31; Soergel-*Henssler*, Anh. § 930, Rn. 71; Staudinger-*Wiegand*, Anh. §§ 929–932, Rn. 233; Schimansky/Bunte/Lwowski-*Ganter*, § 95, Rn. 176; *Serick*, Sicherungsübertragung, Bd. III, § 38, I., 2., c) (S. 458 f.).

annimmt,[163] ist abzulehnen. Da die Verwertung im Wege des freihändigen Verkaufs in der Regel einen höheren Erlös verspricht, entspricht die Annahme eines Wahlrechts zwischen freihändigem Verkauf und öffentlicher Versteigerung den wohlverstandenen Parteiinteressen.[164] Der Sicherungsnehmer ist allerdings verpflichtet, eine bestimmte Verwertungsart zu wählen, wenn feststeht oder wahrscheinlich ist, dass diese einen höheren Erlös generieren wird.[165] Der Sicherungsnehmer kann auch weiterhin aus der gesicherten Forderung klagen und aufgrund des so erwirkten Vollstreckungstitels das Sicherungsgut pfänden und durch den Gerichtsvollzieher gemäß §§ 814 ff. ZPO verwerten lassen.[166] Aus dem durch die Verwertung erzielten Erlös werden zunächst die Verwertungskosten beglichen.[167] Anschließend erfolgt regelmäßig entsprechend § 367 BGB eine Anrechnung auf die gesicherten Zinsen und Hauptforderungen. Ein verbleibender Überschuss ist dem Sicherungsgeber zu erstatten.

(2) Sicherungsabtretung

Die Verwertung der sicherungshalber abgetretenen Forderung erfolgt in aller Regel durch den Einzug des Forderungsbetrags beim Drittschuldner, verbunden gegebenenfalls mit der Offenlegung der stillen Zession diesem gegenüber. Mangels anderweitiger Vereinbarungen kommt grundsätzlich auch ein Verkauf der Forderung in Betracht. Da jedoch ein Verkauf zum Nennwert praktisch ausgeschlossen ist, kommt der Verkauf von Forderungen nur selten vor.[168] Zur Verwendung des so eingezogenen Erlösbetrags gilt das zur Sicherungsübereignung Gesagte entsprechend.

f) Die Rechtsstellung des Sicherungsnehmers in der Insolvenz des Sicherungsgebers

aa) Das Verhältnis der treuhänderischen Sicherungsübertragungen zur Insolvenzmasse und die Teilnahme des gesicherten Gläubigers am Insolvenzverfahren

Schon unter der Konkursordnung war in der Rechtsprechung anerkannt, dass Sicherungseigentum bzw. die Sicherungsabtretung lediglich ein Absonderungsrecht begründen könne.[169] Dieses allgemein gebilligte Ergebnis hat der Gesetzgeber mit Einführung der Insolvenzordnung in deren § 51 Nr. 1 InsO ausdrücklich anerkannt. Folge ist, dass das Sicherungsgut in der Insolvenz des Sicherungsgebers dessen haftendem Vermögen, der Insolvenzmasse, zuzurechnen ist. Der gesicherte Gläubiger hat lediglich einen

---

163 Erman-*Bayer*, Anh. §§ 929–931, Rn. 25; *Baur/Stürner*, Sachenrecht, § 57, Rn. 42; *Westermann/Gursky/Eickmann*, Sachenrecht, § 44, Rn. 29.

164 Soergel-*Henssler*, Anh. § 930, Rn. 71; *Bülow*, Kreditsicherheiten, Rn. 1221; *Geißler*, KTS 1989, 787, 792 f.; *Pallas*, S. 138 ff.; *Reinicke/Tiedke*, DB 1994, 2601, 2608 f.

165 BGH NJW 2000, 352; BGH WM 1962, 673, 674; OLG Düsseldorf NJW-RR 1990, 1073; Staudinger-*Wiegand*, Anh. §§ 929–932, Rn. 233; *Serick*, Sicherungsübertragung, Bd. III, § 38, I., 2., c) (S. 459).

166 MüKoBGB-*Oechsler*, Anh. §§ 929–936, Rn. 50; *Baur/Stürner*, Sachenrecht, § 57, Rn. 43.

167 § 788 ZPO analog, siehe Palandt-*Herrler*, § 930, Rn. 29.

168 Schimansky/Bunte/Lwowski-*Ganter*, § 96, Rn. 199.

169 BGHZ 95, 149, 152 (Sicherungsabtretung); BGHZ 72, 141, 146 f.; BGH NJW 1997, 3021, 3022 (Sicherungsabtretung); RGZ 157, 40, 45; RGZ 124, 73, 75.

Anspruch auf bevorzugte Befriedigung im Falle der Verwertung des Sicherungsguts.[170] Dem Sicherungsnehmer gebührt das Sicherungsgut nur dem Wert nach, nicht jedoch nach seiner Substanz.[171] Der Gesetzgeber hat zur Begründung angeführt, die Sicherungsübereignung stehe bei wirtschaftlicher Betrachtung dem Pfandrecht näher als dem Eigentum.[172] Auch wenn eine teleologische Auslegung des Begriffs der Insolvenzmasse nach Einführung des § 51 Nr. 1 InsO nicht mehr nötig ist, verbirgt sich dahinter nach wie vor die haftungsrechtlich gebotene Berücksichtigung des Sicherungszwecks.[173] Vor Einführung der Norm musste zum einen sichergestellt werden, dass der Sicherungsgeber das Sicherungsgut nicht zugleich aussondern und mit seiner gesicherten Forderung als Gläubiger am Insolvenzverfahren teilnehmen konnte.[174] Zum anderen musste verhindert werden, dass der gesicherte Gläubiger aussondert, ohne anschließend zur Verwertung zu schreiten und dadurch der Insolvenzmasse einen die gesicherte Forderung übersteigenden Verwertungserlös vorenthält.[175]

Das Absonderungsrecht muss der gesicherte Gläubiger gegenüber dem Insolvenzverwalter durch unverzügliche Anzeige nach Erhalt des Eröffnungsbeschlusses geltend machen, wobei jedoch eine verspätete Anzeige nicht zum Verlust des Absonderungsrechts, sondern nur zu einer möglichen Schadensersatzhaftung führt, § 28 Abs. 2 InsO. Darüber hinaus ist es dem Absonderungsberechtigten (dieser Begriff wird nachfolgend als Synonym für den durch Sicherungseigentum oder -abtretung gesicherten Gläubiger verwendet) freigestellt, ob er daneben auch seine gesicherte Forderung zur Tabelle anmeldet oder nicht, vgl. § 52 InsO. Umgekehrt kann er auch nur seine gesicherte Forderung anmelden, wenn ein Verwertungserlös aus dem Sicherungsgut von vorneherein nicht zu erwarten ist.[176] Wurden Absonderungsrecht und persönliche Forderung geltend gemacht, so erfolgt eine quotale Ausschüttung nur auf den Betrag, mit welchem der Sicherungsnehmer bei der Verwertung des Sicherungsrechts ausgefallen ist, § 52 S. 2 InsO. In jedem Fall hat der Absonderungsberechtigte das Recht, an der Gläubigerversammlung teilzunehmen, §§ 74 Abs. 1, 76 Abs. 2 InsO. Soll durch einen Insolvenzplan in Absonderungsrechte eingegriffen werden, so bilden die absonderungsberechtigten Gläubiger zwingend eine oder mehrere eigene Gruppen zur Abstimmung, § 222 Abs. 1 Nr. 1 InsO. Innerhalb derer können Absonderungsrechte durch Mehrheitsbeschluss gegen den Willen eines einzelnen Absonderungsberechtigten beschränkt werden, § 244 Abs. 1 InsO. Ein Eingriff liegt dabei immer vor, wenn zu Lasten des Absonderungsberechtigten von den §§ 166 ff. InsO abgewichen oder die gesicherte Forderung in irgendeiner Form beschränkt wird.[177] Da allerdings durch den Minderheitenschutz des § 251 InsO für jeden Absonderungsberechtigten zumindest der Liquidationswert seiner Sicherheit gewährleistet ist, sind substantielle Eingriffe in Absonderungsrechte nicht zu erwarten.[178]

---

170 *Häsemeyer*, Rn. 18.01; vgl. auch BGH ZInsO 2016, 1256, Rn. 9.
171 MüKoInsO-*Ganter*, Vor. §§ 49–52, Rn. 3.
172 BT-Drucks. 12/2443, S. 125.
173 Vgl. Uhlenbruck-*Brinkmann*, § 51, Rn. 2; *Häsemeyer*, Rn. 18.28.
174 BGHZ 72, 141, 146; RGZ 124, 73, 75.
175 *Henckel*, in: FS Zeuner, S. 193, 211.
176 Siehe zum Wahlrecht Gottwald-*Adolphsen*, § 42, Rn. 78.
177 HK-*Haas*, § 222, Rn. 7; K/P/B-*Spahlinger*, § 223, Rn. 8.
178 MüKoInsO-*Breuer*, § 223, Rn. 1.

bb) Die §§ 166 ff. InsO

(1) Sinn und Zweck

Die Einordnung von Sicherungsübertragungen als Absonderungsrecht sagt alleine noch nichts über die Ausgestaltung von Verwertungsbefugnis, Nutzungsrechten und Erlösverteilung aus. So gestand zwar bereits die Konkursordnung dem Insolvenzverwalter nach § 127 Abs. 1 KO analog die Verwertungsbefugnis an sicherungshalber übertragenen Vermögenswerten zu. Allerdings stand das Verwertungsrecht gemäß § 127 Abs. 2 KO analog zunächst dem Absonderungsberechtigten zu, wenn er dazu ermächtigt war, sich aus dem Gegenstand ohne gerichtliches Verfahren zu befriedigen. Dies war bei sämtlichen Mobiliarsicherheiten nahezu immer der Fall.[179] Erst nach Ablauf einer vom Insolvenzverwalter zu setzenden Verwertungsfrist ging das Verwertungsrecht auf den Insolvenzverwalter über. In der Praxis war daher die Verwertung durch den gesicherten Gläubiger die Regel.[180] Zu diesem Zweck war er jederzeit berechtigt, vom Insolvenzverwalter die Herausgabe des Sicherungsguts zu verlangen.[181] Dadurch wurde nicht selten eine optimale Masseverwertung unmöglich gemacht.[182] Der Insolvenzverwalter konnte nicht den günstigsten Zeitpunkt und die günstigste Verwertungsart bestimmen. Benötigte er das Sicherungsgut zur Betriebsfortführung, so wurde ihm diese und die damit zusammenhängende Erzielung von Fortführungswerten durch das Herausgabeverlangen der gesicherten Gläubiger unmöglich gemacht. Zudem war die Geltendmachung eines die gesicherte Forderung übersteigenden Erlösbetrags beim gesicherten Gläubiger für den Insolvenzverwalter erschwert.[183] Da zudem die bei der Verwertung anfallende Umsatzsteuer sowie sämtliche im Zusammenhang mit der Feststellung der Absonderungsrechte anfallenden Kosten von der Insolvenzmasse zu tragen waren,[184] wurde die Behandlung der dinglichen Mobiliarsicherheiten unter der Konkursordnung als eine wesentliche Ursache dafür identifiziert, dass immer mehr Insolvenzverfahren mangels kostendeckenden Schuldnervermögens nicht durchgeführt werden konnten.[185]

Diese Missstände sollten durch die mit der Einführung der Insolvenzordnung geschaffenen §§ 166 ff. InsO behoben werden. Insbesondere war es das Ziel, Unternehmenssanierungen in der Insolvenz zu ermöglichen und dadurch bestmögliche Verwertungserlöse zu realisieren,[186] sowie mit Absonderungsrechten zusammenhängende Bearbeitungskosten auf die gesicherten Gläubiger abzuwälzen, um die ungesicherte Gläubigerschaft zu entlasten.[187] Letztere Überlegung greift auch für die Sicherungsabtretung, obwohl deren Einbeziehung in das Verwertungsrecht des Verwalters nach

---

179 *Kuhn/Uhlenbruck*, KO[11], § 127, Rn. 1 f., 16.
180 MüKoInsO-*Tetzlaff*, Vor. §§ 166-173, Rn. 4.
181 RGZ 157, 40, 45; *Kuhn/Uhlenbruck*, KO[11], § 127, Rn. 16; *Serick*, Sicherungsübertragung, Bd. III, § 35 I. 2. b) (S. 272).
182 *Häsemeyer I*, 13. Kap. III. 4. (S. 264).
183 *Häsemeyer I*, 13. Kap. III. 4. (S. 264).
184 Siehe zur Umsatzsteuer BGHZ 77, 139, 141 ff.; BFHE 150, 379, 383 f.
185 *Drobnig*, Gutachten zum 51. DJT, F, S. 1, 24 ff.; *Kilger*, KTS 1975, 142, 150 ff.
186 BT-Drucks. 12/2443, S. 178.
187 BT-Drucks. 12/2443, S. 180.

§ 166 InsO ausweislich der Gesetzesmaterialien bloße Zweckmäßigkeitserwägungen zugrunde lagen, da regelmäßig der Schuldner bzw. der Insolvenzverwalter im Besitz der für den Forderungseinzug erforderlichen Dokumente sei.[188] In der Tat kommen Betriebsfortführungsgesichtspunkte hier kaum zum Tragen, da vom Verwalter eingezogene Beträge nach dem Gesetz nicht zur Fortführungsfinanzierung eingesetzt werden dürfen.

(2)   Verwertungsrecht

(a)   Sicherungseigentum

Gemäß § 166 Abs. 1 InsO darf der Insolvenzverwalter eine bewegliche Sache, an der ein Absonderungsrecht besteht, verwerten, wenn er bzw. der Insolvenzschuldner die Sache bei Verfahrenseröffnung im Besitz hat.[189] Umgekehrt führt die Vorschrift zu einer Verwertungssperre auf Seiten des Absonderungsberechtigten.[190] Diesem steht ab Insolvenzeröffnung kein Herausgabeanspruch mehr zu, der vollstreckt werden könnte. Die Anknüpfung an den Besitz rechtfertigt sich aus der Überlegung, dass Gegenstände die der Schuldner nicht in seinem Besitz hat, regelmäßig nicht für eine Betriebsfortführung benötigt werden.[191] Hinsichtlich der Frage, ob auch der mittelbare Besitz des Insolvenzverwalters sein Verwertungsrecht gemäß § 166 Abs. 1 InsO begründet, differenzieren Rechtsprechung und herrschende Meinung dementsprechend im Ansatz übereinstimmend danach, ob das Sicherungsgut für die Fortführung und/oder geordnete Abwicklung des schuldnerischen Unternehmens benötigt wird,[192] bzw. ob das Sicherungsgut dem Unternehmen als wirtschaftlich schutzwürdige Einheit zugehörig ist.[193] Der BGH geht jedoch im Ergebnis weiter und lässt jegliche betrieblich veranlasste Überlassung an einen Dritten für das Verwertungsrecht des Verwalters genügen.[194] Dies entspricht im Ergebnis einer verbreiteten Literaturmeinung, welche darauf abstellt, ob der Sicherungsnehmer oder der Insolvenzverwalter die bessere bzw. nähere Besitzposition am Sicherungsgut innehat.[195]

---

188   BT-Drucks. 12/2443, S. 178.
189   Da der Insolvenzverwalter die Insolvenzmasse nach § 148 InsO zunächt in Besitz zu nehmen hat, ist die Vorschrift so zu lesen, dass es auf den Besitz des Schuldners bzw. des vorläufigen Insolvenzverwalters im Zeitpunkt der Verfahrenseröffnung ankommt, siehe BK-*Undritz/Knof*, § 166, Rn. 14; Uhlenbruck-*Brinkmann*, § 166, Rn. 8.
190   K/P/B-*Flöther*, § 166, Rn. 2; MüKoInsO-*Tetzlaff*, § 166, Rn. 2; Uhlenbruck-*Brinkmann*, § 166, Rn. 2; *Mitlehner*, ZIP 2015, 60, 62.
191   BT-Drucks. 12/443, S. 178.
192   BGHZ 166, 215, Rn. 24.
193   BGH NZG 2016, 1390, Rn. 20; BGH ZIP 2015, 2286, Rn. 20 ff.; BK-*Undritz/Knof*, § 166, Rn. 14; Schmidt-*Sinz*, § 166, Rn. 9; Uhlenbruck-*Brinkmann*, § 166, Rn. 14; *Lwowski/Tetzlaff*, in: FS Fischer, S. 365, 376; *Sessig/Fischer*, ZInsO 2011, 618, 622 f.; *Zahn*, ZIP 2007, 365, 371.
194   BGH ZIP 2006, 2390, Rn. 8 mit zust. Anm. *Bork*, EWiR 2007, 119. Ist der Absonderungsberechtigte selbt der unittelbare Besitzer, so kommt ein Verwertungsrecht des Verwalters allerdings nicht in Betracht, siehe BGHZ 189, 299, Rn. 31.
195   HK-*Landfermann*, § 166, Rn. 16; MüKo-*Tetzlaff*, § 166, Rn. 15; *Bork*, in: FS Gaul, S. 71, 74 f.; *ders.* EWiR 2007, 119, 120; K/P/B-*Flöther*, § 166, Rn. 7.

Hinsichtlich der Verwertungsart kann der Verwalter wählen ob er die Verwertung durch freihändigen Verkauf, nach den §§ 1235 ff. BGB oder nach den Vorschriften über die Zwangsvollstreckung (§§ 814 ff. ZPO) durchführen lassen möchte. Bei seiner Entscheidung hat er die Interessen des Absonderungsberechtigten und der Insolvenzgläubiger zu beachten.[196]

Zum Schutz des Absonderungsberechtigten vor einer willkürlichen Verwertung des Sicherungsguts dient § 168 Abs. 1 InsO. Danach hat der Verwalter den Sicherungsnehmer über die geplante Art der Verwertung zu unterrichten und ihm die Gelegenheit zu geben, innerhalb einer Woche auf eine günstigere Verwertungsgelegenheit hinzuweisen.[197] Folgt der Insolvenzverwalter dem günstigeren Vorschlag nicht, so ist der Sicherungsnehmer dennoch so zu stellen, als ob der Insolvenzverwalter den Vorschlag wahrgenommen hätte, § 168 Abs. 2 InsO. Eine günstigere Verwertung kann auch darin bestehen, dass der Sicherungsnehmer selbst ein besseres Kaufangebot unterbreitet, § 168 Abs. 3 InsO. Der Kaufpreis wird dann unter Abzug von Feststellungs- und Verwertungskosten sowie der Umsatzsteuer auf die Insolvenzforderung des Sicherungsnehmers angerechnet.

(b) Sicherungsabtretung

Gemäß § 166 Abs. 2 InsO darf der Insolvenzverwalter eine zur Sicherung eines Anspruchs abgetretene Forderung einziehen oder in anderer Weise verwerten. Es handelt sich um eine gesetzliche Einziehungs-, Prozessführungs- und Verfügungsermächtigung.[198] Der absonderungsberechtigte Gläubiger verliert demgegenüber sein Einziehungsrecht und hat jegliche Aktivitäten dahingehend einzustellen.[199] Ob die Sicherungsabtretung dem Drittschuldner gegenüber vor Insolvenzeröffnung offengelegt wurde, spielt keine Rolle. Der Drittschuldner wird daher durch Leistung an den Sicherungsnehmer nach Verfahrenseröffnung grundsätzlich nicht frei von seiner Schuld. Etwas anderes gilt jedoch nach dem Rechtsgedanken der §§ 407, 408 BGB, § 82 InsO, wenn er von der Verfahrenseröffnung nichts wusste, oder wenn er zwar Kenntnis von der Verfahrenseröffnung hatte, ihm jedoch der Sicherungszweck der Zession unbekannt war.[200]

Will der Verwalter die Forderung durch Verkauf verwerten, so findet wiederum § 168 InsO Anwendung. Der Verwalter muss also dem Sicherungsnehmer durch Mitteilung die Möglichkeit geben, eine günstigere Verwertungsmöglichkeit aufzuzeigen.[201] Dem absonderungsberechtigten Gläubiger steht insoweit auch das Selbsteintrittsrecht gemäß § 168 Abs. 3 InsO zu. Unstreitig fällt die Einziehung der Forderung

---

196 Uhlenbruck-*Brinkmann*, § 166, Rn. 21.
197 Zu den inhaltlichen Anforderungen an den Hinweis siehe LG Düsseldorf DZWIR 2003, 389; AG Duisburg, ZInsO 2003, 190; HK-*Landfermann*, § 168, Rn. 3 ff.; *Haas/Scholl*, NZI 2002, 642, 643.
198 *Berger*, in: FS Fischer, S. 1, 5; *Obermüller*, Rn. 6.808a.
199 BGH ZIP 2009, 1075, Rn. 12; A/G/R-*Homann*, § 166, Rn. 23 f.; HK-*Landfermann*, § 166, Rn. 38; MükoInsO-*Tetzlaff*, § 166, Rn. 66; Uhlenbruck-*Brinkmann*, § 166, Rn. 27.
200 BGH ZIP 2009, 1075, Rn. 20 ff.
201 BGH ZIP 2013, 35, Rn. 2.

nicht unter § 168 Abs. 1 InsO. Da es eine bessere Verwertung als die Einziehung nicht gibt, muss der Sicherungsnehmer hier nicht geschützt werden.[202]

(3) Nutzungsrecht

Nach § 172 Abs. 1 InsO kann der Insolvenzverwalter die beweglichen Sachen, zu deren Verwertung er nach § 166 Abs. 1 InsO berechtig ist, für die Insolvenzmasse nutzen. Das Nutzungsrecht dauert bis zur Verwertung an. Um den gesicherten Gläubiger vor einem durch die Nutzung verursachten Wertverfall der Sicherheit zu schützen, ordnet § 172 Abs. 1 S. 1 InsO an, dass ein solcher durch laufende Zahlungen an den Absonderungsberechtigten auszugleichen ist. Gemäß § 172 Abs. 1 S. 2 InsO besteht die Ausgleichspflicht nur, soweit der Wertverlust die Sicherung des Absonderungsberechtigten beeinträchtigt. Ist das Sicherungsgut nicht verwertbar oder ist für den Absonderungsberechtigten aufgrund vorrangiger Rechte keine Erlösbeteiligung zu erwarten, besteht kein Ausgleichsanspruch. Gleiches gilt, solange eine Übersicherung vorliegt. Um die Massekostenbeiträge des Absonderungsberechtigten zu berücksichtigen, ist ihm jedoch eine Sicherheitsmarge zuzugestehen, welche in Anlehnung an die Rechtsprechung zur nachträglichen Übersicherung 150 Prozent des Nominalwerts des Sicherungsguts bzw. 110 Prozent des realisierbaren Erlöses beträgt.[203]

Nach § 172 Abs. 2 InsO darf der Insolvenzverwalter sicherungsübereignete Sachen zudem verbinden, vermischen und verarbeiten, allerdings nur soweit die Sicherheit dadurch nicht beeinträchtig wird. Entsteht dadurch gemäß §§ 947 Abs. 1 ff. BGB (Sicherungs-)Miteigentum des Sicherungsnehmers führt dies nicht zu einer Beeinträchtigung der Sicherheit, es sei denn der Wert der neuen Sache ist geringer als das verwendete Sicherungsgut. Die Verarbeitung nach § 950 InsO dürfte hingegen in den meisten Fällen ausgeschlossen sein.[204] Ist die Verarbeitung notwendig, muss der Verwalter sich mit dem Sicherungsnehmer auf dem Verhandlungswege einig werden. Auf eine ursprünglich erteilte Verarbeitungsermächtigung des Sicherungsnehmers kann der Verwalter nicht mehr zählen, da eine solche spätestens mit der Verfahrenseröffnung erlischt.[205]

(4) Erlösverteilung

Gemäß § 170 Abs. 1 S. 2 BGB ist der absonderungsberechtigte Gläubiger aus dem nach Abzug der Massekosten verbleibenden Verwertungserlös unverzüglich zu befrie-

---

202 FK-*Wegener*, § 168, Rn. 3; HK-*Landfermann*, § 168, Rn. 2; K/P/B-*Flöther*, § 168, Rn. 3; MüKo-*Tetzlaff*, § 168, Rn. 8; Schmidt-*Sinz*, § 168, Rn. 3; Strittig ist, ob die Mitteilungspflicht des Verwalters nach § 186 Abs. 3 InsO bei einem geplanten Vergleichsabschluss eingreift, siehe Schmidt-*Sinz*, § 168, Rn. 3; MüKoInsO-*Tetzlaff*, § 168, Rn. 9 f.; Uhlenbruck-*Brinkmann*, § 168, Rn. 5; *Grundlach/Frenzel/Schmidt*, DZWIR 2001, 18, 20.
203 MüKoInsO-*Tetzlaff*, § 172, Rn. 25.
204 Etwaige Verlängerungsklauseln zum Schutz des Sicherungsnehmers haben gegenüber dem Verwalter keine Wirkung, siehe MüKo-*Tetzlaff*, § 172, Rn. 46.
205 HK-*Landfermann*, § 172, Rn. 2; Hmb.Kom.-*Büchler/Scholz*, § 172, Rn. 1; Schmidt-*Sinz*, § 172, Rn. 1; relativierend *Bork*, FS Gaul, S. 71, 89 und Gottwald-*Adolphsen*, § 42, Rn. 152. Jedenfalls wird eine solche Ermächtigung regelmäßig widerrufen worden sein.

digen.[206] Der gesicherte Gläubiger ist insoweit berechtigt, den Erlös zunächst auch auf nach Insolvenzeröffnung angefallene Zinsen anzurechnen. § 39 Abs. 1 Nr. 1 InsO steht dem nicht entgegen.[207] Der Verwalter ist zur umgehenden Separierung des Erlöses verpflichtet. Geht infolge von Verbindung oder Vermischung des Erlöses das Absonderungsrecht unter, entsteht eine Masseverbindlichkeit gemäß § 55 Abs. 1 Nr. 1 oder Nr. 3 InsO.[208]

Entsprechend der gesetzgeberischen Intention, nicht die Insolvenzmasse die Kosten für Aufwand tragen zu lassen, welcher lediglich dem Absonderungsberechtigten zugutekommt, schränken die §§ 170, 171 InsO die Rechte des Sicherungsnehmers auch hinsichtlich seiner Partizipation am Verwertungserlös ein. Ist die Verwertung durch den Insolvenzverwalter erfolgt, so hat er gemäß § 170 Abs. 1 InsO aus dem erzielten Verwertungserlös zunächst die Kosten für die Feststellung und die Verwertung des Gegenstands vorweg für die Insolvenzmasse zu entnehmen. Nach § 171 InsO betragen die Feststellungskosten pauschal vier Prozent und die Verwertungskosen pauschal fünf Prozent des Bruttoverwertungserlöses.[209] Sind die tatsächlich anfallenden Kosten jedoch erheblich höher oder niedriger, so sind diese Kosten anzusetzen. Entsteht bei der Verwertung Umsatzsteuer, so ist diese neben dem Pauschalbetrag ebenfalls zur Masse einzubehalten, § 171 Abs. 3 InsO. Überlässt der Insolvenzverwalter den Gegenstand dem Absonderungsberechtigten gemäß § 170 Abs. 2 InsO, damit dieser selbst die Verwertung vornimmt, hat dieser aus dem Erlös lediglich die Feststellungskosten sowie die Umsatzsteuer an die Insolvenzmasse abzuführen, § 170 Abs. 2 InsO.

(5) Schutz des Absonderungsberechtigten vor einer verzögerten Verwertung

Je nach Verlauf des Insolvenzverfahrens kann es zu Verzögerungen bei der Verwertung des mit Absonderungsrechten belasteten Vermögens kommen. Bis zum Berichtstermin darf der Insolvenzverwalter für eine Betriebsfortführung benötigtes Absonderungsgut nur mit der Zustimmung der Gläubiger oder in begrenzten Fällen verwerten, wenn eine sofortige Verwertung geboten ist, vgl. §§ 158 Abs. 1, 160 InsO.[210] Hinsichtlich anderer Gegenstände steht die Verwertung auch vor dem Berichtstermin in seinem pflichtgemäßen Ermessen unter Maßgabe der §§ 158, 160 InsO.[211] Anschließend wird der Verwalter seine Entscheidung darüber, ob er verwertet oder insbesondere das Absonderungsgut nach § 172 Abs. 1 InsO weiter nutzt, von den Beschlüssen der Gläubiger im Berichtstermin abhängig machen. Selbst wenn keine Aufrechterhaltung des Geschäftsbetriebs beschlossen wird, räumen die §§ 165 ff. InsO dem Insolvenzverwalter zwar ein Verwertungsrecht, jedoch keine Verwertungspflicht ein. Die §§ 165 ff. InsO verdrängen insoweit als Spezialvorschriften § 159 InsO.[212] Für dieses Normenverhält-

---

206 Ist der insolvente Sicherungsgeber jedoch nicht zugleich der persönliche Schuldner, so hat der Insolvenzverwalter erzielte Erlöse bis zum Eintritt des Sicherungsfalls zurückzuhalten, BGH NJW-RR 2009, 340, Rn. 21.

207 BGH NZI 2011, 247, Rn. 7, 9 ff.

208 BGH NJW-RR 2009, 340, Rn. 18.

209 Zur Maßgeblkichkeit des Bruttoerlöses siehe OLG Nürnberg, ZIP 2014, 280, 284; FK-*Wegener*, §§ 170, 171, Rn. 9; Uhlenbruck-*Brinkmann*, § 171, Rn. 3.

210 MüKo-*Tetzlaff*, § 169, Rn. 14.

211 Schmidt-*Sinz*, § 166, Rn. 14; Uhlenbruck-*Brinkmann*, § 166, Rn. 19.

212 MüKoInsO-*Görg/Janssen*, § 159, Rn. 4; Uhlenbruck-*Brinkmann*, § 166, Rn. 19.

nis spricht, dass über das Nutzungsrecht des § 172 InsO und die Zinsausgleichspflicht nach § 169 InsO Ermessenskomponenten Einzug erhalten, welche mit dem starren Wortlaut des § 159 InsO nicht vereinbar erscheinen.[213]

Zum Schutz des Absonderungsberechtigten vor aus einer verzögerten Verwertung resultierenden Nachteilen[214] sieht § 169 Abs. 1 S. 1 InsO einen Zinsanspruch des Absonderungsberechtigten ab dem Berichtstermin bis zur Verwertung des Sicherungsguts durch den Insolvenzverwalter vor. Dessen Höhe richtet sich nach der Kreditvereinbarung.[215] Wenn eine vertragliche Vereinbarung fehlt, soll ein Zinssatz von 4 Prozent geschuldet sein.[216] Aus § 169 S. 3 InsO wird deutlich, dass sich die Zinszahlung auf den erlösbaren Wert des Sicherungsguts und nicht auf die Höhe der gesicherten Forderung bezieht. Ist das Sicherungsgut nicht verwertbar, entfällt daher der Zinsanspruch.[217] Kostenbeiträge nach §§ 170, 171 InsO sind bei der Ermittlung des Verwertungserlöses zu berücksichtigen.[218] Nach herrschender Meinung erfolgt kein Ausgleich, wenn sich nach der Verwertung herausstellt, dass zu hohe oder zu niedrige Zinsen gezahlt worden sind, da nach dem Wortlaut des § 169 S. 3 InsO die Sicht *ex ante* maßgebend sein soll.[219] Dem Schutzzweck des § 169 S. 3 InsO trägt die Rechtsprechung weiterhin Rechnung, indem sie einen Zinsanspruch verneint, solange die Verzögerung der Verwertung unmittelbar auf der Beschaffenheit des Sicherungsguts beruht, also auch der Sicherungsnehmer die Sache nicht schneller hätte verwerten können.[220] So besteht keine Zinszahlungspflicht, wenn bei der Sicherungsabtretung die Verzögerung der Forderungseinziehung ausschließlich auf das Verhalten des Drittschuldners zurückzuführen ist.[221]

cc) Die Rechtsstellung des gesicherten Gläubigers im Insolvenzvorverfahren

Da die §§ 166 ff. InsO erst ab Eröffnung des Insolvenzverfahrens anwendbar sind, besteht die Gefahr, dass durch Verwertungshandlungen gesicherter Gläubiger bereits im Insolvenzvorverfahren dem schuldnerischen Geschäftsbetrieb die Grundlage seiner

---

213 Insbesondere ist der bloße Aufschub der Verwertung wegen zu erwartender besserer Verwertungsmöglichkeiten eine zulässige Nutzung gemäß § 172 Abs. 1 InsO, siehe *Mönning*, in: FS Uhlenbruck, S. 239, 259. Die Relevanz der Frage erscheint zweifelhaft, da auch § 159 InsO dem Verwalter bei seiner Verwertungsentscheidung einen Ermessensspielraum belässt.

214 Dem Gesetzgeber schwebte insbesondere der Ausgleich von Zinslasten durch eine bis zur Verwertung erforderlichen Zwischenfinanzierung vor, siehe Nerlich/Römermann-*Becker*, § 169, Rn. 2.

215 FK-*Wegener*, § 169, Rn. 5; *Heublein*, ZIP 2009, 11, 13.

216 BGHZ 166, 215, Rn. 29 f.; kritisch MüKoInsO-*Tetzlaff*, § 169, Rn. 32.

217 Anschaulich zum Ganzen *Mönning*, in: FS Uhlenbruck, S. 239, 266.

218 *Hellmich*, ZInsO 2005, 678, 682.

219 *Hellmich*, ZInsO 2005, 678, 682; HK-*Landfermann*, § 169, Rn. 15; Schmidt-*Sinz*, § 169, Rn. 10; Uhlenbruck-*Brinkmann*, § 169, Rn. 12; a.A. FK-*Wegener*, § 169, Rn. 5; MüKo-InsO-*Tetzlaff*, § 169, Rn. 38.

220 BGHZ 166, 215, Rn. 15; siehe ausführlich MüKo-*Tetzlaff*, § 169, Rn. 21 ff.

221 BGHZ 154, 72, 85 ff.; Zu den Anforderungen, welche an die Einziehungsbemühungen des Verwalters zu stellen sind, um seiner Zinszahlungspflicht zu entgehen, siehe *Obermüller*, Rn. 6.812a.

Fortführung entzogen wird. Im Hinblick auf die mit revolvierenden Globalsicherheiten verbundenen Insolvenzanfechtungsrisiken hinsichtlich neu entstehender Sicherheiten werden zudem Einziehungs-, Verarbeitungs- und Verfügungsbefugnisse mit Stellung des Insolvenzantrags regelmäßig widerrufen werden.[222] Um ein Auseinanderfallen des Schuldnervermögens zu vermeiden und dadurch Sanierungschancen und die Möglichkeit bestmöglicher Gläubigerbefriedigung aufrechtzuerhalten,[223] kann das Insolvenzgericht gemäß dem durch das Gesetz zur Vereinfachung des Insolvenzverfahrens vom 13.04.2007 eingeführten § 21 Abs. 2 Nr. 5 InsO anordnen, dass mit Absonderungsrechten belastete Gegenstände im Insolvenzvorverfahren vom Sicherungsnehmer nicht verwertet oder eingezogen werden und Gegenstände vom Schuldner weiter zur Fortführung des Unternehmens eingesetzt werden dürfen, soweit sie zur Unternehmensfortführung von erheblicher Bedeutung sind. Die Wirkungen der § 166 ff. InsO werden damit zum Teil in das Insolvenzvorverfahren vorverlagert. Hinsichtlich des Verwertungsstopps von sich im Besitz des Sicherungsgebers befindlichen sicherungsübereigneten Gegenständen hat die Norm zwar keine wesentlichen Neuerungen gebracht,[224] etwas anderes gilt jedoch hinsichtlich der Möglichkeit einer Einziehungssperre sicherungshalber abgetretener Forderungen. Die Offenlegung der Abtretung und ihr Einzug beim Drittschuldner konnte dem Sicherungsnehmer im Insolvenzvorverfahren zuvor nicht untersagt werden.[225] Hinsichtlich des Sicherungseigentums kann das Insolvenzgericht zudem die Nutzung des Sicherungsguts anordnen. In diesem Fall bleiben Sicherungsnehmer oder vorläufiger Insolvenzverwalter zur Nutzung berechtigt, auch nachdem der Sicherungsnehmer vertragsgemäß sämtliche Nutzungsrechte widerrufen hat. Damit wird jedenfalls die Weiternutzung sicherungsübereigneten Anlagevermögens gewährleistet. Umstritten ist, ob die Nutzungsanordnung auch dazu ermächtigen kann, Umlaufvermögen zu verbrauchen, zu verarbeiten oder zu veräußern. Die herrschende Meinung bejaht dies entsprechend der Wertung des § 172 InsO, zumindest soweit das Sicherungsinteresse des Sicherungsnehmers nicht beeinträchtigt wird.[226] Letzteres erfordert, dass sich das Sicherungsrecht entweder an der Sache oder einem an deren Stelle tretenden Surrogat fortsetzt oder ein Erlös zumindest für den Siche-

---

222 Zum Anfechtungsrisiko revolvierender Sicherungsübertragungen bereits oben unter 1. Teil A. I. 2. d) bb) (3) (a), (b) (S. 23, 24).

223 Vgl. BT-Drucks. 16/3227, S. 15 und umfassend zu der Norm *Sinz/Hiebert*, ZInsO 2011, 798 ff.

224 Bereits zuvor war der vorläufige Insolvenzverwalter befugt, unter Verweis auf die §§ 166 ff. InsO die Herausgabe solcher Gegenstände zu verweigern, wenn ihm nur gerichtlich die Vermögenssicherung und -erhaltung übertragen worden war, siehe BGHZ 183, 269, Rn. 44; BGHZ 146, 165, 173; Hmb.Kom.-*Schröder*, § 21, Rn. 69c. Hatte der Sicherungsnehmer bereits einen Herausgabetitel erlangt, so konnte eine Vollstreckungssperre nach § 21 Abs. 2 Nr. 3 InsO angeordnet werden.

225 BGHZ 154, 72, 82 f.; Uhlenbruck-*Vallender*, § 21m Rn. 38c.

226 FK-*Schmerbach*, § 21, Rn. 355; K/P/B-*Blankenburg*, § 21, Rn. 223; MüKoInsO-*Haarmeyer*, § 21, Rn. 99; Schmidt-*Hölzle*, § 21, Rn. 75; diffenzierend zwischen zulässiger Verbindung, Vermischung, Verarbeitung und unzulässigem Verbrauch HK-*Rüntz/Laroche*, § 21, Rn. 43; demgegenüber hält *Weigelt*, S. 73 ff. die Veräußerung für zulässig und die Verarbeitung für unzulässig; verneinend unter Verweis auf die Gesetzgebungsgeschichte und den Wortlaut der Norm Hmb.Kom.-*Schröder*, § 21, Rn. 69d.

rungsnehmer separiert wird.[227] Letzteres gilt für den Fall der Sicherungsabtretung bereits kraft gesetzlicher Anordnung. Nach § 21 Abs. 2 Nr. 5 S. 3 InsO i.V.m. §§ 170, 171 InsO muss der vom vorläufigen Insolvenzverwalter eingezogene Erlös einer sicherungshalber abgetretenen Forderung abzüglich der Feststellungs- und Verwertungspauschale in Höhe von neun Prozent unverzüglich an den Sicherungsnehmer ausgekehrt werden. Der Erlös darf also nicht im laufenden Geschäftsbetrieb weiter eingesetzt werden.[228] Die Umsetzung besicherten Umlaufvermögens zur Fortführungsfinanzierung bedarf daher jedenfalls auch unter § 21 Abs. 2 Nr. 5 InsO einer vertraglichen Einigung zwischen vorläufigem Verwalter und Sicherungsnehmer, wenn entsprechende Veräußerungs- und Einzugsermächtigungen vom Sicherungsnehmer widerrufen wurden.[229]

Als wirtschaftlicher Ausgleich steht dem Sicherungsnehmer gemäß § 21 Abs. 2 Nr. 5 S. 1 HS. 2 InsO i.V.m. § 169 S. 2, 3 InsO zum einen ein Anspruch auf Zinszahlungen zu, welcher jedoch erst drei Monate nach der gerichtlichen Anordnung zu laufen beginnt.[230] Kommt es durch die Nutzung zudem zu einem Wertverlust, so steht ihm zum anderen ein Anspruch auf Ausgleich durch laufende Zahlungen zu, soweit sein Sicherungsinteresse beeinträchtigt wird, § 21 Abs. 2 Nr. 5 S. 2 InsO.[231]

II. England

1. Entwicklung

Das Verständnis des englischen (Mobiliar-)Kreditsicherungsrechts[232] aus deutscher Sicht wird durch zwei Besonderheiten erschwert. Zum einen setzt es sich aus mehreren Rechtsquellen zusammen:[233] dem Fallrecht der Königsgerichte (*common law*, adjek-

---

227 FK-*Schmerbach*, § 21, Rn. 355; K.Schmidt-*Hölzle*, Rn. 75.
228 Damit ist die neue Regelung für die Fortführungsfinanzierung nachteilhafter als die alte Rechtslage. Nach alter Rechtslage war der vorläufige Insolvenzverwalter in analoger Anwendung der §§ 170, 171 InsO zwar ebenfalls zur Separierung und Hinterlegung für den Sicherungsnehmer verpflichtet, wenn er sicherungshalber abgetretene Forderungen einzog. Dies sollte nach der Rechtsprechung unter Berufung auf *Ganter*, NZI 2007, 549, 451 jedoch nicht für Globalzessionen gelten, siehe BGHZ 184, 101, Rn. 28. Diese Ausnahme besteht unter § 21 Abs. 2 Nr. 5 InsO nicht mehr, siehe *Ganter*, NZI 2010, 551, 553.
229 Uhlenbruck-*Vallender*, § 21, Rn. 38j; *Ganter*, NZI 2010, 551, 553; vgl. auch *Parzinger*, S. 44 ff., 66 ff.
230 Der Anspruchsbeginn ergibt sich aus dem Verweis auf § 169 S. 2, 3 InsO, siehe die Gesetzesbegründung, BT-Drucks. 16/3227, S. 29; BGHZ 183, 269, Rn. 29 ff. Es gelten die gleichen Grundsätze wie im Rahmen des § 169 InsO, siehe dazu oben unter 1. Teil A. I. 2. f) bb) (5) (S. 34 f.).
231 Auch insoweit gelten die gleichen Grundsätze wie bei § 172 Abs. 1 InsO, so dass auf 1. Teil A: I. 2. f) bb) (3) (S. 44) verwiesen wird.
232 Überblick über die dinglichen (Mobiliar-)Kreditsicherheiten in England bei *Calnan*, in: Bridge/Stevens, Cross-Broder Security, S. 17 ff.; *Goode*, in Kreuzer, Mobiliarsicherheiten, S. 43 ff.; *ders.* RabelsZ 44 (1980), 674 ff.
233 *Seif*, S. 16. Zwischen dem *common law* und dem *statutory law* wird begrifflich nicht immer unterschieden.

tivisch: *legal*), dem dieses ergänzenden Fallrecht der Kanzlergerichte (*equity*, adjektivisch: *equitable*)[234] und dem geschriebenen Recht (*statutes*). Zum anderen folgt das englische Recht nicht dem römisch-rechtlichen Eigentumsbegriff als absolutem Herrschaftsrecht.[235] Es war und ist vielmehr darauf ausgerichtet, stets im Einzelfall anhand einer Vielzahl von durch die Rechtsprechung entwickelten Rangfolgeregelungen zu bestimmen, wem die größere dingliche Berechtigungsstärke an einer Sache zukommt.[236] Dingliche Berechtigungen können sich dabei sowohl aus dem *common law* als auch aus der *equity* ergeben.[237] Hinsichtlich beweglicher Sachen (*choses/chattels in possession*) kennt das *common law* nur zwei dingliche Berechtigungen: Eigentum als diejenige dingliche Berechtigung die besteht, wenn keine vorrangigen dinglichen Berechtigungen vorhanden sind (*legal ownership* oder *legal title*) und Besitz (*possession*).[238] Die *equity* hingegen hat mit der Zeit in einer Vielzahl von Situationen dingliche Rechte anerkannt, welche unter dem Oberbegriff des *equitable interest* zusammengefasst werden können und je nach den zugrunde liegenden Parteivereinbarungen unterschiedliche Rechte gewähren.[239] Insbesondere erkennt die *equity* ein Eigentumsrecht ohne Inhaberschaft des *legal title* (*equitable* oder *beneficial ownership*) an. Folge ist, dass Eigentum getrennt in *legal* und *equitable ownership* an demselben Gegenstand existieren kann.[240] Sicherungsübertragungen (*mortgage*) können damit sowohl das Eigentumsrecht des common law betreffen (*legal mortgage*)[241] als auch jegliche dingliche Berechtigung der *equity* (*equitable mortgage*).

Die Erkenntnis, dass ein dingliches Recht zu Sicherungszwecken übertragen werden kann, entwickelte sich in England im Grundstücksrecht.[242] Erfolgte auch hier zunächst die Besicherung von Land durch Besitzpfandrecht, so fing man im 15. Jahrhundert an,

---

234 Seit dem *Supreme Court of Judicature Act 1873* wenden alle Gerichte sowohl das *common law* als auch die *equity* an, so dass eine eigenständige Gerichtsbarkeit der *equity* nicht mehr existiert, siehe zur Entwicklung der *equity Aschenbrenner*, S. 32 ff. m.w.N.; *v. Bernstorff*, S. 6 ff.

235 *de Groot*, in: Faber/Lurger, Transfer of Movables, S. 161, 165.

236 *Waverly Borough Council v Fletcher* [1996] L.R.Q.B.D. 334, 345 (C.A.): »*the English law of ownership and possession, unlike that of Roman law, is not a system of identifying absolute entitlement but of priority of entitlement.*«

237 Enspechend stellen dingliche Rechte entweder ein *legal title/interest* oder ein *equitable title/interest* dar. Zur Verwendung der Begriffe *title* und *interest* siehe *Aschenbrenner*, S. 97; *Seif*, S. 12.

238 *Bridge*, Property Law, S. 9; *de Groot*, in: Faber/Lurger, Transfer of Movables, S. 161, 165. Eigentum und Besitz sind jedoch nicht vollständig abstrakt voneinander, was am Fehlen einer Vindikationsklage deutlich wird. Im Verhältnis zu Dritten ist stets der berechtigte Besitzer stärkster dinglich Berechtigter und damit als Eigentümer anzusehen. Insbesondere ist nur er befugt, von Dritten im Wege des Schadensersatzes die Beseitigung von Einwirkungen auf die Sache zu verlangen, siehe *de Groot*, in: Faber/Lurger, Transfer of Movables, S. 161, 165, Fn. 19; *Frisby/Jones*, in: Faber/Luger, National Reports on the Transfer of Movables, S. 1, 11; *Lawson*, IECL, VI, S. 23, 24 ff.

239 Es ist das *equitable interest*, welches mit dem kontinentaleuropäischen *nummerus clausus* der Sachenrechte nicht zu vereinbaren ist, siehe *Aschenbrenner*, S. 99, vgl. auch *de Groot*, in: Luger/Faber, Transfer of Movables, S. 161, 166 f.

240 *Bridge*, Property Law, S. 9.

241 Wird hingegen der Besitz sicherungshalber übertragen, liegt ein Faustpfandrecht (*pledge*) vor.

242 *Aschenbrenner*, S. 29 ff.

das vom König erhaltene Recht am Grundstück (*freehold estate*) sicherungshalber zu übertragen. Diesen Vorgang bezeichnete man nunmehr als *mortgage*, wohingegen der Begriff zuvor ein Besitzpfandrecht bezeichnet hatte, bei welchem die Fruchtziehung durch den Sicherungsnehmer nur auf Zinsen, nicht jedoch auf die gesicherte Hauptforderung angerechnet werden konnte (totes Pfandrecht aus dem französischen *mort gage*).[243] Im Mobiliarkreditsicherungsrecht spielte die *mortgage* hingegen bis in das 19. Jahrhundert keine Rolle. Denn zurückgehend auf den *Twyne's Case* von 1601 haftete der besitzlosen Übertragung des *legal title* lange Zeit die Vermutung betrügerischen Handelns an, der sich auch die *equity* nicht erwehren konnte.[244] Es musste damit auch in England zunächst auf das Besitzpfand (*pledge*) zurückgegriffen werden. Auch wenn die genauen Umstände im Dunkeln liegen, so ist zu vermuten, dass die Änderung dieser Sichtweise zum einen mit den wirtschaftlichen Bedürfnissen der Industrialisierung und zum anderen mit der Einführung des BSA 1854 zusammenhingen, welcher zum ersten Mal die Registrierung von schriftlich niedergelegten, nicht durch Besitzübertragung erfolgenden Eigentumsübertragungen anordnete.[245] Damit war es möglich, im Falle entsprechender Registrierung die auf den *Twyne's case* zurückgehende *doctrine of reputed ownership* zu entkräften, nach welcher in der Insolvenz vermutet wurde, dass im Besitz des Schuldners befindliche Sachen in dessen Eigentum standen.[246] Abgesehen davon, dass die *equity* bereits im Grundstücksrecht zur Stärkung der Rechte des Sicherungsgebers (*mortgagor*) durch die Entwicklung der *equity of redemption* geführt hatte,[247] hatte sie auf *mortgages* an beweglichen Sachen noch keinen Einfluss. Die *equity* bot hier bei der förmlichen Bestellung durch einen *bill of sale* keinerlei Vorteile.[248] Dies änderte sich grundlegend mit der Anerkennung einer *Mortgage*-Bestellung an künftigen Vermögensgegenständen durch die *Equity*-Gerichte im Jahr 1862.[249] Für die Besicherung von Forderungen und anderen unverbrieften Rechten, welche nicht durch Faustpfand (*pledge*) übertragen werden konnten, dürfte die *equitable mortgage* hingegen im frühen 19. Jahrhundert bereits eine gewisse Rolle gespielt haben. Denn die Übertragung des *legal title* an einer Forderung war bis zur Einführung der gesetzlich geregelten Abtretung (*statutory assignment*) durch s. 25(6) des *Supreme Court of Judicature Act 1873*[250] im *common law* nicht möglich, wohingegen in *equity* Forderungsabtretungen bereits durchgesetzt werden konnten.[251]

---

243   *Aschenbrenner*, S. 31.
244   *Twynes Case* (1601) 76 E.R. 809.
245   Vgl. das kurz nach Einführung des Gesetzes ergangene Urteil *Pennell v Dawson* (1856) 139 E.R. 1407; *Aschenbrenner*, S. 41.
246   Vgl. *Gough*, Company Charges, S. 26.
247   Siehe dazu unten unter 1. Teil A. II. 3. e) aa) (1) (S. 60 f.).
248   *Gough*, Company Charges, S. 25 f.
249   Grundlegend *Holroyd v Marshall* (1862) 11 E.R. 999 (H.L.), siehe unten unter 1. Teil A. II. 3. b) ff) (2) (S. 51 f.).
250   Heute s. 136 LPA 1925.
251   Handelte es sich bei dem übertragenen Recht um ein *equitable interest*, so ließen die Gerichte der *equity* eine Klage des Zessionars gegen den Drittschuldner uneingeschränkt zu. Wurden im *common law* durchzusetzende Rechte, wie insbesondere Geldforderungen, abgetreten, so konnte der Zedent in *equity* dazu gezwungen werden, dem Zedenten zu gestatten, in seinem Namen gegen den Drittschuldner zu klagen, was im *common law* wiederum möglich war, siehe *Bridge*, Property Law, S. 233 f.

2. *Attachement* und *perfection* im englischen Kreditsicherungsrecht

Angelehnt an die Begrifflichkeiten des art. 9 UCC,[252] folgt das englische Kreditsicherungsrecht grundsätzlich einem zweistufigen Aufbau vertraglicher Kreditsicherungsrechte *stricto sensu*.[253] Auf der ersten Stufe wird das Sicherungsrecht zwischen den Parteien zum Entstehen gebracht (*attachment*). Bereits im Moment der wirksamen Bestellung *inter partes* wird das Sicherungsgut zugunsten des Sicherungsnehmers dinglich verhaftet.[254] Auf der zweiten Stufe tritt dann die sogenannte *perfection* hinzu. Zurückgehend auf den *Twyne's Case* von 1601 handelt es sich dabei um einen Oberbegriff für verschiedene Publizitätsmechanismen (insbesondere Besitzübergabe, Hinterlegung, Registereintragung), welche erforderlich sind, um der Sicherheit ihre Durchsetzbarkeit auch gegenüber Dritten zuteilwerden zu lassen.[255] Im Falle der nicht von einer Besitzübertragung abhängigen Mobiliarsicherheiten (*non-possessory security rights*) *mortgage* und *charge* erfolgt die *perfection* durch deren gesetzlich angeordnete Eintragung des Sicherungsrechts in öffentliche Register. Dabei wird die Unterscheidung zwischen *attachment* und *perfection* allerdings nicht stringent eingehalten. Entsprechend ihrem Alter folgen die aus dem 19. Jahrhundert stammenden BSA-Gesetze der heute in Rechtsvergleichung und -vereinheitlichung als überkommen geltenden Dogmatik, nach welcher die Registereintragung bereits Teil des Entstehungstatbestands des Sicherungsrechts *inter partes* ist.[256] Dagegen ist das Eintragungserfordernis unter dem CA 2006 im Sinne moderner Mobiliarsicherheitendogmatik als reine Drittwirksamkeitsvoraussetzung ausgestaltet. Kritisiert wird an der Unterscheidung zwischen *attachment* und *perfection*, dass Drittwirksamkeit gerade das wesentliche Merkmal eines dinglichen Rechts sei. Die Wirkung *inter partes* sei nicht zu unterscheiden von einem schuldrechtlichen Anspruch.[257] Allerdings berechtigt bereits die Bestellung *inter partes* den Sicherungsgeber zur dinglichen Verwertung des Sicherungsrechts, soweit nicht ein Insolvenzverfahren eröffnet oder die Zwangsvollstreckung in den Sicherungsgegenstand begonnen wurde.[258] Auch setzt sich die *Inter-Partes*-Bestellung gegenüber nachfolgenden Sicherheiten durch, solange diese ebenfalls noch keine Drittwirksamkeit erlangt haben.[259]

---

252 *Aschenbrenner*, S. 104; *Lenhard*, S. 17 f.
253 Abgegegrenzt werden die *security rights stricto sensu* von den funktionsäquivalenten (Waren-)Kreditgeschäften (*quasi-security rights*) Eigentumsvorbehalt, Finanzierungsleasing und Forderungskauf (*factoring* oder *block-discounting*). Maßgeblich für die Unterscheidung ist zum einen, ob ein Recht übertragen oder (bloß) zurückbehalten wird und zum anderen, ob nach den Umständen ein echter Kauf (*outright sale/transfer*) oder lediglich ein besicherter Kredit vorliegt, siehe *Bradgate*, Commercial Law, S. 501; *Gullifer*, Credit and Security, Rn. 3-04 ff.
254 *Ali*, Secured Finance, Rn. 3.11; *Gullifer*, Credit and Security, Rn. 2-02.
255 *Kieninger*, RNotZ 2013, 216, 223.
256 Siehe dazu unten unter 1. Teil A. II. 3. c) aa) (1) (S. 53).
257 *Ali*, Secured Finance, Rn. 3.11.
258 *B/B/G/L*, Law of Security, Rn. 10.34; *Gullifer*, Credit and Security, Rn. 2-02.
259 *Kieninger*, RNotZ 2013, 216, 224.

3. *Legal* und *equitable mortgage*

a) Begriff, Konstruktion und wirtschaftliche Bedeutung

Eine *mortgage* ist die Übertragung eines dinglichen Eigentumsrechts an einem Vermögensgegenstand vom Sicherungsgeber (*mortgagor*) auf den Sicherungsnehmer (*mortgagee*) zur Sicherung einer Forderung unter der Verpflichtung des Sicherungsnehmers, das Recht wieder zurück zu übertragen, sobald die gesicherte Forderung erfüllt wird.[260] Die *mortgage* entspricht damit in ihrer Konstruktion prinzipiell dem deutschen Sicherungseigentum und der Sicherungsabtretung.[261] Als besitzloses Sicherungsrecht kann die *mortgage* an beweglichen Sachen wie auch an Rechten bestellt werden.

Trotz der Vorteile der besitzlosen *mortgage* gegenüber dem Faustpfand (*pledge*) spielt zumindest die *legal mortgage* in der Praxis sowohl in Bezug auf bewegliche Sachen als auch in Bezug auf Forderungen eine untergeordnete Rolle.[262] Zum einen unterliegt die *legal mortage* den Regeln des *common law*, welches die antizipierte Sicherungsübertragung an künftigen Vermögensgegenständen nicht zulässt. Die *legal mortgage* an Forderungen setzt zudem die Anzeige an den Drittschuldner voraus, ist damit sowohl ungünstig für den Sicherungsgeber als auch ungeeignet für Globalzessionen.[263] Im Bereich der privaten und kleingewerblichen Kredite stellen zum anderen die komplizierten BSA-Gesetze ein ernstzunehmendes Hindernis dar, welches die Bestellung von besitzlosen Mobiliarsicherheiten durch Individualschuldner erheblich erschwert und Sicherheiten an wechselndem Umlaufvermögen auch in *equity* gänzlich unmöglich macht.[264] Hier weicht die Praxis in der Regel auf die verschiedenen Formen des Finanzierungskaufs aus.[265] Dennoch hat sich im Anwendungsbereich der BSA-Gesetze eine gewisse Nische für Kredite unter Bestellung einer *legal mortgage* am privaten PKW gebildet (sog. *logbook loans*).[266] Ansonsten hat sich in der Praxis zumindest begrifflich weitestgehend die *charge* durchgesetzt.[267]

---

260 *Maugham v Sharpe* (1864) 144 E.R. 179, 187; *B/B/G/L*, Law of Security, Rn. 6.01; *Sykes/Walker*, Securities, S. 605 f.
261 *v. Bar*, Gemeineuropäisches Sachenrecht, Rn. 233, Fn. 922; *Rottnauer*, S. 162.
262 Vgl. *Aschenbrenner*, S. 44; *Hoffmann*, S.46; *Rottnauer*, S. 164.
263 Vgl. *Bridge*, in: Sigman/Kieninger, Security over Receivables S. 147, 158.
264 *Diamond*, in: Sauveplanne, Security over Corporeal Movables, S. 23, 34; *Drobnig*, in: Kreuzer, Mobiliarsicherheiten, S. 9, 19. Auch die *Law Commission* bezeichnet die Gesetzgebung mittlewile als veraltet und der heutigen Kreditpraxis nicht gerecht werdend. Sie hat daher die Reform durch Einführung eines Goods Mortgages Act angeregt, siehe http://www.lawcom.gov.uk/wp-content/uploads/2016/09/lc369_bills_of_sale_factsheet.pdf.
265 Mietkauf und Eigentumsvorbehalt stellen keinen *security bill of sale* dar, siehe *Clough Mill Ltd. v Martin* [1985] 1 W.L.R. 111 (C.A.); *McEntire v Crossley Brothers Ltd.* [1895] A.C. 457 (H.L.); *Aschenbrenner*, S. 121.
266 37.000 registrierte *bills of sale* im Jahr 2015, siehe http://www.lawcom.gov.uk/wp-content/uploads/2016/09/lc369_bills_of_sale_factsheet.pdf; siehe zum Gebrauch der *legal mortgage* in diesem Bereich auch *Sheehan*, L.Q.R. 2010, 356.
267 Tatsächlich dürfte es sich in der weit überwiegenden Zahl der Fälle von *charges* inhaltlich allerdings um *equitable mortgages* handeln, siehe unten unter 1. Teil B. I. 3. (S. 125 f.).

b) Bestellung des Sicherungsrechts *inter partes* (*attachment*)

aa) Übertragung des *legal title* oder eines *equitable interest*

(1) *Legal mortgage* – Übertragung des *legal title*

Eigentum des *common law* (*legal ownership/title*) kann an allen dem deutschen Juristen geläufigen körperlichen Sachen und Rechten bestehen (*legal choses*), nicht hingegen an solchen Rechtspositionen, welche nur in *equity* entstehen und durchsetzbar sind (*equitable choses*).[268] Für die Begründung einer *legal mortgage* ist die (Sicherungs-)Übertragung des *legal title* vom Sicherungsgeber auf den -nehmer erforderlich. Ein einheitliches System der Eigentumsübertragung kennt das englischen Recht nicht. Die Anforderungen an die Übereignung und deren Eigenständigkeit richten sich vielmehr nach dem zugrundeliegenden Rechtsgeschäft und der konkreten Durchführung. Es herrscht eine Gemengelage zwischen Einheits- und Trennungsprinzip.[269] Kommt es zur Sicherungsübertragung des *legal title*, so ist jedenfalls anerkannt, dass die Rechtsposition des Sicherungsnehmers allein auf der dinglichen Übertragung (*transfer/conveyance*) beruht, für welche die Regeln des Vertragsrechts nicht gelten, unabhängig davon, ob ein vom reinen Verfügungsvorgang getrennter Verpflichtungsvertrag vorliegt. Ein solcher ist dementsprechend nicht erforderlich.[270] Dass die *legal mortgage* auf einem dinglichen *transfer* und nicht auf einem *contract* beruht, ist insbesondere insoweit relevant, als dass die Bestellung der *legal mortgage* keine Gegenleistung (*consideration*) durch den Sicherungsnehmer erfordert.[271]

(a) Bewegliche Sachen

(aa) Allgemeines zu Besitzübergabe und Form

Ursprünglich war im englischen Recht eine Eigentumsübertragung ohne Besitzübergabe nicht möglich. Von diesem Grundsatz haben sich zwei Ausnahmen entwickelt.[272] Im Falle einer Schenkung wurde anerkannt, dass eine Schenkung als vollzogen und damit als wirksam gilt, wenn statt der Besitzübergabe die Eigentumsübertragung in einer

---

268 Zu *equitable choses* siehe *Smith/Leslie*, Law of Assignment, Rn. 11.05 ff.
269 *Baur/Stürner*, Sachenrecht, § 64, Rn. 103.
270 *Goode*, Commercial Law, Rn. 23.11; *Gullifer*, Credit and Security, Rn. 2-04; *Seif*, S. 21 spricht von »*einer schuldvertragsunabhängigen Verfügung*«. Die weitergehende Frage nach der Rechtsnatur des dinglichen Eigentumsübergangs (Vertrag, einseitige Verügung, Realakt) wird in England nicht weiter erörtert, siehe *Baur/Stürner*, Sachenrecht, § 64, Rn. 103.
271 *Goode*, Commercial Law, Rn. 23.11; *Seif*, S. 19, 21; zur *legal mortage* an Forderungen auch *Smith/Leslie*, Law of Assignment, Rn. 16.39; *Carl*, in: *Hadding/Schneider*, Forderungsabtretung, S. 199, 201. Nach englischem Verständnis ist ein Vertrag nur bindend, wenn er in einer *deed* beurkundet wurde oder wenn dem Leistungsversprechen auch eine Gegenleistung (*consideration*) gegenübersteht, siehe ausführlich *Fromholzer*, S. 8 ff.
272 Siehe *Cochrane v Moore* (1890) 25 L.R.Q.B.D. 57, 72 f. (C.A.): »*...according to the old law no gift or grant of chattels was effectual to pass it whether by parol or by deed ... unless accompanied by delivery: that on that law two exceptions have been grafted...*«.

besonderen Urkunde, einer *deed*,[273] schriftlich niedergelegt wird und diese vom Aussteller an den neuen Eigentümer übergeben wird.[274] Die zweite Ausnahme betrifft den Warenkauf und ist mittlerweile zu Gesetzesrecht geworden. Hier hängt der Zeitpunkt des Eigentumsübergangs von den Parteivereinbarungen ab, ss. 17 ff. SGA 1979. Die Bestellung von dinglichen Kreditsicherheiten ist gemäß s. 62 (4) SGA 1979 allerdings von dessen Anwendungsbereich ausgenommen. Im Umkehrschluss und gestützt auf *Reeves v. Capper*[275] ist in der deutschen Literatur angenommen worden, ohne Besitzübertragung müsse eine *legal mortgage* in Form einer *deed* vereinbart werden.[276] Demgegenüber geht das englische Schrifttum gestützt durch die Rechtsprechung ausnahmslos davon aus, dass auch eine rein mündliche Bestellung einer *legal mortgage* ohne Besitzübergabe wirksam ist.[277] Zum Teil wird dies damit begründet, die *mortgage* stelle einen Bedingungskaufs (*conditional sale*) dar, weshalb es nach den Regeln des Warenkaufs für den Eigentumsübergang nur auf die Parteiabsichten ankomme.[278] Dass der SGA 1979 nicht auf die *mortgage* anwendbar ist, sei irrelevant, da die Ausnahme vom Traditionsprinzip bereits zuvor im *common law* verankert gewesen sei. Vor dem Hintergrund der eindeutigen Entscheidung *Flory v. Denny* ist jedenfalls festzuhalten, dass grundsätzlich weder ein schriftlicher (Verfügungs-)Vertrag noch die Übertragung unmittelbaren Besitzes notwendig ist, um den *legal title* an beweglichen Sachen zu Sicherungszwecken übergehen zu lassen. Zweifel bleiben für den Fall, dass der Gewährung der *legal mortgage* keinerlei Gegenleistung (Darlehensauszahlung, Stundung etc.) gegenübersteht. In diesem Fall könnte die *mortgage* als Schenkung zu qualifizieren sein, was ohne Besitzübergabe eine *deed* erforderlich werden ließe.[279] In der Praxis ist die Frage offensichtlich nicht relevant, da mündliche *Mortgage-*

---

273 Diese verlangt insbesondere die Beglaubigung der Unterschrift des Ausstellers durch einen unabhängigen Zeugen, siehe zu den Anforderungen s. 1(2) – (3) LPA 1989.

274 *Bridge*, Property Law, S. 171 ff.; *Frisby/Jones*, in: Faber/Luger, National Reports on the Transfer of Movables, S. 1, 11; *Krimphove*, S. 129.

275 (1838) 132 E.R. 1057, in der Entscheidung wurde die formlose (es lag keine *deed* vor) schriftliche Bestellung einer *legal mortgage* aufgrund der Besitzübergabe für wirksam erachtet.

276 *Aschenbrenner*, S. 188; *Seif*, S. 21 f.

277 *Flory v Denny* (1852) 155 E.R. 1080; *Bell*, Personal Property, S. 184; *Bradgate*, Commercial Law, S. 518 (der im Zweifel zumindest ein Besitzmittlungskonstitut durch den Sicherungsgeber genügen lassen will); *Gullifer*, Credit and Security, Rn. 1–13; *Ferran/Ho*, Corporate Finance, S. 315; *Gough*, Company Charges, S. 64, 24, 26; *Sykes/Walker*, Securities S. 606; vgl. auch HLE, Vol. 77, Rn. 205: »*A parol mortgage, even without delivery, is good at common law, ...*«, die dann folgende Einschränkung, eine rein mündliche *legal mortgage* sei nicht insolvenzfest, scheint sich von der Wortwahl her (»*as the chattels then remain in the debtor's order and disposition*«) auf die durch den IA 1986 aufgehobene *doctrine of reputed ownership* zu beziehen, vgl. den Wortlaut von s. 38 (2) (c) IA 1914. Die dafür angegebene Fundstelle HLE, Vol. 5, Rn. 428 trägt diesen Befund jedenfalls nicht. Nach heutiger Rechtslage dürfte es sich um ein schlichtes Beweisproblem handeln.

278 *Bell*, Personal Property, S. 184; *Gough*, Company Charges S. 64; *Sykes/Walker*, Securities S. 606.

279 Diese Überlegung wird im englischen Schrifttum nicht gemacht. Im Urteil *Flory v. Denny* war eine Gegenleistung in Form der Darlehensauszahlung erfolgt.

Vereinbarungen praktisch ausgeschlossen sind.[280] Im Anwendungsbereich der BSA-Gesetzgebung müssen schriftliche Sicherungsvereinbarungen in Form einer *deed* geschlossen sein, und in der Unternehmensfinanzierung spielen *legal mortgages* praktisch keine Rolle.

(bb) Formerfordernisse der BSA Gesetzgebung

Schriftliche *legal mortgages* stellen, soweit der weitere sachliche und persönliche Anwendungsbereich der BSA-Gesetze eröffnet ist, gemäß ss. 4 BSA 1878, 3 BSA AA 1882 einen *security bill of sale* dar.[281] Die BSA-Gesetze setzen also für ihre Anwendbarkeit Schriftlichkeit der Vereinbarung voraus, schreiben diese jedoch nicht vor.[282] Der BSA AA 1982 ordnet für schriftliche *Mortgage*-Vereinbarungen an, dass sie in Form einer *deed* erfolgen sowie einige weitere Erfordernisse inhaltlicher Art erfüllen müssen.

Vom persönlichen Anwendungsbereich her umfassen die BSA-Gesetze die Bestellung von besitzlosen dinglichen Sicherheiten an beweglichen Sachen (*personal chattels*) durch natürliche Personen (*individuals*) und Personengesellschaften (*partnerships*).[283] Kapitalgesellschaften (*companies*)[284] und einige andere bestimmte Gesellschaftsformen[285] sind ausgenommen. Weiterhin vom persönlichen Anwendungsbereich ausgeschlossen sind Landwirte, soweit sie besitzlose Sicherheiten über ihre landwirtschaftlichen Produkte und Maschinen bestellen.[286] In sachlicher Hinsicht stellen insbesondere Schiffe, Wertpapiere und Rechte keine *personal chattels* im Sinne der BSA-Gesetze dar.[287] Auch schriftliche *mortgages* an registrierten Flugzeugen unterfallen nicht den BSA-Gesetzen.[288]

---

280 Neben der Beweisfunktion der Schriftform dürfte dies daran liegen, dass nach der auf den *Twyne's Case* zurückgehenden und bis 1986 geltenden *doctrine of reputed ownership* besitzlose Sicherheiten, die nicht in Form eines *bill of sale* vereinbart waren, in der Insolvenz des Sicherungsgebers wirkungslos waren, siehe s. 38(2)(c) IA 1914.

281 Der *security bill of sale* ist abzugrenzen vom *absolute bill of sale*. Insbesondere gilt nur für *security bills of sale* der BSA AA 1882, welcher gerade für besitzlose Sicherungsübertragungen an beweglichen Sachen geschaffen wurde und im Vergleich zum BSA 1878 teilweise Spezialregelungen enthält, vgl. s. 4 BSA AA 1882 und ausführlich *Aschenbrenner* S. 42 f. Entsprechend der Thematik soll *bill of sale* nachfolgend stets im Sinne eines *security bill of sale* verstanden werden.

282 *Aschenbrenner*, S. 187; *B/B/G/L*, Law of Security, Rn. 11.03; *Goode*, Commercial Law, Rn. 24.02, Fn. 2; *Lenhard*, S. 50; *Vaines*, Personal Property, S. 451.

283 Ausgenommen sind *limited liability partnerships* gemäß s. 32 LLPR 2009, auf welche die Vorschriften des CA 2006 anzuwenden sind, siehe *B/B/G/L*, Law of Security, Rn. 10.03.

284 *Online Catering Ltd. v. Acton* [2010] EWCA Civ 58; *Slavenburg`s Bank v Intercontinental Natural Resources Ltd.* [1980] 1 All E.R. 955 (Q.B.D.); *Ambery/Bowmer*, J.I.B.L. 2001, 153, 156; *Lenhard*, S. 53; vgl. auch s. 17 BSA AA 1982.

285 *Industrial and Provident Societies*, s. 1 Industrial and Provident Societies Act 1967.

286 S. 8(1) Agricultural Credits Act 1928; siehe zur Bestellung von *agricultural charges Lenhard*, S. 59 f.

287 S. 4 BSA 1878.

288 S. 16 MAO 1972.

Zudem ordnet s. 12 BSA AA 1882 die Nichtigkeit von *bills of sale* an, mit denen Forderungen in Höhe von weniger als 30 £ gesichert werden.[289]

S. 9 BSA AA 1882 schreibt vor, dass *bills of sale* inhaltlich dem im Anhang zu BSA AA 1882 vorgegebenen Muster entsprechen müssen. Der *bill of sale* muss unter anderem die Namen der Parteien, die Darlehenssumme und eine Bestätigung der Auszahlung, Zinsen, die Rückzahlungsmodalitäten hinsichtlich Hauptforderung und Zinsen sowie die Pflichten des Sicherungsgebers hinsichtlich der Erhaltung des Sicherungsguts enthalten. Zu unterschreiben ist der *bill of sale* vom Sicherungsgeber. Ein neutraler Zeuge muss die Unterzeichnung der Urkunde durch den Sicherungsgeber beglaubigen. Anschließend ist der *bill of sale* dem Sicherungsnehmer auszuhändigen.[290] Eine wörtliche Übereinstimmung mit dem Muster ist nicht nötig, solange inhaltliche Übereinstimmung vorliegt (*substantial compliance*).[291] So soll sowohl die Sicherung einer bestimmt bezeichneten zukünftigen Darlehensforderung als auch die Sicherung einer Altverbindlichkeit möglich sein.[292] Sind die Beglaubigung durch einen Zeugen oder die Angabe der Darlehenssumme fehlerhaft, so ist die Sicherheitenbestellung gemäß s. 8 BSA AA 1882 nichtig. Fehlt eine dieser Voraussetzungen gänzlich oder entspricht der *bill of sale* anderweitig nicht der gesetzlichen Form, so ist er darüber hinausgehend in seiner Gesamtheit nichtig, s. 9 BSA AA 1882. In beiden Fällen kommt es nicht zum *attachment*.[293]

(b) Forderungen

Anders als bei beweglichen Sachen ist die Übertragung des *legal title* an Forderungen in s. 136 LPA 1925 gesetzlich geregelt.[294] Die notwendige Einigung über die Sicherungsabtretung muss demnach schriftlich erfolgen. Wie bei der *deed* ist die Unterschrift des Verfügungsempfängers nicht erforderlich. Weiterhin muss die Abtretung dem Drittschuldner angezeigt werden. Die Vorschrift ist grundsätzlich auf alle Arten von Rechten anwendbar, jedoch nicht auf solche, für deren Übertragung speziellere Vorschriften gelten.[295]

---

289 Hier stehen nach dem Gesetzgeber Aufwand und Ertrag in keinem Verhältnis, siehe *Aschenbrenner*, S. 189. Die Besicherung muss also mündlich erfolgen.

290 Vgl. s. 3 BSA 1878, der vom *holder* oder *grantee* als dem durch den *bill of sale* begünstigten spricht.

291 *Thomas v Kelly* (1888) 13 App. Cas. 506, 516 (H.L.).

292 HSE Vol. 50, Rn. 1707; im Fall der Nachbesicherung muss in den Text aufgenommen werden, dass der bestimmte Betrag bereits *due and owing* ist, *Davies v Jenkins* [1900] 1 L.R.Q.B.D. 133 (C.A.). Gerade in der Frage der zulässigen Abweichungen herrscht ein erhebliches Maß an Rechtsunsicherheit, was zu einer unübersichtlichen Kasuistik geführt hat.

293 Siehe ausführlich *Aschenbrenner*, S. 189.

294 Siehe zur Anwendbarkeit von s. 136 LPA 1925 auf die *legal mortgage* an Forderungen *Clark*, Law of Mortgage, Rn. 17.3 f.; *Gullifer*, Credit and Security, Rn. 1-13.

295 Zur Übertragung des *legal title* von Urheberrechten, Marken und Patenten nach s. 90 CDPA 1988, 24 TMA 1994, 30 PA 1977 siehe *Smith/Leslie*. Law of Assignment, Rn. 11.84. In übertragbaren Wertpapieren (*negotiable instruments*) verbriefte Rechte werden nach den für bewegliche Sachen geltenden Regeln übertragen, gegebenfalls durch Indossament, siehe *Gullifer*, Credit and Security, Rn. 3-14. Siehe ausführlich zu den Arten übertragbarer Wertpapiere *Smith/Leslie*, Law of Assignment, Rn. 12.06 ff.

(2) *Equitable mortgage*

(a) Übertragung eines bestehenden *equitable interest*

Grundsätzlich lassen sich zwei Konstellationen unterscheiden, in denen eine *equitable mortgage* entstehen kann.[296] In der ersten Konstellation ist der Sicherungsgeber bereits Inhaber einer nur in *equity* durchsetzbaren Rechtsposition (*equitable interest*) und überträgt diese sicherungshalber auf den Sicherungsnehmer. Häufigstes Beispiel ist die Sicherungsabtretung des *beneficial ownership* des Begünstigten eines *at (common) law* durch einen Treuhänder gehaltenen Treuhandvermögens (*trust*).[297] Die Übertragung eines existierenden *equitable interest* bedarf gemäß s. 53(1)(c) LPA 1925 der Schriftform.[298] Da es sich auch in diesen Fällen um eine dingliche Übertragung und nicht um einen *contract* handelt, ist eine *consideration* im Sinne der englischen Vertragsrechtslehre ist nicht notwendig.[299] Besteht die zu übertragende Rechtsposition der *equity* an einer beweglichen Sache im Sinne der BSA-Gesetze, so stellt auch diese Form der *equitable mortgage* einen *security bill of sale* dar.[300]

(b) Begründung nach den Regeln des Vertragsrechts

In der zweiten Konstellation ist der Sicherungsgeber zwar Inhaber des *legal title* am Sicherungsgut, allerdings soll nach der *Mortgage*-Vereinbarung der *legal title* erst zu einem künftigen Zeitpunkt übertragen werden, oder es soll zwar bereits eine *mortgage* begründet werden, die Übertragung des *legal title* scheitert jedoch, weil formale Anforderungen an dessen Übertragung nicht erfüllt werden.[301] In diesen Fällen erwirbt der Sicherungsnehmer *in equity* unter bestimmten Voraussetzungen bereits *beneficial (equitable) ownership*, während der *legal title* beim Sicherungsgeber verbleibt. Schriftform gemäß s. 53(1)(c) LPA 1925 ist nicht notwendig, da die Vorschrift nur auf die Übertragung eines bereits bestehenden *equitable interests* anwendbar ist.[302] Die Vereinbarung einer *equitable mortgage* ist in dieser Konstellation unabhängig von der Art des Sicherungsguts formfrei auch durch bloß mündliche Vereinbarung möglich.[303] Nichtsdestotrotz ist Schriftform die absolute Regel, zumal die Registrierung nach

---

296 HLE, Vol. 50, Rn. 1678; *Bell*, S. 184.
297 *McGhee*, Snell's Equity, Rn. 22-20. Auch die Bestellung einer zweiten *mortgage* am selben Sicherungsgut durch Sicherungsübertragung der *equity of redemption* fällt unter diese Konstellation.
298 Dies gilt, obwohl sich die Vorschrift ihrem Wortlaut nach nur auf *equitable interests* an Grundstücken zu beziehen scheint, siehe *Ali*, Rn. 3.35, Fn. 48; *B/B/G/L*, Law of Security, Rn. 6.09, Fn. 51.
299 *Seif*, S. 55; *Smith/Leslie*, Law of Assignment, Rn. 13.82.
300 HLE, Vol. 50, Rn. 1674 ff, 1678; *Seif*, S. 55.
301 Klassisches Beispiel für den letzteren Fall ist die *mortgage* an einer Forderung ohne schriftliche Anzeige an den Drittschuldner. Ein Beispiel für den ersteren Fall ist die schlichte Verpflichtung des Sicherungsgebers dem Sicherungsnehmer in der Zukunft eine *legal mortgage* zu gewähren. Vgl. zu den möglichen Konstellationen einer *equitable mortgage* HLE, Vol. 50, Rn. 1678.
302 *Ali*, Secured Finance, Rn. 3.37.
303 *Goode*, Commercial Law, Rn. 23.10, siehe auch Rn. 24.02, Fn. 2.

s. 344 IA 1986 die Vorlage der Vertragsurkunde voraussetzt und auch die Registrierung rein mündlicher besitzloser Sicherheiten an Vermögen von Kapitalgesellschaften gemäß s. 859D (1)(d), (3) CA 2006 schriftliche Angaben zum Inhalt der *mortgage* erfordert. Liegt Schriftform vor, so handelt es sich im sachlichen und persönlichen Anwendungsbereich der BSA-Gesetzgebung um einen *security bill of sale*.[304]

In dieser zweiten Konstellation findet *at law* keine dingliche Verfügung statt. Es liegt vielmehr ein schuldrechtlicher *contract* vor, der zur Bestellung einer *legal mortgage* verpflichtet.[305] Die *equity* nimmt die vertragliche Verpflichtung zum Anlass, den Sicherungsnehmer so zu behandeln, als wäre er bereits Inhaber des *legal title* und damit eines dinglichen Sicherungsrechts. Dies folgt aus der Maxime *equity considers as done that which ought to be done*.[306] Diese Maxime setzt einen durchsetzbaren Vertrag und damit nach englischem Recht eine Gegenleistung (*consideration*) voraus. Anders als im allgemeinen Vertragsrecht genügt ein schuldrechtliches Gegenleistungsversprechen nicht, vielmehr ist die tatsächliche Gewährung der Gegenleistung (*valuable/ executed consideration*) erforderlich.[307] Hintergrund ist, dass in *equity* nicht auf die Auszahlung eines versprochenen Darlehensbetrags nach den Regeln der *specific performance* geklagt werden kann.[308] Solange keine Auszahlung vorgenommen wurde, ist der Darlehensgeber daher nicht schutzwürdig. Erst nach der Auszahlung liegt kein rein schuldrechtlicher und nicht durchsetzbarer Vertrag mehr vor, so dass es nunmehr in *equity* angemessen erscheint, von einem dinglichen Übergang des *legal title* auszugehen.[309] Neben der Darlehensauszahlung kommen Gegenleistungen aller Art in Betracht, so im Falle der Nachbesicherung beispielsweise eine im Gegenzug gewährte Stundung.[310] Die ursprüngliche Kreditgewährung im Falle der Nachbesicherung reicht nicht aus (*past consideration is no consideration*).[311] Die nachträgliche Besicherung einer Altverbindlichkeit ohne *consideration* ist daher nur mittels einer *legal mortgage* möglich.[312] Von dem Grundsatz, dass eine erbrachte Gegenleistung vorliegen muss, gibt es eine Ausnahme.[313] Auf die *consideration* kommt es nicht an, wenn der Siche-

---

304 HLE, Vol. 50, Rn. 1678; *Gough*, Company Charges, S. 30; *Hofmann*, S. 167; *Seif*, S. 59, 25.

305 Siehe HLE, Vol. 50, Rn. 1678: »*The second method of creating an equitable mortgage, namely by agreement to create a mortgage, rests on contract, not on assignment.*«

306 *Talilby v Official Receiver* (1888) 13 App. Cas. 523, 546 (H.L.); *B/B/G/L*, Law of Security, Rn. 6.08; *Goode*, Commercial Law, Rn. 23.03.

307 *Tailby v Official Receiver* (1888) 13 App. Cas. 523, 546 ff (H.L.).; *Holroyd v Marshall* (1862) 11 E.R. 999, 1007 (H.L.); *B/B/G/L*, Law of Security, Rn. 6.08; *Gullifer*, Credit and Security, Rn. 2-11; *Ferran*, Company law, S. 503.

308 *Rogers v Challis* (1859) 54 E.R. 68.

309 So zumindest die Deutung der Rechtsprechung durch *Gullifer*, Credit and Security, Rn. 2-11.

310 *Calnan*, Taking Security, Rn. 3.131.

311 *Roscorla v Thomas* (1842) 3 Q.B. 234; *Ali*, Secured Finance, Rn. 3.56; *Goode*, Commercial Law, Rn. 23.05.

312 Vgl. *Goode*, Commercial Law, Rn. 23.05; *Gillifer*, Credit and Security, Rn. 2-11.

313 Nach einer Literaturansicht gibt es eine weitere Ausnahme vom Erfordernis der Gegenleistung, wenn die Sicherheitenbestellung in Form einer *deed* erfolgt, siehe *Ali*, Secured Finance, Rn. 3.57; HLE, Vol. 50, Rn. 1678; dagegen überzeugend *Goode*, Commercial Law, Rn. 23.05. Tatsächlich dürfte mit der Verweisung auf die *deed* nur zum Ausdruck kommen, dass wohl ohne Gegenleistung eine *legal mortgage* nur durch *deed* bestellt werden kann, siehe zu dieser Unsicherheit oben unter 1. Teil A. II. 3. b) aa) (1) (a) (aa) (S. 42 f.).

rungsgeber bereits alles in seiner Macht stehende getan hat, um den Übergang des *legal title* zu ermöglichen.[314] Ein Beispiel diesbezüglich ist die schriftliche Bestellung einer *mortgage* an einer Forderung ohne die Drittschuldneranzeige. Da diese auch durch den Sicherungsnehmer vorgenommen werden kann, hat der Sicherungsgeber bereits alles Erforderliche getan, um die Forderung *at law* auf den Sicherungsnehmer übergehen zu lassen.[315]

Aus dem Sicherungsvertrag muss sich zudem ergeben, dass bereits mit dessen Abschluss die Entstehung eines dinglichen Sicherungsrechts gewollt ist, was insbesondere bei der Vereinbarung, künftig eine *legal mortgage* zu bestellen, problematisch sein kann. Neben der *executed consideration* ist wesentliches Auslegungskriterium, ob die Bestellung der *legal mortgage* an künftige Bedingungen oder Erklärungen geknüpft wurde.[316]

bb) Bestimmtheitsgrundsatz

Allgemein gilt in England ein Bestimmtheitsgrundsatz insoweit, als dass es im Zeitpunkt der Inanspruchnahme der Sicherheit bestimmbar sein muss, ob der betreffende Vermögensgegenstand von der Sicherungsvereinbarung umfasst ist oder nicht.[317] Eine spezifische Auflistung oder Beschreibung einzelner Gegenstände ist grundsätzlich nicht notwendig. Damit kann die Sicherungsvereinbarung sich ohne weiteres auf eine Gattung an Gegenständen, Forderungsgesamtheiten oder gar die Gesamtheit aller Vermögensgegenstände oder schlicht das schuldnerische Unternehmen (*undertaking*) beziehen, wovon insbesondere im Falle der *floating charge* Gebrauch gemacht wird.[318]

Erheblich eingeschränkt wird dieser weite Bestimmbarkeitsgrundsatz durch s. 4 BSA AA 1882. Danach muss jedem *security bill of sale* ein Anhang (*schedule*) angehängt sein, welcher die einzelnen umfassten Gegenstände auflistet und spezifisch beschreibt. Rechtsfolge einer ungenügenden Beschreibung ist, dass hinsichtlich der nicht ausreichend spezifizierten Gegenstände der *bill of sale* nur zwischen den Parteien, nicht aber gegenüber Dritten wirksam ist. Wann die Anforderungen an eine spezifische Beschreibung erfüllt sind, ist abhängig von den Umständen des Einzelfalls.[319] Generell gilt, dass der *schedule* einer betrieblich üblichen Inventarliste entsprechen muss.[320] Wenn alle Gegenstände in einem bestimmten räumlichen Bereich umfasst sind, so

---

314 *Ali*, Secured Finance, Rn. 3.59.
315 Vgl. *Holt v Heatherfield Trust* [1942] 2 K.B. 1, 4; *Smith/Leslie*, Law of Assignment, Rn. 11.127, 13.80; im Ergebnis ebenso *Bridge*, Property Law, S. 238 und *Clark*, Law of Mortgage, Rn. 17.6. Ansonsten betrifft die Ausnahme hauptsächlich die Hinterlegung von Wertpapieren, wenn noch erforderliche Registereintragungen fehlen, siehe ausführlich *Bridge* , S. 175 ff. und *Smith*. Law of Assignment, Rn. 11.91 ff.
316 *Goode*, Commercial Law, Rn. 23.10.
317 *Tailby v Official* Receiver (1888) 13 App. Cas. 523, 533; so auch *Ali*, Secured Finance, Rn. 2.27, 3.91 ff: »*The secured property must be identifiable as falling within the scope of the security interest.*«; *Goode*, in: Kreuzer, Mobiliarsicherheiten, S. 43, 56.
318 *Ali*, Secured Finance; Rn. 393, *Gullifer*, Credit and Security, Rn. 2-06; *Seif*, S. 25.
319 Auch hier bietet die BSA-Gesetzgebung keine hinreichende Rechtssicherheit.
320 *Witt v Banner* (1887) 20 L.R.Q.B.D. 114 (C.A.).

kann es genügen, die einzelnen Gegenstandsarten zu benennen.[321] Als zweite generelle Regel gilt, dass solche Gegenstände, deren Bestand sich typischerweise verändert, einer genaueren Beschreibung bedürfen als Gegenstände, die typischerweise nicht ausgetauscht werden.[322] Insbesondere revolvierende Sicherungsübertragungen des Umlaufvermögens sind damit unter den BSA Gesetzen nicht möglich, da künftige Gegenstände nicht ausreichend beschrieben werden könnten.[323] Selbst die Beschränkung auf gegenwärtiges Umlaufvermögen erscheint kaum praktikabel.[324]

cc) Verfügungsbefugnis

(1) *Legal mortgage*

Die Übertragung des *legal title* setzt voraus, dass der Sicherungsgeber entweder selbst dessen Inhaber ist oder er zur Übertragung ermächtigt wurde.[325] Es gilt der Grundsatz *nemo dat quot non habet*. Neben einem allgemeinen Rechtsscheintatbestand[326] lässt das *common law* einen gutgläubigen Erwerb vom Nichtberechtigten nur in wenigen gesetzlich festgelegten Situationen, insbesondere im Kauf- und Handelsvertreterrecht, zu, welche für die Bestellung von Kreditsicherheiten keine Rolle spielen. Dem Schutz dinglicher Rechtspositionen wird damit klar der Vorrang gegenüber dem Verkehrsschutz eingeräumt.[327] Den gutgläubigen Erwerb von Forderungen kennt das englische Recht ebenfalls nicht.[328] Mit Eröffnung eines Insolvenzverfahrens erlischt die Verfügungsbefugnis des Schuldners, es sei denn es handelt sich um ein reines *company/ individual voluntary arrangement*.[329]

(2) *Equitable mortgage*

Der gutgläubige Erwerb einer *equitable mortgage* ist ebenfalls gesetzlich nicht zugelassen. Einer gutgläubig erworbenen *equitable mortgage* an einer *legal chose* steht zudem die allgemeine Rangfolgeregel entgegen, nach welcher der *legal title* einem *equitable interest* grundsätzlich im Rang vorgeht.

---

321 Vgl. *Davidson v Carlton Bank* (1893) 1 Q.B. 82; HSE Vol. 50, Rn. 1747.
322 Abgeleitet aus *Davies v Jenkins* (1900) 1 L.R.Q.B.D. 133 (Q.B.D.); HLE, Vol. 50, Rn. 1747.
323 *B/B/G/L*, Law of Security, Rn. 11.26, 11.48.
324 Nicht ausreichend nach Gegenstandsarten differenzierend *Aschenbrenner*, S. 201.
325 *Ali*, Secured Finance, Rn. 3.86.; *Gullifer*, Credit and Security, Rn. 2.07.
326 Der Tatbestand ist erfüllt, wenn der wahre Eigentümer den Anschein erweckt, ein Dritter sei Eigentümer (*apparent ownership*) oder dürfe für den wahren Eigentümer über den Gegenstand verfügen (*apparent authority*), *Eastern Distributors v. Goldring* [1957] 2 L.R.Q.B.D. 600 (C.A.); vgl. auch s. 21 (1) SGA 1979.
327 *Bishop`s Gate Motor Finance Corp. v Transport Brakes Ltd.* [1949] 1 K.B. 322, 336 f. (C.A.); *Lenhard*, S. 84.
328 Vgl. *Smith*, Law of Assignment, Rn. 13.37.
329 Siehe unten unter 1. Teil A. II. 3. g) aa) (3) (S. 74).

dd) Registereintragung beim *bill of sale*

Gemäß s. 8 BSA AA 1882 i.V.m. ss. 10 ff. BSA 1878 muss ein *security bill of sale* innerhalb von sieben Tagen nach seiner Ausfertigung in einem Zentralregister am *High Court* in London registriert werden.[330] Auf Antrag kann ein Richter des *High Court* die Registrierung auch nach Ablauf einer Frist zulassen, s. 14 BSA 1878. Ein nicht registrierter *security bill of sale* ist hinsichtlich der in seinem Anhang aufgeführten Gegenstände unwirksam, s. 8 BSA AA 1882.[331] Die Übertragung eines *bill of sale* ist nicht registrierungspflichtig, s. 10 (3) BSA 1878.

ee) Die zu sichernde Forderung und Akzessorietät

Das *attachment* setzt einen zu sichernden Anspruch voraus. Dieser kann gegen den Sicherungsgeber oder eine dritte Person gerichtet sein.[332] Zwar kann vereinbart werden, dass das Sicherungsrecht eine künftige oder bedingte Forderung sichern soll, bis zum Entstehen der Forderung ist die *mortgage* jedoch unvollständig (*inchoate security interest*).[333] Umgekehrt endet das *attachment* in dem Moment, in welchem die gesicherte Forderung erlischt. Dies stellt allerdings keine echte Erlöschensakzessorietät dar. Zum einen ist dann gerade bei der *legal mortgage* nach wie vor die Rückübertragung des *legal title* erforderlich. Zum anderen kann das *attachment* rückwirkend zum Zeitpunkt der Sicherheitenbestellung wieder aufleben, wenn anschließend erneut eine Forderung des Sicherungsnehmers entsteht (bspw. wenn der Schuldner wieder ins Debet seiner Kreditlinie gerät) und nach der ursprünglichen Sicherungsabrede auch die neue Forderung gesichert sein sollte.[334] Möglich ist es, die *mortgage* für alle gegenwärtigen und künftigen Forderungen des Sicherungsnehmers gegenüber dem Sicherungsgeber zu bestellen (*cross-over security*).[335] Auch eine Übertragungsakzessorietät kennt das englische Recht nicht. Wird ausdrücklich nur die gesicherte Forderung übertragen, so verbleibt die *mortgage* beim ursprünglichen Sicherungsnehmer. Dieser hält das Sicherungsrecht nun als Treuhänder (*trustee*) für den neuen Forderungsinhaber.

---

330 HLE, Vol. 50, Rn. 1772. Die Registrierung bedarf nach s. 10 (2) BSA 1878 der Einreichung der BSA Urkunde und sämtlicher Anhänge in Original und Kopie.

331 Insofern könnte das Registrierungserfordernis auch dem *attachment* zugeordnet werden, so *Goode*, Commercial Law, Rn. 24.10; für die Zuordnung zur *perfection*, siehe *Aschenbrenner*, S. 193 und im Ergebnis auch *B/B/G/L*, Law of Security, Rn. 9.03.

332 *Gullifer*, Credit and Security, Rn. 1-15.

333 *Gullifer*, Credit and Security, Rn. 2-08.

334 *Goode*, Commercial Law, Rn. 23.15 f.; *Lehnhard*, S. 49. Trotz der Rückwirkung ergeben sich komplizierte Rangfolgeprobleme, wenn zu einem Zeitpunkt, in welchem mangels zu sichernder Forderung das *attachment* noch nicht oder nicht mehr besteht, ein Dritter ein Sicherungsrecht erwirbt und anschließend das *attachment* durch Entstehung der gesicherten Forderung (wieder) auflebt (*tacking of further advances*), siehe dazu B/B/G/L, Law of Security, Rn. 14.78 ff. und *Lehnhard*, S. 96 f.

335 *Goode*, Commercial Law, Rn. 23.29. In einem *security bill of sale* ist allerdings die zu sichernde Darlehenssumme stets genau zu bezeichnen, so dass hier eine solche *cross-over security* nicht in Betracht kommt.

Der ursprünglichen Sicherungsnehmer bleibt damit weiterhin ausschließlich zur Verwertung berechtigt.[336]

ff)   Sicherungsobjekte der *legal* und *equitable mortgage*

(1)   *Legal mortgage*

(a)   Einzelne bewegliche Sachen

Grundsätzlich können alle im Vermögen des Sicherungsgebers stehenden beweglichen Sachen mittels *legal mortgage* übertragen werden.[337]

(b)   Einzelne Forderungen

Die Sicherungsübertragung einer Forderung nach s. 136 LPA 1925 setzt zunächst voraus, dass die Übertragbarkeit nicht gesetzlich oder vertraglich ausgeschlossen ist.[338] Vertraglichen Abtretungsverboten hat die Rechtsprechung dingliche Wirkung im Verhältnis zwischen Drittschuldner und Zessionar zuerkannt, so dass die Übertragung des *legal title* nicht möglich ist.[339] im Innenverhältnis zwischen Zessionar und Zedent entfaltet die Abtretung jedoch Wirkung und lässt in *equity* einen *trust* zugunsten des Zessionars entstehen, wodurch dieser ein *equitable interest* zumindest am durch den Zedenten eingezogenen Forderungserlös erhält.[340] Da er zudem den Zedenten in *equity* zwingen kann, ihm zu gestatten in dessen Namen gegen den Drittschuldner vorzugehen, entspricht dieses Ergebnis einer *equitable mortgage* und wird daher als Umgehung des vertraglichen Abtretungsverbots kritisch gesehen.[341] Die (Sicherungs-) Übertragung einer Teilforderung ist unter s. 136 LPA 1925 nicht möglich.[342]

336   Siehe zum Ganzen *Goode*, Commercial Law, Rn. 23.55.
337   *Aschenbrenner*, S. 204. Eine Ausnahme gilt für im Schiffsregister (vgl. s. 8 MSA 1995) eingetragene Schiffe. An diesen kann durch Eintragung im Schiffsregister nach MSA 1995 sch. 1. para. 7 eine *mortgage* begründet werden, bei welcher es sich nach h.M. um eine gesetzlich vorgesehene *mortgage* eigener Art handelt, die nicht zur Übertragung des *legal title* führt, siehe *B/B/G/L*, Law of Security, Rn. 14.40; *Clarke*, in: Palmer/McKendrick, Interests in Goods, S. 663, 681 ff. Ohne Eintragung handelt es sich aber stets um eine *equitable mortgage* so dass eine *legal mortgage* im eigentlichen Sinn nicht möglich ist, siehe *B/B/G/L*, Law of Security, Rn. 14.37; *Gough*, Company Charges, S. 884.
338   Die Übertragbarkeit ist gesetzlich u.a. für Unterhaltsforderungen von Eheleuten, Lohnansprüche von Beamten und bestimmte Rentenansprüche ausgeschlossen, siehe *Bridge*, in: Sigman/Kieninger, S. 147, 166; *Carl*, in: Hadding/Schneider, S. 199, 204; siehe für eine umfassene Darstellung aller Abtretungsverbote *Enchelmaier*, S. 159 ff.
339   *Linden Gardens Trust v Lenesta Sludge Disposals Ltd.* [1994] 1 A.C. 85 (H.L.); *Gullifer*, Credit and Security, Rn. 3-14.
340   *Linden Gardens Trust v Lenesta Sludge Disposals Ltd.* [1994] 1 A.C. 85, 108 (H.L.); *Bridge.*, Property Law S. 250 ff; *Ders.* in: *Sigman/Kieninger*, Security over Receivables, S. 147, 163; *Goode*, Credit and Security, Rn. 3-39; einschränkend *Worthington*, in: Gullifer/Vogenauer, Perspectives, S. 417, 426.
341   Vgl. ausführlich zu der Problematik *Enchelmaier*, S. 469 ff., 483, 486 ff. m.w.N.
342   *Forster v Baker* [1910] 2 K.B. 636, 638 ff. (C.A.); *Clark*, Law of Mortgage, Rn. 17.3; *Gullifer*, Credit and Security, Rn. 3-14; *Smith/Leslie*, Law of Assignment, Rn. 16.21.

(c) Künftige Sachen/Forderungen

Mangels eines existierenden *legal title* kann an künftigen Gegenständen keine *legal mortgage* bestellt werden. Was nicht existiert, kann nicht übertagen werden und zwar auch nicht dergestalt, dass der *legal title* automatisch erst in dem Moment übergeht, in welchem der Sicherungsgeber den Gegenstand erwirbt. Es ist dann ein weiterer Übertragungsakt notwendig, nachdem der Sicherungsgeber das Sicherungsgut erworben hat.[343] Aus diesem Grund ist die *legal mortgage* für die Sicherheitenbestellung an Sachgesamtheiten mit wechselndem Bestand ungeeignet. Das gleiche gilt für die *legal mortgage* an künftigen Forderungen.[344] Auf die Bestellung betagter oder bedingter Forderungen aus Dauerschuldverhältnissen ist s. 136 LPA 1925 dagegen anwendbar.[345]

(d) Sach- und Forderungsgesamtheiten

Die Sicherungsübertragung einer existierenden Sachgesamtheit mittels *legal mortgage* ist grundsätzlich möglich, erscheint jedoch im Anwendungsbereich des BSA AA 1882 aufgrund von dessen Bestimmtheitsanforderungen nur eingeschränkt praktikabel.[346] Das gleiche gilt allgemein für *legal mortgages* an Forderungsgesamtheiten, welche aufgrund der nach s. 136 LPA 1925 erforderlichen Drittschuldneranzeige ebenfalls kaum praktikabel sind.

(2) *Equitable mortgage*

Grundsätzlich gilt das zur *legal mortgage* Gesagte entsprechend. Neben dem Umstand, dass *equitable mortages* auch an Teilforderungen möglich sind, besteht der relevanteste Unterschied zur *legal mortgage* hinsichtlich der Besicherung künftiger Vermögensgegenstände. Die Besicherung künftigen Vermögens wird in *equity* als vertragliche Verpflichtung behandelt, eine *legal mortgage* zu bestellen, sobald das Sicherungsgut erworben wurde. Gemäß dem Grundsatz *equity considers as done that which ought to be done* ist der Sicherungsnehmer mit dem Erwerb des Sicherungsguts durch den Sicherungsgeber so zu behandeln, als wäre ihm ein dingliches Recht bereits eingeräumt worden.[347] Da also auch in diesem Fall die *equitable mortgage* auf einem *contract* beruht, ist es erforderlich, dass im Zeitpunkt des Erwerbs bereits eine *consideration* erbracht wurde.[348] Die Ausnahme, dass eine Gegenleistung entbehrlich ist,

---

343 *Lunn v Thornton* (1845) 135 E.R. 587; *Holroyd v Marshall* (1862) 11 E.R. 999 (H.L.), 1006; HLE, Vol. 50, Rn. 1623; *Aschenbrenner*, S. 199; *B/B/G/L*, Law of Security, Rn. 6.12; *Calnan*, in: Bridge/Stevens, Cross-Border Security, S. 17, 22; *Goode*, Proprietary Rights, S. 5; *Seif*, S. 23.
344 *Holroyd v Marshall* (1862) 11 E.R. 999, 1006 (H.L.); *Enchelmaier*, S. 153; *Gullifer*, Credit and Security, Rn. 3-11, 3-14.
345 *Hughes v Pump House Hotel Co. Ltd.* [1902] 2 K.B. 190 (C.A.).
346 Siehe dazu oben unter 1. Teil A. II. 3. b) bb) (S. 47 f.).
347 *Talilby v Official Receiver* (1888) 13 App. Cas. 523 (H.L.); *Holroyd v Marshall* (1862) 11 E.R. 999 (H.L.).
348 *Talilby v Official Receiver* (1888) 13 App. Cas. 523 (H.L.); *Holroyd v Marshall* (1862) 11 E.R. 999 (H.L.).

wenn der Sicherungsgeber bereits alles für den Übergang des *legal title* erforderliche getan hat, greift nicht.[349] Denn hier hängt die Sicherheit stets noch vom Erwerb des Sicherungsguts durch den Sicherungsgeber ab.[350] Obwohl *attachment* erst mit dem Erwerb des Sicherungsguts durch den Sicherungsgeber eintritt, soll bereits mit Abschluss des Sicherungsvertrags ein, wenn auch unvollständiges (*inchoate*), dingliches Sicherungsrecht an der künftigen Sache entstehen.[351] Damit wird insbesondere die auf den Zeitpunkt der vertraglichen Sicherheitenbestellung rückwirkende Entstehung der *equitable mortgage* mit dem Erwerb des Sicherungsguts durch den Sicherungsgeber gerechtfertigt. Dies hat praktische Konsequenzen. Wird zwischen Abschluss des Sicherungsvertrags und dem Erwerb des Sicherungsguts ein Insolvenzverfahren über das Vermögen des Sicherungsgebers eröffnet, ist die Sicherheitenbestellung wirksam, obwohl nach s. 127 IA 1996 ab Insolvenzeröffnung keine Verfügungen über das Gesellschaftsvermögen mehr möglich sind. Zudem geht der gesicherte Gläubiger nach allgemeinen Prioritätsregeln allen nach dem Sicherungsvertrag begründeten Rechten an dem Sicherungsgut vor.[352]

Erhebliche Einschränkungen erfährt die Bestellung von *equitable mortgages* an künftigen Sachen durch die BSA-Gesetze. Auch künftige bewegliche Sachen sind *chattels* im Sinne von s. 4 BSA 1878.[353] Neben dem Problem der ordnungsgemäßen Bestimmung ordnet s. 5 BSA AA 1882 an, dass ein *security bill of sale* über Gegenstände, an denen der Sicherungsgeber im Zeitpunkt der Begebung kein Eigentum hat, nur zwischen den Parteien, nicht jedoch gegenüber Dritten wirksam sind. Praktisch haben damit *bills of sale* über künftige Vermögensgegenstände keine Bedeutung.[354]

gg) Grenzen

Die in Deutschland mit Kreditsicherheiten assoziierten Fallgruppen der Sittenwidrigkeit sind dem englischen Recht größtenteils fremd. Das englische Recht kennt keine Übersicherung.[355] Kollisionen zwischen Sicherungsrechten werden strikt nach den

---

349   *Clark*, Law of Mortgage, Rn. 17.6; *Smith/Leslie*, Law of Assignment, Rn. 13.80. Siehe auch *Lenhard*, S. 46 und *Seif*, S.55 f., die offenbar davon ausgehen, dass das Erfordenis der erbrachten Gegenleistung nur bei der Besicherung künftigen Vermögens erforderlich ist.

350   *Seif*, S.55 f.; *Lenhard*, S. 46. Beide gehen offenbar davon aus, dass das Erfordenis der erbrachten Gegenleistung nur bei der Besicherung künftigen Vermögens erforderlich ist.

351   *Ali*, Secured Finance, Rn. 3.99; *Gullifer*, Credit and Security, Rn. 2-13.

352   Zu diesen Folgen *Re Lind* [1915] 2 Ch. 345 (C.A.); *Ali*, Secured Finance Rn. 3.99; *B/B/G/L*, Law of Security, Rn. 6.15; *Ferran*, Company Law, S. 499; *Gullifer*, Credit and Security, Rn. 2-13; siehe zum Vorrang des gesicherten Gläubigers vor Einzelzwangsvollstreckungsgläubigern auch *Holroyd v Marshall* (1862) 11 E.R. 999 (H.L.).

353   *B/B/G/L*, Law of Security, Rn. 11.26.

354   Vgl. LC Company Security Interest Report (LC296), para. 1.50, abrufbar unter http:// www.lawcom.gov.uk/project/company-security-interests/.

355   Individualschuldnern steht es frei, sämtliches gegenwärtiges und künftiges Einkommen und anderes Vermögen zu besichern, siehe *Syrett v. Egerton* [1957] 3 All E.R. 331, 333 (Q.B.D.). Die Bestellung einer Sicherheit über sämtliches Gesellschaftsvermögen mittels einer *floating charge* ist seit langem anerkannt. Siehe allgemein *Aschenbrenner*, S. 210; *Brambosch*, S. 55; *Bridge*, E.R.P.L. 2002, 483, 492.

geltenden Rangfolgeregelungen und Fälle der Gläubigerbenachteiligung über das Insolvenzanfechtungsrecht gelöst.[356] Hinzuweisen ist bereits auf das weitreichende Verfallklauselverbot, welches auch eine unangemessene Erschwerung der Ausübung des Auslösungsrechts verbietet.[357] Daneben war es gerade der BSA AA 1982, welcher mittels Beschränkung hinsichtlich der Besicherung künftigen Vermögens zur Aufgabe hatte, Individualschuldner vor dem Vermögensverlust zu schützen.[358]

c) Drittwirksamkeit (*perfection*) und Publizität

aa) Natürliche Personen und Personengesellschaften

(1) Bewegliche Sachen

Im Anwendungsbereich der BSA-Gesetze wird nicht zwischen der Wirksamkeit *inter partes* und *inter omnes* unterschieden. Ohne Registereintragung ist der *security bill of sale* gegenüber jedermann unwirksam.[359] Nach s. 16 BSA AA 1882 besteht gegen eine Gebühr für jedermann die Möglichkeit, Einsicht in das Register zu nehmen. Für die Wirksamkeit von *mortgages* an Schiffen und Flugzeugen gegenüber ungesicherten (Zwangsvollstreckungs-)Gläubigern und in der Insolvenz des Sicherungsgebers ist keinerlei Registereintragung notwendig. Etwas anderes gilt jedoch für die Rangwahrung gegenüber konkurrierenden Sicherungsrechten.[360]

(2) Forderungen

Gemäß s. 344(1-3) IA 1986 sind Globalzessionen (*»general assignments«*) von gegenwärtigen und künftigen Forderungen (*book debts*) einer (gewerblich tätigen) natürlichen Person im Insolvenzverfahren über ihr Vermögen unwirksam, wenn sie nicht gemäß den Vorschriften des BSA 1878 registriert wurden. Dessen Registrierungsvorschriften sind damit anwendbar, obwohl Forderungen keine *chattels* im Sinne der BSA-Gesetze darstellen.[361] Eine Globalzession liegt nicht vor, wenn eine Vielzahl von Forderungen gegenüber einem spezifizierten Drittschuldner oder eine Vielzahl von Forderungen aus einer oder mehreren spezifizierten Vertragsbeziehungen abgetreten wurden und die Forderungen sämtlich vor der Stellung des Insolvenzantrags fällig geworden sind, s. 344 (3) (b) IA 1986. Die singuläre Sicherungsabtretung unterliegt daher keinen besonderen Eintragungserfordernissen.

---

356 Insb. *avoidance of preferences* und *transactions at an undervalue* nach s. 238, 239, 339, 340 IA 1986 und der speziellen Vorschrift des s. 245 IA 1986 für *floating charges*, vgl. *Clark*, Law of Mortgage, Rn. 23.2.
357 Siehe dazu unter 1. Teil A. II. 3. e) aa) (1) (S. 60 f.).
358 Siehe zur schuldnerschützenden Wirkung des BSA AA 1882 *Aschenbrenner*, S. 42 f.
359 Dementsprechend wird in dieser Arbeit das Registrierungserfordernis dem *attachment* zugeordnet. So auch *Goode*, Commercial Law, Rn. 24.10. Für eine Zuordnung zur *perfection* demgegenüber *Aschenbrenner*, S. 193.
360 Siehe unten unter 1. Teil A. II. 3. d) cc) (S. 59 f.).
361 Siehe dazu *Lenhard*, S. 59.

bb) Kapitalgesellschaften

(1) Eintragung in das *Companies Register* nach CA 2006

Nach s. 859A CA 2006 sind jegliche durch *companies* begründete »*charges*« im *Companies Register*, geführt durch das *Companies House* in Cardiff, zu registrieren. Nach s. 859A (7)(a) CA 2006 umfasst der Begriff *charge* auch besitzlose *legal/ equitable mortgages*, gleich ob an Sachen oder Rechten. Das Eintragungserfordernis gilt auch, wenn die Sicherheit an künftigen Vermögensgegenständen bestellt wird.[362] Ebenso wird die Abtretung einer künftigen Kaufpreisforderung im Rahmen eines verlängerten Eigentumsvorbehalts mittlerweile als zu registrierende *charge* im Sinne des CA 2006 angesehen,[363] wobei es sich dogmatisch in der Regel um eine *equitable mortgage* handeln wird. Mit der Reform von 2013[364] ist die Ahndung einer Nichtregistrierung mit Bußgeldern entfallen. Werden an die Nichtregistrierung somit nur noch zivilrechtliche Nachteile geknüpft, so muss von einer reinen Eintragungsobliegenheit gesprochen werden.[365] Ausgenommen von der Registrierungsfähigkeit sind gesetzliche (*lien*), auf Besitzübertragung beruhende (*pledge*) sowie die in s. 859A(6) CA 2006 genannten Sicherungsrechte gegenüber bestimmten Personen.[366] Der Antrag auf Eintragung muss innerhalb von 21 Tagen nach dem Tag der Bestellung der Sicherheit beim *Companies House* eingegangen sein, s. 859A (4) IA 2006.[367] Bei Gericht kann die Verlängerung der Frist beantragt werden. Der Antrag kann von allen Parteien schriftlich oder elektronisch gestellt werden.[368] Ist die *charge* – wie üblich – schriftlich bestellt worden, so müssen dem Antrag eine beglaubigte Kopie (*certified copy*) der Vertragsurkunde sowie bestimmte Angaben zum Vertragsinhalt beigefügt sein (*state-*

---

362   *Independent Automatic Sales Ltd. v Knowles & Foster* [1962] 1 W.L.R. 974, 985 (Ch.D); *B/B/G/L*, Law of Security, Rn. 10.20, 10.22.

363   *Compaq Computer Ltd. v Abercorn Group Ltd* [1991] B.C.C. 484, 495 ff. (Ch.D.); *Re Weldtech Equipment Ltd.* [1991] B.C.C. 16 (Ch.D.); *Tatung (UK) Ltd. v Galex Telesure Ltd.* (1989) 5 B.C.C. 325 (Q.B.D.); *E. Pfeiffer Weinkellerei-Weineinkauf GmbH & Co. v Arbuthnot Factors Ltd.* [1988] 1 W.L.R. 150, 159 ff. (Q.B.D.); *Kessel*, RIW 1991, 812, 815 ff.; *Lenhard*, S. 38 ff.; *McCormack/Bork*, Security Rights, Chapter 6, Rn. 238. Gleiches gilt für Klauseln nach denen sich das Vorbehaltseigentum nach Verarbeitung auf das Endprodukt erstrecken soll, siehe *Clough Mill Ltd. v. Martin* [1985] 1 W.L.R. 111, 119 f., 124 (C.A.); *Borden (UK) Ltd. v. Scottish Timber Products Ltd.* [1981] Ch. 25, 46 f. (Ch.D.) Der einfache Eigentumsvorbehalt ist hingegen als bloße *quasi-security* nicht zu registrieren.

364   Durch die 2013 in Kraft getretenen Companies Act 2006 (Amendment of Part 25) Regulations 2013 wurden die ursprünglichen Eintragungsvorschriften des CA 2006 (ss. 860–892) durch die neuen s. 859A – 859Q ersetzt. Siehe zu der Reform anschaulich *Graham*, J.B.L. 2014, 175 ff.

365   Vgl. *Graham*, J.B.L. 2014, 3, 175, 188.

366   Vgl. *Goode*, Credit and Security, Rn. 2-19. Dazu zählen nach s. 859A (6) (c) 2006 i.V.m. para. 4 FCAR 2003 auch Finanzsicherheiten, siehe ausführlich *B/B/G/L*, Law of Security, Rn. 3.01 ff.; *Goode*, Credit and Security, Rn. 6.01 ff.

367   Zum Entstehungszeitpunkt siehe s. 859E CA 2006. Wird die Frist versäumt, so kann die Sicherheit erneut bestellt werden, um so eine erneute Eintragungsfrist in Gang zu setzen, vgl. *Re Ashpurton Estates Ltd.* [1983] Ch. 110, 123 (C.A.).

368   *Lenhard*, S. 71.

ment of particulars). Bei mündlicher Bestellung genügt das *statement of particulars*, s. 859A(2-3) CA 2006. Der Inhalt des *statement of particulars* richtet sich nach s. 859D(2-3) CA 2006. Ist die Sicherheit schriftlich bestellt worden, so muss das *statement of particulars* Angaben enthalten über das Datum, an welchem der Sicherungsvertrag in Kraft tritt, über die Vertragsparteien, darüber ob es sich um eine *fixed* oder *floating charge (mortgage)* handelt, ob der Sicherungsvertrag ein Verbot enthält, weitere vor- oder gleichrangige Sicherheiten zu bestellen (*non-pledging clauses*) und ob sich die *charge* auf speziell zu registrierende Vermögenswerte und/oder andere Vermögenswerte erstreckt.[369] Bei rein mündlichen Bestellungen muss zudem die Höhe der gesicherten Forderung sowie eine Beschreibung des Sicherungsguts enthalten sein. Öffentlich einsehbar sind sowohl das *statement of particulars* als auch die Kopie des Sicherungsvertrags.[370] Am Konzept des *transaction filing* wurde damit festgehalten.[371]

Daneben muss die Gesellschaft eine Kopie des Sicherungsvertrags und, wenn aus diesem nicht bereits die im *statement of particulars* enthaltenen Angaben hervorgehen, eine Kopie auch von jenem in einem gesellschaftseigenen Register aufbewahren, s. 859P(1-3) CA 2006. Dieses Register ist am Satzungssitz der Gesellschaft oder an einem anderen in der Satzung bezeichneten Ort zu führen. Es ist ebenfalls öffentlich einsehbar, kostenfrei allerdings nur für Gesellschaftsgläubiger, s. 859Q (4) CA 2006. Dieses Eintragungserfordernis gilt insbesondere auch für ausländische Gesellschaften, welche in England eine eingetragene Niederlassung (*establishment*) haben und Sicherheiten an in England belegenem Vermögen bestellen.[372]

(2) Folgen einer fehlenden Eintragung

Nach s. 859H CA 2006 ist Rechtsfolge einer unterbliebenen Eintragung, dass die *Sicherheit* gegenüber einem *liquidator* oder *administrator* und gegenüber den Gläubigern der Gesellschaft unwirksam ist. Der Begriff der Gläubiger ist einschränkend auszulegen. Ungesicherte Gläubiger können die Durchsetzung eines nicht registrierten Sicherungsrechts nicht verhindern. In der Insolvenz werden ungesicherte Gläubiger durch den *liquidator* oder *administrator* repräsentiert. Der Begriff erfasst daher nur gesicherte Gläubiger und ungesicherte Zwangsvollstreckungsgläubiger.[373] Eine nicht registrierte *mortgage* geht damit allen registrierten Sicherungsrechten an demselben

---

369 Bzgl. Letzterer genügt allerdings die sehr allgemeine Angabe darüber, ob von der Sicherheit körperliche oder unkörperliche Verögensgegenstände erfasst werden, *Graham*, J.B.L. 2014, 175, 187.

370 Vgl. S. 859I(2) CA 2006; *Gullifer/Payne*, Corporate Finance, Rn. 7.4.2.; *Gullifer*, Credit and Security, Rn. 2-24.

371 *Graham*, J.B.L. 2014, 175, 192; zur Kritik am System des *transaction filing* siehe *Lenhard*, S. 135.

372 Für solche Gesellschaften wurde die Pflicht, Sicherheiten gleich einer englischen Gesellschaft im *Companies Register* zu registrieren, durch die Overseas Companies Regulations 2011 abgeschaft. Die Registrierung auch im *Companies Register* ist nunmehr freiwillig, siehe *B/B/G/L*, Law of Security, Rn. 10.63 f.; *Graham*, J.B.L. 2014, 175, 183 f.

373 *Bridge*, S. 300 f.; *Goode*, Rn. 2-23. Der Inhaber eines nicht registrierten, jedoch registrierungsfähigen Sicherungsrechts kann die Zwangsvollstreckung in das Sicherungsgut nicht verhindern, siehe *Re Ashpurton Estates Ltd.* [1983] Ch. 110, 123 (C.A.).

Sicherungsgegenstand im Rang nach, und der Sicherungsnehmer kann die Zwangsvollstreckung in das Sicherungsgut nicht verhindern. Anderen Dritten gegenüber, die keine Gläubiger im Sinne der Vorschrift sind, insbesondere gegenüber Käufern, bleibt die nicht registrierte *legal mortgage* hingegen wirksam.[374] *Inter partes* führt die Nichtregistrierung gemäß s. 859H(4) CA 2006 dazu, dass die gesicherte Forderung sofort fällig ist.[375]

(3) *Constructive notice* als Folge der Eintragung

Eine bedeutende Wirkung der Registereintragung ist, dass die Kenntnis Dritter von der Sicherheit nach ihrer Eintragung unwiderleglich vermutet wird (*constructive notice*).[376] Im Zuge der Eintragungsreform 2013 wurde gefragt, ob das Entfallen einer Rechtspflicht zur Eintragung durch Aufhebung der Bußgeldvorschriften auch zur Aufhebung dieser Wirkung führen müsse. Ein solches Ergebnis würde allerdings zum einen die gesetzgeberische Absicht, die *constructive notice* insbesondere auf *non-pledging clauses* zu erweitern, auf den Kopf stellen. Zum anderen würde sie die Bestellung von Sicherheiten in der heute gängigen Praxis, insbesondere an Forderungen, unmöglich machen. Denn gerade über die *doctrine of constructive notice* wirkt sich die Eintragung im *Companies Register* auf die Rangfolge konkurrierender dinglicher Rechte, insbesondere im Falle konkurrierender Sicherungsabtretungen, aus.[377] Diese Konsequenz kann dem Wegfall der Strafvorschriften daher nicht beigemessen werden.[378] Umstritten ist weiter, welchen Dritten gegenüber die *constructive notice* Wirkung entfaltet. Nach einer Mindermeinung muss sich jeder Dritte die Wirkung der *constructive notice* entgegen halten lassen.[379] Nach der herrschenden Meinung tritt die Wirkung dagegen nur gegenüber solchen Dritten ein, von denen typischerweise angenommen werden kann, dass sie sich vor Abschluss eines Rechtsgeschäfts im *Companies Register* über Belastungen des Vermögens des Geschäftspartners informieren.[380] Einigkeit besteht darüber, dass Handelspartner, die Gegenstände vom Sicherungsgeber im Zuge des ordnungsgemäßen Geschäftsbetriebs erwerben, nicht darunter zu fassen sind. Müsste vor jedem Kauf in das *Companies Register* geschaut werden, würde dies den Handelsverkehr un-

---

374   *Goode*, in: Kreuzer, Mobiliarsicherheiten, S. 43, 61. Im Falle der *legal mortgage* kann ein Käufer daher nicht gutgläubig den *legal title* erwerben, vgl. auch sogleich unten unter 1. Teil A. II. 3. c) bb) (3) (S. 56 f.) und 1. Teil A. II. 3. d) bb) (1) (S. 58).
375   Möglich sind auch Schadensersatzansprüche des Sicherungsnehmers, siehe *Aschenbrenner*, S. 198.
376   *Wilson v. Kelland* [1910] 2 Ch. 306, 313 (Ch.D); *B/B/G/L*, Law of Security, Rn. 12.04; *Gullifer*, Credit and Security, Rn. 2-25; *Lenhard*, S. 91.
377   Siehe unten unter 1. Teil A. II. 3. d) bb) (2) (S. 59).
378   Freilich sind die neuen Regelungen wenig gelungen und werfen viele Fragen auf, die sie eigentlich hätten beantworten sollen, vgl. *Gullifer*, Credit and Security, Rn. 2-29 ff.; *Graham*, J.B.L. 2014, 175, 191 ff.; vgl. auch unten unter 1. Teil B. I. 5. d) bb) (1) (b) (S. 135 f.).
379   *Gough*, Company Charges, S. 836 ff.
380   *B/B/G/L*, Law of Security, Rn. 12.17; *Calnan*, Taking Security, Rn. 7.292 ff.; *Gullifer*, Credit and Security, Rn. 2-31; *Gullifer/Payne*, Rn. 7.4.3.2; *McCormack*, Company Charges, Rn. 7.35; *ders.* Secured Credit, S. 106.

verhältnismäßig beeinträchtigen.[381] Weiter besteht Einigkeit darüber, dass sich Sicherungsnehmer die Publizitätswirkung immer entgegenhalten lassen müssen.[382] Unsicherheiten bestehen dort, wo ein Kauf keine Handels- sondern Finanzierungsfunktion hat, also insbesondere beim Forderungskauf. Aufgrund der funktionalen Vergleichbarkeit zur Globalsicherungszession sprechen die besseren Gründe dafür, auch gegenüber einem Factor die Wirkung der *constructive notice* anzunehmen.[383]

d) Rangfolgen

aa) Natürliche Personen

(1) Bewegliche Sachen

Wurden mehrere *bills of sale* über die gleiche bewegliche Sache ausgestellt, so bestimmt sich die Rangfolge nach dem Datum der Registrierung, s. 10 (3) BSA 1878. Dies gilt sowohl für *legal* als auch für *equitable mortgages*.

(2) Forderungen

Im Falle konkurrierender (Sicherungs-)Abtretungen derselben Forderung richtet sich deren Rangfolge nach der Regel aus *Dearle v. Hall*.[384] Danach geht diejenige (Sicherungs-)Zession im Rang vor, welche dem Drittschuldner als erste angezeigt wird, vorausgesetzt der zeitlich nachfolgende Zessionar war im Zeitpunkt der Zession gutgläubig hinsichtlich einer zuvor erfolgten, dem Drittschuldner jedoch noch nicht angezeigten Zession.[385] Da die *legal mortgage* an Forderungen nach s. 136 LPA 1925 stets die Drittschuldneranzeige voraussetzt, geht die *legal mortgage* immer zwingend jeder weiteren (Sicherungs-)Abtretung vor, es sei denn, der durch sie gesicherte Gläubiger war bei ihrer Bestellung bösgläubig hinsichtlich einer bereits zuvor erfolgten stillen (also *equitable*) (Sicherungs-)Zession. Zu beachten ist, dass die Eintragung nach s. 344 IA 1986 i.V.m. BSA AA 1882 keine *constructive notice* entfaltet und sich damit nicht auf die Regel aus *Dearle v. Hall* auswirkt. Der Sicherungszessionar einer durch

---

381 *B/B/G/L*, Law of Security, Rn. 12.13 *Goode*, Credit and Security, Rn. 2-31; *Lenhard*, S. 91 f. Die Wirksamkeit der *legal mortgage* auch ohne Eintragung Käufern gegenüber bleibt davon unberührt, vgl. *McCormack*, Company Charges, Rn. 7.35.

382 *B/B/G/L*, Law of Security, Rn. 12.14; *Goode*, Commercial Law, Rn. 24.45; *Ferran*, Corporate Finance, S. 402 *Grädler*, S. 65; vgl. auch *Wilson v Kelland* [1910] 2 Ch. 306 (Ch.D.).

383 So auch *Gullifer/Payne*, Rn. 7.4.3.2; zur Unsicherheit diesbezüglich *Gullifer*, Credit and Security, Rn. 2-31, die es als Schande bezeichnet, dass diese Fragen durch die jüngste Reform zum Registrierungsrecht nicht beantwortet wurden.

384 *Dearle v Hall* (1828) 38 E.R. 475; siehe auch *Colonial Mutual General Insurance Co. Ltd. v ANZ Banking Group (New Zealand) Ltd.* [1995] 3 All E.R. 987 (P.C.). S. 10 (3) BSA 1878 ist im Falle einer Globalzession nicht anwendbar, da die Vorschrift vom Verweis in s. 344 IA 1986 auf den BSA AA 1882 nicht umfasst ist, siehe LC CP No. 164, Rn. 8.37 f., Fn. 79; *Lenhard*, S. 88; siehe zu s. 344 IA 1986 oben unter 1. Teil A. II. 3. c) aa) (2) (S. 53).

385 *Ali*, Secured Finance, Rn. 7.13, 7.15; *B/B/G/L*, Law of Security, Rn. 14.09; *Calnan*; in Bridge/Stevens, Cross-Border Security, S. 17, 28; ausführlich auch *Lenhard*, S. 85 f.

einen Individualschuldner bestellten *equitable mortgage* läuft daher immer Gefahr, seinen Rang an nachfolgende gutgläubige (Sicherungs-)Zessionare zu verlieren.[386]

bb) Kapitalgesellschaften

(1) Bewegliche Sachen

Maßgeblich für die Rangstellung einer *legal mortgage* ist der Zeitpunkt ihrer vertraglichen Bestellung, vorausgesetzt sie wird anschließend ordnungsgemäß innerhalb von 21 Tagen im *Companies Register* registriert.[387] Ist dies der Fall, so setzt sich eine *legal mortgage* immer gegen anschließend bestellte *legal* oder *equitable mortgages* durch, selbst wenn diese vorher registriert werden sollten. Das gleiche gilt zudem für konkurrierende *equitable mortgages*. In diesen Fällen gelten also prinzipiell die allgemeinen Regeln *nemo dat quot non habet* und *first in time prevails*. Das *Companies Register* kann demnach bis zu 21 Tage unrichtig sein. Gläubiger können sich gegen diese Unsicherheit schützen, indem sie die Auszahlung des Kredits erst 21 Tage nach Abschluss des Sicherheitenvertrags gewähren.[388]

Etwas anderes kann gelten, wenn eine *legal mortgage* nach einer *equitable mortgage* bestellt wird. Nach den allgemeinen Regeln könnte der *legal title* nur belastet mit dem vorrangigen *equitable interest* erworben werden. Eine Ausnahme hierzu bildet die *doctrine of bona fide purchaser for value of the legal estate without notice*.[389] Danach erwirbt der entgeltliche Erwerber des *legal title* (dazu gehört auch der Sicherungsnehmer einer *legal mortgage*, wenn er eine Gegenleistung erbringt[390]) diesen vorrangig vor bestehenden *equitable interests*, wenn er hinsichtlich dieser gutgläubig ist.[391] Eine ordnungsgemäß eingetragene *legal mortgage* geht danach einer zuvor begründeten *equitable mortgage* vor, wenn letztere im Zeitpunkt der vertraglichen Begründung[392] der *legal mortgage* noch nicht im *Companies Register* eingetragen und der Inhaber der *legal mortgage* im Zeitpunkt ihrer Bestellung gutgläubig war, unabhängig davon ob die *equitable mortgage* noch ordnungsgemäß eingetragen wird oder nicht.[393] Nach Eintragung einer *equitable mortgage* in das *Companies Register* ist der gutgläubige Erwerb einer vorrangigen *legal mortgage* nicht mehr möglich (*constructive notice*).[394]

---

386   *Joseph v Lyons* (1884) 15 L.R.Q.B.D. 280, 286 (C.A.); *Aschenbrenner*, S. 194; *Lenhard*, S. 88.

387   *B/B/G/L*, Law of Security, Rn. 13.10; *Goode*, in: Kreuzer, Mobiliarsicherheiten, S. 43, 63.

388   *B/B/G/L*, Law of Security, Rn. 13.10; *Gullifer/Payne*, Rn. 7.4.3.2.

389   *Pilcher v Rawlins* (1872) L.R. 7 Ch.App. 259, 268 f.; *B/B/G/L*, Law of Security, Rn. 14.01 ff.; *Gullifer*, Credit and Security, Rn. 5-09; *Lenhard*, S. 83 f.

390   *Ali*, Secured Finance, Rn. 7.22.

391   Dies entpricht im Ergebnis einem gutgläubigen, lastenfreien Erwerb, vgl. *Lenhard*, S. 84.

392   Die Voraussetzungen des *attachments* müssen also vorliegen.

393   *B/B/G/L*, Law of Security, Rn. 14.08, 13.11.

394   Dies gilt aber nach h.M. nicht gegenüber Käufern, so dass die *equitable mortgage* auch nach Eintragung nicht in jedem Fall vor einem gutgläubigen lastenfreien Erwerb geschützt ist, vgl. oben unter 1. Teil A. II. 3. c) bb) (3) (S. 56 f.)

(2) Forderungen

Grundsätzlich gilt auch im Anwendungsbereich von s. 859A CA 2006 die Regel aus *Dearle v. Hall*. Jedoch spielt die Drittschuldneranzeige als Kriterium der Regel aus *Dearle v. Hall* im Anwendungsbereich von s. 859A CA 2006 für die Rangwahrung praktisch keine Rolle, weil mit der Eintragung der *mortgage* ins *Companies Register* die Kenntnis zeitlich nachfolgender Sicherungsnehmer und (nach überzeugender Ansicht auch von Factoringzessionaren) von einem eingetragenen Sicherungsrecht unwiderlegbar vermutet wird (*constructive notice*). Diese Wirkung macht die Begründung von in der Praxis üblichen stillen Sicherungszessionen im Wege von *equitable mortgages* bzw. *charges* erst praktikabel, und im Ergebnis bestimmt sich die Rangfolge dann regelmäßig nach der *first in time rule*.[395] Ist auch die Erstreckung auf die aus dem Weiterverkauf resultierende Forderung im Rahmen des verlängerten Eigentumsvorbehalts eine unter dem CA 2006 eintragungspflichtige *equitable mortgage*, so geht diese damit einer zuvor eingetragenen globalen *equitble mortgage* im Rang nach.

cc) Spezielle Sachregister

Sieht das Gesetz die Eintragung von Sicherungsrechten in spezielle Sachregister vor (insbesondere bei registrierten Schiffen,[396] Flugzeugen,[397] Rechten des geistigen Eigentums), bestimmt sich das Rangverhältnis konkurrierender *mortgages* (und *charges*) nach der Reihenfolge der Eintragung der Sicherungsrechte in dieses Register unabhängig von jeglichem guten Glauben hinsichtlich (noch) nicht eingetragener Sicherungsrechte.[398] Die Eintragung macht zudem den gutgläubigen lastenfreien Erwerb (*bona fide purchaser for value of the legal estate without notice*) durch Käufer unmöglich.[399] Daneben bleibt im Anwendungsbereich des CA 2006 aber auch die Eintragung in das *Companies Register* von Bedeutung. Zum einen ist ein dort nicht eingetragenes Sicherungsrecht gegenüber anderen gesicherten Gläubigern unwirksam, auch wenn es in dem speziellen Sachregister eingetragen ist. Zum anderen bestimmt sich die Wirksamkeit in der Insolvenz und gegenüber Zwangsvollstreckungsgläubigern nach der Eintra-

---

395 Wird keine der konkurrierenden (Sicherungs-)Abtretungen dem Drittschuldner angezeigt, so gilt allgemein nicht *Dearle v. Hall*, sondern die *first in time rule*, siehe *B/B/G/L*, Law of Security, Rn. 14.12.

396 MSA 1995 sch. 1 para. 8.

397 S. 4 MAO 1972.

398 *Calnan*, Taking Security, Rn. 7.271 ff. Da somit auch diese Eintragungen für die Wirkung gegenüber Dritten von Bedeutung sind, können auch sie der *perfection* zugeordnet werden, so *Goode*, Commercial Law, Rn. 24.01 ff., 24.08, 24.57.

399 Für Schiffe siehe *B/B/G/L*, Law of Security, Rn. 14.49; für Flugzeuge siehe s. 13 MAO 1972. Die Eintragung in das *Companies Register* schützt den Inhaber einer *equitable mortgage* hingegen nicht vor dem Verlust durch gutgläubigen lastenfreien Erwerb des *legal title*, da sie gegenüber Käufern nicht die Wirkung der *constructive notice* entfaltet.

gung in das *Companies Register*.[400] Zur vollkommenen Wirksamkeit ist daher stets die Eintragung in beide Register erforderlich.[401]

e) Die Rechtsstellung der Parteien

aa) Die dingliche Stellung der Parteien

(1) Die *equity of redemption*

Im *common law* verbleibt dem Sicherungsgeber einer *legal/equitable mortgage* ein vertragliches Ablösungsrecht (*legal right to redeem*). Durch Begleichung der gesicherten Schuld nebst Zinsen und etwaigen Kosten zum vereinbarten Tilgungszeitpunkt erlangt er das Recht, Rückübertragung des sicherungshalber übertragenen *title/ interest* zu verlangen.[402] Das Ablösungsrecht erlischt im *common law* allerdings, sobald der vereinbarte Rückzahlungszeitpunkt (*day of redemption*) nicht eingehalten wird. Das übertragene Eigentum am Sicherungsgut steht damit endgültig dem Sicherungsnehmer zu, obwohl die gesicherte Forderung nach wie vor besteht. Dieses Ergebnis wurde durch die Gerichte der *equity* als unbillig empfunden.[403] Vielmehr durfte ihrer Ansicht nach der Sicherungscharakter der Übereignung nicht unberücksichtigt bleiben. Die *equity* gewährte daher dem Sicherungsgeber solange das Recht, die gesicherte Schuld zu begleichen und das Sicherungsgut dadurch abzulösen, bis die Verwertung des Sicherungsguts durch den Sicherungsnehmer abgeschlossen war (*equitable right to redeem*).[404] Ausgehend von diesem Ablösungsrecht entwickelte sich der heute geltende Standpunkt, dass dem Sicherungsgeber in *equity* ein dingliches Recht (*equitable interest*) am Sicherungsgut verbleibt, welches mit dem Oberbegriff *the equity of redemption* bezeichnet wird.[405] Es ist Ausfluss des Sicherungscharakters und damit notwendiger Bestandteil eines jeden Sicherungsrechts, gleich ob strengrechtlicher oder billigkeitsrechtlicher Natur.[406] Die *legal mortgage* führt damit zu einer Aufspaltung des Eigentums in einen *legal title* beim Sicherungsnehmer und einen *equitable title* in Form der *equity of redemption*, welcher beim Sicherungsgeber verbleibt.[407] Die Bestellung einer *equitable mortgage* hingegen führt zu einer Aufspaltung des *equitable interests*. Der Sicherungsnehmer erwirbt *beneficial (equitable) ownership* während dem Sicherungsgeber die *equity of redemption* (und daneben eventuell

---

400 Ausführlich zum Erfordernis der doppelten Eintragung und dem Verhältnis der Register zueinander *Gough*, Company Charges S. 885 f., 892.

401 Auch daran zeigt sich die Inkohärenz des englischen Sachenrechts, vgl. sehr kritisch *Goode*, Commercial Law, Rn. 24.09, 24.57.

402 *New Patagonia Meat and Cold Storage Co., Ltd.* [1914] A.C. 25, 52 (H.L.).

403 Ausführliche Darlegung zur Entwicklung in *New Patagonia Meat and Cold Storage Co., Ltd.* [1914] A.C. 25, 35 ff., 47 f. (H.L.); HLE, Vol. 77, Rn. 302 f.; *Aschenbrenner*, S. 34 f.

404 *Ali*, Secured Finance, Rn. 4.73; *Seif*, S. 38 m.w.N.

405 *New Patagonia Meat and Cold Storage Co., Ltd.* [1914] A.C. 25, 48 (H.L.); *Aschenbrenner*, S. 267; *Seif*, S. 39 f., vgl. bereits *Casborne v Scarfe* (1738) 2 J&W 194.

406 Zur Geltung auch im Falle von *equitable mortgages* und *charges*, siehe *New Patagonia Meat and Cold Storage Co., Ltd.* [1914] A.C. 25, 52 (H.L.).

407 *Ali*, Secured Finance, Rn. 3.37; *Aschenbrenner*, S. 110.

der *legal title*) verbleibt.[408] Die *equity of redemption* ist als selbstständiges Recht übertragbar und kann ihrerseits als Kreditsicherheit zur Bestellung einer weiteren *mortgage* an demselben Gegenstand eingesetzt werden, was wiederum zur Aufspaltung der *equity of redempion* in *beneficial (equitable) ownership* und eine *equity of redemption* führt.[409]

Sowohl das *legal right to redeem* als auch das *equitable right to redeem* können als grundlegende Bestandteile der Konzeption der Sicherungsrechte in England weder vertraglich ausgeschlossen noch unangemessen eingeschränkt werden (*doctrine against fettering or clogging the right of redemption*).[410] Das bloße Hinausschieben des *right to redeem* durch Vorabtilgungsverbote und lange Vertragslaufzeiten kann danach im Einzelfall unwirksam sein, wenn die Regelung für den Sicherungsgeber erdrückend (*opressive*) oder sonst sittenwidrig (*unconscionable*) erscheint.[411] Probleme bereiten insbesondere Fälle, in denen sich der Sicherungsnehmer sonstige Vorteile im Zusammenhang mit dem Sicherungsgut versprechen lässt, deren Wirkungen über die Rückzahlung der gesicherten Forderung hinaus andauern (*collateral advantages*). Solche Vereinbarungen sind nichtig, wenn sie im Einzelfall unfaire oder sittenwidrige (*unfair or unconsciable*) Regelungen beinhalten, es sich in Wirklichkeit um Vertragsstrafen für die Nichteinhaltung des vertraglichen Rückzahlungszeitpunkts handelt oder sie sich ansonsten nicht mit dem Konzept des *equitable right to redeem* vereinbaren lassen.[412] Zur letzteren Fallgruppe gehört insbesondere die Vereinbarung von Verfallklauseln oder Kaufoptionen zugunsten des Sicherungsnehmers.[413]

(2) Schutz in der Zwangsvollstreckung durch Gläubiger des Sicherungsnehmers

Erfüllt die *mortgage* alle Voraussetzungen für die Drittwirksamkeit, so geht sie der Pfändung des Sicherungsguts in der Einzelzwangsvollstreckung vor.[414] Gegen die Pfändung beweglicher Sachen und die sich anschließende Verwertung steht dem gesicherten Gläubiger ein gerichtliches Interventionsrecht zu.[415] Nach r. 85.1(2)(a) CPR

---

408 *Ali*, Secured Finance, Rn. 3.37.

409 *Aschenbrenner*, S. 110 m.w.N; *Clark*, Law of Mortgage, Rn. 47.3.

410 *Salt v Marquess of Northampton* [1892] A.C. 1 (H.L.); *Ali*, Secured Finance, Rn. 4.76.

411 Siehe *Knightsbridge Estates Trust v Byrne* [1940] A.C. 613 (H.L.), wo eine Ratenzahlungslaufzeit über 40 Jahre, ohne laufende, proportionale Sicherheitenfreigabe für wirksam erachtet wurde; *Clark*, Law of Mortgage, Rn. 47.6.

412 *New Patagonia Meat and Cold Storage Co., Ltd.* [1914] A.C. 25, 61 (H.L.); *Ali*, Rn. 4.78; HLE Vol 77, Rn. 319.

413 *Jones v Morgan* [2001] EWCA civ 995; *New Patagonia Meat and Cold Storage Co., Ltd.* [1914] A.C. 25, 59 f. (H.L.); *Bradley v Carrit* [1903] A.C. 253 (H.L.); *B/B/G/L*, Personal Property Security, Rn. 16.19 ff.

414 Ob es sich um ein *legal* oder *equitable securtiy right* handelt, spielt insofern keine Rolle, siehe *B/B/G/L*, Law of Security, Rn. 16.13 und *Seif*, S. 48, 62.

415 Bis zum Jahr 2014 war dieses Interventionsrecht als sog. *interpleader*-Verfahren in RSC, Order 17 geregelt. Mit einer am 06.04.2014 in Kraft getretenen Reform wurde das *interpleader*-Verfahren abgeschafft. Die relevanten Normen wurden jedoch überwiegend beibehalten und lediglich direkt in die *Civil Procedure Rules* integriert. Daher kann inhaltlich weiterhin auf ältere Werke und Rechtsprechung verwiesen werden. Eine Übersicht zu der Reform findet sich in C.P.N. 2014, 3(Mar), 9 ff.

kann jeder Dritte auf eine gerichtliche Entscheidung klagen, wenn er geltend macht, dass ihm der von der Zwangsvollstreckung betroffene Gegenstand zusteht.[416] Das Gericht kann, selbst wenn das Sicherungsrecht des Klägers feststeht, unter Umständen nach r. 85.10(3) CPR die Verwertung des Sicherungsguts und die Erlösverteilung anordnen. Nach der Rechtsprechung kann dies jedoch nur geschehen, wenn zu erwarten ist, dass der Veräußerungserlös die gesicherte Forderung übersteigt oder, wenn dies zweifelhaft ist, der Vollstreckungsgläubiger sich bereit erklärt, für eine etwaige Differenz zwischen Erlös und gesicherter Forderung dem gesicherten Gläubiger gegenüber aufzukommen. Keine Veräußerung kann hingegen angeordnet werden, wenn klar ist, dass eine Untersicherung vorliegt.[417]

Wird einem Drittschuldner im Wege einer *third-party debt order* nach r. 72 CPR gerichtlich aufgegeben, an einen Vollstreckungsgläubiger zu leisten, so kann der Gläubiger, welcher ein Sicherungsrecht an der Forderung geltend macht, auch dagegen gemäß r. 86 CPR gerichtlich vorgehen. Dieses Verfahren findet nach r. 86.1(2)(a-b) immer Anwendung, wenn mehrere Parteien eine Forderung gegen einen Schuldner für sich beanspruchen.[418] Keine Anwendung gegenüber die Zwangsvollstreckung betreibenden Gläubigern findet die Regel aus *Dearle v. Hall*. Hier gilt die *first in time rule*, so dass auch die Inhaber stiller Sicherungsrechte an Forderungen gegenüber nachfolgenden Zwangsvollstreckungsgläubigern geschützt sind.[419]

bb) Die wesentlichen Rechte und Pflichten vor Tilgung der gesicherten Forderung

(1) Besitz, Nutzungen, Erhalt des Sicherungsguts

Grundsätzlich steht im Falle der *legal mortgage* dem Sicherungsnehmer als Inhaber des *legal title* das Recht auf den unmittelbaren Besitz zu, es sei denn, dem Sicherungsgeber wird vertraglich das Besitz- und Nutzungsrecht eingeräumt.[420] Ist dies nicht der Fall kann der Sicherungsnehmer zu jeder Zeit unabhängig vom Eintritt des Siche-

---

416 *Bunge*, S. 227 f. verwendet hier den Begriff Drittwiderspruchsklage.

417 *Stern v Tegner* [1898] 1 Q.B. 37, 41 f. (C.A.); *Aschenbrenner*, S. 278; *Seif*, 48, jeweils zu den inhaltlich gleichen Vorgängerregelungen.

418 Die Regelung war zuvor ebenfalls Bestandteil des *Interpleader*-Verfahrens, RSC Order r. 1 (1) (a) a.F. Zur Anwendung dieser Norm, wenn in mit dinglichen Sicherheiten belastete Forderungen vollstreckt wird, siehe *Cairney v Back* [1906] 2 K.B. 746 (K.B.D.). Demgegenüber scheint *Bunge*, S. 228 davon auszugehen, dass Rechtsinhaber an Forderungen gegen deren Pfändung nur im Wege einer einstweiligen Verfügung vorgehen können, jedoch keine »Drittwiderspruchsklage« in Betracht kommt.

419 *United Bank of Kuwait Plc. V. Sahib* [1997] Ch. 107, 119 f. (C.A.); *Calnan*, in: Bridge/ Stevens, Cross-Border Security, S. 17, 28; ist die *mortgage* im Anwendungsbereich des s. 859A CA 2006 nicht eingetragen, so ist sie gegenüber dem Einzelzwangsvollstecker freilich unwirksam.

420 Vgl. *Four Maids Ltd. v Dudley Marshall Ltd.* [1957] Ch. 317, 320 (Ch.D.): »*The mortgagee may go into possession before the ink is dry on the mortgage unless there is something in the contract, expressly or by implication, whereby he has contracted himself out of that right.*«; *Calnan*, Taking Security, Rn. 8.29.

rungsfalls Herausgabe verlangen.[421] Ob auch dem Sicherungsnehmer der *equitable mortgage* bereits aus seinem *equitable interest* heraus das Recht auf den unmittelbaren Besitz zusteht, ist bis heute ungeklärt,[422] tendenziell wird die Frage aber eher verneint.[423] In der Praxis ist die Frage irrelevant, da vertraglich geregelt wird, in welchen Fällen der Sicherungsnehmer Herausgabe des Sicherungsguts verlangen kann.[424] Den Sicherungsgeber als unmittelbaren Besitzer trifft sowohl bei der *legal* als auch bei der *equitable mortgage* die Pflicht, alles zu unterlassen, was den Wert der Sicherheit gefährdet (*doctrine of waste/duty to preserve mortgaged asstes*).[425] Verstößt der Sicherungsgeber dagegen, so kann ihm der Sicherungsnehmer mittels gerichtlicher Verfügung (*injunction*) die betreffende Tätigkeit untersagen lassen oder, wenn vertraglich vereinbart, das Sicherungsgut herausverlangen.[426] Darüber hinaus wird der Sicherungsgeber regelmäßig zur Instandhaltung und Versicherung des Sicherungsguts verpflichtet sein.[427] Droht unabhängig vom Verhalten des Sicherungsgebers Gefahr für das Sicherungsgut, kann der Sicherungsnehmer geeignete Schutzmaßnahmen veranlassen, insbesondere vom Gericht die Inbesitznahme durch einen Verwalter anordnen lassen, vgl. s. 37 SCA 1981.[428]

(2) Einziehung der sicherungshalber abgetretenen Forderung

Im Falle einer *legal mortgage* kann der Drittschuldner gemäß s. 136(1)(a), (c) LPA 1925 nur noch an den Sicherungsnehmer befreiend leisten und nur der Sicherungsnehmer kann die sicherungszedierte Forderung gerichtlich geltend machen.[429] Inwieweit der eingezogene Betrag in den Händen des Sicherungsgebers weiterhin als

---

421 *Western Bank Ltd. v. Schindler* [1977] Ch. 1, 9 ff. (C.A.). Eine Ratenzahlungsvereinbarung reicht für die Annahme eines konkludent vereinbarten Besitzrechts nicht aus, siehe *Esso Petroleum Co. Ltd. v Alstonbridge Properties Ltd.* [1975] 1 W.L.R. 1474, 1484 (Ch.D.).

422 *Goode*, Commercial Law, S. 680.

423 *Ali*, Secured Finance, Rn. 4.70; *Seif*, S. 61; zur Rechtsprechung im Verwertungsfall siehe unten unter 1. Teil A. II. 3. f) bb) (1) (a) (S. 66).

424 Für einen BSA ist gesetzlich geregelt, wann das Sicherungsgut vom Sicherungsnehmer herausverlangt werden darf, siehe s. 7 i.V.m. sch. BSA AA 1982.

425 *Aschenbrenner*, S. 270; HLE, Vol. 77, Rn. 358 f.; zur Anwendbarkeit dieses Grundsatzes aus dem Grundstücksrecht auch auf bewegliche Sachen, siehe HLE, Vol. 50, Rn. 1768.

426 *King v. Smith* (1843) 2 Hare 239; vgl. auch *Simmins v Shirley* (1877) 6 Ch. D. 173 (Ch.D.); vgl. zu möglichen Herausgabegründen s. 7 BSA AA 1882.

427 *Gullifer*, Credit and Security, Rn. 1-39; vgl. sch. BSA AA 1882.

428 Vgl. s. 37 SCA 1981; dies wird freilich eher in Betracht kommen bei Grundstücken oder bei Sicherheiten an Unternehmen (*floating charges*), siehe *Re New York Taxicab Co. Ltd.* [1913] 1 Ch. 1 (Ch.D.); *Re Victoria Steamboats Ltd.* [1897] 1 Ch. 158 (Ch.D.); *B/B/G/L*, Law of Security, Rn. 18.19; *Calnan*, Taking Security, Rn. 8.120; *Seif*, S. 42.

429 *Durham Brothers v Robertson* [1898] 1 Q.B. 765, 771 (C.A.) noch zur Vorgängervorschrift. Möglich ist die Anweisung an den Drittschuldner, an den Sicherungsgeber zu leisten und letzteren zum Empfang der Leistung zu ermächtigen, siehe *Bridge*, Property Law S. 236; *Smith/Leslie*, Law of Assignemnt, Rn. 13.13 ff. Möglich ist es auch, den Sicherungsgeber zu ermächtigen, im Namen des Sicherungsgebers zu klagen. Bis zur Einführung des JA 1873 konnte im *common law* nur auf diese Weise eine Forderungsabtretung erreicht werden, siehe *Smith*, Law of Assignment, Rn. 10.11 ff.

Sicherheit dient, unterliegt dann den Parteivereinbarungen. Wird dagegen – wie üblich – an einer Forderung eine *equitable mortgage* ohne Drittschuldneranzeige begründet, so wird regelmäßig vereinbart, dass der Sicherungsgeber die Forderungen im Innenverhältnis als *agent* oder *attorney* des Sicherungsnehmers einzieht.[430] Bis ihm die Abtretung angezeigt wird, kann der Drittschuldner befreiend an den Sicherungsgeber leisten.[431] Will der Sicherungsgeber allerdings die Forderung gerichtlich geltend machen, so muss er, obwohl er *legal owner* geblieben ist, den Sicherungsnehmer in eine Klage gegen den Drittschuldner einbinden (*joinder*).[432] Darf der Sicherungsgeber über den eingezogenen Betrag im Rahmen eines ordnungsgemäßen Geschäftsbetriebs frei verfügen, so liegt eine *floating mortgage (floating charge)* vor.[433]

(3)   Veräußerungs-, Verarbeitungs-, und Einziehungsermächtigung – Ausgestaltung als revolvierende Kreditsicherheit

Ausgehend von dem Gedanken, dass eine Verfügungsbefugnis des Sicherungsgebers mit der Idee eines dinglichen Sicherungsrechts nicht vereinbar ist, kann dem Sicherungsgeber zwar bei konkretem Bedarf im Nachhinein eine solche eingeräumt werden, welche dann praktisch einem Verzicht auf das Sicherungsrecht gleicht. Eine generalisierende Vorabermächtigung wie sie im Falle revolvierender Globalsicherheiten üblich ist, wird jedoch immer eine *floating security* darstellen. Zwar kann zweifellos auch eine *equitable mortgage* als *floating security* ausgestaltet sein kann (*floating mortgage*),[434] da allerdings *floating securites*, zumindest begrifflich, in Praxis und Literatur nahezu ausschließlich als *charges* vorkommen, soll die Abgrenzung zwischen *fixed* und *floating security* im Rahmen der *charge* erörtert werden.[435]

Diese Grundsätze sind auf die *equitable mortgage* übertragbar.

cc)   Rechte und Pflichten nach Tilgung der gesicherten Forderung

Zahlt der Sicherungsnehmer zum vereinbarten Fälligkeitsdatum die gesicherte Schuld zurück, so übt er damit sein vertragliches Ablösungsrecht aus. Er erwirbt dadurch einen Anspruch auf Rückübertragung des Sicherungsguts.[436] Bedarf diese keiner speziellen Form, kann sie durch bloße Ausstellung einer Quittung über die Begleichung

---

430   *Clark*, Law of Mortgage, Rn. 17.27. Zwar ist diese Formulierung nicht notwendig, um eine Erstreckung der Sicherheit auf den eingezogenen Erlös zu gewährleisten, dadurch wird aber zumindest das Vorliegen einer *fiduciary relationship* sichergestellt, aus der sich eine stärkere Rechtsposition des Sicherungsgebers ergibt, wie beispielsweise Anwendung der Regeln des *equitable tracing*.

431   *B/B/G/L*, Law of Security, Rn. 7.96.

432   *Three Rivers District Council v Bank of England* [1996] Q.B. 292, 310 ff. (C.A.); *Walter & Sullivan v J. Murphy & Sons* [1955] 2 Q.B. 584, 588 f. (C.A.).

433   Siehe unten unter 1. Teil B. I. 5. b) bb) (S. 131 f.).

434   *Gullifer*, Credit and Security, Rn. 1-10. Da eine revolvierende *mortgage* sich auf künftige Vermögensgegenstände erstreckt, muss es sich um eine *equitable mortgage* handeln.

435   Siehe unten unter 1. Teil B. I. 5. b) (S. 129 ff.).

436   *Aschenbrenner*, S. 272; *Clark*, Law of Mortgage, Rn. 47.1, 47.51; *Seif*, S. 19.

der gesicherten Schuld erfolgen, s. 115 LPA 1925.[437] Erfolgte die *mortgage* in Form eines *bill of sale* so ist auf der registrierten Kopie ein Tilgungsvermerk einzutragen, s. 15 BSA 1878.[438] Zudem verliert der Sicherungsnehmer sein Besitzrecht an der *Bill-of-Sale*-Urkunde und muss diese an den Sicherungsnehmer herausgeben.[439]

f) Verwertung

aa) Allgemeines

Im Bereich der Verwertung wird dem englischen Recht besondere Gläubigerfreundlichkeit und Flexibilität nachgesagt.[440] Grundsätzlich können die Parteien frei regeln, wie die Verwertung erfolgen soll. Von Rechts wegen gehen die Verwertungsbefugnisse des *legal mortgagee* allerdings weiter als die des *equitable mortgagee*. In zeitlicher Hinsicht ist der Eintritt des Sicherungsfalls (*default*) notwendig. Klassischerweise ist dies die Nichtzahlung auf die gesicherte Forderung trotz Fälligkeit (*default of payment*), welche stets auch ohne ausdrückliche Vereinbarung den Sicherungsfall herbeiführt.[441] Darüber hinaus können die Parteien aber ein Verwertungsrecht auch bei Eintritt anderer Umstände vertraglich vereinbaren (*non-financial default*).[442] Führt die Verwertung dann allerdings zum Verlust der *equity of redemption*,[443] so muss dem Sicherungsgeber die Möglichkeit zur Begleichung der gesicherten Forderung innerhalb einer angemessenen Frist eingeräumt werden.[444] Im Falle eines *default of payment* kann der gesicherte Gläubiger bereits nach dem Verstreichen einer angemessenen Zeitspanne (*reasonable time*) nach Anzeige des Eintritts des Sicherungsfalls gegenüber dem Sicherungsgeber zur Verwertung schreiten. Verzug ist nicht erforderlich.[445] Den gesicherten Gläubiger trifft keine Pflicht zur Verwertung. Er kann ebenso gut auf Begleichung der persönlichen Forderung klagen oder sowohl aus der Forderung als auch aus der Sicherheit vorgehen.[446]

---

437 *Clark*, Law of Mortgage, Rn. 47.64.
438 *Clark*, Law of Mortgage, Rn. 47.66.
439 *Aschenbrenner*, S. 273, *Seif*, S. 35.
440 Vgl. *Goode*, AcP 44 (1980), 674.
441 *Calnan*, Taking Security, Rn. 8.28.
442 Siehe s. 103(iii) LPA 1925; *The Maule* [1997] 1. W.L.R. 528, 533 (P.C.); *B/B/G/L*, Law of Security, Rn. 18.19; In der Praxis sind Verträge i.d.R. so ausgestaltet, dass *non-financial defaults* auch zur Kündigung des gesicherten Kredits berechtigen, siehe *Calnan*, Taking Security, Rn. 8.33.
443 Dies ist beim Verkauf der Fall, während die schlichte Inbesitznahme und Zwangsverwaltung die *mortgage* weiterbestehen lässt, bis die gesichere Forderung aus den erwirtschafteten Erträgen beglichen ist.
444 *The Maule* [1997] 1. W.L.R. 528, 533 (P.C.).
445 Die angemessene Zeitspanne beschränkt sich auf die Dauer des Vollzugs des Zahlungsvorgangs und umfasst nicht die eventuell benötigte Zeit, um das Geld erst zu beschaffen. I.d.R. beträgt die Zeitspanne damit wenige Stunden, siehe *Bank of Baroda v Panessar* [1987] Ch. 335, 347 ff. (Ch.D.) Etwas anderes gilt im Verbraucherschutzrecht, wo dem Kreditnehmer vor der Verwertung mindestens 14 Tage gewährt werden müssen, um den *default*, gleich auf welchen Umständen er beruht, zu beheben, siehe s. 87, 88 CCA 1974.
446 *B/B/G/L*, Law of Security, Rn. 18.04; *Clark*, Law of Mortgage, Rn. 26.13.

bb) Durchführung der Verwertung

(1) Bewegliche Sachen

(a) Inbesitznahme (*possession*)

Der Sicherungsnehmer einer *legal mortgage* ist spätestens ab Eintritt des Sicherungs-falls dazu berechtigt, das Sicherungsgut in Besitz zu nehmen. Im Falle der *equitable mortgage* hingegen steht dem Sicherungsnehmer auch bei Eintritt des Sicherungsfalls nach herrschender Meinung das Recht auf Inbesitznahme nur zu, wenn ihm dieses vertraglich oder gerichtlich eingeräumt wurde.[447] Im Falle eines *security bill of sale* ergibt sich das Recht zur Inbesitznahme bei Zahlungsausfall explizit aus s. 7(1) BSA AA 1882. Besteht ein Recht auf Inbesitznahme, so darf der Sicherungsnehmer das Sicherungsgut eigenmächtig im Wege der Selbsthilfe an sich nehmen. Nur wenn er dafür widerrechtlich das Grundstück des Sicherungsgebers betreten müsste (*trespass*) oder der Sicherungsgeber die Wegnahme verhindert, bedarf er einer gerichtlichen An-ordnung.[448] Die Inbesitznahme stellt nach ursprünglichem Verständnis eine Verwer-tung durch Verwaltung des Sicherungsguts und Fruchtziehung dar. Aufgrund der mit ihr verbundenen strengen Haftung für den Erhalt der Sache und vorsätzlich oder fahr-lässig nicht gezogener Früchte dient die Inbesitznahme heute allerdings praktisch nur noch dem anschließenden Verkauf.[449]

(b) Bestellung eines Verwalters (*appointment of a receiver*)

Der Sicherungsnehmer kann im Sicherungsfall durch das Gericht einen Verwalter bestellen lassen, welcher das Sicherungsgut in Besitz nimmt und dessen Früchte ein-zieht.[450] Günstiger ist jedoch die Bestellung eines Verwalters durch den Sicherungs-nehmer selbst. Dies geht schneller, kostengünstiger, und der Sicherungsnehmer kann die Person des Verwalters selbst bestimmen. Zur außergerichtlichen Bestellung ist der Sicherungsnehmer nur ermächtigt, wenn dies im Gesetz vorgesehen ist oder der Siche-rungsvertrag ihm dies erlaubt. Eine allgemeine gesetzliche Ermächtigung besteht ge-mäß ss. 101 (1)(iii), 109 (1) LPA 1925, wenn ein *default of payment* eingetreten ist und die *mortgage* in Form einer *deed* vereinbart wurde. Die gesetzliche Regelung er-laubt dem Verwalter jedoch nur die Fruchtziehung, nicht hingegen die Verwertung durch Verkauf.[451] Im Hinblick auf den Zahlungsausfall ist zudem die Bestellung des Verwalters von Gesetzes wegen erst drei Monate nach Zahlungsaufforderung möglich oder wenn sich der Kreditnehmer seit mindestens zwei Monaten mit Zinszahlungen in

---

447 *Barclay Bank Ltd. v Bird* [1954] Ch. 274, 280 (Ch.D.); *Re Crompton & Co. Ltd.* [1914] 1 Ch. 954, 967 (Ch.D.); *Ali*, Secured Finance, Rn. 4.70, 8.08 f.; *Gough*, Company Charges, S. 36, Fn. 10; *Seif*, S. 61.
448 *Goode*, Commercial Law, S. 680 f.; *ders.*, in: Kreuzer: Mobiliarsicherheiten, S. 43, 63; *Schilling*, in: Kindler/Nachmann, England und Wales, Rn. 395.
449 *Calnan*, Taking Security, Rn. 8.232; ausführlich zu den Pflichten des *mortgagee in posses-sion*, siehe *B/B/G/L*, Law of Security, Rn. 18.39.
450 *Clark*, Law of Mortgage, Rn. 28.16; *Calnan*, Taking Security, Rn. 8.119 f.
451 Siehe s. 109(3) LPA 1925.

Verzug befindet.[452] Daher ist es in der Praxis üblich, dem Verwalter im Sicherungsvertrag bereits auch die Verkaufsermächtigung einzuräumen und dem Sicherungsgeber die Bestellung bereits unmittelbar im Anschluss an den Zahlungsausfall zu gestatten. Die Bestellung eines *receivers* hat für den Sicherungsnehmer insbesondere die Vorteile, dass der Verwalter eine größere Sachkunde im Umgang mit dem Sicherungsgut aufweist und er der mit der Inbesitznahme verbundenen strengen Haftung für dessen Erhalt und nicht gezogene Nutzungen entgeht. Dies wird dadurch erreicht, dass der Verwalter regelmäßig gemäß dem Sicherungsvertrag als Vertreter des Sicherungsgebers (*agent*) tätig werden soll. Diese Verwertungsart stammt aus dem Grundstücksrecht und wurde anschließend insbesondere auf die Verwertung von Sicherheiten am gesamten Unternehmen (*floating charges*) angewandt. Für die Verwertung einzelner beweglicher Sicherungsgegenstände ist sie kaum von Belang.

(c) Verkauf (*sale*)

Die häufigste Art der Sicherheitenverwertung ist der Verkauf des Sicherungsguts durch den Sicherungsnehmer.[453] Jeder durch eine *mortgage* gesicherte Gläubiger hat das Recht, im Sicherungsfall eine gerichtliche Verkaufsanordnung zu beantragen.[454] Relevanter ist jedoch das Recht zum freihändigen Verkauf (*out-of-court-sale*). Ist der Inhaber einer *legal mortgage* im Besitz des Sicherungsguts, so ist er ab Eintritt des Sicherungsfalls von Rechts wegen als Volleigentümer zum freihändigen Verkauf des Sicherungsguts unbelastet mit der *equity of redemption* berechtigt.[455] Darüber hinaus kann sich die Befugnis zur freihändigen Veräußerung sowohl bei der *legal* als auch bei der *equitable mortgage* aus Gesetz oder einer expliziten vertraglichen Ermächtigung ergeben. Eine spezielle gesetzliche Ermächtigung ergibt sich zunächst aus s. 7 BSA AA 1882 für *security bills of sale*.[456] Daneben ist der Sicherungsnehmer nach s. 101 LPA 1925 zur Veräußerung befugt, wenn die *mortgage* in Form einer *deed* vereinbart wurde und *default of payment* vorliegt. Die Einschränkungen durch s. 103 LPA AA 1882 werden in der Regel vertraglich abbedungen. Grundsätzlich steht dem Sicherungsnehmer die Entscheidung frei, ob und wann er den Verkauf vornimmt, denn der Sicherungsgeber ist durch sein billigkeitsrechtliches Ablösungsrecht (*equity of redemption*) gegen Verzögerungen geschützt. Den Sicherungsnehmer trifft aber die die Pflicht, mit angemessener Sorgfalt zu handeln.[457] Er muss zudem einzelfallabhängig zumutbare Maßnahmen ergreifen, um die Erzielung eines angemessenen Verkaufserlö-

---

452 Siehe s. 109(1) i.V.m. s. 103(ii) – (iii) LPA 1925.

453 Zumindest wenn keine *floating security* über sämtliches Betriebsvermögen bestellt ist, vgl. *Calnan*, Taking Security, Rn. 8.232.

454 *Bradgate*, Commercial Law, S. 520; *Clark*, Law of Mortgage, Rn. 31.1 ff.

455 *Re Morritt Ex p. Official Receiver* (1886) 18 L.R.Q.B.D. 222, 233 (C.A.); *Deverges v Sandeman Clarke & Co.* [1902] 1 Ch. 579, 588 f. (C.A.); *Ali*, Secured Finance, Rn. 8.12, Fn. 14; *B/B/G/L*, Law of Security, Rn. 18.42.

456 Die dort geregelte Gestattung der Besitzergreifung impliziert die anschließende Veräußerungsbefugnis, siehe *Re Morritt Ex p. Official Receiver* (1886) 18 L.R.Q.B.D. 222, 241 (C.A.).

457 Ausführlich zu den Rechten und Pflichten des *mortgagee* beim Verkauf *Silven Properties Ltd. v Royal Bank of Scotland plc.* [2003] EWCA Civ. 1409, Rn. 13 ff.

ses (*proper price*) sicherzustellen.[458] Der erzielte Erlös wird zunächst auf die Verwertungskosten und dann auf die gesicherten Verbindlichkeiten angerechnet. Aus einem verbleibenden Überschuss sind gegebenenfalls nachrangige Sicherungsnehmer zu befriedigen. Ein verbleibender Überschuss ist an den Sicherungsgeber auszukehren.[459]

(d)   Gerichtliche Verfallanordnung (*foreclosure*)

Das gerichtliche *Foreclosure*-Verfahren ist das Gegenrecht des Sicherungsnehmers zur *equity of redemption* des Sicherungsgebers.[460] Das Recht auf *foreclosure* entsteht, sobald das vertragliche Ablösungsrecht des Sicherungsgebers entfallen ist, also mit Eintritt des *default of payment*.[461] Das Gericht kann dann auf Antrag anordnen, dass auch das dem Sicherungsgeber verbliebene billigkeitsrechtliche Ablösungsrecht erlischt. Damit vereinigen sich beim Sicherungsnehmer der *legal* und der *equitable title* zu ungeteiltem Eigentum.[462] Auch dem Sicherungsnehmer einer *equitable mortgage* steht das Recht auf *foreclosure* zu, wenn die Sicherungsvereinbarung zumindest konkludent die Verpflichtung enthält, eine *legal mortgage* zu begründen.[463] In diesem Fall wird der Sicherungsgeber zudem durch das Gericht verpflichtet, den *legal title* auf den Sicherungsnehmer zu übertragen.[464] Ein entsprechender Beschluss ergeht erst, nachdem alle Inhaber eines Ablösungsrechts, also nachrangig gesicherte Gläubiger und der Sicherungsgeber, auf die Ausübung ihres Rechts verzichtet haben.[465] Mit der *Foreclosure*-Anordnung erlischt die gesicherte Forderung unabhängig vom Wert des Sicherungsguts. Übersteigt dessen Wert die gesicherte Forderung, kommt die *foreclosure* nicht in Betracht.[466] Praktisch hat die Verwertungsart aufgrund des umständlichen und unsicheren Verfahrens keine Bedeutung.[467]

(2)   Forderungen

Grundsätzlich stehen auch dem Inhaber einer *mortgage* an Forderungen oder anderen Rechten die soeben dargestellten Verwertungsmöglichkeiten zu. Die relevanteste Verwertungsart, die Forderungseinziehung durch den Sicherungsnehmer, ist dabei gleichbedeutend mit der Inbesitznahme, wohingegen die Verrechnung des eingezogenen Erlöses mit der gesicherten Forderung eine spezielle Form einer außergerichtlichen

---

458   *Silven Properties Ltd. v Royal Bank of Scotland plc.* [2003] EWCA Civ 1409 Rn. 19.
459   Siehe s. 105 LPA 1925 und *B/B/G/L*, Law of Security, Rn. 18.53 f.
460   *Aschenbrenner*, S. 280.
461   *B/B/G/L*, Law of Security, Rn. 18.23; *Clark*, Law of Mortgage, Rn. 32.4.
462   *B/B/G/L*, Law of Security, Rn. 18.21.
463   *Ali*, Secured Finance, Rn. 8.50; *B/B/G/L*, Law of Security, Rn. 18.22; *Clark*, Law of Mortgage, Rn. 32.5.
464   *Marshall v Shrewsbury* (1875) L.R. 10 Ch.App. 250, 254 (C.A.); *B/B/G/L* Law of Security, Rn. 18.21.
465   *B/B/G/L*, Law of Security, Rn. 18.26.
466   Dann ordnet das Gericht den Verkauf an, siehe *Clark*, Law of Mortgage, Rn. 32.3; siehe auch s. 113 (1) CCA 1974, der in diesem Fall eine *foreclosure* verbietet.
467   *Clark*, Law of Mortgage, Rn. 32.3.

foreclosure darstellen soll.[468] Der Sicherungsnehmer einer *legal mortgage* kann nach s. 136 LPA 1925 ohne Weiteres die Forderung einziehen und gegen den Drittschuldner gerichtlich vorgehen. Demgegenüber kann der Sicherungsnehmer einer *equitable mortgage* zwar auch gegen den Drittschuldner gerichtlich vorgehen, allerdings nur unter Mitwirkung des Sicherungsgebers als Inhaber des *legal title* (*joinder*).[469] Tritt der Sicherungsgeber nicht freiwillig auf Seiten des Sicherungsnehmers dem Rechtsstreit bei, muss der Sicherungsnehmer seine Klage auf den Sicherungsgeber als Beklagten erstrecken. Wird die Klage zunächst ohne Beteiligung des Sicherungsgebers erhoben, so muss zunächst in dessen Namen geklagt werden.[470] Aus diesem Grund wird der Inhaber einer *equitable mortgage* regelmäßig vertraglich dazu ermächtigt, dem Drittschuldner im Sicherungsfall die Abtretung anzuzeigen.[471] Durch die Erfüllung dieser Voraussetzung des s. 136 LPA 1925 wird aus der *equitable* eine *legal mortgage*. Wird hingegen ein *equitable interest* nach s. 53 c LPA 1925 sicherungshalber abgetreten, so kann der Sicherungsnehmer auch ohne Anzeige an den Drittschuldner gegen diesen im eigenen Namen gerichtlich vorgehen, den Eintritt des Sicherungsfalls vorausgesetzt.[472]

g) Die Rechtsstellung des Sicherungsnehmers in der Insolvenz
    des Sicherungsgebers

aa) Überblick über die Insolvenzverfahrensarten

Im Folgenden werden jene Verfahrensarten überblicksartig dargestellt, welche Gesamtverfahren i.S.v. Art. 1(1) i.V.m. Anhang A EuInsVO darstellen. Das englische Recht unterscheidet traditionell zwischen der Insolvenz über das Vermögen von Einzelpersonen und nicht haftungsbeschränkten Personengesellschaften – *individual bankruptcy* – und Insolvenzverfahren über Kapitalgesellschaften – *company insolvency*.[473] Für Kapitalgesellschaften kennt das Gesetz das *Winding-up*-Verfahren (s. 73 ff. IA 1986), das *Administration*-Verfahren (sch. B1 IA 1986) und das *company voluntary arrangement* (nachfolgend CVA, s. 1 ff. IA 1986) vor. In Bezug auf Individualschuldner gibt es das *Bankruptcy*-Verfahren (s. 264 ff. IA 1986) und das *individual*

---

468 *Ali*, Secured Finance, Rn. 8.09, Fn. 10; *B/B/G/L*, Law of Security, Rn. 18.34.
469 *Three Rivers District Council v Bank of England* [1996] Q.B. 292, 311 ff. (C.A.); *Deposit Protection Board v Dalia* [1994] 2 A.C. 367, 387 ff. (H.L.); *Durham Brothers v Robertson* [1898] 1 Q.B. 765, 769 f. (C.A.); *Einhaus*, S. 72.
470 *Clark*, Law of Mortgage, Rn. 17.9; *Einhaus*, S. 72; *Parsons*, in: Johnston, Security over Receivables, Rn. 11.04; vgl. auch *Hoffmann*, S. 48.
471 *Clark*, Law of Mortgage, Rn. 17.27.
472 *Performing Rights Society Ltd. v London Theatre of Varieties Ltd.* [1924] A.C. 1, 14 (H.L.); *Smith/Leslie*, Law of Assignment, Rn. 11.05, 16.12; zum Beispiel der Sicherungsabtretung eines *trust* siehe *Clark*, Law of Mortgage, Rn. 17.13. Eine Drittschuldneranzeige hat hier vor allem Bedeutung für die Rangwahrung sowie die Verhinderung von Einreden des Drittschuldners oder der schuldbefreienden Leistung an den ursprünglichen Gläubiger, siehe *Clark*, Law of Mortgage, Rn. 17.4, 17.9, 17.13. Insoweit ist fraglich, welche Bedeutung der Rechtsprechung zukommt, welche in *Re Pain* [1919] 1 Ch. 38, 44 (Ch.D.) s. 136 LPA 1925 auch auf die Übertragung von *equitable interests* für anwendbar erklärt hat, siehe kritisch *Smith/Leslie*, Law of Assignment, Rn. 16.08 ff.
473 Siehe zur historischen Entwicklung dieser Unterscheidung *Genske*, S. 10 ff.

voluntary arrangement (nachfolgend: IVA, s. 252 ff. IA 1986). Die folgende Darstellung unterscheidet nach der Vergleichbarkeit der Verfahrensarten.

(1) *Winding-up* und *bankruptcy*

Das *Winding-up*-Verfahren (auch *liquidation* genannt) ist als Liquidationsverfahren ausschließlich auf die Verwertung des Schuldnervermögens und die Verteilung des Erlöses an die Gläubiger gerichtet.[474] Es findet ohne gerichtliche Anordnung statt, wenn die Gesellschaft vertragsgemäß endet oder durch Gesellschafterbeschluss aufgelöst wird (*voluntary winding-up*).[475] Demgegenüber wird im Falle des *winding up by court* (*compulsory winding up*) nach s. 117 ff. IA 1986 das Verfahren auf Antrag durch einen Gerichtsbeschluss eröffnet. Antragsberechtigt sind die Gesellschafterversammlung, die Geschäftsführung und jeder Gläubiger.[476] Voraussetzung für die Eröffnungsentscheidung ist, dass ein Eröffnungsgrund vorliegt. Regelmäßig liegt dieser in der *inability to pay debts*.[477] Mit Verfahrenseröffnung wird automatisch zunächst ein Beamter des *Insolvency Service* (*official receiver*) Verwalter (*liquidator*) über das schuldnerische Vermögen.[478] Regelmäßig überlässt es der *official receiver* anschließend allerdings den Gläubigern und anderen Verfahrensbeteiligten, einen privaten *liquidator* zu ernennen, welcher den *official receiver* ersetzt.[479] Der *liquidator* nimmt sämtliches Schuldnervermögen zum Zwecke der Verwertung in Verwahrung, ss. 143, 144 IA 1986. Die Verfügungs- und Verwaltungsbefugnis geht umfassend auf ihn über. Dies ist anerkannt, obwohl ss. 127, 129 IA 1986 schuldnerische Verfügungen ohne Zustimmung des Verwalters lediglich für schwebend unwirksam erklären.[480] Bestimmte Befugnisse darf der *liquidator* jedoch nur mit Zustimmung des Gerichts oder – wenn vorhanden – der Gläubigervertretung (*liquidation committee*) wahrnehmen.[481] Eine Folge der Verfahrenseröffnung ist, dass Gerichtsverfahren gegen die schuldnerische Gesellschaft nur noch mit gerichtlicher Zustimmung fortgesetzt oder ange-

---

474 Vgl. s. 143 (1) IA 1986.

475 S. 84(1)(a–b) IA 1986. Das *voluntary winding-up* entspricht eher einer gesellschaftsrechtlichen Liquidation als einem Insolvenzverfahren, siehe *Bork*, Sanierungsrecht, Rn. 6.20. Es ist zu unterscheiden zwischen dem *members' voluntary winding-up* und dem *creditors' voluntary winding-up*, je nachdem ob das Gesellschaftsvermögen voraussichtlich ausreicht, um alle noch offenen Gesellschaftsverbindlichkeiten zu begleichen, siehe s. 90, 89, 96 IA 1986.

476 S. 124 (1) IA 1986.

477 S. 122(1)(f), 123 IA 1986; die *inability to pay debts* umfasst nach der Legaldefintion in s. 123 IA 1986 sowohl einen Zahlungsunfähigkeits-, als auch einen Überschuldungstatbestand, siehe ausführlich *Steffek*, Gläubigerschutz, S. 70 ff., 79 ff.

478 S. 136 (2) IA 1986; näher zum *official receiver* siehe MüKoInsO-*Schlegel*, England und Wales, Rn. 23.

479 S. 136 (4), 139 IA 1986; Nur wenn sich aufgrund von Massearmut kein privat tätiger Verwalter zur Amtsübernahme bereit erklärt, bleibt der *official receiver* meistens *liquidator*, siehe *Schilling*, in: Kindler/Nachmann, England und Wales, Rn. 203.

480 *Re Oriental Inland Steam Company* (1873-74) 9 Ch.App. 557, 560 (C.A.).

481 Dazu zählen u.a. die Fortführung des schuldnerischen Geschäftsbetriebs, die Aufnahme bestimmter Gerichtsverfahren und die Vornahme Ausschüttungen, siehe s. 167(1)(a) i.V.m. sch. 4 Part I, II IA 1986.

strengt werden können.[482] Dies gilt bereits, sobald das Gericht als Sicherungsmaßnahme zwischen Antragseingang und Eröffnungsentscheidung einen vorläufigen Verwalter einsetzt (*provisional liquidator*).[483] Vor Verfahrenseröffnung entstandene Forderungen gelten als fällig gestellt.[484]

Auch im *Bankruptcy*-Verfahren ist Hauptaufgabe des Insolvenzverwalters die Verwertung des Schuldnervermögens und die Verteilung des Erlöses an die Gläubiger.[485] Es wird ausschließlich auf Antrag durch Gerichtsbeschluss angeordnet. Antragsbefugt sind der Schuldner sowie Gläubiger, deren Forderungen 750,00 £ übersteigen.[486] Eröffnungsgrund im Falle des Eigenantrags ist wiederum die *inability to pay debts*. Im Falle des Fremdantrags genügt, dass der Insolvenzschuldner voraussichtlich nicht in der Lage sein wird, die dem Antrag zugrunde liegende Forderung zu erfüllen.[487] Mit Eröffnungsbeschluss gilt der *official receiver* als Verwalter (*receiver*) des Schuldners. Als solcher übernimmt er zwar etwaige Geschäftsführungsaufgaben des Schuldners, seine Hauptaufgabe ist jedoch die Sicherung des Schuldnervermögens.[488] Anschließend bestimmen die Gläubiger einen Verwalter (nunmehr *trustee* genannt), welcher dann an die Stelle des *receiver* tritt.[489] Als treuhänderischer Eigentümer ist ausschließlich er verwaltungs- und verfügungsbefugt.[490] Verfügungen des Schuldners zwischen Antragseingang und Ernennung des *trustee* bedürfen der Einwilligung des Gerichts.[491] Auch hier ist die Durchführung oder Fortsetzung von Gerichtsverfahren gegen den Schuldner nach Verfahrenseröffnung nur noch mit Zustimmung des Gerichts möglich. Zwischen Eröffnungsantrag und Eröffnungsentscheidung können Gerichtsverfahren auf Antrag des Schuldners ausgesetzt werden.[492] Das Verfahren ist auf die Dauer von einem Jahr angelegt und mündet in einer Restschuldbefreiung (*discharge*).[493]

---

482 S. 130(2) IA 1986.
483 S. 135, 130(2) IA 1986.
484 Dies folgt aus dem Grundsatz, dass Fälligkeitsabreden stets unter dem konkludenten Vorbehalt der Aufrechterhaltung des Geschäftsbetriebs stehen, siehe *Re Crompton & Co.* [1914] 1 Ch. 954, 961 ff. (Ch.D.).
485 Vgl. s. 305(2) IA 1986.
486 S. 264, 271(1), 278(1) IA 1986.
487 S. 267 (2), (4), 272 IA 1986; siehe die Definition der *inability to pay debts* in s. 286 IA 1986, welche im Gegensatz zur Definition im *winding-up* keine Überschuldung umfasst.
488 So darf er Schuldnervermögen nur in eng umgrenzten Fällen veräußern, siehe s. 287(3)–(4) IA 1986.
489 Die Bezeichnung *trustee* rührt daher, dass der Verwalter im *Bankruptcy*-Verfahren automatisch treuhänderischer Eigentümer des Schuldnervermögens wird, siehe s. 292 (1), 306 IA 1986.
490 Auch hier bedarf er für bestimmte Maßnahmen (u.a. Aufrechterhaltung des Geschäftsbetriebs) allerdings der Zustimmung des Gerichts oder der Gläubigervertretung (*creditors' committee*), siehe s. 314 i.V.m. sch. 5 IA 1986.
491 S. 284(1), (3) IA 1986.
492 S. 285(1) – (3) IA 1986.
493 S. 289 IA 1986; *Schilling*, in: Kindler/Nachmann, England und Wales, Rn. 126.

(2) *Administration*

Die *administration* ist primär nicht auf Verwertung, sondern auf die Sanierung der schuldnerischen Gesellschaft gerichtet. Para. 3(1)(a) – (c) sch. B1 IA 1986 gibt die Verfahrensziele in einer verbindlichen Reihenfolge vor. Primäres Ziel ist der Erhalt des Unternehmens in einem Fortführungsszenario, sekundäres Ziel ist die Erreichung einer besseren Befriedigung sämtlicher Gläubiger als im Falle einer sofortigen Liquidation, und tertiäres Ziel ist allgemein die Verwertung des Unternehmensvermögens, um einen oder mehrere gesicherte oder sonst bevorrechtigte Gläubiger befriedigen zu können. Wesentliches Abgrenzungskriterium zur *administrative receivership* ist danach, dass die ersten beiden Ziele im Interesse aller Gläubiger bestehen und der *administrator* dementsprechend im Interesse der Gläubigergesamtheit tätig wird.[494] Nur wenn feststeht, dass die ungesicherten Gläubiger leer ausgehen werden, können deren Interessen außen vor bleiben (tertiäres Ziel). Der *administrator* darf ein vorrangiges Ziel nur aufgeben, wenn er dessen Erreichung als unpraktikabel oder im Vergleich zu einem nachrangigen Verfahrensziel als nachteilhaft für die Gläubigergesamtheit erachtet.[495] Gefestigte Leitlinien für die Ausübung dieses Ermessens gibt es allerdings kaum.[496] In der Praxis enden die meisten *Administration*-Verfahren in der Veräußerung des Geschäftsbetriebs oder eines Teils davon (in letzterem Fall schließt sich ein *winding-up* über das restliche Betriebsvermögen an) unter Ausschüttung einer Quote an die ungesicherten Gläubiger.[497] Dies entspricht nach englischem Verständnis dem zweitrangigen Verfahrensziel, wohingegen der Erhalt des Unternehmens in einem Fortführungsszenario den fortgesetzten Geschäftsbetrieb unter identischer Gesellschaftshülle voraussetzt.[498]

Die *administration* kann ohne Einschaltung des Gerichts eingeleitet werden (*out-of-court-administration*). Die Gesellschafterversammlung und die Geschäftsführung des Schuldners sind ohne das Vorliegen eines Insolvenzgrunds befugt, unter Anzeige an das Gericht einen *administrator* ernennen.[499] Daneben kann auf Antrag der Gesellschafterversammlung, der Geschäftsführung oder eines Gläubigers auch das Gericht das Verfahren anordnen und einen *administrator* ernennen.[500] Der dann erforderliche Insolvenzeröffnungsgrund liegt wiederum in der *inability to pay debts*, wobei im Gegensatz zum *winding-up* deren voraussichtlicher Eintritt genügt.[501] Die Dauer der *administration* ist auf ein Jahr begrenzt, kann aber um bis zu sechs Monate verlängert werden.[502] Mit Verfahrenseröffnung geht die Verwaltungs- und Verfügungsbefugnis

---

494 *BLV Realty Organization Ltd. & Anor v Batten* [2009] EWHC 2994 (Ch.), Rn. 20.
495 *Goode*, Corporate Insolvency, Rn. 11-26.
496 Vgl. *Brambosch*, S. 185.
497 *Goode*, Corporate Insolvency, Rn. 11-18.
498 *Goode*, Corporate Insolvency, Rn. 11-27; *Ehricke/Müller-Seils*, NZI 2003, 409, 413.
499 Para. 22 sch. B1 IA 1986. Zur Befugnis des durch eine *qualifying floating charge* gesicherten Gläubigers siehe unten unter 1. Teil B. I. 5. e) bb) (S. 138).
500 Para. 12, 13 sch. B1 IA 1986.
501 Der Begriff ist deckungsgleich mit dem im *Winding-up*-Verfahren, siehe, para. 111(1) sch. B1 i.V.m. s. 123 IA 1986; zur voraussichtlichen *inability to pay* debts siehe para.11(a) sch. B1 IA 1986.
502 Para. 76 sch. B1 IA 1986.

auf den *administrator* über.[503] Wesentliches Merkmal der *administration* ist daneben ein umfassendes Moratorium während des gesamten Verfahrens, welches die (gerichtliche) Durchsetzung sämtlicher Gläubigerrechte verhindert.[504] Dieses kann vom Gericht bereits zwischen Antragseingang und Eröffnungsentscheidung verhängt werden.[505] Spätestens nach 10 Wochen muss die erste Gläubigerversammlung stattfinden, in welcher der *administrator* den Gläubigern einen Vorschlag zur Erreichung der Verfahrensziele (*proposal*) präsentieren muss.[506] Für dessen Annahme reicht eine einfache Mehrheit der abstimmenden Gläubiger nach Forderungssummen.[507] Maßnahmen zur finanziellen Restrukturierung durch Forderungskürzungen oder Stundungen sind im reinen *Administration*-Verfahren allerdings nicht vorgesehen. Soll eine finanzielle Restrukturierung erreicht werden, so muss über den Vorschlag (*proposal*) des *administrator* ein *CVA* oder ein gesellschaftsrechtliches *scheme of arrangemt* eingeführt werden.[508] Die *administration* ist daher kein selbstständiges Instrument zur finanziellen Restrukturierung, kann jedoch mit solchen Instrumenten kombiniert werden. Eigentlicher Zweck der *administration* ist daher häufig nur, über das damit verbundene Moratorium den Schuldner vor einem zwischenzeitlichen Vollstreckungszugriff der (gesicherten) Gläubiger zu schützen und so die Aufrechterhaltung des schuldnerischen Geschäftsbetriebs zu ermöglichen.[509]

(3) *Company/Indivividual Voluntary Arrangment* (CVA/IVA)

Sowohl das CVA[510] als auch das IVA sind Vergleichsverfahren, die auf die vertragliche Neuregelung bestehender Verbindlichkeiten zwischen dem Schuldner und seinen ungesicherten Gläubigern gerichtet sind. Das CVA kann sowohl eigenständig und unabhängig vom Vorliegen eines Insolvenzgrunds zum Zweck der vorinsolvenzlichen Sanierung als auch innerhalb eines *Administration*- oder *Winding-up*-Verfahrens durchgeführt werden.[511] Das Verfahren gestaltet sich wie folgt:[512] Zu Beginn steht die Ausarbeitung eines Sanierungsplans (*proposal*) durch die Geschäftsführung, welche dabei regelmäßig durch den späteren Sachwalter als Insolvenzexperten (*nominee/supervisor*) beraten wird.[513] An jenen wird der ausgearbeitete Sanierungsplan weitergeleitet. Der *nominee* muss anschließend in einem Bericht an das Gericht innerhalb von vier Wochen die Erfolgsaussichten beurteilen und beruft, wenn keine Einwände

---

503   Para. 59 ff., 64 sch. B1 IA 1986 *Goode*, Corporate Insolvency, Rn. 11-30, 11-87 ff.
504   Para. 42 ff. sch. B1 IA 1986; Bork, Sanierungsrecht, Rn. 10.39 ff.; zu den Auswirkungen auf gesicherte Gläubiger siehe unten unter 1. Teil A. II. 3. g) dd) (S. 78 ff.).
505   Para. 13, 44 sch. B1 IA 1986.
506   Para. 51(2), (3) sch. B1 IA 1986. Die Frist kann vom Gericht verlängert werden, para. 107 sch. B1 IA 1986.
507   R. 15.34(1) IR 2016; *Bork*, Sanierungsrecht, Rn. 6.12.
508   Siehe para. 49(3) sch. B1 IA 1986.
509   Siehe zum Ganzen *Goode*, Corporate Insolvency, Rn. 11-18.
510   Ausführlich dazu *Tribe*, J.B.L. 2009, 454 ff.; Mü.Hdb.GesR-*Steffek*, Bd. 6, § 39, Rn. 1 ff.; Überblick bei *Windsor/Müller-Seils/Burg*, NZI 2007, 7 ff.
511   *Windsor/Müller-Seils/Burg*, NZI 2007, 7.
512   Siehe s. 1, 2, 3 IA 1986 und Mü.Hdb.GesR-*Steffek*, Bd. 6, § 39, Rn. 6.
513   Mü.Hdb.GesR-*Steffek*, Bd. 6, § 39, Rn. 5.

vorliegen, eine Gesellschafter- und eine Gläubigerversammlung zur Abstimmung ein. Die Gläubigerversammlung entscheidet mit einer Mehrheit der abstimmenden Gläubiger nach Forderungssummen von mehr als 75 Prozent.[514] Die Entscheidung der Gläubigerversammlung geht derjenigen der Gesellschafter vor.[515] Die Annahme des Plans ist für alle abstimmungsberechtigten Gläubiger bindend. Üblicherweise fungiert der *nominee* fortan als Sachwalter, welcher die Umsetzung des Plans beaufsichtigt (*supervisor*).[516] Solange nichts anderes beschlossen wurde, bleibt die Verwaltungs- und Verfügungsbefugnis bei der Geschäftsführung des Schuldners. Inhaltlich setzt ein *CVA* entweder einen (Teil-) Schuldenerlass (*composition of debts*) oder einen irgendwie gearteten Vergleich zwischen Schuldner und Gläubigern (*scheme of arrangement*) voraus, s. 1 (1) IA 1986.[517] Ein Vollstreckungsschutz gegen den Zugriff der Gläubiger ist mit der Ausarbeitung des Sanierungsplans nicht verbunden. Um bis zur Abstimmung vor Gläubigerzugriffen geschützt zu sein, können lediglich *small companies* i.S.v. s. 382 (3) CA 2006 bei Gericht den Erlass eines Moratoriums beantragen, welches dann in seinen Wirkungen demjenigen in der *administration* gleicht.[518] Daher kommt das *CVA* nur selten selbständig, sondern in der Regel im Rahmen der *administration* vor.[519] In diesem Fall obliegt es dem *administrator* den Sanierungsplan auszuarbeiten. Anschließend übernimmt er auch die Aufgaben des *supervisor*.[520]

Ein IVA setzt demgegenüber zwar kein eröffnetes *Bankruptcy*-Verfahren, aber zumindest das Vorliegen eines Eröffnungsgrunds voraus.[521] Die Ausarbeitung des Plans obliegt dem Schuldner. Ist bereits ein *Bankruptcy*-Verfahren eröffnet, so muss er den *official receiver* oder den *trustee* über den Plan informieren. Anschließend leitet er den Plan an den künftigen Sachwalter (*nominee*) weiter. Jener übermittelt seine gutachterliche Einschätzung an die Gläubiger und beruft die Gläubigerversammlung zur Abstimmung ein.[522] Auch hier müssen mindestens 75 Prozent der abstimmenden Gläubiger nach Forderungssummen dem Plan zustimmen.[523] Das Ergebnis wird dem Gericht mitgeteilt. Soll in einem eröffneten *Bankruptcy*-Verfahren der *official receiver*

---

514   R. 15.34(3)(a) IR 2016.
515   S. 4A(2)(b) IA 1986. Gesellschafter können dagegen jedoch nach s. 4A(6)(b) IA 1986 Rechtsmittel einlegen.
516   S. 7 (2), 263 (2) IA 1986.
517   In Betracht kommen Stundungen, Rangrücktrittserklärungen, Ausschüttungsverbote ect. Darüber hinaus können Vereinbarungen jeglicher Art getroffen werden, wie der Verkauf des Geschäftsbetriebs, die treuhänderische Übertragung von Eigentum an einen Treuhänder ect., siehe Mü.Hdb.GesR-*Steffek*, Bd. 6, § 39, Rn. 23.
518   S. 1A i.V.m. para. 2, 3(1), (4) sch. A1 IA 1986. Dafür müssen u.a. das *proposal* und die Stellungnahme des *nominee* zu den Erfolgsaussichten bei Gericht eingereicht werden, para. 7 sch. A1 IA 1986; siehe auch Mü.Hdb.GesR-*Steffek*, Bd. 6, § 39, Rn. 9.
519   *Bork*, Sanierungsrecht, Rn. 6.8.; Kindler/Nachmann-*Schillig*, England und Wales, Rn. 285.
520   Gleiches gilt für den *liquidator*, wenn ein CVA in einem *Wining-Up*-Verfahren durchgeführt werden soll. In diesen Fällen ist zudem die Vorlage einer gutachterlichen Stellungnahme an das Gericht nicht notwendig, s. 1(3), 2, 3 IA 1986.
521   Vgl. s. 256A (3), 255(1)(b) IA 1986.
522   S. 256A, 257 IA 1986. Nach r. 8.19(5)(a) IR 2016 muss der *nominee* auch dem *official receiver* oder *trustee* sein Gutachten zukommen lassen, wenn bereits ein *Bankruptcy*-Verfahren läuft.
523   R. 15.34(6)(a) IR 2016.

zugleich als *nominee* agieren, kann ein IVA im *Fast-Track*-Verfahren nach ss. 236A ff. IA 1986 implementiert werden.[524] Daneben können der Schuldner und im *Bankruptcy*-Verfahren auch der *official receiver* oder *trustee* vorab eine gerichtliche Anordnung (*interim order*) beantragen.[525] Diese hat zur Folge, dass jegliche Klage- oder Vollstreckungsverfahren zunächst für die nächsten 14 Tage noch mit Zustimmung des Gerichts stattfinden dürfen.[526] Vor Ablauf dieser Frist muss der *nominee* dem Gericht sein Gutachten über die Erfolgsaussichten des Plans vorlegen. Ist dieses positiv, kann das Gericht die *interim order* bis zur Gläubigerabstimmung über den Plan verlängern.[527] Bereits zwischen dem Antrag auf die *interim order* und der Gerichtsentscheidung über deren Erlass kann das Gericht einzelne Klage- oder Vollstreckungsverfahren aussetzen.[528]

bb) Das Verhältnis dinglicher Sicherheiten zur Insolvenzmasse und die Einbindung dinglich gesicherter Gläubiger ins Insolvenzverfahren

In England herrscht die Vorstellung vor, das Insolvenzrecht habe Rechtspositionen so hinzunehmen, wie es sie bei Verfahrenseröffnung vorfindet.[529] Daraus resultiert ein hohes Maß an Bestandschutz. So ist anerkannt, dass mit dinglichen Sicherheiten belastetes Vermögen – trotz zum Teil entgegenstehenden Gesetzeswortlauts[530] – nicht zur Insolvenzmasse des Schuldners (*property*[531]) gehört.[532] Dingliche Kreditsicherheiten sind im IA 1986 definiert als »*mortgage, charge, lien or other security*«.[533] Das Gesetz unterscheidet nicht zwischen Sicherungsrechten des *common law* und der *equity*. Trotz der Nichtzugehörigkeit zum Schuldnervermögen werden dingliche Sicherheiten jedoch zu einem gewissen Grad in das Insolvenzverfahren einbezogen. Bei der Forderungsanmeldung (*proof of debts*) muss der gesicherte Gläubiger seine Sicherheit unter Angabe ihres Werts mit angeben. Unterlässt er dies, so verliert er die Sicherheit, es sei denn er hat die Unterlassung nicht zu vertreten.[534] Zum ange-

---

524 Siehe *Schillig*, in: Kindler/Nachmann, England und Wales, Rn. 301 f.
525 Siehe dazu s. 252 ff. IA 1986; *Schillig*, in: Kindler/Nachmann, England und Wales, Rn. 294 ff.
526 S. 252 IA 1986, r. 8.12(c) IR 2016.
527 S. 256(4), (5) IA 1986.
528 S. 254(1)(b) IA 1986.
529 *Goode*, Corporate Insolvency, Rn. 3-01 f., 3-04.
530 Vgl. s. 130(2), p. 43(2) sch. B1 IA 1986. Der Begriff *property* ist kontextabhängig unterschiedlich auszulegen, siehe *Nokes v Doncaster Amalgamated Collieries Ltd.* [1940] A.C. 1014, 1051 (H.L.); *Goode*, Corporate Insolvency, Rn. 6-03.
531 Vgl. s. 107 IA 1986; siehe zur Legaldefinition des Begriffs s. 436 IA 1986.
532 Anschaulich *Re David Lloyd & Co.* (1877) 6 Ch.D. 339, 344 f (C.A.).; *Re Atlantic Computer Systems Plc.* [1992] Ch. 505, 527 (C.A.); *Goode*, Corporate Insolvency, Rn. 3-03, 6-44; *Schillig*, in: Kindler/Nachmann, England und Wales, Rn. 381. Zum Schuldnervernögen gehört allerdings die *equity of redemption*, siehe *Goode*, Corporate Insolvency, 6-45. Auf den *legal title* des Schuldners im Falle einer *equitable mortgage* kann nach englischem Eigentumsverständnis nicht abgestellt werden, da der *equitable title* des Sicherungsnehmers die höhere Berechtigungsstärke aufweist.
533 S. 248(b), 383(2) IA 1986.
534 R. 14.16. IR 2016.

gebenen Wert kann der Verwalter die Sicherheit durch Zahlung ablösen.[535] Erscheint dem Verwalter der Wert zu hoch, kann er die Verwertung des Sicherungsguts verlangen.[536] An etwaigen quotalen Ausschüttungen partizipiert nur der untersicherte Gläubiger in Höhe des (voraussichtlich) ungesicherten Forderungsbetrags.[537] Dem hohen Bestandschutz dinglicher Rechte entspricht es, dass weder der Vorschlag des *administrator* (*proposal*) noch ein CVA/IVA-Sanierungsplan gegen den Willen des dinglich gesicherten Gläubigers dessen Sicherheit beeinträchtigen darf.[538] Beeinträchtigende Mehrheitsbeschlüsse sind nur im Rahmen eines gesellschaftsrechtlichen *scheme of arrangement* möglich.[539] Dabei darf ein gesicherter Gläubiger jedoch nicht schlechter gestellt werden als in einer hypothetischen Liquidation.[540] In etwaigen Gläubigerabstimmungen ist für das Stimmrecht eines gesicherten Gläubigers stets nur die Höhe des ungesicherten Teils seiner Forderung maßgebend.[541]

cc) Die Rechtsstellung im *Winding-up/Bankruptcy*-Verfahren

(1) Verwertungsrecht

Das Verwertungsrecht des Sicherungsnehmers wird durch die Eröffnung eines *Liquidation*-Verfahrens grundsätzlich nicht berührt.[542] Ist zu dessen Durchsetzung allerdings ein Gerichtsverfahren notwendig, etwa weil der *liquidator* seine notwendige Kooperation verweigert, so muss dieses im gerichtlich angeordneten *Liquidation*-Verfahren zunächst durch das Insolvenzgericht gestattet werden.[543] Insbesondere darf nicht im Wege der Selbsthilfe gegen den *liquidator* vorgegangen werden.[544] Da das Sicherungsgut allerdings nicht zum Vermögen des Schuldners zu zählen ist und das Verfahren ohnehin auf Verwertung gerichtet ist, sollte die gerichtliche Geltendmachung dinglicher Verwertungsansprüche stets gestattet werden.[545] Insbesondere kann

---

535 R. 14.17 IR 2016.
536 Siehe zum Ganzen r. 14.18 IR 2016.
537 Siehe r. 14.19, 14.41 IR 2016.
538 S. 4(3), 258(4), p. 73 sch. B1 IA 1986.
539 S. 895 ff. CA 2006; *McCormack/Bork*, Security Rights, Chapter 6, Rn. 153 ff.
540 *Re Telewest Communications Plc.* [2004] EWHC 1466, Rn. 15; *Bork*, Sanierungsrecht, Rn. 14.15; *Kusche*, S. 35 f.
541 R. 15.31(4), (5) IR 2016.
542 *B/B/G/L*, Law of Security, Rn. 20.02; *Goode*, Corporate Insolvency, Rn. 3-04, 8-51; *Keay/Walton*, Rn. 32.2 f.; *Clark*, Law of Mortgage, Rn. 33.1; *Schilling*, in: Kindler/Nachmann, England und Wales, Rn. 399.
543 S. 130(2) IA 1986. Das Gleiche gilt nach der Vorschrift bereits ab Bestellung eines vorläufigen Verwalters (*provisional liquidator*); *Goode*, Corporate Insolvency, Rn. 8-51; HLE, Vol. 17, Rn. 688, Fn. 2, Rn. 786 ff.
544 Denn der Verwalter ist auch ein Organ des Gerichts (*officer of the court*), siehe *Re Henry Pound, Son, & Hutchins* (1889) 42 Ch.D. 402, 411 (Ch.D.).
545 *Re Atlantic Computer Systems Plc.* [1992] Ch. 505, 527 (C.A.): »*A secured creditor will not, as such, participate in the...distribution. If he seeks leave to obtain possession of his own property, leave should be granted.*«; *Re Henry Pound, Son, & Hutchins* (1889) 42 Ch.D. 402; *Re David Lloyd & Co.* (1877) 6 Ch.D. 339, 444 f.; *B/B/G/L*, Law Security, Rn. 20.02; *Clark, Law of Mortgage*, Rn. 33.4; *Goode*, Corporate Insolvency, Rn. 8-51.

der *liquidator* nicht geltend machen, er könne das Sicherungsgut billiger und vorteilhafter verwerten als der gesicherte Gläubiger.[546] Dem entspricht es, dass der *liquidator* ohne Einwilligung des Sicherungsgebers das Sicherungsgut nicht lastenfrei veräußern bzw. verwerten kann.[547]

Im *Bankruptcy*-Verfahren gilt dasselbe. Weitergehend gilt hier das Erfordernis der gerichtlichen Gestattung von Gerichtsverfahren gegen das schuldnerische Vermögen explizit nicht für die Verwertung von Sicherungsgut durch gesicherte Gläubiger.[548]

(2) Nutzungsrecht

Entsprechend seiner fehlenden Verwertungsbefugnis, steht dem *liquidator* kein Nutzungsrecht am Sicherungsgut zu. Kommt es dennoch zur Nutzung durch den *liquidator*, zum Beispiel im Rahmen einer Betriebsfortführung,[549] so stellt sich die Frage, ob der Sicherungsnehmer Nutzungsersatz verlangen kann. Setzt der *liquidator* gemietete Gegenstände nach Verfahrenseröffnung für den Zweck der besseren Gesamtverwertung weiter ein, so stellen ab Verfahrenseröffnung anfallende Mietforderungen Verfahrenskosten dar, welche vorrangig zu begleichen sind.[550] Entsprechende Klagen des Vermieters werden nach s. 130 (2) IA 1986 daher zugelassen.[551] Gestützt auf diesen Gedanken haben Gerichte für gesicherte Gläubiger die grundsätzliche Möglichkeit anerkannt, bei Nutzung des Sicherungsguts durch den *liquidator* ab Verfahrenseröffnung die Erstattung von Zinsen auf die gesicherte Forderung als Verfahrenskosten verlangen zu können.[552] Maßgeblich sind allerdings jeweils Billigkeitserwägungen im Einzelfall. Bislang ist die Vergleichbarkeit eines gesicherten Gläubigers mit einem Vermieter stets verneint worden.[553] Insbesondere wenn – wie in der Regel – die Nutzung mit Zustimmung des gesicherten Gläubigers erfolgt oder in der Hoffnung auf eine vorteilhaftere Gesamtverwertung geduldet wird, stehen ihm Zinsen nicht zu.[554] Darüber hinausgehende Wertentschädigungen für Abnutzungen werden in Literatur und Rechtsprechung nicht diskutiert. Droht eine solche muss der gesicherte Gläubiger zur Verwertung schreiten.

---

546 *Re Potters Oils Ltd.* [1986] 1 W.L.R. 201.
547 *Goode*, Corporate Insolvency, Rn. 3-03.
548 S. 285(4), 286(6) IA 1986; Möglich bleiben aber in Sicherungsrechte eingreifende vorläufige Anordnungen zwischen Antragseingang und Eröffnungsentscheidung nach s. 285(1), (2) IA 1986.
549 Vgl. para. 5 sch. 4 IA 1986.
550 Siehe unten unter 1. Teil B. I. 5. f) aa) (2) (S. 140 f.).
551 *Re Atlantic Computers Plc.* [1992] Ch. 505, 522 (C.A.); *Re National Arms and Ammunition Company* (1885) 28 Ch.D. 474, 478 (C.A.); *Re Oak Pits Colliery Co.* (1882) 21 Ch.D. 322, 330 (C.A.).
552 *Re Brown, Bayley & Dixon* (1880-81) 18 Ch. D. 649, 652 (Ch.D.); vgl. auch *Re Atlantic Computers Plc.* [1992] Ch. 505, 523 (C.A.).
553 *Re Higginshaw Mills and Spinning Co.* [1896] 2 Ch. 544,549 ff. (C.A.); *Re Lancashire Cotton Spinning Co.* (1887) 35 Ch. D. 656, 662 ff. (C.A.); vgl. auch *Re Atlantic Computers Plc.* [1992] Ch. 505, 523 (C.A.).
554 *Re Higginshaw Mills and Spinning Co.* [1896] 2 Ch. 544,549 ff. (C.A.); *Re Lancashire Cotton Spinning Co.* (1887) 35 Ch. D. 656, 662 ff. (C.A.).

(3) Erlösverteilung

Kommt es zur Verwertung durch den *liquidator*,[555] so sind aus dem Verkaufserlös zunächst die Verwertungskosten und die Erhaltungskosten zu begleichen.[556] Der Rest steht bis zur Höhe der gesicherten Forderung dem Sicherungsnehmer zu. Verwertet der Sicherungsnehmer selbst, kann er den Erlös ohne Einschränkungen auf die gesicherte Forderung anrechnen. Reicht der Erlös nicht zur Begleichung auch der nach Insolvenzeröffnung angefallenen Zinsen aus, so muss der Erlös zunächst auf die vor Verfahrenseröffnung angefallenen Zinsen angerechnet werden.[557] Die gesicherte Forderung übersteigende Überschüsse müssen an die Masse herausgeben werden.

dd) Die Rechtsstellung im *Administration*-Verfahren

(1) Verwertungsrecht

(a) Bewegliche Sachen

Ab Verfahrenseröffnung darf ein dinglich gesicherter Gläubiger sein Sicherungsrecht nur noch mit Zustimmung des *administators* oder des Gerichts verwerten.[558] Die Verwertungssperre besteht unabhängig davon, ob sich das Sicherungsgut zur Zeit der Verfahrenseröffnung im Besitz des Sicherungsnehmers oder des Schuldners befindet.[559] Zweck des umfassenden Moratoriums ist es, dem *administrator* die Erreichung der Ziele des *Administration*-Verfahrens – also insbesondere den Erhalt des schuldnerischen Unternehmens – zu ermöglichen, ohne dass (gesicherte) Gläubiger ihm die Grundlage dafür entziehen können.[560] Leitlinien für die Ermessensausübung der Gerichte bei ihrer Entscheidung über das Verwertungsverlangen wurden in *Re Atlantic Computer Systems Plc.* herausgearbeitet.[561] Danach muss stets im Einzelfall abgewo-

---

555 Dies ist z. B. möglich, wenn der Sicherungsnehmer bei Gericht die Bestellung eines *receivers* beantragt. Ist das Insolvenzverfahren bereits eröffnet, wird das Gericht regelmäßig den *liquidator* auch zum *receiver* bestellen, um Kosten zu sparen, siehe *Re Pound & Hutchins* (1889) 42 Ch. D. 402, 411 (C.A.).

556 *Re Oriental Hotels Co.* (1871) L.R. 12 Eq. 126; HLE, Vol. 17, Rn. 698.

557 Ab Verfahrenseröffnung anfallende Zinsen sind keine anmeldbaren Insolvenzforderungen, r. 14.23(1), 14.1(3)(c) IR 2016. Nach der Rechtsprechung ist es dem Sicherungsnehmer untersagt Verwertungserlöse zuerst auf eine gesicherte Forderung anzurechnen, welche nicht im Wege der Forderungsanmeldung geltend gemacht werden kann, siehe *Re William Hall (Cntractors) Ltd. (in Liquidation)* [1967] 1 W.L.R. 948, 957 (Ch.D.); *Clark*, Law of Mortgage, Rn. 33.24, Rn. 33.34; für die *administration* ergibt sich dies auch aus r. 14.23(7) IR 2016.

558 Para. 43(2) sch. B1 IA 1986. Dasselbe gilt bereits ab Eingang des Eröffnungsantrags bei Gericht oder ab Eingang der Anzeige bei Gericht, selbst einen *administrator* ernennen zu wollen, para. 44(1) – (4) sch. B1 IA 1986.

559 *B/B/G/L*, Law of Security, Rn. 20.52.

560 *Re Olympia & York Wharf Ltd.* [1993] B.C.C. 154, 157 (Ch.D.).

561 [1992] Ch. 505, 542 ff. (C.A.); zwar betraf der Fall das Herausgabeverlangen eines Leasinggebers nach para. 43(3) sch. B1 IA 1986, die allgemeine Bedeutung für dingliche Sicherheiten ist aber anerkannt, siehe *B/B/G/L*, Law of Security, Rn. 20.53 und *Lightman/Moss*, Rn 9-023.

gen werden zwischen den Interessen des dinglich gesicherten Gläubigers und dem Interesse der Gläubigergesamtheit, wobei aber das dingliche Sicherungsrecht von vorneherein aufgrund seines grundsätzlichen Bestandsschutzes hoch gewichtet werden muss. Würde das Verbot oder die Verzögerung der Verwertung zu einem erheblichen direkten oder indirekten finanziellen Verlust des gesicherten Gläubigers führen, so muss die Verwertung in der Regel gestattet werden, es sei denn die Verwertung führte zu einem noch erheblich höheren Verlust anderer Gläubiger oder der Vorteil des gesicherten Gläubigers stünde in keinem Verhältnis zum Nachteil der anderen Gläubiger. Daraus folgt zunächst, dass eine Verwertung zu gestatten ist, wenn das Sicherungsgut für die Ziele der *administration* nicht benötigt wird.[562] Zweitens ist die Verwertung im Regelfall zuzulassen, wenn nach den Umständen absehbar ist, dass die angestrebte Unternehmensfortführung nicht möglich sein und das Verfahren in der Einzelzerschlagung enden wird.[563] Denn wenn die *administration* lediglich die *liquidation* ersetzt, darf dies die gesicherten Gläubiger nicht benachteiligen.[564] Wesentliche Umstände können auch sein, ob der Gläubiger vollständig gesichert ist oder nicht[565] oder ob der Gläubiger sich mit dem Ziel der *administration* zunächst einverstanden erklärt und von der Durchführung profitiert hat.[566] Zur Ausbalancierung der Interessen kann das Gericht in seiner Entscheidung weitere Anordnungen treffen, z.B. dem *administrator* eine Frist zur Verwertung des Sicherungsguts setzen oder die Begleichung der gesicherten Forderung aus freien Massemitteln anordnen.[567]

Mit der Verwertungssperre korrespondiert keine automatische Veräußerungsermächtigung des *administrator*. Dieser ist zu lastenfreien Verfügungen über das Sicherungsgut ebenfalls nur berechtigt, wenn entweder das Gericht den Verkauf auf seinen Antrag hin gebilligt oder der gesicherte Gläubiger zugestimmt hat.[568] Das Gericht darf den Verkauf nur gestatten, wenn es zu dem Schluss kommt, dass der Verkauf dem Zweck des *Administration*-Verfahrens nach den Umständen wahrscheinlich dienlich sein wird.[569] Gegen eine Verschleuderung durch den *administrator* ist der gesicherte Gläubiger umfassend geschützt. In seiner Genehmigungsentscheidung muss das Gericht den dem Sicherungsnehmer zustehenden Nettobetrag festlegen, welcher bei einer Veräußerung zum Marktwert zu erwarten wäre und zugleich anordnen, dass, falls der hinterher erzielte Kaufpreis nicht ausreicht, um diesen Betrag an den gesicherten Gläubiger auszukehren, die Differenz aus der Insolvenzmasse an den gesicherten Gläubiger zu zahlen ist.[570] Besteht Streit über den Marktwert, bleibt aber nicht genü-

---

562 Nach *Mackay v Kaupthing Singer* [2013] EWHC 2533, Rn. 75 ist nur bei Vorliegen dieser Grundvoraussetzung eine weitere Abwägung der widerstreitenden Interessen überhaupt möglich.
563 *Re Atlantic Computer Systems Plc.* [1992] Ch. 505, 540 (C.A.).
564 So bereits *Bristol Airport Plc. v Powdrill* [1990] Ch. 744, 767.
565 Bei vollständiger Sicherung dürften seine Interessen regelmäßig weniger betroffen sein, vgl. *McCormack/Bork*, Security Rights, Chapter 6, Rn. 127.
566 *Bristol Airport Plc. v. Powdrill* [1990] Ch. 744, 767.
567 Vgl. *Re Meesan Investments* (1988) 4 B.C.C. 788.
568 Para. 71(1) sch. B1 IA 1986; *Goode*, Corporate Insolvency, Rn. 11-90, Fn. 440; *Lightman/Moss*, Rn. 11-098.
569 Para. 71(2)(b) sch. B1 IA 1986.
570 Para. 71(3)(b) sch. B1 IA 1986.

gend Zeit für dessen gründliche Evaluierung, so wird das Gericht die Veräußerung gestatten, wenn in jedem Fall feststeht, dass die Insolvenzmasse für die Ausgleichszahlung ausreichen wird und zugleich anordnen, dass der *administrator* nachträglich Nachweise über den Marktwert zu erbringen hat.[571]

(b)   Forderungen

Zur von der Durchsetzungssperre erfassten Verwertung zählt es auch, wenn im Falle einer *equitable mortgage* der gesicherte Gläubiger den Drittschuldner von der Sicherungsabtretung in Kenntnis setzt, um die Forderung bei diesem einzuziehen.[572] Umgekehrt bedarf der *administrator* für die Einziehung von mittels *equitable mortgage* sicherungsübertragenen Forderungen keiner gerichtlichen Erlaubnis.[573] Insoweit gelten also die allgemeinen Regeln, nach denen der Zedent bis zur Drittschuldneranzeige einziehungsbefugt bleibt und der Drittschuldner nur an ihn befreiend leisten kann. Fraglich erscheint daher, ob die Einziehung einer mittels *legal mortgage* abgetretenen Forderung durch den Sicherungsnehmer einen genehmigungspflichtigen Verwertungsakt darstellt, da ab Abtretungsanzeige der Drittschuldner nur noch an den Sicherungsnehmer befreiend leisten kann und jenem als *legal owner* die alleinige Klagebefugnis zukommt. Zumindest im Verhältnis zum Drittschuldner dürfte der Sicherungsnehmer daher auch ohne gerichtliche Erlaubnis allein einziehungsbefugt sein. Allenfalls das Einbehalten des Erlöses entgegen einem Herausgabeverlangen des *administrators* könnte als genehmigungspflichtige Verwertungshandlung gewertet werden. Ein Herausgabeverlangen wird jedoch kaum einmal vorkommen, da nach dem Rechtsgedanken von p. 71(3)(a) sch. B1 IA 1986 dem gesicherten Gläubiger der Verwertungserlös bis zur Höhe der gesicherten Forderung ohnehin zusteht.

(2)   Nutzungsrecht

Das Gesetz sagt nichts zum Nutzungsrecht des *administrators*. Allerdings würde der Zweck der Verwertungssperre verfehlt werden, wäre es dem *administrator* nicht gestattet, für die Aufrechterhaltung des Geschäftsbetriebs benötigtes Sicherungsgut zu nutzen.[574] Auch in der Rechtsprechung finden sich entsprechende Andeutungen, weshalb im Ergebnis von einem Nutzungsrecht auszugehen ist.[575] Einen Ersatz für durch die Nutzung verursachte Wertminderungen sieht das englische Recht nicht vor. Jedenfalls wenn ein erheblicher Wertverfall zu erwarten ist, wird ein Gericht aber regelmäßig auf Antrag des gesicherten Gläubigers die Verwertung gestatten oder die

---

571   Siehe zu allem grundlegend *Re ARV Aviation Ltd.* 1988 4 B.C.C. 708 (Ch.D.).
572   *Goode*, Corporate Insolvency, Rn. 11-61.
573   Die Sorgfaltspflichten des Verwalters erfordern es allerdings regelmäßig, dass die Forderungen auf gesondert gekennzeichnete Konten eingezogen werdn, siehe *Re Atlantic Computer Systems Plc.* [1992] Ch. 505, 540 (C.A.).
574   So auch *Bork*, Sanierungsrecht, Rn. 13.28.
575   Siehe *Bristol Airport Plc. v Powdrill* [1990] Ch. 744, 758 (C.A.); so auch *Bork*, Sanierungsrecht, Rn. 13.28.

Begleichung der gesicherten Forderung in Höhe des Wertverlusts aus freien Massemitteln anordnen.[576]

Zieht der *administrator* sicherungszedierte Forderungen ein, so darf er die eingezogenen Beträge nicht für den schuldnerischen Betrieb verwenden, da diese dem Sicherungsnehmer zustehen.[577]

(3) Erlösverteilung

Para. 71(3)(a) sch. B1 IA 1986 ordnet an, dass der vom *administrator* erzielte Nettoerlös bis zur Höhe der gesicherten Forderung an den gesicherten Gläubiger auszukehren ist. Zur gesicherten Forderung gehören auch die Zinsen bis zum Verwertungszeitpunkt.[578] Das Gesetz sagt nichts zum Abzug von Verwertungskosten. Solche müssten jedenfalls vom *administrator* konkret dargelegt werden, damit das Gericht diese bei der Bestimmung des dem gesicherten Gläubiger jedenfalls zustehenden Nettoerlöses berücksichtigen kann.[579] Verwertet der gesicherte Gläubiger, so fallen erst Recht keine Verwertungskosten an. Die Vorschrift unterscheidet nicht zwischen beweglichen Sachen und Rechten. Von daher ist davon auszugehen, dass auch durch den Verwalter eingezogene Forderungserlöse bis zur Höhe der gesicherten Forderung an den gesicherten Gläubiger ausgekehrt werden müssen.

ee) Die Position beim CVA/IVA

Beantragt eine *small company* den Erlass eines Moratoriums im Zuge der Ausarbeitung eines CVA, so entsprechen dessen Wirkungen denjenigen der *administration*.[580] Das Moratorium gilt bis zur Durchführung der Gläubiger-bzw. Gesellschafterversammlung, in welcher über den Plan abgestimmt wird. Dies muss innerhalb von 28 Tagen nach Erlass des Moratoriums geschehen.[581] Die Gläubiger können allerdings mit Forderungsmehrheit von 75 Prozent die Verlängerung des Moratoriums auf bis zu zwei Monate nach Abhaltung der Versammlung beschließen.[582] An dieser Abstimmung sind die gesicherten Gläubiger jedoch in voller Höhe ihrer Forderungen zu beteiligen. Ordnet das Insolvenzgericht vor der Abstimmung über einen IVA eine *interim order* an, so entspricht dies der Wirkung von s. 130 (2) IA 1986 in der *liquidation*.[583] Eine Zustimmung zur Verwertung wird vom Gericht daher regelmäßig erteilt werden.

---

576 Siehe oben unter 1. Teil A. II. 3. g) dd) (S. 78 ff.).
577 Para. 71 (1) sch. B1 IA 1986.
578 *Re ARV Aviation Ltd.* (1988) 4 B.C.C. 708, 712 f. (Ch.D.).
579 Nach Hess/Oberhammer/Pfeiffer-*Piekenbrock*, Rn. 706, Fn.54 sind keinerlei Verwertungskosten abzuziehen.
580 Es wird daher umfänglich nach oben verwiesen, siehe 1. Teil A. II. 3. g) dd) (1) (a) (S. 78 ff.).
581 Para. 8(1), (3), 29(1) sch. A1 IA 1986.
582 Para. 32 sch. A1 IA 1986.
583 Dazu oben unter 1. Teil A: II. 3. g) cc) (1) (S. 104.).

III. Frankreich

1. Entwicklung

Das französische Recht stand zu Beginn der industriellen Revolution vor einem ähnlichen Dilemma wie das deutsche Recht. Die besitzlose Mobiliarhypothek war bereits Anfang des 18. Jahrhunderts verschwunden, entsprechend kannte der *Code civil* bei seinem Inkrafttreten 1804 lediglich ein vertragliches Faustpfandrecht an beweglichem Vermögen (*gage*).[584] In Bezug auf Forderungen trat an die Stelle der Besitzübertragung die Drittschuldneranzeige.[585] Daneben gewährt das französische Recht einer Vielzahl von Forderungen eine bevorrechtigte Befriedigung bereits in der Einzelzwangsvollstreckung.[586] Diese gesetzlichen Vorzugsrechte (*privilèges*), welche auf unterschiedliche Rechtsgedanken zurück gehen,[587] beziehen sich entweder auf das gesamte bewegliche und/oder unbewegliche Vermögen des Schuldners (*privilèges généraux mobiliers/immobiliers*) oder führen zu einer Verhaftung nur eines bestimmten Gegenstands (*privilèges spéciaux mobiliers/immobiliers*).[588] Faustpfand und gesetzliche Vorzugsrechte wurden jedoch den Bedürfnissen des steigenden Kreditbedarfs nicht gerecht.[589] Anders als in Deutschland konnte sich die Sicherungsübertragung als Lösung dieser unbefriedigenden Lage nicht herausbilden. Zum einen war die Treuhand nicht mit dem seit dem 19. Jahrhundert vorherrschenden Vermögensbegriff in Einklang zu bringen. Das Vermögen ist danach Ausfluss der Entfaltung des Individuums und als solcher einmalig, unteilbar und unübertragbar.[590] Zum anderen wurde das Sicherungseigentum gemeinhin als Verstoß gegen das bis zur Pfandrechtsreform 2006 geltende Verbot der Verfallvereinbarung (*pacte commissoire*, art. 2078 a.F. C.civ.) und als Umgehung des Faustpfandprinzips angesehen.[591] Stattdessen wurden nach und

---

584 *Brinkmann*, Kreditsicherheiten, S. 92; *Hromadka*, S. 70.
585 *C/M/C/P*, Droit des sûretés, Rn. 793.
586 Siehe art. 2331, 2332, 2374 2375 C.civ.
587 Während die Generalprivilegien auf fiskal- und sozialpolitischen Erwägungen beruhen, gehen die Spezialprivilegien auf den Gedanken der Funktionsäquivalenz zum Pfandrecht (z.B. Privileg des Vermieters für Mietforderungen an den eingebrachten Gegenständen des Mieters), als Schutz bestimmter Kreditgeber/Gläubiger zurück. Schutzwürdig sind Warenkreditgeber (Privileg des Verkäufers für die Kaufpreisforderung an der Kaufsache, solange sie sich im Besitz des Käufers befindet) und Dienstleister, welche zum Erhalt des schuldnerischen Vermögens beitragen, da dies letztendlich der gesamten Gläubigerschaft zugute kommt (z.B. Verwahrungskosten), siehe *C/M/C/P*, Droit des sûretés, Rn. 719 ff.
588 Siehe *Simler*, in: Kreuzer, Mobiliarsicherheiten, S. 105, 121 f.
589 Zum einen gibt es kein Privileg des Geldkreditgebers, und zum anderen ist das Privileg des Verkäufers an der Kaufsache für Warenkredite ungeeignet, da es kein Aussonderungsrecht gewährt (siehe art. L. 624-11 C.com.) und in der Insolvenz von speziellen insolvenzrechtlichen Vorrechten überlagert wird.
590 *Kuhn*, D&P 2007, n° 158, 32, 40; *Rémy*, in: Hayton/Kortmann/Verhagen, Principles of European Trust Law, S. 131.
591 *Biller*, S. 19 f.

nach spezialgesetzlich diverse besitzlose Vertragspfandrechte eingeführt.[592] Dennoch mussten gerade für die Verpfändung von Lagerbeständen praxisgerechte Techniken zur Anwendung des Faustpfandprinzips entwickelt werden.[593]

Erst gegen Ende des 20. Jahrhunderts fing das französische Recht an, vereinzelt die Kreditsicherung durch das Eigentumsrecht zuzulassen. Den Anfang machte die insolvenzrechtliche Anerkennung des Eigentumsvorbehalts 1980.[594] Bereits ein Jahr später trug der Gesetzgeber den Forderungen der Kreditpraxis Rechnung und ließ spezialgesetzlich die stille (Sicherungs-)Abtretung gewerblicher Forderungen zu (*cession Dailly*).[595] Auch für die Finanzwirtschaft wurden spezielle Rechtsnormen eingeführt, welche die Übertragung von Finanzinstrumenten so regelten, dass sie auch zu Sicherungszwecken eingesetzt werden konnten.[596] Des Weiteren war stets anerkannt, dass der Sicherungsnehmer im Falle der Verpfändung von Bargeld durch Vermischung Eigentum am Pfandgut erwerben konnte und lediglich schuldrechtlich verpflichtet war, einen entsprechenden Betrag bei Wegfall des Sicherungszwecks zu erstatten (*gage-espèces*). Als vorerst letzter Höhepunkt dieser Entwicklung stellt sich die durch Gesetz Nr. 2007-211 vom 19.02.2007 erfolgte Einführung einer allgemeinen dinglichen Treuhand (*fiducie*) in den *Code civil* dar. Maßgeblich für den Bruch mit der althergebrachten Vermögenslehre war die Sorge des Gesetzgebers um den Rechtsstandort Frankreich im Wettbewerb der Sachenrechte gerade im Hinblick auf den *trust* des *common law* und die Treuhand des deutschen Rechts.[597] Spätestens seit der gesetzlichen Einführung spezieller Vorschriften für die Sicherungstreuhand (*fiducie-sûreté*) durch die Verordnung Nr. 2009-112 vom 30.01.2009 besteht kein Zweifel mehr daran, dass die Treuhand auch als Kreditsicherung eingesetzt werden kann.[598]

---

592 Überblick bei *Simmler*, in: Kreuzer, Mobiliarsicherheiten, S. 105 ff.; siehe auch unten unter 1. Teil B. II. 2. (S. 143 ff.).

593 Zum einen kann der Sicherungsnehmer als Mieter über die Lagerräume des Sicherungsgebers fungieren, was für die Besitzübergabe genügt, wenn ihm die Schlüssel ausgehändigt werden und durch Kennzeichung auf die Besitzverhältnisse aufmerksam gemacht wird. Eine zweite häufig genutzte Möglichkeit besteht darin, die Pfandsache auf Dritte zu übertragen, welche diese für Rechnug der Parteien halten (*entiercement*). Ist der Dritte ein staatlich anerkannter Betreiber von Lagerhäusern zu diesem Zweck, so kann der Sicherungsgeber einen Lagerpfandschein austellen, welcher per Indossament übertragbar ist (*warrant de magasins*) art. L. 522-1 ff. C.com. Zu beiden Möglichkeiten siehe *C/M/C/P*, Droit des sûretés, Rn. 767 f.

594 Gesetz Nr. 80-335 vom 12.05.1980.

595 Gesetz Nr. 1981-1 vom 02.01.1981, welches nach seinem Initiator Senator Étienne Dailly benannt ist (*loi Dailly*). Das Faustpfandrecht war aufgrund der erforderlichen Drittschuldranzeige unpraktikabel.

596 Siehe das Gesetz vom 02.07.1996 über Finanzsicherheiten (heute art. 211-38 C.mon.fin.), Gesetz vom 17.06.1987 betreffend die Wertpapierleihe (heute art. 211-22 C.mon.fin.) und Gesetz vom 31.12.1993 betreffend Wertpapierpensionsgeschäfte (heute art. 211-27 C.mon.fin.), siehe auch *B/B/J*, Droit des sûretés, Rn. 663.

597 *Witz*, RD 2007, 1369 ff.

598 Freilich war dies bereits ab Einführung der *fiducie* 2007 herrschende Meinung, vgl. *Damman/Podeur*, RD 2007, 1359 ff.; *Dupichot*, JCP G 2007, n° 11, 5, 6; *Kuhn*, D&P 2007, n° 158, 32, 35.

2. *Validité* und *opposabilité*

Begrifflich unterscheidet das französische Recht ähnlich wie das englische Recht zwischen der Wirksamkeit eines dinglichen Rechts *inter partes (validité)* und *inter omnes (opposabilité)*.[599] Bei den Sicherungsübertragungen allerdings spielt diese Unterscheidung keine Rolle, da es hier an einem zivilrechtlichen Publizitätstatbestand fehlt, so dass die Wirksamkeit im Innen- wie im Außenverhältnis zusammenfällt. Etwas anderes gilt nach französischem Verständnis nur bei Sicherungsübertragungen an Forderungen. Hier gibt es eine von der *validité* abweichende *opposabilité* gegenüber dem Drittschuldner, welche mit der Drittschuldneranzeige eintritt. Aber auch im Pfandrecht wurde eine echte Drittwirksamkeit im Sinne moderner Sicherungsrechtsdogmatik erst mit der Pfandrechtsreform 2006 im Hinblick auf das allgemeine besitzlose Pfandrecht eingeführt und 2014 auf das besitzlose Pfandrecht am Warenlager erstreckt. Letzteres sah bis dahin die Registereintragung auch als Bestandteil des Entstehungstatbestands *inter partes*. Dies entspricht immer noch der Rechtslage bei sämtlichen auf alten Gesetzen beruhenden spezialgesetzlichen Pfandrechten, welche auch *inter partes* unwirksam werden, wenn sie nicht in einer bestimmten Frist öffentlich registriert werden.[600]

3. *Fiducie-sûreté* und *cession Dailly*

a) Begriff, Konstruktion und wirtschaftliche Bedeutung

aa) *Fiducie-sûreté*

Die *fiducie-sûréte* findet ihre Rechtsgrundlage im allgemeinen Treuhandrecht der art. 2011–2030 C.civ., welches durch die speziellen art. 2372-1 – 2372-5 C.civ zur Sicherungstreuhand ergänzt wird.[601] Nach art. 2011, 2372 1 Abs. 1 C.civ. handelt es sich um die Eigentumsübertragung von einem Treu- bzw. Sicherungsgeber (*constituant*) auf einen Treuhänder (*fiduciaire*) zugunsten eines Treuhandbegünstigten (*beneficaire*) bzw. Sicherungsnehmers zur Sicherung einer Forderung des Sicherungsnehmers. Der Treuhänder ist an die Treuhandabreden gebunden, gilt aber im Verhältnis zu Dritten nach art. 2023 C.civ. als Eigentümer, so dass die typischen Treuhandmerkmale vorliegen. Das Treuhandrecht geht gemäß dem Leitgedanken der Verwaltungstreuhand von einer Personenverschiedenheit zwischen Treuhänder und Treuhandbegünstigtem aus. Gleichwohl ist anerkannt, dass Treuhänder und Treuhandbegünstigter zusammenfallen können, vgl. art. 2016 C.civ.[602]

Obwohl die *ficucie-sûreté* – zumindest nach der Beseitigung anfänglicher Mängel[603] – weitestgehend wohlwollend aufgenommen wurde,[604] hat sie sich bis heute nicht als

---

599 Siehe dazu auch *Biller*, S. 27.
600 Siehe unten unter 1. Teil B. II. 2. (S. 143 ff.).
601 Siehe zur Sicherungstreuhand an Immobilien art. 2488-1 – 2488-5 C.civ.
602 Siehe auch *Dammann/Podeur*, RD 2007, 1359, 1360; *Fix*, S. 12.
603 Zu nennen sind insbesondere fehlende Vorschriften über die Verwertung, ein eingeschränkter persönlicher Anwendungsbereich hinsichtlich des Sicherungsgebers auf juristische Personen sowie dessen Möglichkeit, sich durch Änderung seiner Versteuerung nachträglich dem persönlichen Anwendungsbereich zu entziehen. Siehe ausführlich zu allen Mängeln der ursprünglichen Rechtslage *Crocq*, RD 2007, 1354 ff.

Kreditsicherungsmittel in der Praxis durchgesetzt.[605] Dafür dürften mehrere Gründe eine Rolle spielen. Zum einen ist das allgemeine Treuhandrecht in Anlehnung an die Vorbildfunktion des englischen *trust* auf die Verwaltungstreuhand zugeschnitten.[606] Zum anderen herrscht nach wie vor große Skepsis hinsichtlich der fehlenden Publizität in Bezug auf bewegliche Sachen, welche für den Sicherungsnehmer im Falle der besitzlosen *fiducie-sûreté* als Risiko gesehen wird.[607] Im Bereich revolvierender Kreditsicherheiten, dürfte zudem erhebliche Unsicherheit hinsichtlich der generellen Zulässigkeit einer *fiducie-sûreté* bestehen.[608] Zum anderen wurde durch die Reform von 2006 das Pfandrecht sowohl hinsichtlich seiner Bestellung als auch seiner Wirkungen in der Insolvenz erheblich aufgewertet. Im Anwendungsbereich der *cession Dailly* besteht ohnehin kein Grund von dieser abzuweichen. In der Literatur genannte Praxisbeispiele zeigen, dass die *fiducie-sûreté* eher in großvolumigen Finanz- und Restrukturierungsmandaten zum Einsatz kommt, in denen insbesondere auch der Verwaltungstreuhandfunktion Bedeutung zukommt.[609] In der Verknüpfung von Sicherheiten- und Verwaltungsfunktion scheint die vielgerühmte Flexibilität der *fiducie-sûreté* eher zur Geltung zu kommen als in der klassischen Sicherheitenbestellung gegen Fremdkapitalfinanzierung.

bb) *Cession Dailly*

Die *cession Dailly* hat keine Legaldefinition erfahren. Art. L. 313-23 C.mon.fin. postuliert lediglich, dass in Ansehung eines von einem Kreditinstitut gewährten Betriebskredits in dem Betrieb entstandene Forderungen an das Kreditinstitut abgetreten werden können. Art. L. 313-24 C.mon.fin. stellt klar, dass Eigentum an der Forderung auf den Zessionar auch dann übergeht, wenn die Abtretung zur Sicherung des Kredits erfolgt. In der Praxis ist die *cession Dailly* das Hauptsicherungsmittel, um Forderungen des Umlaufvermögens zur Refinanzierung einzusetzen.[610] Insbesondere genießt sie im Hinblick auf das Insolvenzanfechtungsrecht erhebliche Vorteile gegenüber *fiducie-sûreté* und Forderungsverpfändung.[611]

---

604 Vgl. u.a. *Barrière*, JCP E 2009, n° 36, 18, 26; *Cerles*, JCP E 2007, n° 36, 19 ff.; *Dammann/Robinet*, Cahiers de droit de l'enterprise, N° 4, 35 ff.; *Grimaldi/Dammann*, RD 2009, 670, 677.

605 *Sorensen/Mathieu*, J.I.B.L.R., 2015, 621, 624.

606 Nicht passend erscheint z.B. art. 2017 C.civ. wonach der Treugeber das Recht hat, einen Representanten zu ernennen, welcher die Erfüllung der Vertragspflichten durch den Treuhänder überwacht.

607 *Ansault*, D&P 2010, n° 192, 52, 58; *Dupichot*, JCP G 2009, n° 14, 23, 25.

608 Siehe dazu unter 1. Teil A. III. 3. d) bb) (3) (a) (aa) (S. 101 f.).

609 Genannt wurden hier die Sicherungsübertragung an mehreren großen Immobilien und Gesellschaftsanteilen, vgl. *Barrière*, in: Rép.civ.Dalloz, Bd. VI, Fiducie, Rn. 28; zu den Kostenvorteilen der *fiducie-sûreté* gegenüber der *hypotheque* im Bereich der Immobilarsicherheiten, siehe *Bédaride*, Rev.dr.banc.fin. 2012, n° 1, 14 ff.

610 *Gavalda/Stoufflet*, Droit Bancaire, Rn. 1072.

611 Siehe unten unter 1. Teil III. 3. b) gg) (S. 96).

cc) Sicherungsabtretung unter Anwendung allgemeinen Zessionsrechts

Die vereinzelte Anerkennung von Sicherungsübertragungen vor Einführung des Treu-handrechts führte nicht zu deren genereller Anerkennung. So qualifizierte der *Cour de Cassation* 2006 – entgegen älterer Rechtsprechung[612] – die Sicherungsabtretung ge-mäß allgemeinem Zessionsrecht (heute art. 1321 ff. C.civ.) in eine Forderungsver-pfändung um mit der Begründung, die Sicherungsabtretung sei nur dort zulässig, wo dies spezialgesetzlich gestattet sei. Andernfalls müsse die Vereinbarung als Verpfän-dung angesehen werden.[613] Damit steht das Prinzip des *numerus clausus* der Siche-rungsabtretung außerhalb von *fiducie-sûreté* und *cession Dailly* entgegen.[614]

b) Die Bestellung des Sicherungsrechts

aa) Anwendungsbereich

(1) *Fiducie-sûreté*

Hinsichtlich des Treu- bzw. Sicherungsgebers und des Treuhandbegünstigten bzw. Sicherungsnehmers bestehen keinerlei Einschränkungen. Einzige Voraussetzung für den Sicherungsgeber ist, dass er seinen Sitz in der Europäischen Union oder in einem Staat hat, mit welchem Frankreich ein Doppelbesteuerungsabkommen abgeschlossen hat, welches eine Amtshilfevereinbarung zur Bekämpfung von Steuerhinterziehung und Steuerflucht enthält.[615] Einschränkungen bestehen allerdings für den Treuhänder (*fiduciaire*), welcher häufig zugleich als Sicherungsnehmer der Treuhandbegünstigte sein wird. Treuhänder können nach art. 2015 Abs. 1 C.civ. nur ein Kreditinstitut, be-stimmte staatliche Einrichtungen und Banken, Investmentgesellschaften und Versiche-rungsunternehmen sein.[616] Nach art. 2015 Abs. 2 C.civ. können zudem Anwälte als Treuhänder fungieren. Mit dieser Einschränkung soll ein Standard an Kompetenz und Verlässlichkeit gewährleistet werden.[617] Gegebenenfalls muss daher ein qualifizierter Sicherungstreuhänder zwischengeschaltet werden.[618] In sachlicher Hinsicht bestehen keine Einschränkungen, jegliche Sachen und Rechte können übertragen werden.

(2) *Cession Dailly*

Der sachliche und persönliche Anwendungsbereich der *cession Dailly* ergibt sich aus art. L. 313-23 Abs. 1 C.mon.fin. Durch die Forderungsabtretung kann nur ein Kredit

---

612 Vgl. Cass.civ. v. 20.03.2001, n° 99-14982, Bull. civ. 2001, I, n° 76 mit Anm. *Aynès*, RD 2001, 3110.; vgl. auch *Biller*, S. 75 ff.
613 Cass.com. v. 19.12.2006, n° 05-16395, Bull. civ. 2006, IV, n° 250; bestätigt durch Cass.com v. 26.05.2010, n° 09-13388, Bull. civ. 2010, IV, n° 94.
614 *Aynès/Crocq*, Les sûretés, Rn. 767; a.A. *Biller*, S. 75 ff., ohne Auseinandersetzung mit Cass.com v. 26.05.2010, n° 09-13388, Bull. civ. 2010, IV, N° 94.
615 Art. 13 des Gesetzes Nr. 2007-211 v. 19.02.2007; siehe *Biller*, S. 25; *Fix*, S. 11.
616 Ausführlich *Fix*, S. 11 f.
617 Auch daran zeigt sich, dass die art. 2011 ff. C.civ. eher auf die Verwaltungstreuhand zuge-schnitten sind.
618 *Ansault*, D&P 2010, n° 192, 52, 54.

gesichert werden, welcher durch ein Kreditinstitut oder eine Finanzgesellschaft einer juristischen Person des Privatrechts, des öffentlichen Rechts oder einer natürlichen Person gewährt wurde. Sicherungsnehmer kann daher nur ein Kreditinstitut oder eine Finanzgesellschaft sein. Der zu sichernde Kredit muss im Zusammenhang mit der Geschäftstätigkeit des Darlehensschuldners gewährt worden sein. Da nach art. L. 313-23 Abs. 1 C.mon.fin. Sicherungsgeber und Darlehensschuldner identisch sein müssen, kann der Sicherungsgeber kein Verbraucher sein. Dies folgt zudem daraus, dass nur im schuldnerischen Geschäftsbetrieb entstandene Forderungen (*créances professionnelles*) mittels *cession Dailly* sicherungshalber übertragen werden können.

bb) Sicherungsvertrag und Eigentumsübergang

(1) *Fiducie-sûreté*

(a) *Contrat translatif de propriété*

Nach art. 2012 Abs.1 C.civ. kommt die *fiducie-sureté* entweder durch einen Sicherungstreuhandvertrag oder durch Gesetz zustande. Praktisch relevant ist nur das Zustandekommen durch Vertrag. Die ganz herrschende Meinung in Frankreich sieht in der treuhänderischen Übertragung einen Übergang des Eigentumsrechts vom Treu- bzw. Sicherungsgeber auf den Treuhänder bzw. Sicherungsnehmer (*contrat translatif de propriété*).[619] Gemäß dem im französischen Recht geltenden Einheitsprinzip[620] geht grundsätzlich unmittelbar durch den Vertragsschluss das Eigentum an dem im Vertrag bezeichneten Sicherungsgut auf den Sicherungsnehmer über, es sei denn die Parteien haben eine aufschiebende Bedingung des Eigentumsübergangs vereinbart.[621]

(b) Form und Inhalt

Der Vertrag muss schriftlich geschlossen werden. Dies ist zwar nicht ausdrücklich geregelt, ergibt sich jedoch mittelbar aus den Inhaltsanforderungen des art. 2018 c.civ. sowie dem Registrierungserfordernis des art. 2019 c.civ.[622] Besteht Mit- oder Gemeinschaftseigentum am Sicherungsgut, so bedarf es der notariellen Beurkundung, art. 2012 Abs. 2 C.civ. Nach art. 2012 Abs. 1 C.civ. muss der Vertrag ausdrücklich als *contrat de fiducie* bezeichnet werden. Darüber hinaus muss er die in art. 2018 Nr. 1–6 c.civ. genannten Angaben enthalten: die Bezeichnung der zu übertragenden Vermögens-

---

619 *Barrière*, in: Rép.civ.Dalloz, Bd. VI, Fiducie, Rn. 67; *Dupichot*, JCP G 2007, n° 11, 5, 7; *Kuhn*, D&P 2007, N° 158, 32, 34; *Witz*, JCl. Civil Code, art. 2011–2030, fasc. 10, Rn. 23, vgl. auch *Kuhn*, S. 36, 56 m.w.N.; *Szemjonneck*, ZEuP 2010, 562, 574.

620 Siehe dazu *Ferid/Sonnenberger*, Bd. 2, Rn. 3 A 20, 2 G 201 ff.; *Krimphove*, S. 109 ff.

621 Im Falle registerfähiger Gegenstände (insb. Immobilien, Schiffe, Flugzeuge) ist zu differenzieren. *Inter partes* tritt der Eigentumsübergang bereits mit Vertragsschluss ein. Drittwirkung *erga omnes* entfaltet der Eigentumsübergang hingegen erst mit Eintragung in das spezielle Sachregister, siehe *Ferid/Sonnenberger*, Bd. 2, Rn. 3 B 154 ff. (für Schiffe und Flugzeuge), 3 C 34 (für Immobilien); *Fix*, S. 17.

622 *Aynès/Crocq*, Les sûretés, Rn. 779; *Dupichot*, JCP G 2007, n° 11, 5, 6; *Szemjonneck*, ZEuP 2010, 562, 571.

gegenstände bzw. bei künftigen Vermögensgegenständen Angaben, welche diese bestimmbar machen, die Dauer der treuhänderischen Eigentumsübertragung,[623] die Vertragsparteien und den Sicherungsnehmer, wenn dieser nicht mit dem Treuhänder identisch ist, den Sicherungszweck, sowie die Befugnisse des Treuhänders bzw. Sicherungsnehmers hinsichtlich des Treuguts. Fehlt eine dieser Angaben, so ist der Vertrag nichtig. Darüber hinaus enthält art. 2372 C.civ. weitere inhaltliche Vorgaben, deren Missachtung zur Nichtigkeit führt. Der geschätzte Wert des Sicherungsguts muss angegeben und die gesicherte Forderung bezeichnet werden.

(2) *Cession Dailly*

Das allgemeine Abtretungsrecht des *Code civil*, wonach die Forderungsabtretung formfrei vereinbart werden kann, wird durch die art. L. 313-23 – L. 313-30 C.mon.fin. modifiziert. Nach art. L. 313-27 C.mon.fin. tritt die Sicherungsabtretung erst mit der Übergabe eines Forderungsverzeichnisses (*bordereau*) vom Sicherungszedenten an den Sicherungszessionar zu dem auf dem Forderungsverzeichnis vermerkten Datum in Kraft. Eine weitere Modifizierung erfolgt durch die Vorschrift insoweit, als dass eine Drittschuldneranzeige nicht erforderlich ist, um die Abtretung auch gegenüber Dritten wirksam werden zu lassen.[624] Das Abtretungsverzeichnis muss vom Zessionar unterschrieben sein, art. L. 313-25 Abs. 2 C.mon.fin. Inhaltliche Anforderungen an das Forderungsverzeichnis stellt art. 313-23 Abs. 2 Nr. 1–4 C.mon.fin. auf. Das Forderungsverzeichnis muss enthalten: die Bezeichnung als »*acte de cession de créances professionnelles*«, die ausdrückliche Feststellung, dass die art. 313-23 – 313-30 C.mon.fin. Anwendung finden sollen, den Namen des Kreditinstituts, an welches die Forderung abgetreten wird und die Bestimmung der abzutretenden Forderung oder Angaben, anhand derer die Bestimmung möglich ist, insbesondere durch Nennung des Schuldners, des Erfüllungsorts, des Forderungsbetrags, sowie – sollte dies bereits feststehen – ihres Fälligkeitsdatums. Bei Unterschlagung der erforderlichen Angaben ist die Abtretung nichtig, art. 313-23 Abs. 5 art. C.mon.fin. In der Praxis hat es sich durchgesetzt, neben dem in art. 313-23 ff. geregelten reinen Abtretungsvorgang einen weiteren Rahmenvertrag (*convention-cadre*) aufzusetzen, in welchem sich der Sicherungsgeber zur Abtretung verpflichtet und die Rechte und Pflichten der Parteien hinsichtlich der abzutretenden Forderungen genau geregelt werden.[625]

---

623 Diese darf nicht länger als 99 Jahre dauern. Eine genaue Datenangabe ist nicht notwendig, so dass es ausreicht, die Dauer von der Rückzahlung der gesicherten Forderung abhängig zu machen, siehe *Biller*, S. 28, Fn. 10.

624 *Biller*, S. 84; *Dumas/Cohen-Branche*, in Rép.com.Dalloz, Bd. II, Cession et nantissement de créances professionnelles, Rn. 56.

625 *Aynès/Crocq*, Les sûretés, Rn. 764; *Gdanski*, in Bridge/Stevens, Cross-Border Security, S. 59, 6; *Legeais*, in: JCl. Com., fasc. 357, Rn. 5, fasc. 359, Rn. 8; 9.

(3) Bestimmtheitsgrundsatz

Die soeben dargestellten Anforderungen lassen erkennen, dass im französischen Recht ein strenger Bestimmtheitsgrundsatz Anwendung findet.[626] Die Bestellung einer *fiducie-sureté* am gesamten schuldnerischen Vermögen oder Unternehmen ohne Bezeichnung der einzelnen Vermögensgegenstände wie im englischen Recht ist damit nicht möglich.[627]

cc) Verfügungsbefugnis

Der mit *fiducie-sûreté* und *cession Dailly* verbundene Eigentumsübergang impliziert die Notwendigkeit vorhandener Verfügungsmacht. Insbesondere ist art. 1599 C.civ., wonach ein Kaufvertrag über eine fremde Sache nichtig ist, auch auf den Treuhandvertrag anwendbar.[628] Zwar kennt das französische Recht gemäß art. 2276 Abs. 1 C.civ. einen auf dem gutgläubigen Besitzerwerb beruhenden gutgläubigen Eigentumserwerb (»*en fait de meubles la possession vaut titre*«).[629] Dieser kommt aber zumindest im Fall der besitzlosen *fiducie-sûreté* nicht in Betracht. Die Regel ist zudem unanwendbar auf Forderungen und andere unverbriefte Rechte.[630] Ein gutgläubiger Erwerb ist in diesen Fällen also ausgeschlossen. In den auf die Sanierung ausgerichteten Insolvenzverfahren ist die Bestellung von Kreditsicherheiten am Schuldnervermögen nur noch mit Genehmigung des verfahrensleitenden Richters möglich.[631] Im Liquidationsverfahren verliert der Insolvenzschuldner seine Verfügungsbefugnis zwingend.[632]

dd) Steuerliche Registrierung der *fiducie-sûreté*

Gemäß art. 2019 Abs. 1, 2372-5 Abs. 3 C.civ. muss der Sicherungsvertrag beim Finanzamt am Sitz oder Wohnort des Sicherungstreuhänders (Sicherungsnehmers) angezeigt und registriert werden. Die Anzeige muss innerhalb eines Monats nach Abschluss des Vertrags erfolgen. Geschieht dies nicht, so ist der Vertrag nichtig.[633] Im Hinblick auf die durch den Treuhandvertrag erfolgende Eigentumsübertragung lässt sich bis zur Registrierung von einer schwebenden Unwirksamkeit sprechen.[634] In art. 2020 C.civ. hat der Gesetzgeber darüber hinaus die Schaffung eines nationalen Registers für treuhänderisch gehaltene Vermögen angeordnet. Es handelt sich dabei um eine vom Finanzministerium geführte Datenbank. Für die Parteien bedeutet es kein weite-

---

626 Traditionell war dessen Wahrung stets durch die notwendige Besitzübergabe im Pfandrecht gewährleistet; insofern mussten nunmehr gesetzliche Bestimmtheitsanforderungen eingeführt werden, siehe *C//M/C/P*, Droit des sûretés, Rn. 757.
627 Vgl. *Simmler* in: Kreuzer, Mobiliarsicherheiten, S. 105.
628 *Witz*, in: JCl. Civil Code, art. 2011–2030, fasc. 10, Rn. 21.
629 *Ferid/Sonnenberger*, Bd. 2, Rn. 3 B 11.
630 *Ferid/Sonnenberger*, Bd. 2, Rn. 3 B 14.
631 art. L. 622-7 II. Abs. 1, 631-14 C.com.
632 Siehe unten unter 1. Teil A. III. 3. f) aa) (3) (S. 108).
633 Auch hier kommt die Vorbildfunktion des englischen *trust* und die Furcht vor dessen Ausnutzung zur Steuerhinterziehung zum Vorschein.
634 *Biller*, S. 32.

res Registrierungserfordernis, vielmehr werden die Daten von der örtlichen Steuerbehörde von Amts wegen weitergeleitet.[635] Das Register ist nicht öffentlich einsehbar und dient ausschließlich der behördlichen Kontrolle. Die steuerliche Registrierung hat damit keine zivilrechtliche Publizitätsfunktion.[636] Hinsichtlich der *cession Dailly* finden sich keinerlei Registrierungsanforderungen.

ee) Die zu sichernde Forderung und Akzessorietät

(1) Allgemeines

Sämtliche dinglichen Sicherheiten des französischen Rechts sind akzessorische Nebenrechte (*accessoires*) der gesicherten Hauptforderung.[637] Auch deswegen wurde der Instrumentalisierung des Eigentums für Sicherungszwecke lange Zeit Skepsis entgegengebracht. Das Eigentum als absolutes Herrschaftsrecht (siehe art. 544 C.civ.) schien unvereinbar zu sein mit einem forderungsabhängigen Nebenrecht unter Ausschluss der Herrschaftsbefugnisse.[638] Nichtsdestotrotz hat die Rechtsprechung die Akzessorietät des Eigentums im Rahmen des Eigentumsvorbehalts anerkannt.[639] Dementsprechend werden heute auch *fiducie-sûreté* und *cession Dailly* als echte dingliche Sicherheiten und damit als akzessorische Nebenrechte eingeordnet.[640] Für ihre Entstehung bedeutet dies grundsätzlich, dass eine zu sichernde Hauptforderung bestehen muss.[641] Nichtsdestotrotz können mit der *fiducie-sûreté* auch künftige Forderungen gesichert werden. Voraussetzung ist, dass der Sicherungsvertrag die künftige zu sichernde Forderung hinreichend bestimmbar bezeichnet, art. 2372-2 C.civ.[642] Das französische Akzessorietätsverständnis lässt es darüber hinaus zu, dass mehrere Forderungen zugleich gesichert werden können.[643] Das Bestimmtheitserfordernis macht allerdings insbesondere Klauseln wie »*zur Sicherung aller gegenwärtigen und künftigen Ansprüche*« unmöglich.[644] Im Rahmen der *cession Dailly* folgt bereits aus art. L. 313-23 Abs. 1 C.mon.fin., dass die Sicherungsabtretung nur im Zusammenhang mit einer konkreten

---

635 *Fix*, S. 253.

636 *Dupichot*, JCP G 2007, n° 11, 5, 7.

637 *C//M/C/P*, Droit des sûretés, Rn. 582 *Fix*, S. 111.

638 *Aynès/Crocq*, Les sûretés, Rn. 751; *C/M/C/P*, Droit des sûretés, Rn. 593.

639 Cass.com. v. 15.03.1988, n° 86-13687, Bul. civ. 1988, IV, n° 106; siehe heute art. 2367 Abs. 2 C.civ.

640 *C//M/C/P*, Droit des sûretés, Rn. 593 ff.: siehe auch *Fix*, S. 115 ff.; fraglich und bislang unerörtert ist damit, inwieweit art. 2023 C.civ., der Verfügungen des Treuhänders über das Treugut unter Verstoß gegen die Treuhandabrede gegenüber gutgläubigen Dritten für wirksam erklärt, auf die *fiducie-sûreté* anwendbar ist.

641 Im Rahmen der *fiducie-sûreté* kann dies eine fremde Schuld sein, siehe *C//M/C/P*, Droit des sûretés, Rn. 864. Dagegen ist nach art. L. 313-23 Abs. 1 C.mon.fin bei der *cession Dailly* die Identität von Sicherungsgeber und persönlichem Schuldner erforderlich.

642 *B/B/J*, Droit des sûretés, Rn. 702; *Licari*, in: JCl. Civil Code, art. 2372-1 – 2372-5, Rn. 10; *Fix*, S. 123; siehe zum Pfandrecht ausdrücklich art. 2333 Abs. 2, 2421 C.civ.

643 Siehe dazu, *Fix*, S. 148.

644 *Licari*, in: JCl. Civil Code, art. 2372-1 – 2372-5, Rn. 10. Siehe zu der Frage ob das Sicherungsrecht mit Abschluss des Sicherungsvertrags entsteht oder erst rückwirkend auf diesen Zeitpunkt bei Entstehung der gesicherten Forderung *Fix*, S. 125 f.

Kreditgewährung erfolgen und nur zur Sicherung dieses Kredits dienen kann. Die nachträgliche Besicherung von Altkrediten ist aber möglich.[645]

Fällt der Sicherungszweck durch Erlöschen der gesicherten Forderung weg, so muss dies als Zweckerreichung i.S.v. art. 2029 Abs. 1 C.civ. aufgefasst werden, welcher für diesen Fall das Ende der *fiducie-sûreté* anordnet. Rechtsfolge ist nach art. 2030 C.civ. der Rückfall des Sicherungsguts *de pleine droit*.[646] Die Parteien können allerdings abweichende Rückübertragungsmodalitäten vereinbaren.[647] Vom Ergebnis her identisch hat die Rechtsprechung entschieden, dass im Falle des Sicherungszweckfortfalls bei der *cession Dailly* kein förmlicher Rückübertragungsakt notwendig ist, eine sicherungshalber abgetretene Forderung vielmehr gleichsam automatisch in der Höhe an den Sicherungsgeber zurückfällt, in welcher sie endgültig nicht mehr für die Forderungssicherung benötigt wird.[648]

Die Übertragungsakzessorietät von *fiducie-sûreté* und *cession Dailly* folgt aus dem allgemeinen Abtretungsrecht. Nach art. 1321 Abs. 3 C.civ. gehen mit der Forderung alle Nebenrechte mit über.[649] Dies gilt im Falle der *cession Dailly* auch, wenn die gesicherte Forderung an ein Nicht-Kreditinstitut abgetreten wird. Art. L-313-26 C.mon.fin., nach welchem das Forderungsverzeichnis nur an ein anderes Kreditinstitut übertragen werden darf, ist nur die selbstständige Übertragung durch Forderungsverkauf (Factoring) anwendbar.[650]

(2) *Fiducie-sûreté rechargeable*

In Anlehnung an die Vorschriften über die *hypothéque rechargeable*[651] sieht art. 2372-5 C.civ. mit der *fiducie-sûreté rechargeable* eine gewisse Durchbrechung des Akzessorietätsgrundsatzes vor. Nach art. 2372-5 Abs. 1 C.civ. kann eine *fiducie-sûreté* im Nachhinein auf eine andere zu sichernde Forderung erstreckt werden, unabhängig davon ob die ursprünglich gesicherte Forderung bereits erloschen ist oder nicht. Voraussetzung ist, dass diese Möglichkeit im ursprünglichen Sicherungsvertrag bereits vereinbart wurde. Der neue gesicherte Gläubiger muss nach art. 2372-5 Abs. 2 C.civ. nicht mit dem ursprünglich gesicherten Gläubiger identisch sein. Die Vereinbarung, durch welche die Sicherheit auf eine neue Forderung erstreckt wird, muss ebenfalls innerhalb eines Monats steuerlich registriert werden.

---

645 *Legeais*, in: JCl. Com., fasc. 357, Rn. 6.
646 Selbst wenn man auch den Sicherungsgeber bedingt für den Fall des Sicherungszweckfortfalls als Treubegünstigten ansehen will, so muss die Norm doch zumindest entsprechend angewandt werden, siehe *Fix*, S. 182.
647 *Fix*, S. 182.
648 Es kann also eine Forderungsteilung stattfinden, siehe Cass.com. v. 09.02.2010, n° 09-10119, Bul. civ. 2010, N° 34.
649 Zur Frage, ob bei Personenidentität zwischen Sicherungstreuhänder und gesichertem Gläubiger im Rahmen der *fiducie-sûreté* ohne vertragliche Absprachen auch die Treuhandstellung oder nur die Stellung als Treuhandbegünstigter auf den Zessionar übergeht siehe *Fix*, S. 130 ff.
650 *Aynés*, D&P 2013, n° 227, 96.
651 Art. 2422 C.civ.

ff) Sicherungsobjekte, insbesondere Sach-/Forderungsgesamtheiten und künftige Sachen/Forderungen

(1) Bewegliche Sachen

Gegenstand einer *fiducie-sûreté* kann jeder übertragbare Vermögensgegenstand sein.[652] Übertragbar sind nach art. 1128 C.civ. grundsätzlich alle handelbaren Gegenstände (»*choses qui sont dans le commerce*«), soweit ihnen kein Verfügungsverbot entgegensteht.[653] Entsprechend der seit 2006 geltenden Rechtslage beim Pfandrecht nennt art. 2011 C.civ. explizit die Möglichkeit der treuhänderischen Übertragung gegenwärtiger und künftiger Sachen (*biens présents ou futures*) oder Sachgesamtheiten (*ensemble de biens*).[654] So ist es beispielsweise möglich, künftig zu erwerbende oder herzustellende Sachen in den Sicherungsvertrag einzubeziehen.[655] Lediglich wenn eine bestimmte fremde Sache sicherungsübereignet werden soll, ist es notwendig, den Eigentumsübergang durch den Erwerb des Sicherungsguts durch den Sicherungsgeber zu bedingen. Andernfalls wäre der Sicherungsvertrag gemäß art. 1599 C.civ. bis zum Erwerb durch den Sicherungsgeber unwirksam.[656]

Entsprechend der Grundsätze zum Pfandrecht ist davon auszugehen, dass die Übertragung von künftigem Sicherungsgut insolvenzfest ist, wenn vor dem Erwerb durch den Sicherungsgeber ein Insolvenzverfahren über dessen Vermögen eröffnet wird.[657] Tritt beim besitzlosen Pfandrecht Drittwirkung auch bezüglich künftiger Sachen bereits mit Registrierung ein, so wird im Fall der *fiducie-sûreté* Drittwirkung spätestens mit der steuerlichen Registrierung erreicht.[658] Der Insolvenzverwalter kann sich freilich weigern, die bereits sicherungsübereignete Sache zu erwerben.

---

652 Dieser für das Pfandrecht geltende Grundsatz muss für die *fiducie-sûreté* erst Recht Geltung beanspruchen.

653 Zu den wenigen gesetzlichen Verfügungsverboten siehe *Ferid/Sonnenberger*, Bd. 2, Rn. 3 A 216. Vertragliche Verfügungsbeschränkungen nach art. 900-1 C.civ (*clause d'inaliénabilité*), welche zeitlich befristet sein müssen und ein berechtigtes Interesse der Parteien erfordern, stehen einer Verpfändung nicht entgegen, wenn die gesicherte Forderung nach Ablauf der Verfügungssperre fällig wird, siehe Cass.com. v. 30.09.2008, n° 07-12768, Bull.civ. 2008, IV, n° 165. Offen ist, ob dies auch für die *fiducie-sûreté* gilt.

654 Z.B. Warenlager, siehe *Kuhn*, D&P 2007, N° 158, 32, 34; *Biller*, S. 35.

655 *Witz*, in: JCl. Civil Code, art. 2011–2030, fasc. 10, Rn. 21.

656 *Witz*, in: JCl. Civil Code, art. 2011–2030, fasc. 10, Rn. 21. Siehe auch oben unter 1. Teil A. III. 3. b) cc) (S. 89). Auf Gattungssachen ist die Vorschrift nicht anwendbar, da hier der Eigentumsübergang von vorneherein erst mit Aussonderung und Lieferung erfolgt, siehe *Baur/Stürner*, § 64, Rn. 87.

657 Siehe unten unter 1. Teil B. II. 3. e) aa) (S. 151).

658 Dies wird deutlich bei der *fiducie-sûreté rechargeable*, bei welcher sich gemäß 2372-5 Abs. 3 C.civ das Rangverhältnis der Gläubiger nach der steuerlichen Registrierung richtet, uanbhängig davon, ob das Sicherungsgut bereits existiert oder nicht.

(2) Forderungen

(a) Allgemeines

Der Begriff »*biens*« in art. 2011 C.civ. umfasst auch jegliche Arten von Rechten.[659] Die *fiducie-sûreté* kann damit ebenso an Forderungs- und anderen Rechtsgesamtheiten bestellt werden. Gleiches gilt für die *cession Dailly*. Hier kann das notwendige Forderungsverzeichnis unproblematisch eine Vielzahl an Forderungen enthalten. Voraussetzung ist jedoch stets die Übertragbarkeit der Forderung.[660] Entsprechend der Lage beim Forderungspfandrecht sollte auch die *fiducie-sûreté* an Teilforderungen zulässig sein, wenn die Forderung teilbar ist.[661] Hinsichtlich der *cession Dailly* ergibt sich die Einschränkung, dass die sicherungszedierten Forderungen *créances professionnelles* sein müssen. Dies sind zunächst alle Forderungen einer juristischen Person. Ist der Sicherungszedent eine natürliche Person, so muss die abzutretende Forderung in dessen Geschäftsbetrieb entstanden sein.[662]

(b) Sicherungsabtretung künftiger Forderungen

Die Besicherung künftiger Vermögenswerte war im Pfandrecht des *Code civil* zunächst nicht ausdrücklich vorgesehen. Einziger gesetzlicher Anhaltspunkt war art. 1130 C.civ. a.F.[663], nach welchem künftige Vermögensgegenstände zum Gegenstand vertraglicher Verpflichtungen gemacht werden konnten. In Bezug auf bewegliche Sachen stand die Unmöglichkeit der Verpfändung künftiger Sachen allerdings außer Frage, da hier bis 2006 die Besitzübergabe erforderlich war. Die Vereinbarung eines Pfandrechts an künftigen Sachen konnte allenfalls als schuldrechtliches Versprechen, in Zukunft ein Pfandrecht an der Sache zu bestellen, aufgefasst werden.[664] In Bezug auf Forderungen dagegen war die Rechtslage unklar und umstritten.[665] Ausgangspunkt war stets eine Entscheidung des *Cour de Cassation*, in welcher dieser einen Freistellungsanspruch von künftigen Schäden unter der Voraussetzung bejahte, dass bereits eine sichere Grundlage für den künftig eintretenden Schaden vorliege und der Schaden bereits der Höhe nach bestimmbar sei. Es dürfe sich nicht nur um einen

---

659   Dass Forderungen umfasst sind, folgt auch ausdrücklich aus art. 2018-2 C.civ.
660   Siehe zum Pfandrecht *Legeais*, in: JCl. Code civil, art. 2356–2366, fasc. 10, Rn. 28; *Stoufflet*, JCP G 2006, Supplément au N° 20, 19, 20; gesetzliche Abtretungsverbote bestehen u.a. für Teile des Arbeitslohns und von Pensionsbezügen, siehe *Münch*, S. 168 ff. Vertragliche Abtretungsverbote sind im Handelsverkehr weitestgehend unzulässig, art. L. 442-6 II. lit. c) C.com. Möglich sind ansonsten zeitlich beschränkte Abtretungsverbote nach art. 900-1 C.civ. Ob darüber hinausgehenden, nicht unter das handelsrechtliche Verbot fallenden, Abtretungsverboten Drittwirksamkeit zukommt, ist fraglich. Tendenziell deutet sich aber in der Rechtsprechung die Verneinung der Drittwirksamkeit an, siehe *Münch*, S. 178 ff.; *Leavy*, in: Sigman/Kieninger, S. 123, 132 f.
661   Siehe zum Pfandrecht ausdrücklich art. 2358 Abs. 2 C.civ.
662   Vgl. art. L. 313-23 Abs. 1 C.mon.fin.; *Biller*, S. 78.
663   Vor der Änderung durch Verordnung 2016-131 vom 10.02.2016.
664   *C/M/C/P*, Droit des Sûretés, Rn. 761, 758.
665   *C/M/C/P*, Droit des Sûretés, Rn. 798.

möglicherweise (*éventuel*) eintretenden Schaden handeln.[666] Die Verpfändung ungewisser künftiger Forderungen (*créances eventuelles*) musste zudem jedenfalls bis 2006 an der erforderlichen Drittschuldneranzeige scheitern.[667] Dementsprechend setzte sich in Frankreich zwar die Erkenntnis durch, dass künftige Forderungen abgetreten werden konnten. Zugleich war das Verständnis künftiger Forderungen jedoch beschränkt auf Forderungen, deren Rechtsgrund bereits gelegt war.[668] In diesem Sinne ist in der Rechtsprechung die für die Abtretbarkeit künftiger Forderungen geforderte ausreichende Bestimmbarkeit für bedingte und betagte Forderungen (*créances a tèrme*) aus Dauerschuldverhältnissen bejaht worden.[669] Erst mit der Einführung des besitzlosen bzw. die Drittschuldneranzeige nicht erfordernden Pfandrechts 2006 wurde ausdrücklich die Besicherung künftiger Vermögenswerte zugelassen. Gleiches gilt gemäß art. 2011 C.civ. für die *fiducie-sûreté*. Nichtsdestotrotz ist die Bedeutung des Begriffs »künftig« gerade in Bezug auf Forderungen vor dem historischen Hintergrund unklar.[670] Da die pfandrechtlichen Normen, welche der *fiducie-sûreté* als Vorbild dienen, offensichtlich an die älteren Normen der *cession Dailly* angelehnt sind, soll hier zunächst die Rechtslage in Bezug auf die *cession Dailly* dargestellt werden.

(aa) *Cession Dailly*

In Bezug auf künftige Forderungen ist Ausgangsnorm art. L. 313-23 Abs. 2 C.mon.fin., wonach Forderungen aus einem bereits geschlossenen Vertrag und Forderungen aus einem noch zu schließenden Vertrag, deren Höhe und Fälligkeit noch nicht feststehen, abgetreten werden können. Trotz Vermeidung des ausdrücklichen Begriffs »*créances futures*« ließe diese Formulierung die unbegrenzte Abtretbarkeit künftiger Forderungen zu. Daneben stellt jedoch art. L. 313-23 Abs. 2 Nr. 1–4 C.com.fin. so hohe Anforderungen an die Bestimmung der abzutretenden Forderung, dass die Abtretung gänzlich ungewisser künftiger Forderungen unmöglich erscheint.[671] Von der Rechtsprechung werden die Bestimmtheitsanforderungen streng ausgelegt. So wurde die Abtretung sämtlicher in der Debitorenliste enthaltenen Forderungen unter Angabe der Gesamtforderungssumme mangels Bestimmung der einzelnen Forderungen für unwirksam erachtet.[672] Globalzessionen gegenwärtiger und künftiger Forderungen sind damit unmöglich.[673] Aber auch für die Abtretung einzelner künftiger Forderungen

---

666 Cass.req. v. 01.06.1932, RD (DP) 1932, 102, 104 f.; *Moulière*, RTDcom. 2011, 677, 679 f.
667 *Aynès/Crocq*, Les Sûretés, Rn. 526.
668 Siehe *Aynès*, RD 2001, 3110, 3112; »..., *une créance future, c'est-à-dire non encore née, mais en germe parce que l'un de ses éléments générateurs existe deja*, ...«.
669 Vgl. Cass.civ. v. 20.03.2001, n° 99-14982, Bul. civ. 2001, I, n° 76; *Leavy*, in: Sigman/ Kieninger, S. 123, 125 f.; *Moulière*, RTDcom. 2011, 677, 679 f.
670 Ein Teil des Schrifttums sieht nunmehr entgegen dem herkömmlichen auch in der Rechtsprechung verfestigten Verständnis künftige Forderungen als solche an, deren Rechtsgrund gerade noch nicht gelegt ist, siehe *Moulière*, RTDcom. 2011, 677, 679 m.w.N.
671 *Dumas/Cohen-Branche*, in: Rep.com.Dalloz, Bd. II, Cession et nantissement de créances professionnelles, Rn. 6 sprechen insoweit von einer doppeldeutigen Vorschrift, mit der es der Gesetzgeber vermied, eindeutig zu der Frage der Abtretbarkeit künftiger Forderungen Stellung zu beziehen.
672 Cass.com. v. 13.11.2003, n° 01-10724.
673 *Legeais*, in: JCl. Com., fasc. 357, Rn. 14.

leitet die Rechtsprechung aus den Bestimmtheitsanforderungen ab, dass, wenn der vertragliche Rechtsgrund noch nicht gelegt ist, so doch Zedent und Drittschuldner sich zumindest bereits in fortgeschrittenen Verhandlungen befinden müssen, um eine für die Abtretbarkeit erforderliche sichere Grundlage der Forderung zu gewährleisten und die Forderung bestimmbar zu machen.[674] Soweit die *cession Dailly* die Abtretung künftiger Forderungen zulässt, bezieht sich das Verständnis des Begriffs »zukünftig« im Sinne einer Unsicherheit über künftiges Geschehen damit eher auf Betrag, Fällig- und Durchsetzbarkeit der Forderung als auf deren Rechtsgrund.[675] In diesem Sinne muss die durchaus häufig anzutreffende Aussage verstanden werden, die *cession Dailly* lasse die Abtretung künftiger Forderungen zu. In der Regel beziehen sich diese Aussagen auf Forderungen aus Dauerschuldverhältnissen oder auf noch nicht fällige Forderungen.[676] Dies erscheint verständlich vor dem Hintergrund, dass der Begriff der künftigen Forderung nach französischem Verständnis nie Forderungen umfasste, deren Rechtsgrund völlig ungewiss war. So wird denn auch darauf hingewiesen, dass, obwohl die Zulässigkeit von Globalzessionen künftiger Forderungen wünschenswert wäre, eine entsprechende weite Auslegung des art. L. 313-23 Abs. 2 von Seiten der Praxis nie ernsthaft gefordert wurde.[677] Erklären lässt sich dies mit der praktikablen Ausgestaltung der *cession Dailly* als Mantelzession. In der Praxis haben die Unsicherheiten sogar dazu geführt, dass Sicherungsgeber in dem die *cession Dailly* begleitenden Rahmenvertrag nicht selten dazu verpflichtet werden, nur zwischenzeitlich bereits entstandene Forderungen an den Sicherungsgeber abzutreten.[678] Soweit die Abtretbarkeit künftiger Forderungen zulässig ist, wirkt sie auch im zwischenzeitlich eröffneten Insolvenzverfahren über das Vermögen des Sicherungsgebers, da gemäß art. L. 313-27 Abs. 1 C.mon.fin. Drittwirksamkeit bereits mit dem auf dem Forderungsverzeichnis genannten Datum eintritt.[679]

(bb) *Fiducie-sûreté*

Gemäß art. 2011, 2018 Nr. 1 C.civ. ist die treuhänderische Übertragung künftiger Forderungen ausdrücklich zulässig, wenn die übertragenen Forderungen bestimmbar bezeichnet sind. Kriterien für die Bestimmbarkeit finden sich in art. 2011 ff. C.civ. jedoch nicht. Aufgrund von Systematik und Wortlaut wird man als Orientierung art. 2356 Abs. 3 C.civ. heranziehen müssen. Die Vorschrift ordnet für die Verpfändung künftiger Forderungen in vergleichbarer Weise an, dass diese hinreichend indivi-

---

674 CA Colmar v. 18.03.2008, n° 06-03847; zu eng erscheint daher die Ansicht von *Münch*, S. 194, 158, der von der Unübertragbarkeit jeglicher künftiger Forderungen ausgeht.

675 *Moulière*, RTDcom. 2011, 677, 684; im Ergebnis auch *Legeais*, in: JCl. Com., fasc. 357, Rn. 14.; *Dumas/Cohen-Branche*, in: Rep.com.Dalloz, Bd. II, Cession et nantissement de créances professionnelles, Rn. 6, 12; anders *Leavy*, in: Sigman/Kieninger, S. 123, 126 f. der von der uneingeschränkten Abtretbarkeit künftiger Forderungen auszugehen scheint.

676 Vgl. *Attal*, D&P 2005, n° 137, 34, 37.

677 *Legeais*, in: JCl. Com., fasc. 357, Rn. 14.

678 *Legeais*, in: JCl. Com., fasc. 357, Rn. 14.

679 Cass.com. v. 07.12.2004, n° 02-20732, Bull. civ. 2004, IV, n° 213; *Aynès/Crocq*, Les sûretés, Rn. 766; siehe auch unten unter 1. Teil A. III. 3. f) cc) (1) (b) (S. 112 f.) und 1. Teil A. III. 3. f) ee) (1) (S. 114).

dualisiert sein müssen, und nennt die Angabe des Schuldners, des Erfüllungsorts, des Betrags oder des Werts und – wenn dies bereits feststeht – des Fälligkeitsdatums als Bestimmbarkeitskriterien. Insofern gleicht die Vorschrift art. 313-23 Abs. 2 Nr. 1–4 C.mon.fin. Im Unterschied zu diesem ordnet art. 2356 Abs. 3 C.civ. diese Angaben jedoch nicht abschließend an, sondern zählt sie lediglich als mögliche Bestimmungsmerkmale in nicht abschließender Weise auf.[680] Dennoch hat die Rechtsprechung einer weiteren Auslegung des Begriffs der Norm eine Absage erteilt und wendet hinsichtlich der Bestimmtheit den gleichen Maßstab wie bei der *cession Dailly* an.[681] Auch das Schrifttum übt sich in Zurückhaltung und sieht in art. 2356 Abs. 3 C.civ. eine mit art. L. 313-23 Abs. 2 C.mon.fin. vergleichbare Einschränkung der Verpfändung künftiger Forderungen.[682] In Bezug auf die *fiducie-sûreté* wird dieser Befund durch den gesetzgeberischen Willen gestärkt, wonach reine Eventualverbindlichkeiten (*»créances purement eventuelles«*) nicht Gegenstand treuhänderischer Übertragung sein sollten.[683] Die ausdrückliche Einführung der Übertragungsmöglichkeit künftiger Forderungen durch die *fiducie-sûreté* scheint damit im Vergleich zur *cession Dailly* keine Vorteile gebracht zu haben. Die für die Insolvenzfestigkeit erforderliche Drittwirksamkeit tritt spätestens mit der steuerlichen Registrierung ein.

gg) Grenzen

Außerhalb des Insolvenzrechts kennt das französische Recht keine spezifisch kreditsicherungsrechtlichen Einschränkungen. Im Insolvenzanfechtungsrecht gilt, dass die Übertragung von Vermögenswerten in ein treuhänderisches Sondervermögen in der Verdachtsperiode (*période suspecte*[684]) automatisch nichtig ist, wenn sie ausschließlich zur Besicherung einer Altverbindlichkeit bestellt wird, art. L. 632 Abs. 1 Nr. 9 C.com. Wird hingegen ein gleichzeitig gewährter Kredit gesichert, so greift die Vorschrift nicht ein.[685] Demgegenüber hatte die Rechtsprechung bereits vor Einführung dieser Vorschrift die *cession Dailly* ausdrücklich vom Anwendungsbereich des art. L. 632 Abs. 1 Nr. 6 C.com., welcher für die herkömmlichen Pfandrechte seit jeher eine identische Regelung vorsieht, auch für den Fall der Nachbesicherung einer Altverbindlich-

680   *C/M/C/P*, Droit des Sûretés, Rn. 799; *Stoufflet*, JCP G 2006, Supplément au n° 20, 19, 20 f.
681   CA Colmar v. 24.11.2011, JurisData n° 2011-026292 mit Anm. *Delebecque*, JCP E 2012, n° 49, 43 f.; vgl. auch *Legeais*, in: JCl. Civil Code, art. 2356–2366, fasc. 10, Rn. 30.
682   *C/M/C/P*, Droit des Sûretés, Rn. 799; *Legeais*, in: JCl. Civil Code, Art. 2356–2366, fasc. 10, Rn. 30; *Moulière*, RTDcom. 2011, 677, 683 f.; *Stoufflet*, JCP G 2006, Supplément au n° 20, 19, 20; vgl. auch *B/B/J*, Droit des sûretés, Rn. 903, nach denen mit dem Begriff *créance future* im Pfandrecht die alte Rechtsprechung, nach der bereits eine hinreichend sichere Grundlage für die Forderung bestehen musste, zu Gesetzesrecht wurde.
683   Rapport de Richemont, Chapitre Premier, Article 2011 nouveau de Code civil, Définition de la fiducie; bei *créances eventuelles* handelt es um Forderungen, die durch einen möglichen künftigen Rechtsakt zur Entstehung gebracht werden können, vgl. *Aynès*, RD 2001, 3110, 3112: *»..., une créance éventuelle, c'est-à-dire celle qui résultera peut-être d'un fait générateur (acte ou fait juridiques) dont aucun élément n'existe encore...«.*
684   Diese beginnt mit Eintritt der Zahlungsunfähigkeit (*cessation de payments*) und läuft bis zum gerichtlichen Insolvenzeröffnungsbeschluss, jedoch in keinem Fall länger als 18 Monate, siehe art. L. 631-8 Abs. 2 C.com. Art. L 632 Abs. 1 Nr. 9 C.com.
685   Gleiches gilt nach art. L. 632 Abs. 1 Nr. 10 C.com. für die *fiducie-sûreté rechargeable*.

keit ausgenommen.[686] Die h.M. geht daher davon aus, dass der neue art. L. 632 Abs. 1 Nr. 9 C.com. nicht auf die *cession Dailly* anzuwenden ist.[687] Da insofern gegenüber der *fiducie-sûreté* jedenfalls keine Nachteile drohen, werden Sicherungsgeber die *cession Dailly* daher zumindest bei der Nachbesicherung von Altverbindlichkeiten immer der *fiducie-sûreté* aber auch dem Forderungspfandrecht vorziehen.

Zu erwähnen ist daneben die insolvenzrechtliche Vorschrift des art. L. 650-1 Abs. 1 C.com.[688] Diese knüpft an eine in der Rechtsprechung entwickelte Schadensersatzhaftung von Kreditgebern an, welche vorinsolvenzlich entweder eine ruinöse Kreditpolitik des Schuldners unterstützt oder einen Schuldner durch Kreditvergabe künstlich am Leben gehalten haben (*soutien abusif*).[689] Die 2005 eingeführte Vorschrift stellt insofern eine Haftungsbeschränkung dar, als dass nunmehr eine solche Haftung in der Insolvenz des Schuldners nur noch in Betracht kommt, wenn neben dem ursprünglich entwickelten Haftungstatbestand eine der drei in der Vorschrift genannten Voraussetzungen vorliegt.[690] Dieses sind bewusst drittschädigendes Verhalten, unverhältnismäßige Eingriffe in die Geschäftsführung des Schuldners sowie die Bestellung von Kreditsicherheiten, die in ihrer Höhe außer Verhältnis zum dafür gewährten Kredit stehen. In ihrer dritten Variante weist die Norm insofern Elemente der anfänglichen Übersicherung auf.[691] In der Rechtsfolge räumt art. L. 650-1 Abs. 2 dem Gericht neben der Schadensersatzhaftung die Möglichkeit ein, die Sicherheitenbestellung ganz oder teilweise für unwirksam zu erklären.

c)   Drittwirksamkeit, Publizität und Rangfolgen

Was die Drittwirksamkeit betrifft, weisen *fiducie-sûreté* und *cession Dailly* keine besonderen Publizitätsvoraussetzungen auf. Die steuerliche Registrierung der *fiducie-sûreté* ist nicht öffentlich einsehbar und entfaltet damit keine zivilrechtliche Publizität. Sowohl die (besitzlose) *fiducie-sûreté* als auch die *cession Dailly* können damit als publizitätslose Sicherungsrechte bezeichnet werden. Mit Abschluss des Sicherheitenvertrags bzw. zu dem auf dem Forderungsverzeichnis vermerkten Datum gehen Eigentum bzw. Forderungen drittwirksam auf den Sicherungsnehmer über.[692] Eine Ausnahme besteht nach französischem Verständnis jeweils in Bezug auf Drittschuldner einer übertragenen Forderung. Nach art. 2018-2 C.civ. ist die Abtretung einer Forderung dem Drittschuldner gegenüber erst wirksam, nachdem ihm die Abtretung angezeigt wurde. Das gleiche gilt für die *cession Dailly* aus art. L. 313-28 C.mon.fin. Nach französischem

---

686   Cass.com. v. 28.05.1996, Bul. civ. 1996, IV, N° 151; *Ansault*, D&P 2010, N° 192, 52, 56; *Biller*, S. 86.

687   *Ansault*, D&P 2010, N° 192, 52, 56 ff.; *Crocq*, RD 2007, 1354, *1355; Dammann/Robinet*, JCP E 2009, N° 4, 35, 40.

688   Für eine ausführliche Darstellung der Norm sei auf *Fix*, S. 306 ff. verwiesen.

689   Siehe *Sonnenberger/Dammann*, Rn. VIII 19.

690   Ausführlich *Fix*, S. 306 f.

691   *Fix*, S. 313. Da zusätzlich der allgemeine Haftungstatbestand erfüllt sein muss, handelt es sich allerdings eher um eine Kombination aus anfänglicher Übersicherung und Insolvenzverschleppungshaftung.

692   Zu registerfähigen Vermögensgegenständen siehe bereits oben unter 1. Teil A. III. b.) bb) (1) (a) (S. 87).

Verständnis stellt dies eine Form der Drittwirksamkeit dar.[693] Da diese allerdings das dingliche Verhältnis gegenüber konkurrierenden Verfügungsempfängern nicht beeinflusst, entspricht diese Wirkung im Ergebnis den §§ 404 ff. BGB.

aa)   *Fiducie-sûreté* an beweglichen Sachen

Mit Übergang des Eigentums können nachfolgende Verfügungen des Sicherungsgebers ohne Erlaubnis des Sicherungsnehmers nur noch im Rahmen gutgläubigen Besitzerwerbs stattfinden, art. 2276 Abs. 1 C.civ. Vollstreckungsgläubiger können nicht mehr auf die übertragenen Vermögensgegenstände zugreifen, und diese fallen nicht in die Insolvenzmasse. Wird die Sicherungsabrede nachträglich zugunsten weiterer Forderungen und Gläubiger erweitert (*fiducie-sûreté rechargeable*), so bestimmt sich die Rangfolge der Gläubiger gemäß art. 2372-5 C.civ. nach der Reihenfolge der steuerlichen Registrierungen, welchen insofern zivilrechtliche Wirkung zukommt.

bb)   *Fiducie-sûreté* an Forderungen und *cession Dailly*

Hinsichtlich der *fiducie-sûreté* an Forderungen gilt grundsätzlich das soeben gesagte. Im Falle mehrerer *fiducies-sûretés* an derselben Forderung im Wege der *fiducie-sûreté rechargeable* können sich allerdings ebenso wie bei der Kollision zwischen der *fiducie-sûreté* und nachfolgenden Abtretungen nach allgemeinem Zessionsrecht Konflikte aufgrund des Drittschuldnerschutzes ergeben. Das Problem dürfte sich gleichermaßen gegenüber einem Pfandgläubiger stellen, dem die Forderung nach treuhänderischer Übertragung noch verpfändet wurde. Es ist zu vermuten, dass in diesen Fällen dieselben Grundsätze greifen, wie sie von der Rechtsprechung im Rahmen der *cession Dailly* entwickelt worden sind. Denn in allen Fällen ist das Verhältnis zum Drittschuldner gleich ausgestaltet. Grundregel ist, dass die erste Abtretung zu dem auf dem Forderungsverzeichnis vermerkten Datum gegenüber Dritten wirksam wird und eine nachfolgende, damit kollidierende Abtretung ins Leere geht.[694] Diese Regel steht allerdings unter dem Vorbehalt des Drittschuldnerschutzes. Wird dem Drittschuldner nämlich die zeitlich nachfolgende Zession zuerst angezeigt, so hat seine darauf im guten Glauben erfolgende Leistung grundsätzlich befreiende Wirkung.[695] Unklar ist die Rechtsprechung in der Frage, ob dies sogar gilt, wenn dem Drittschuldner die erste Abtretung

---

693   Die Abtretung wird nun *opposable* gegenüber dem Drittschuldner. Dieser kann nicht mehr befreiend an den Zedenten leisten, anschließend entstandene Einwendungen geltend machen, aufrechnen etc.

694   *Dumas/Cohen-Branche*, in Rép.com.Dalloz, Bd. II, Cession et nantissement de créances professionnelles, Rn. 56 f.; *Legeais*, in: JCl. Com., fasc. 359, Rn. 50. Nach der grundsätzlichen Regel *prior tempore* entscheidet die Rechtsprechung auch den Konflikt zwischen einem verlängerten Eigentumsvorbehalt und einer (Sicherungs-)Zession stets zugunsten des Vorbehaltsverkäufers. Da die Forderung aus dem Weiterverkauf im Wege dinglicher Surrogation an die Stelle der Vorbehaltsware tritt, soll der Vorbehaltsverkäufer die Forderung stets vor dem (Sicherungs-)Zessionar erhalten haben, siehe Cass.com. v. 20.06.1989, n° 88-11720, Bull civ. 1989, IV, n° 197; *Legeais*, in: JCl. Com., fasc. 359, Rn. 68.

695   Cass.com. v. 12.01.1999, n° 96-13723, Bull. civ. 1999, IV, n° 8; *Dumas/Cohen-Branche*, in Rép.com.Dalloz, Bd. II, Cession et nantissement de créances professionnelles, Rn. 58.

nicht angezeigt wurde, er von dieser jedoch Kenntnis hatte.[696] Hat der Drittschuldner befreiend an einen Zweitzessionar geleistet, so gewährt die Rechtsprechung dem Erstzessionar ein Rückgriffsrecht gegen diesen.[697] Den stillen Erstzessionar trifft damit stets ein Restrisiko dahingehend das Insolvenzrisiko eines möglichen Zweitzessionars tragen zu müssen.

d) Die Rechtsstellung der Parteien

aa) Die dingliche Rechtsstellung der Parteien

(1) *Fiducie-sûreté*

Aufgrund des mit dem Treuhandvertrag verbundenen Eigentumsübergangs verliert der Sicherungsgeber jegliche dingliche Rechtsstellung am Treugut. Unklar ist jedoch, wie das Eigentumsrecht des Sicherungsnehmers zu qualifizieren ist. Denn das im französischen Recht geltende Einheitsprinzip lässt sich nur schwer mit dem Gedanken einer die schuldrechtlichen Befugnisse überschießenden dinglichen Rechtsmacht in Einklang bringen. So sind in Frankreich zwei Ideen zur Konstruktion der Treuhand vertreten worden. Angenommen wurde zum einen das dinglich umfassende Eigentumsrecht nach art. 544 C.civ. des Treuhänders begrenzt nur auf vertraglicher Ebene.[698] Zum anderen wurde vertreten, das Eigentumsrecht des Treuhänders werde durch die Treuhandabrede nicht nur schuldrechtlich, sondern auch dinglich beschränkt.[699] Dafür, das Treuhandeigentum der art. 2011 ff. C.civ. im Sinne der letztgenannten Ansicht zu begreifen, spricht insbesondere art. 2023 C.civ. Danach gilt der Treuhänder gegenüber Dritten als umfassend berechtigter Eigentümer, es sei denn, der Dritte kannte die Beschränkungen des Treuhandvertrags. Jedenfalls der erste Teil der Vorschrift wäre im Falle eines umfassenden Eigentumsrechts überflüssig. Auszugehen ist damit von dinglich beschränktem Treuhandeigentum, das gegenüber gutgläubigen Dritten wie vollumfängliches Eigentum wirkt.[700] Das Treuhandeigentum wird nicht Bestandteil des weiteren Vermögens des Treuhänders. Vielmehr bildet es nach art. 2025 Abs. 1 C.civ. eine davon getrennte eigene Vermögensmasse. Auf diese haben Gläubiger nur Zugriff, wenn ihre Forderungen gegen diese Vermögensmasse gerichtet sind, weil sie aus Verwaltungs- und Erhaltungsmaßnahmen des Treuhänders resultieren. Entsprechend ist der Treuhänder nach art. 2011 C.civ. dazu verpflichtet, die Treuhandmasse getrennt von seinem sonstigen Vermögen aufzubewahren und Dritten gegenüber offenzulegen, wenn er für das treuhänderische Sondervermögen handelt, art. 2021 Abs. 1 C.civ.

696 Cass.com. v. 12.01.1999, n° 96-13723, Bull. civ. 1999, IV, n° 8; *Legeais*, in: JCl. Com., fasc. 359, Rn. 52.
697 Cass.com. v. 18.04.2000, n° 96-19842; Cass.com. v. 19.05.1992, n° 90-15342, Bull. civ. 1992, IV, n° 190; *Legeais*, in: JCl. Com., fasc. 359, Rn. 53; *Hollweg-Stapenhorst*, S. 59.
698 *Witz*, La fiducie en droit privé français, S. 242 f., 269 f.
699 *Barrière*, La réception du trust, Rn. 387.
700 So auch *Barrière*, in: Rép.civ.Dalloz, Bd. IV, Fiducie, Rn. 67; *Fix*, S. 51; allgemein wird das Treuhandeigentum als *proprieté affectée/finalisée* oder gar *degradée* bezeichnet. Damit wird aber i.d.R. keine Aussage darüber getroffen, ob die Beschränkungen lediglich auf schuldrechtlicher oder auch auf dinglicher Ebene wirken, vgl. ohne eindeutige Aussage *Witz*, in: JCl. Civil Code, art. 2011–2030, fasc. 10, Rn. 23.

(2) *Cession Dailly*

Feststeht, dass die sicherungshalber übertragenen Forderungen aus dem Vermögen des Sicherungsgebers ausscheiden und auf den Sicherungsnehmer übergehen. Hingegen sind dessen Befugnisse weder gesetzlich geregelt, noch ist dessen Forderungsinhaberschaft ausführlich in der Wissenschaft behandelt worden. Die Bezeichnung der *cession Dailly* als treuhänderische Übertragung[701] scheint diese lediglich von endgültigen Forderungsübertragungen abzugrenzen. Die Bildung eines jeglichen Gläubigern entzogenen Sondervermögens sieht das Gesetz nicht vor.[702] Es scheint daher naheliegend, den Fokus auf den Charakter der *cession Dailly* als akzessorisches Nebenrecht der gesicherten Forderung zu legen. Die selbstständige Verfügung über und der selbstständige Zugriff von Gläubigern auf die sicherungshalber abgetretenen Forderungen sind damit nicht möglich.[703]

(3) Schutz in der Zwangsvollstreckung durch Gläubiger des Sicherungsgebers

Mit Abschluss des Treuhandvertrags bzw. zu dem auf dem übergebenen Forderungsverzeichnis vermerkten Datum scheidet das Sicherungsgut aus dem Vermögen des Sicherungsgebers aus und ist damit dessen Vollstreckungsgläubigern entzogen.[704] Dies gilt unabhängig davon, ob dem Drittschuldner die Sicherungsabtretung vor der Zustellung der Pfändung angezeigt wurde.[705] Rechtsbehelf des Sicherungsnehmers gegen die Pfändung (*saisie-vente*[706]) einer beweglichen Sache ist die *contestation* gemäß art. R. 221-51 C.proc.civ.ex.[707] Auch hinsichtlich der gerichtlichen Zuschlagung einer Geldforderung an den Vollstreckungsgläubiger (*saisie attribution*[708]) ist die *contestation* gemäß art. R. 211-10 C.proc.civ.ex der richtige Rechtsbehelf für den gesicherten Gläubiger.[709]

bb) Die wesentlichen Rechte und Pflichten vor Tilgung der gesicherten Forderung

(1) Besitz, Nutzungen, Erhalt des Sicherungsguts

Die art. 2011 ff. C.civ. verlangen nicht, dass der Sicherungsnehmer (Treuhänder) Besitz am Sicherungsgut erlangt. Vielmehr können Besitz- und Nutzungsrecht dem

---

701 So z.B. *Legeais*, in: JCl. Com., fasc. 359, Rn. 14.
702 Gerade die Frage, ob Gläubiger des Sicherungsnehmers auf die sicherungszedierten Forderungen zugreifen können, wird in der französischen Literatur nicht diskutiert.
703 Disskusionswürdig erscheint die Frage, inwieweit möglicherweise die art. 2023 ff. C.civ. nunmehr auf die *cession Dailly* anzuwenden sind.
704 Siehe zur *fiducie-sûreté* art. 2025 Abs. 1 C.civ., der Ausnahmen vorsieht für Gläubiger, die ein vorrangiges dingliches Recht am Sicherungsgut halten oder wenn die treuhänderische Übertragung in Schädigungsabsicht gegenüber den Gläubigern des Sicherungsgebers erfolgte. Siehe zur *cession Dailly* Cass.com. v. 26.11.2003, n° 01-03685, Bull. civ. 2003, IV, n° 176.
705 Cass.com. v. 26.11.2003, n° 01-03685; Bull. civ. 2003, IV, n° 176.
706 Art. L. 221-1 ff., R. 221-1 ff. C.proc.civ.ex.
707 Zur Vergleichbarkeit mit der Drittwiderspruchsklage, siehe *Traichel*, S. 68.
708 Art. L. 211-1 ff., R. 211-1 ff. C.proc.civ.ex.
709 *Cayrol*, in: JCl. Procédure Civile, fasc. 2270, Rn. 64.

Sicherungsgeber eingeräumt werden (*convention de mise a disposition*), vgl. art. 2018-1 C.civ. Dies muss im Sicherungsvertrag ausdrücklich festgelegt werden. Die Einräumung des Besitz- und Nutzungsrechts kann sowohl unentgeltlich als auch in Form eines Mietverhältnisses erfolgen.[710] In diesen Fällen trifft den Sicherungsgeber auch ohne ausdrückliche Vereinbarung die Pflicht zum Erhalt des Sicherungsguts.[711] Bei Verstößen macht sich der Sicherungsgeber schadensersatzpflichtig.[712] Zudem kann ein Verstoß zur Kündigung des Kredits führen.[713]

(2) Einziehungsrecht an der übertragenen Forderung

Art. 2018-2 C.civ., L. 313-28 Abs. 1 C.mon.fin. ordnen an, dass die Sicherungsabtretung gegenüber dem Drittschuldner erst mit der Abtretungsanzeige wirksam wird. Vorher kann dieser nur an den Sicherungsgeber befreiend leisten, und dieser ist allein klageberechtigt, da er im Verhältnis zum Drittschuldner noch Forderungsinhaber ist. Nach der Abtretungsanzeige ist dagegen der Sicherungsnehmer alleine einziehungs- und klagebefugt. Ob die Sicherungszession als offene oder stille Zession ausgestaltet ist, unterliegt den Parteivereinbarungen. Zieht im Falle der stillen Sicherungszession der Sicherungsgeber die Forderung ein, so bestimmen diese auch, inwieweit der eingezogene Betrag künftig als Sicherheit dienen soll.[714] Zieht hingegen im Falle der offenen Sicherungszession der Sicherungsnehmer die Forderung ein, so sehen im Falle der *cession Dailly* die Vertragsabsprachen regelmäßig vor, dass am eingezogenen Betrag künftig ein Geldbetragspfandrecht (*gage-espèces*) besteht.[715] Im Falle der *fiducie-sûreté* muss der Sicherungsnehmer den eingezogenen Betrag getrennt von seinem sonstigen Vermögen bewahren, art. 2011 C.civ. Jener Betrag bildet nun die treuhänderische Sicherheit.

(3) Veräußerungs-, Verarbeitungs- und Einziehungsbefugnis – Ausgestaltung als revolvierende Kreditsicherheit

(a) *Fiducie-sûreté*

(aa) Bewegliche Sachen

Es sei an dieser Stelle zunächst auf die im Pfandrecht entwickelte Konstruktion revolvierender Kreditsicherheiten über die Rechtsfigur der dinglichen Surrogation verwiesen.[716]

---

710 *Dammann/Podeur*, RD 2008, 2300, 2301 f.; *Fix*, S. 19 f.; *François*, in: Rép.soc.Dalloz, Bd. III, Fiducie, Rn. 75; *Mallet-Bricout*, D&P 2009, N° 185, 79, 85 f.
711 Siehe zum besitzlosen Pfandrecht, *C/M/C/P*, Droit des sûretés, Rn. 782.
712 Vgl. art. 1146 ff. C.civ.
713 Vgl. 2344 Abs. 2 C.civ. zum Pfandrecht.
714 Die *fiducie-sûreté* kann problemlos bereits bei Bestellung z.B. auf das Konto erstreckt werden, auf welches der Betrag eingezogen wird. Demgegenüber stellt ein Kontoguthaben keine *créance professionelle* dar. Gegebenenfalls muss an dem eingezogenen Betrag eine andere Sicherheit bestellt werden.
715 *Dammann/Robinet*, Cahiers de droit de l'enterprise, n° 4, 35, 36, Fn. 5. Siehe zu dessen Wirkungen in der Insolvenz unten unter 1. Teil A. III. 3. f) cc) (1) (b) (S. 112 f.).
716 Siehe unten unter 1. Teil B. II. 6. c) cc) (1) (S. 157 ff.).

Im zweiten Schritt muss die Frage gestellt werden, ob diese Grundsätze auf die *fiducie-sûreté* übertragbar sind. Dagegen dürfte nicht bereits der in der Definition der *fiducie* in art. 2011 C.civ. zum Ausdruck kommenden Unmittelbarkeitsgrundsatz sprechen.[717] Dieser verhindert, dass dem Treuhandvermögen von dritter Seite Mittel zufließen, was im Falle der dinglichen Surrogation nicht der Fall ist. Auch das französische Einheitsprinzip stellt kein unüberwindbares Hindernis dar. Zwar kennt das französische Recht keine vom schuldrechtlichen Geschäft getrennte dingliche Verfügungsbefugnis[718] und sind Kaufverträge über eine nicht dem Verkäufer gehörende Sache grundsätzlich nach art. 1599 C.civ. nichtig. Allerdings greift diese Nichtigkeit lediglich bei tatsächlicher Eviktionsgefahr seitens des wahren Eigentümers.[719] Eine solche dürfte jedoch nicht bestehen, wenn der wahre Eigentümer dem Verkäufer durch Erteilung einer *autorisation* gestattet hat, den Gegenstand zu veräußern.[720] Fraglich ist jedoch, inwiefern der mit der *fiducie-sûreté* verbundene Eigentumsübergang auf den Treuhänder der Anwendung der Pfandrechtsgrundsätze entgegensteht. Im Pfandrecht ist anerkannt, dass die Verfügungs- oder Ersetzungsbefugnis des Sicherungsgebers mit der Annahme eines vollwertigen dinglichen (Pfand-) Rechts an dem einzelnen Sicherungsgegenstand nicht vereinbar ist.[721] Entsprechend könnte also der Sicherungsnehmer bei der *fiducie-sûreté* auch zunächst kein Eigentum an den einzelnen zur Sachgesamtheit zählenden Gegenständen erwerben. Für diese Möglichkeit spricht der zum Pfandrecht vergleichbare Wortlaut des art. 2011 C.civ., der die Übertragung auch von Sachgesamtheiten zulässt. Weiter spricht dafür, dass das Gesetz in art. 2025 C.civ. ohnehin sämtliche Treuhandgegenstände zu einer eigenständigen Vermögensmasse zusammenfasst. In der Literatur werden zudem mögliche Objekte einer *fiducie-sûreté* genannt, an denen typischerweise nur eine revolvierende Kreditsicherheit in Betracht kommt. Bis hier Klarheit herrscht, dürfte die Praxis allerdings weiterhin auf das Pfandrecht zurückgreifen.[722]

(bb) Forderungen

Der Bestellung einer revolvierenden Sicherheit an Forderungen steht zunächst die eingeschränkte Übertragbarkeit künftiger Forderungen entgegen. Wird im Pfandrecht wiederum die Lösung über die dingliche Surrogation gesucht,[723] so stellt sich auch hier die ungeklärte Frage, ob der Konstruktion möglicherweise der Eigentumserwerb des Sicherungsnehmers (Treuhänders) auch an jeder einzelnen Forderung entgegen-

---

717 So aber *Biller*, S. 35 f.
718 *Ferid/Sonnenberger*, Bd. 1/1, Rn. 1 F 1103 ff.
719 *Ferid/Sonnenberger*, Bd. 1/1, Rn. 2 G 416.
720 Zur gesetzlich nicht geregelten Rechtsfigur der *autorisation* siehe *Ferid/Sonnenberger*, Bd. 1/1, Rn. 1 F 1103 ff.; zur Möglichkeit der Erteilung einer *autorisation* im Rahmen des Eigentumsvorbehalts, um dem Vorbehaltskäufer den Weiterverkauf zu gestatten siehe *Crocq*, in: JCl. Civil Code, art. 2367–2372, Rn. 98.
721 *C/M/C/P*, Droit des sûretés, Rn. 783, die zugeben dass die genaue dogmatische Begründung des Rechts, solange die Austauschbefugnis besteht, Schwierigkeiten bereitet.
722 Auch in der Literatur werden revolvierende Kreditsicherheiten (*sûreté fluctuant*) nur im Rahmen des Pfandrechts erörtert.
723 Siehe unten unter 1. Teil B. II. 6. c) cc) (1) (S. 157 ff.).

steht.[724] Jedenfalls die bei der *cession Dailly* übliche Mantelzession erscheint aufgrund des steuerlichen Eintragungserfordernisses vollkommen unpraktikabel.

(b) Cession Dailly

Der Bestellung einer revolvierenden Sicherheit stehen die Bestimmtheitserfordernisse des art. L. 313-24 C.com. entgegen. Diese machen nicht nur die Abtretung künftiger Forderungen, sondern auch die dingliche Surrogation unmöglich. Jede einzelne Forderung muss auf dem Forderungsverzeichnis bezeichnet werden. In der Praxis hat sich daher die Ausgestaltung der *cession Dailly* als Mantelzession etabliert. In einem Rahmenvertrag verpflichtet sich der Sicherungsgeber zur fortlaufenden Abtretung neu entstandener Forderungen durch periodische Übersendung neuer Forderungsverzeichnisse bis zur vertraglich festgelegten Gesamthöhe. Zwischenzeitlich fällig gewordene Forderungen darf er einziehen und den Erlös verwenden.[725]

cc) Rechte und Pflichten nach Tilgung der gesicherten Forderung

Mit Tilgung der gesicherten Forderung erlischt die *fiducie-sûreté* aufgrund Zweckfortfalls, art. 2029 Abs. 1 C.civ., und das Eigentum fällt automatisch an den Sicherungsgeber zurück, wenn nicht die Rückabwicklung anderweitig geregelt wurde. Dies gilt im Ergebnis auch für die *Cession Dailly*.[726]

e) Verwertung

aa) Fiducie-sûreté

(1) Allgemeines

Nach art. 2372-3 C.civ. wird mit Eintritt des Sicherungsfalls (*defaut de paiement de la dette garantie*) das beschränkte Treuhandeigentum zu umfassendem Eigentum. Der Sicherungsfall selbst wird nicht näher definiert. Allgemein gilt jedoch, dass der Sicherungsfall mit Verzug des persönlichen Schuldners eintritt. Daneben steht es den Parteien frei, anderweitige Vereinbarungen zu treffen, vgl. 2373-3 Abs. 1 C.civ. Als frühestmöglicher Sicherungsfall kommt der Eintritt der Fälligkeit der gesicherten Forderung in Betracht.[727] Für die *cession Dailly* finden sich keinerlei gesetzliche Regelungen. Nach art. L. 313-28 C.com.fin. ist der Sicherungsnehmer grundsätzlich jederzeit berechtigt, die Abtretung gegenüber dem Drittschuldner offenzulegen. Im zugrunde liegenden Rahmenvertrag wird allerdings regelmäßig vereinbart, dass dies erst bei Verzug oder drohendem Verzug erfolgen darf.[728]

---

724 Auch im Pfandrecht besteht keine gesicherte Rechtsprechung, und es bleiben eine Reihe offener Fragen, vgl. ausführlich *Moulière*, RTDcom. 2011, 677 ff.

725 Zum Ganzen *Aynès/Crocq*, Les sûretés, Rn. 764; *Gdanski*, in Bridge/Stevens, Cross-Border Security, S. 59, 69.

726 Siehe bereits oben unter 1. Teil A. III. 3. b) ee) (1) (S. 90 f.).

727 Siehe zu allem *Aynès/Crocq*, Rn. 515.

728 *Sonnenberger/Dammann*, Rn. VII 102.

(2) Verwertungsart

Nach art. 2372-3 C.civ. erfolgt die Verwertung der *fiducie-sûreté* dadurch, dass der Sicherungsnehmer bei Eintritt des Sicherungsfalls automatisch das unbeschränkte Verfügungsrecht über das Sicherungsgut erhält. Funktional verfällt das dinglich beschränkte Treuhandeigentum zu unbeschränktem Eigentum.[729] In der Praxis dürften der Zeitpunkt und die Umstände des Eigentumsübergangs regelmäßig vertraglich genau geregelt sein, da die Bestimmung des Eigentumsübergangs im Falle der Insolvenz des Sicherungsgebers von enormer Bedeutung sein kann.[730] Nach der zwingenden Regelung des art. 2372-3 Abs. 3 C.civ. muss der Wert des Sicherungsguts von einem Sachverständigen geschätzt werden. Der ermittelte Wert wird dann auf die gesicherte Forderung angerechnet.[731] Liegt der ermittelte Wert über der gesicherten Forderung, so muss der Sicherungsnehmer nach art. 2372-4 Abs. 1 C.civ. den überschüssigen Betrag an den Sicherungsgeber auszahlen. Damit trägt der Sicherungsnehmer das Risiko, den ermittelten Wert anschließend auch tatsächlich zu realisieren. Die Wertermittlung ist entbehrlich, wenn die Pfandsache einen Börsen- oder Marktpreis hat oder in einer Geldsumme besteht. Letztere Regel dürfte auch auf Geldforderungen anwendbar sein.[732] Um das Risiko der tatsächlichen Wertrealisierung zu vermeiden, scheint es für den Sicherungsnehmer ratsam zu sein, abweichend vom vollständigen gesetzlich vorgesehenen Eigentumsübergang den Verkauf oder die Forderungseinziehung unter Anrechnung des Erlöses auf die gesicherte Forderung zu vereinbaren.[733] Da allerdings nur ein vollständiger Eigentumsübergang die *fiducie-sûreté* vollkommen immun gegen die Wirkungen eines Insolvenzverfahrens über das Vermögen des Sicherungsgebers werden lässt, sollte daneben auch ein entsprechendes Recht zur Ausübung des Eigentumsverfalls (zum Beispiel durch entsprechende Anzeige) vereinbart werden.

bb) *Cession Dailly*

Die Verwertung der Sicherungsabtretung mittels *cession Dailly* erfolgt durch Abtretungsanzeige und anschließende Forderungseinziehung beim Drittschuldner. Ist eine sicherungshalber abgetretene Forderung bei Eintritt des Verwertungsfalls höher als die gesicherte Forderung, so folgt allerdings aus dem Akzessorietätsprinzip, dass der Sicherungsnehmer vom Drittschuldner nur Zahlung in Höhe der gesicherten Forderung verlangen kann, während der überschießende Forderungsbestand automatisch an den Sicherungsgeber zurückfällt.[734] Erst die neuere Rechtsprechung hat Vertragsklauseln anerkannt, nach denen der Sicherungsnehmer trotz Offenlegung der Sicherungsabtretung gegenüber dem Drittschuldner berechtigt ist, sofort auch Zahlung vom persönlichen

---

729 Siehe ausführlich *Fix*, S. 192.
730 Zur Möglichkeit abweichender vertraglicher Regelungen siehe art. 2372-3 Abs. 1, 2 C.civ.
731 Siehe zur Erstreckung der Sicherungswirkung auf Zinsen und Verwertungskosten *Fix*, S. 138 ff.
732 *Simler/Delebecque*, Les sûretés, Rn. 682.
733 Zur Zulässigkeit von Verkaufsvereinbarungen unter Ausschluss des vollständigen Eigentumsübergangs siehe *Licari*, in: JCl. Civil code, art. 2372-1–2372-5, Rn. 20.
734 Siehe Cass.com. v. 09.02.2010, n° 09-10119, Bul. civ. 2010, n° 34.

Schuldner (Sicherungsgeber) zu verlangen.[735] Dass der umfänglich drittwirksame Übergang der Forderung nach französischem Verständnis damit dem Charakter einer Verfallvereinbarung zumindest nahekommt, wird an dem Umstand deutlich, dass die Einstandspflicht des Sicherungsgebers nicht auf die gesicherte Forderung, sondern auf eine (konkludent) übernommene Garantie des Sicherungsgebers nicht nur für den Bestand, sondern auch für die Werthaltigkeit der sicherungszedierten Forderung gestützt wird, art. 313-24 Abs. 2 C.com.fin.[736]

f) Die Rechtsstellung des Sicherungsnehmers in der Insolvenz des Sicherungsgebers

aa) Überblick über die Verfahrensarten

Im Folgenden sollen jene Verfahrensarten überblicksartig dargestellt werden, welche nach Anhang A der EuInsVO Gesamtverfahren i.S.v. Art. 1 Abs. 1 EuInsVO darstellen. Es sind dies die *procédure de sauvegarde* (art. L. 620-1 ff. C.com., nachfolgend: *sauvegarde*), die *procédure de redressement judicaire* (art. L. 631-1 ff. C.com., nachfolgend: *redressement judicaire*) und die *procédure de liquidation judicaire* (art. L. 640-1 ff. C.com., nachfolgend: *liquidation judicaire*). Die ebenfalls genannte *procédure de sauvegarde (financière) accélérée* (art. L. 628-1 ff. C.com.) soll nicht näher beleuchtet werden. Abgesehen von einer möglichen Vorverlagerung[737] und einer verkürzten Verfahrensdauer[738] ist wesentlicher Unterschied zur *sauvegarde*, dass sie auf die Erstellung eines Sanierungsplans lediglich unter Einbezug der Kredit- und Anleihegläubiger gerichtet ist. Kleingläubiger, Vertragspartner und Gesellschafter bleiben vom Planinhalt unberührt, art. L. 628-6 C.com. Im Übrigen finden größtenteils die Vorschriften der *sauvegarde* Anwendung, vgl. art. L. 628-1 Abs. 1 C.com.[739] Zu möglichen Vorfeldmaßnahmen des französischen Rechts zur Abwendung einer sich abzeichnenden Krise sei auf andere Autoren verwiesen.[740]

---

735 Cass. com. V. 05.06.2012, n° 11-18210, Bull. civ. 2012, IV, n° 112, mit Anm. *Delpech*, RD 2012, 1605. Nach älterer Rechtsprechung durfte der Sicherungsnehmer hingegen zunächst erfolglos ein gerichtliches Verständigungsverfahren gegenüber dem Drittschuldner anstrengen oder darlegen, dass die Zahlung des Drittschuldners aus sonstigen Umständen aussichtslos erschien, siehe Cass.com. v. 18.09.2007, n° 13736, Bull. civ. 2007, IV, n° 197; Cass.com. v. 14.03.2000, n° 96-14034, Bull. civ. 2000, IV, n° 55; *Aynès/Crocq*, Les sûretés, Rn. 769.

736 *Aynès/Crocq*, Les sûretés, Rn. 769.

737 Die Beantragung erfordert lediglich, dass sich die schuldnerische Gesellschaft bereits in einem Vergleichsverfahren (*conciliation*) befindet, welches keine drohende Zahlungsunfähigkeit erfordert, art. L. 628-1 Abs. 2 C.com.

738 Ab Eröffnung muss innerhalb von drei Monaten der Restrukturierungsplan gerichtlich bestätigt werden, art. L. 628-8 Abs. 1 C.com. Dessen Erfolgsaussichten müssen daher schon bei Beantragung dem Insolvenzgericht dargelegt werden, vgl. art. L. 628-2 Abs. 1 C.com.

739 Abgesehen davon ist der persönliche Anwendungsbereich auf Gesellschaften ab einer bestimmten Größe beschränkt, art. L. 628-1 Abs. 3 C.com.

740 Zu nennen sind die Einsetzung eines beratenden »Krisenmanagers« (*mandataire ad hoc*) durch das Gericht (art. L. 611-3 C.com.) sowie die Beantragung eines staatlich beaufsichtigten Vergleichsverfahrens (*procédure de conciliation*) nach art. L. 611-4 ff. C.com. Siehe ausführlich *Bauerreis*, in: Kindler/Nachmann, Frankreich, Rn. 15 ff.

Schuldner der genannten Verfahren können nur Kaufleute, Freiberufler sowie juristischen Personen des Privatrechts sein.[741] Für Privatpersonen sieht das französische Recht ein besonderes Verfahren vor (*surendettement*), welches dem Verbraucherschutzrecht zuzuordnen ist.[742]

(1) *Procédure de sauvegarde*

Die *sauvegarde*, eingeführt durch das Gesetz vom 26.07.2005 (*loi de sauvegarde des enterprises*) nach Vorbild des *Chapter 11 US Bancrupty Code*, ist ein präventives Sanierungsverfahren, welches nunmehr das Herzstück des französischen Insolvenzrechts darstellt.[743] Eröffnungsgrund ist die drohende Zahlungsunfähigkeit.[744] Durch die Vorverlagerung sollten Sanierungen unter Aufrechterhaltung der schuldnerischen Verwaltungs- und Verfügungsbefugnis erleichtert werden.[745] Verfahrensziele sind die Aufrechterhaltung des schuldnerischen Geschäftsbetriebs, der Erhalt von Arbeitsplätzen sowie die Begleichung von Insolvenzforderungen, art. L. 620-1 Abs. 1 C.com. Antragsberechtigt ist nur der Schuldner. Im gerichtlichen Eröffnungsbeschluss wird ein verfahrensleitender Richter (*juge commissaire*), ein Insolvenzverwalter (*administrateur judicaire*) und ein Gläubigervertreter (*mandataire judicaire*) benannt, art. L. 621-4 Abs. 1, 4 C.com. Ab einer gewissen Größe sind zwingend zwei Gläubigerausschüsse zu bilden.[746] Der eine umfasst die beteiligten Kreditinstitute, während im anderen die wichtigsten Lieferanten des Schuldners vertreten sind, art. L. 626-29, L. 626-30 C.com.[747] An den Eröffnungsbeschluss schließt sich die Beobachtungsphase (*période d'observation*) an, welche sechs Monate andauert, aber einmalig um weitere sechs Monate verlängert werden kann, art. L. 621-3 C.com. Sie dient der Ausarbeitung eines Sanierungsplans (*plan de sauvegarde*) durch Schuldner und Verwalter unter Einbeziehung der Gläubigerausschüsse, vgl. art. L. 626-2 Abs. 1, 626-30-2 C.com. Daneben hat der Verwalter lediglich eine überwachende Funktion, während die Verwaltungs- und Verfügungsbefugnis beim Schuldner verbleibt, art. L. 622-1 I., II. C.com.[748] Für Insolvenzgläubiger besteht ab Verfahrenseröffnung ein Klage- und Vollstreckungsverbot, art. L. 622-21 I., II. Com. In der Beobachtungsphase ist der schuldnerische Geschäftsbetrieb aufrechtzuerhalten. Auf Antrag des Schuldners kann das Gericht lediglich die teilweise Einstellung anordnen, art. L. 622-9 f. C.com. Tritt Zahlungsunfähigkeit ein, so wird von Amts wegen oder auf Antrag die Überleitung in das *redressement* oder die *liquidation judicaire* angeordnet, art. 622-10 Abs. 2 C.com. Die Beobachtungsphase endet durch die Annahme des Sanierungsplans. Dafür bedarf es innerhalb beider

---

741 Vgl. art. L. 620-2 Abs. 1, L. 631-2 Abs. 1, L. 640-2 Abs. 1 C.com.
742 Siehe *Fix*, S. 260 m.w.N.
743 *Bauerreis*, in: Kindler/Nachmann, Frankreich, Rn. 55; *Klein*, RIW 2006, 13.
744 Art. L. 620-1 Abs. 1 C.com.
745 Siehe ausführlich *Schütze*, S. 83 ff., 141 ff.; *Dammann/Undritz*, NZI 2005, 198 ff.
746 Liegen die Voraussetzungen nicht vor, kann die Einsetzung auch fakultativ beantragt werden, art. L. 626-29 Abs. 2 C.com.
747 Gibt es Anleihegläubiger, so ist für diese zudem ein gesonderter dritter Ausschuss zu bilden, art. L. 626-32 Abs. 3 C.com.
748 *Jacquemont*, Rn. 346 ff.; die Entscheidung über die Aufrechterhaltung laufender Verträge obliegt allerdings dem Verwalter, art. L. 622-13 II.–V. C.com.

Gläubigerausschüsse der Annahme durch zwei Drittel der von den an der Abstimmung teilnehmenden Gläubigern repräsentierten Forderungssumme, art. L. 626-30-2 Abs. 4 C.com. Anschließend wird der Entwurf den weiteren (Klein-)Gläubigern nach art. 626-5 ff. vorgelegt, art. L. 626-33 Abs. 1 C.com. Ohne ihre Zustimmung darf der Plan für sie nur Stundungen, nicht jedoch Forderungskürzungen oder die Umwandlung der Forderung in Eigenkapital vorsehen.[749] Neben möglichen Stundungen wird durch ein gesetzliches Zinsverbot ab Verfahrenseröffnung Liquidität generiert.[750] Der Plan kann eine teilweise, jedoch keine vollständige Veräußerung oder Einstellung des Geschäftsbetriebs vorsehen.[751] Nach gerichtlicher Bestätigung des Plans folgt die Plandurchführungsphase, welche bis zu zehn Jahre dauern kann, art. L. 626-12 C.com. Scheitert der Plan, so wird er aufgehoben und gegebenenfalls ein Insolvenzverfahren eröffnet, vgl. art. L. 631-1 Abs. 1, L. 640-1 C.com.

(2) *Procédure de redressement judicaire*

Die Eröffnung des *redressement judicaire* setzt den Eintritt der Zahlungsunfähigkeit (*cessation de payments*[752]) voraus, art. 631-1 Abs. 1 C.com. Der Schuldner ist nach art. L. 631-4 C.com. zur Antragsstellung innerhalb von 45 Tagen ab Eintritt der Zahlungsunfähigkeit verpflichtet, wenn er nicht bereits ein Vergleichsverfahren nach art. L. 611-4 C.com. beantragt hat. Daneben sind auch Gläubiger und die Staatsanwaltschaft antragsberechtigt, art. L. 631-5 C.com. Die Ziele des Verfahrens sind nahezu identisch mit denjenigen der *sauvegarde*, deren Normen über mehrere Verweisungen weitestgehend Anwendung finden.[753] Zu Beginn des Verfahrens steht die Beobachtungsphase, welche der Ausarbeitung eines Sanierungsplans (*plan de redressement*) dient.[754] Im Gegensatz zur *sauvegarde* wird dem Schuldner die Verwaltungs- und Verfügungsbefugnis jedoch regelmäßig gerichtlich ganz oder teilweise entzogen, art. L. 631-12 C.com.[755] Entpuppt sich die Aufrechterhaltung des Geschäftsbetriebs als unmöglich, so wird das Verfahren in eine *liquidation judicaire* übergeleitet, art. L. 631-15 Abs. 2, 631-20-1 C.com. Investoren können ab Verfah-

---

749 Art. L. 626-5 Abs. 2, 3, L. 618 Abs. 1, 4 C.com.; MüKoInsO-*Niggemann*, Frankreich, Rn. 48. Durch das Superprivileg gesicherte Arbeitnehmer- sowie Kleinstforderungen können nicht eingeschränkt werden, art. L. 626-20 C.com. Für die anderen Gläubiger besteht nach Art. L. 626-19 C.com. regelmäßig ein Wahlrecht darüber, ob sie die sofortige Begleichung ihrer Forderung verbunden mit einer Forderungskürzung oder die vollständige Begleichung jedoch verbunden mit einer Stundung möchten, siehe *Sonnenberger/Dammann*, Rn. VIII 47.

750 Gemäß art. L. 622-28 Abs. C.com. fallen nach Verfahrenseröffnung Zinsen auf Insolvenzforderungen nur noch für Darlehen mit einer Laufzeit von mehr als einem Jahr sowie für sonstige Forderungen an, die für mehr als ein Jahr gestundet wurden.

751 Vgl. art. L 626-1 Abs. 2 C.com; *Sonnenberger/Dammann*, Rn. VIII 48; *Fix*, S. 263. Über art. L. 626-1 Abs. 2 C.com. finden dann die Vorschriften der *liquidation judicaire* Anwendung, welche die Verwertung duch übertragende Sanierung (*plan de cession*) regeln.

752 Siehe zum Begriff auch *Bauerreis*, in: Kindler/Nachmann, Frankreich, Rn. 94 ff.

753 Dementsprechend gestaltet sich der Verfahrensablauf nahezu identisch, siehe MüKoInsO-*Niggemann*, Frankreich, Rn. 29; *Fix*, S. 265 f.

754 Dessen Zustandekommen erfolgt nach denselben Grundsätzen wie in der *sauvegarde*.

755 *Bauerreis*, in: Kindler/Nachmann, Frankreich, Rn. 77.

renseröffnung Angebote zum gesamten oder teilweisen Erwerb des Geschäftsbetriebs abgeben, art. L. 631-13 Abs. 1 C.com. Am Ende der Beobachtungsphase entscheidet das Insolvenzgericht, ob es zur Umsetzung des Restrukturierungsplans oder zur (teilweisen) übertragenden Sanierung (*plan de cession*) kommt, art. L. 631-21-1 C.com.[756] Auch der Verwalter kann die übertragende Sanierung beantragen, wenn er der Meinung ist, dass ein Insolvenzplan voraussichtlich nicht umsetzbar ist, art. L. 631-22 Abs. 1 C.com. Kommt es zur (teilweisen) übertragenden Sanierung ohne Abschluss eines Sanierungsplans, geht das Verfahren in ein Liquidationsverfahren über, art. 631-22 Abs. 3 C.com.

(3) *Procédure de liquidation judicaire*

Die gerichtliche Eröffnung eines Liquidationsverfahrens, der *liquidation judicaire,* setzt ebenso Zahlungsunfähigkeit voraus, art. L. 640-1, L. 640-4 C.com. Maßgebliches Kriterium bei der Entscheidung zwischen *redressment* und *liquidation judicaire* ist, ob die schuldnerinterne Sanierung möglich erscheint. Die *liquidation judicaire* hat die Beendigung des schuldnerischen Geschäftsbetriebs durch Gesamt- oder Einzelverwertung zum Ziel, art. L. 640-1 Abs. 2 C.com. In der Eröffnungsentscheidung wird der verfahrensleitende Richter sowie ein Gläubigervertreter (*mandataire judicaire*) bestellt, welcher als *liquidateur* fungiert, art. L. 641-1 II. C.com. Auf diesen geht die Verwaltungs- und Verfügungsbefugnis über, art. L. 641-9 C.com. Die vorübergehende Aufrechterhaltung des Geschäftsbetriebs ist nur zum Zwecke einer übertragenden Sanierung möglich und bedarf der Zustimmung des Gerichts. Überschreitet das schuldnerische Unternehmen eine gewisse Größe, ernennt das Gericht zusätzlich einen Verwalter (*administrateur judicaire*), der für die Geschäftsführung zuständig ist, art. L. 641-10. Im Gegensatz zu den Sanierungsverfahren gelten Insolvenzforderungen mit Verfahrenseröffnung als fällig gestellt.[757] Hinsichtlich der Verwertung sind zwei Möglichkeiten vorgesehen. Die (teilweise) übertragende Sanierung (*plan de cession*) nach art. L. 642-1 ff. C.com. und die Einzelverwertung nach art. L. 642-18 ff. C.com. Dabei kommt dem Insolvenzgericht eine starke Stellung zu [758]

bb) Das Verhältnis der Sicherungsübertragungen zur Insolvenzmasse und die Einbindung der gesicherten Gläubiger ins Insolvenzverfahren

Nach art. 2025 Abs. 1 C.civ ist das treuhänderisch übertragene Vermögen dem Zugriff der Gläubiger des Treugebers entzogen ist. Das Sicherungseigentum ist damit nicht Bestandteil der Insolvenzmasse.[759] Gleiches gilt für mittels *cession Dailly* abgetretene

---

756 Auf die übertragende Sanierung finden gemäß art. L. 631-22 Abs. 1 C.com. die dafür vorgesehenen Vorschriften der *liquidation judicaire* Anwendung.
757 Siehe art. L. 622-29, L. 631-14 Abs. 1, L. 643-1 Abs. 1 C.com.
758 Jenes entscheidet über das beste Angebot und erlässt den *plan de cession*, in welchem festgelegt wird, welche Vermögenswerte und Verträge auf den Erwerber übergehen art. L. 642-5 Abs. 2 C.com. Nach art. L. 642-18 Abs. 2 entscheidet der verfahrensleitende Richter über Kaufpreise und weitere Vertragsmodalitäten.
759 *Fix*, S. 273; vgl. auch *Jacquemont*, Rn. 480.

Forderungen.[760] Bei letzteren ist zu beachten, dass bereits mit Eintritt des Sicherungsfalls eine sicherungszedierte Forderung, soweit sie die zur Tabelle angemeldet Forderung übersteigt, an den Sicherungsgeber und damit in die Insolvenzmasse zurückfällt.[761] Gleiches sollte nach art. 2029 C.civ. für die *fiducie-sûreté* an Forderungen gelten, soweit die Akzessorietät nicht vertraglich abbedungen wurde.

Will der gesicherte Gläubiger mit seiner Forderung am Verfahren teilnehmen, so muss er diese innerhalb von zwei Monaten ab Verfahrenseröffnung zur Tabelle anmelden (*déclaration des créances*), art. L. 622-24, R. 622-21 C.com ff.[762] Nach art. L. 622-25 Abs. 1 C.com. sind dabei bestehende Sicherheiten grundsätzlich anzugeben. Folge einer Unterschlagung der Sicherheit ist nach dem Rechtsgedanken des art. L. 622-26 C.com., dass die Forderung im Insolvenzverfahren als ungesicherte Forderung behandelt wird.[763] Die Rechtsprechung hat allerdings entschieden, dass sich die Pflicht zur Angabe lediglich auf Sicherheiten bezieht, welche auf Gegenständen der Insolvenzmasse lasten.[764] Auch wenn damit die Angabe der *fiducie-sûreté* oder der *cession Dailly* rechtlich nicht notwendig ist,[765] so wird ihre Angabe aus Gründen der Vorsicht doch überwiegend angemahnt.[766] Mit Zustimmung des verfahrensleitenden Richters kann der Schuldner oder Verwalter die gesicherte Forderung begleichen und damit die *fiducie-sûreté* ablösen, art. 622-7 II. Abs. 2 C.com.[767] In den Gläubigerausschüssen ist der durch eine *fiducie-sûreté* gesicherte Gläubiger nur im Falle einer Untersicherung mit dem nicht durch die Sicherheit gedeckten Forderungsbetrag vertreten, art. L. 626-30-2 Abs. 4 C.com. Daraus folgt, dass die gesicherte Forderung bis zur Höhe des Werts der Sicherheit nicht durch Mehrheitsentscheidung im Gläubigerausschuss beschränkt werden kann.[768] Vielmehr ist der gesicherte Gläubiger bis zu dieser Höhe stets als nicht zum Gläubigerausschuss gehörend zu behandeln. Somit ist sichergestellt, dass die gesicherte Forderung nicht durch Mehrheitsentscheidung unter den Liquidationswert des Sicherungsguts gekürzt werden kann.[769] Ein unfreiwilliger Ein-

---

760 Cass.com v. 22.11.2005, Bull. civ. 2005, IV, N° 230; MüKoInsO-*Niggemann*, Frankreich, Rn. 60; vgl. auch die in art. L. 313-27 Abs. 1 C.mon.fin. angeordnete Drittwirkung.

761 Cass.com. v. 09.02.2010, n° 09-10119, Bul. civ. 2010, n° 34.

762 Für Gläubiger mit Sitz außerhalb von Frankreich beträgt die Frist vier Monate, art. R. 622-24 Abs. 2 C.com. Siehe ausführlich zur Forderungsanmeldung MüKoInsO-*Niggemann*, Frankreich, Rn. 38 ff.

763 *Fix*, S. 294.

764 Cass.civ. v. 24.06.1998, n° 97-17108, Bull. civ. 1998, III, N° 137.

765 So auch *Fix*, S. 294 ff.

766 *Ansault*, D&P 2010, n° 192, 52, 62; *Dammann/Podeur*, RD 2007, 1359, 1361.

767 Damit wird es insbesondere ermöglicht, für die Aufrechterhaltung des Geschäftsbetriebs benötigtes Sicherungsgut, welches sich im Besitz des gesicherten Gläubigers befindet, herauszuverlangen. Im Falle einer besitzlosen Sicherungsübereignung wird die Ablösung kaum relevant sein, da hier bereits über die Verwertungssperren die Nutzungsmöglichkeit sichergestellt ist. Diese Möglichkeit der Ablösung besteht jedoch nicht in der *liquidation*, siehe art. L. 641-3 Abs. 2 C.com.

768 Z.B. durch Kürzung, Stundung oder Umwandlung in Eigenkapital, vgl. *Dammann/Podeur*, JCP E 2009, n° 47, 36, 39.

769 Damit sollte dem US-amerikanischen *best interest test* entsprochen werden, siehe *Dammann/Podeur*, JCP E 2009, n° 47, 36, 39; *Dammann/Robinet*, Cahiers de droit de l'enterprise, n° 4, 35, 38.

griff in die gesicherte Forderung ist allenfalls über die Möglichkeit einer im Plan vorgesehenen Stundung sowie über das gesetzliche Zinsverbot denkbar.[770] Diese Bewahrung des dem Sicherungsgut innewohnenden Liquidationswerts zugunsten des Sicherungsnehmers ist dem französischen Insolvenzrecht ansonsten grundsätzlich fremd.[771] Demgegenüber nimmt der durch eine *cession Dailly* gesicherte Gläubiger genau wie ein Pfandgläubiger mit seiner gesicherten Forderung vollumfänglich am Insolvenzverfahren Teil.[772] Da durch *cession* Dailly nur Darlehensforderungen von Kreditinstituten gesichert werden können, wird der gesicherte Gläubiger regelmäßig Mitglied im Gläubigerausschuss sein. In der Theorie kann damit seine Sicherheit durch Mehrheitsbeschluss im Sanierungsplan beeinträchtigt werden. Zu beachten ist jedoch, dass die Verwertung der *cession Dailly* durch die Verfahrenseröffnung nicht gesperrt wird.[773] Zumindest wenn es vor oder während des Sanierungsverfahrens bis zur Planannahme zum Sicherungsfall kommt, kann sich der gesicherte Gläubiger sogleich aus seiner Sicherheit befriedigen und anschließend nur noch mit einer Restforderung am Verfahren teilnehmen.[774] Insofern kann auch die *cession Dailly* als weitestgehend immun gegen Wertbeeinträchtigungen im Insolvenzverfahren bezeichnet werden.

An quotalen Ausschüttungen in der *liquidation judicaire* nimmt der gesicherte Gläubiger lediglich in Höhe seines Ausfalls bei der Sicherheitenverwertung teil, artt. L. 643-7, 643-6 C.com.

cc)   Die Rechtsstellung in der *procédure de sauvegarde*

(1)   Verwertungsrecht

(a)   Bewegliche Sachen

(aa) Die *revendication*

Ist der Sicherungsgeber im Besitz des mittels *fiducie-sûreté* übertragenen Sicherungsguts, so steht dem Sicherungsnehmer grundsätzlich ein Herausgabeanspruch gemäß art. L. 624-9 ff., 624-16 Abs. 1 C.com. zu (*revendication*).[775] Zur *revendication* berechtigt alleine das Eigentum, dogmatisch entspricht es dem deutschen Aussonderungsrecht.[776] Die *revendication* muss vom Eigentümer innerhalb von drei Monaten

---

770   Siehe Art. L. 626-33, L. 618 Abs. 4 C.com. und bereits oben unter 1. Teil A. III. 3. f) aa) (1) (S. 106 f.).

771   *Dammann/Robinet*, Cahiers de droit de l'enterprise, N° 4, 35, 36.

772   Die Immunität der *fiducie-sûreté* gegen Beschränkungen der gesicherten Forderung im Sanierungsplan wollte der Gesetzgeber explizit nicht auf die *cession Dailly* erstrecken, siehe *Dammann/Podeur*, JCP E 2009, n° 47, 36, 39; *Dammann/Robinet*, Cahiers de droit de l'enterprise, n° 4, 35, 38.

773   Siehe sogleich unten unter 1. Teil A: III. 3. f) cc) (1) (b) (S. 154).

774   In der *liquidation judicaire* tritt der Sicherungsfall ohnehin automatisch durch Fälligstellung sämtlicher Forderungen ein.

775   Die *revendication* findet auch im *redressement judicaire* und in der *liquidation judicaire* Anwendung, siehe artt. L. 631-18 Abs. 1, 641-14 Abs. 1 C.com.

776   *Bauerreis*, in: Kindler/Nachmann, Frankreich, Rn. 208; MüKoInsO-*Niggemann*, Frankreich, Rn. 54a. Zum Herausgabeanspruch siehe art. L. 624-16 Abs. 1 C.com.

ab Verfahrenseröffnung geltend gemacht werden, art. L. 624-9 C.com.[777] Ob die *revendication* daneben auch die Anmeldung der gesicherten Forderung erfordert, ist umstritten. In Analogie zur Lage beim Vorbehaltsverkauf, wo anerkannt ist, dass der Vorbehaltsverkäufer auch ohne Forderungsanmeldung aussondern kann, wird dieses Erfordernis teilweise abgelehnt.[778] Andere Stimmen in der Literatur bejahen die Notwendigkeit der Forderungsanmeldung hingegen im Hinblick auf die *fiducie-sûreté* als akzessorisches Nebenrecht.[779] Jedenfalls sollte die Forderungsanmeldung aus Gründen der Vorsicht immer erfolgen.[780]

(bb) Einschränkungen durch die Verordnung Nr. 2008-1354

Über die *revendication* war die Verwertung auch der besitzlosen *fiducie-sûreté* durch den Sicherungsnehmer zunächst uneingeschränkt möglich. Diese Lage stellte naturgemäß eine Gefahr für die Durchführbarkeit der Sanierungsverfahren dar. Aus diesem Grund wurden mit Verordnung vom 18.12.2008 Beschränkungen eingeführt.[781] Ziel war es, einen angemessenen Ausgleich zwischen den Vorzügen der *fiducie-sûreté* für die gesicherten Gläubiger und dem Kollektivinteresse der Gläubigergesamtheit zu schaffen. Daher betreffen die Einschränkungen lediglich die besitzlose *fiducie-sûreté*. Hat der gesicherte Gläubiger den Besitz inne, wird die Verwertung der *fiducie-sûreté* vom Insolvenzverfahren nach wie vor nicht berührt.[782] Die Verwertungssperren knüpfen alleine an das objektive Vorliegen einer Nutzungs- und/oder Fruchtziehungsvereinbarung (Besitzmittlungsverhältnis) an, unabhängig davon ob das Sicherungsgut tatsächlich für die Aufrechterhaltung des Geschäftsbetriebs benötigt wird.[783]
Zunächst sieht art. L. 622-23-1 Abs. 1 C.com. vor, dass, wenn ein Besitzmittlungsverhältnis vorliegt, der mit Eintritt des Sicherungsfalls erfolgende Übergang des Volleigentums auf den Sicherungsnehmer ausgeschlossen ist, wenn der Sicherungsfall auf der Eröffnung eines gerichtlichen Insolvenzverfahrens, der Stundung einer Forderung im Sanierungsplan oder der vorinsolvenzlichen Nichtzahlung auf eine Insolvenzforderung beruht. Die Vorschrift verhindert, dass der Sicherungsnehmer ab Eintritt des Insolvenzverfahrens frei über das Sicherungsgut verfügen kann. Allein könnte sie jedoch den Herausgabeanspruch der *revendication* nicht verhindern, da bereits der Treuhand-

---

777 Bei Fristversäumnis verliert der Eigentümer sein Eigentumsrecht zwar nicht dauerhaft, es ist allerdings für die Dauer des Insolvenzverfahrens nicht mehr als drittwirksam anzusehen, siehe *Jacquemont*, Rn. 673.
778 *Dammann/Robinet*, Cahiers de droit de l'enterprise, n° 4, 35, 37.
779 *Ansault*, D&P 2010, N° 192, 52, 62; *Berthelot*, D&P 2009, n° 185, 89, 92; *Pétel*, JCP G 2009, n° 6, 17, 27. Die Ansicht vermag insofern nicht zu überzeugen, als dass auch der Eigentumsvorbehalt akzessorisch ausgestaltet ist, vgl. art. 2367 Abs. 2 C.civ.
780 *Dammann/Robinet*, Cahiers de droit de l'enterprise, n° 4, 35, 37.
781 Vgl. ausführlich *Berthelot*, D&P 2009, n° 185, 89, ff; *Crocq*, Rev.proc.coll. 2009, n° 1, 75, 79 ff.
782 *Pérochon*, Rev.proc.coll. 2010, n° 2, 55 f. Die *fiducie-sûreté* mit Besitzübertragung auf den Sicherungsnehmer stellt damit die effektivste Sicherheit des französischen Rechts dar, siehe *Ansault*, D&P 2010, n° 192, 52, 64; *Crocq*, Rev.proc.coll. 2009, n° 1, 75, 82. Es besteht aber die Möglichkeit, die Sicherheit abzulösen, siehe oben unter 1. Teil A. III. 3. f) bb) (S. 109).
783 Letzteres wird also unwiderlegbar vermutet, vgl. *Pétel*, JCP G 2009, n° 6, 17, 26 f.

111

vertrag das Eigentum auf den Sicherungsnehmer übergehen lässt. Daher ordnet art. L. 622-13 VI. C.com. zudem an, dass das Besitzmittlungsverhältnis als gegenseitiger Vertrag i.S.v. art. L. 622-13 C.com. (*contrat en cours*) anzusehen ist. Lösungsklauseln für den Fall der Insolvenz sind nach art. 622-13 I. C.com. unwirksam. Zudem ist dem anderen Teil ab Insolvenzeröffnung die Beendigung des Vertrags aufgrund der Nichterfüllung einer vor Insolvenzeröffnung entstandenen Verbindlichkeit nicht mehr möglich. Allein dem Verwalter obliegt nach art. L. 622-13 II. C.com. das Wahlrecht, ob er den Vertrag fortsetzen möchte. Da die *revendication* das vorherige Erlöschen der Nutzungsvereinbarung erfordert,[784] kann der Sicherungsnehmer das Sicherungsgut nicht herausverlangen, wenn der Verwalter sich zur Fortführung des Besitzverhältnisses entscheidet und nach Verfahrenseröffnung keine Umstände eintreten, welche den Sicherungsnehmer zur Kündigung berechtigen würden. Die so erreichte Zugriffssperre setzt sich in der Plandurchführungsphase fort.[785]

Mangels Zugehörigkeit zur Insolvenzmasse darf der Insolvenzschuldner oder Verwalter nicht über das Sicherungsgut verfügen.[786] Auch die Nutzungsvereinbarung als gegenseitiger Vertrag kann ohne die Zustimmung des Sicherungsnehmers nicht im Rahmen einer (teilweisen) übertragenden Sanierung auf einen Unternehmenskäufer übertragen werden.[787] Da somit keine Seite zur Verwertung berechtigt ist, kann von einer Lähmung der *fiducie-sûreté* gesprochen werden.[788]

(b) Forderungen

Die *revendication* ist daneben auf alle Rechte anwendbar, soweit daran ein dem Besitzmittlungsverhältnis entsprechendes Nutzungs- oder Fruchtziehungsverhältnis zugunsten des Schuldners vereinbart werden kann.[789] Hinsichtlich der *cession Dailly* hat die Instanzrechtsprechung allerdings entschieden, dass Forderungen aufgrund der insoweit insolvenzfesten Drittwirkung des art. L. 313-27 Abs. 1 C.mon.fin. nicht durch *revendication* herausverlangt werden können.[790] Weiterhin stellt die regelmäßig erteilte Einziehungsbefugnis keinen gegenseitigen Vertrag im Sinne von art. L. 622-13 C.com. dar. Sie kann damit auch nach Verfahrenseröffnung nach allgemeinen Regeln widerrufen werden.[791] Im Ergebnis kann daher der durch eine *cession Dailly* gesicherte Gläubiger auch nach Verfahrenseröffnung die Abtretung dem Drittschuldner anzeigen und die Forderung bei ihm einziehen.[792] Das Verwertungsrecht gilt auch für sicherungszedierte Forderungen, welche erst nach der Eröffnung des Insolvenzverfahrens fällig werden oder entstehen, soweit deren Abtretung bereits zuvor wirksam war.[793]

---

784 Art. L. 624-10-1 C.com.; *Jacquemont*, Rn. 658.
785 *Berthelot*, D&P 2009, n° 185, 89, 90 ff; *Crocq*, Rev.proc.coll. 2009, N° 1, 75, 82.
786 *Barrière*, JCP E 2009, n° 36, 18, 24; *Grimaldi/Dammann*, RD 2009, 670, 676; *Fix*, S. 274.
787 Art. L. 642-7 Abs. 6 C.com.; *Barrière*, JCP E 2009, N° 36, 18, 24.
788 *Pétel*, JCP G 2009, N° 6, 17, 26.
789 *Damman/Robinet*, Cahiers de droit de l'enterprise, N° 4, 35, 37.
790 CA Versailles v. 28.02.2013, n° 12/06573 mit zust. Anm. *Aynès*, D&P 2013, n° 227, 96 ff.
791 *Legeais*, in: JCl. Com., fasc. 359, Rn. 78; *Aynès*, D&P 2013, n° 227, 96, 98.
792 MüKoInsO-*Niggemann*, Frankreich, Rn. 60.
793 Cass.com. v. 22.11.2005, n° 03-15669, Bull. civ. 2005, IV, n° 230; Cass.com. v. 07.12.2004, 02-20732, Bull. civ. 2004, IV, n° 213; *Legeais*, in: JCl. Com., fasc. 359, Rn. 78.

Dem kann der Verwalter unter Umständen entgegen wirken, indem er das Dauerschuldverhältnis, aus welchem die abgetretenen Forderungen resultieren, beendet und anschließend erneut abschließt.[794] Bei entsprechender Vertragsgestaltung kann der Sicherungsnehmer die Abtretung dem Drittschuldner auch anzeigen und die Forderung einziehen, obwohl die gesicherte Forderung noch nicht fällig ist.[795] In diesem Fall erlangt er regelmäßig ein Pfandrecht an dem eingezogenen Betrag (*gage-espèces*).[796] Dieses ist weitestgehend insolvenzfest. Ist der Sicherungsnehmer selbst berechtigt, den Betrag in Verwahrung zu nehmen, wird er regelmäßig Eigentümer am Geldbetrag durch Vermischung und ist nur schuldrechtlich zur Herausgabe eines entsprechenden Betrags bei Wegfall des Sicherungszwecks verpflichtet. Kommt es zum Verwertungsfall, kann der Sicherungsnehmer seine gesicherte Forderung mit diesem Herausgabeanspruch verrechnen. Eine zwischenzeitliche Insolvenz des Sicherungsgebers hindert diese Verrechnungsbefugnis nicht.[797] Ist der Sicherungsnehmer hingegen zur Hinterlegung auf einem Bankkonto verpflichtet, ist unklar, ob dadurch ein Forderungspfandrecht (*nantissement*) oder ein Besitzpfand am Geldbetrag entsteht.[798] In beiden Fällen gewährt das Pfandrecht dem Sicherungsnehmer jedoch eine weitestgehend geschützte Position in der Insolvenz.[799]

Auch wenn dies bislang nicht Gegenstand der Diskussion in Frankreich ist, liegt es nahe, die Grundsätze zur *cession Dailly* auch auf die *fiducie-sûreté* anzuwenden, da hinsichtlich der Drittwirksamkeit und der Einziehungsbefugnis keine Unterschiede bestehen. Stellt die Einziehungsbefugnis keinen laufenden Vertrag im Sinne des art. L. 613 VI. C.com. dar, liegen die Voraussetzungen der *revendication* bereits nicht vor.[800] Kann der Sicherungsnehmer bei entsprechender Vertragsgestaltung die Forderung einziehen, obwohl die gesicherte Forderung noch nicht fällig ist, so wird sich die Sicherungstreuhand regelmäßig an dem Betrag fortsetzen, an welchem der Sicherungsnehmer nunmehr den Besitz erhält. Bei Eintritt des Sicherungsfalls wird ihm der Betrag in Anrechnung auf die gesicherte Forderung verfallen.

(2) Nutzungsrecht

Entschließt sich der Verwalter zur Fortsetzung des Besitzmittlungsverhältnisses, so kann der Schuldner das Sicherungsgut in dem vertraglich vereinbarten Umfang weiterhin nutzen. Diese Nutzungsbefugnis kann bis zur Beendigung des Sanierungsplans, also theoretisch bis zu 10 Jahre andauern.

---

794   *Jacquemont*, Rn. 490.
795   Die Eröffnung der *sauvegarde* führt nicht zur automatischen Fälligkeit der Insolvenzforderungen, siehe oben unter 1. Teil A. III. 3. f) aa) (3) (S. 108).
796   Siehe oben unter 1. Teil A. III. 3. d) bb) (2) (S. 101).
797   *C/M/C/P*, Droit des sûretés, Rn. 808; *Dammann*, RD 2005, 2447, 2450.
798   *C/M/C/P*, Droit des sûretés, Rn. 808.
799   Siehe zum Faustpfandrecht unten unter 1. Teil B: II. 6. a) (S. 154 f.) und 1. Teil B. II. 8. c) aa) (3) (S. 169 f.). Siehe zum Forderungspfandrecht unten unter 1. Teil B. II. 8. b) bb) (S. 168) und unter 1. Teil B. II. 8. c) bb) (S. 170).
800   Vgl. Art. L. 624-16 Abs. 1, 622-13 VI. C.com.

(3) Erlösverteilung

Hier ergeben sich keine Einschränkungen. Verlangt der gesicherte Gläubiger das Sicherungsgut berechtigterweise heraus und verwertet es anschließend, so steht ihm der Verwertungserlös uneingeschränkt zu, zumal ihm nach der gesetzlichen Regelung bereits zuvor das Eigentum in Anrechnung auf die gesicherte Forderung verfallen ist.

dd) Die Rechtsstellung in der *procédure de redressement judicaire*

Es kann hier nahezu umfänglich auf die Ausführung zur Stellung des gesicherten Gläubigers in der *sauvegarde* verwiesen werden.[801] Eine Ausnahme gilt, wenn ein zuvor beschlossener *plan de sauvegarde* gemäß art. L. 626-27 C.com. aufgrund von Zahlungsausfällen aufgehoben und wegen Zahlungsunfähigkeit ein *redressement judicaire* eröffnet wurde. Für diesen Fall ordnet art. L. 631-14 Abs. 5 C.com. für die *fiducie-sûreté* an, dass weder art. L. 622-13 C.com. noch art. L. 622-23-1 C.com. Anwendung finden. Damit steht der Weg zur sofortigen Verwertung für den gesicherten Gläubiger frei.

ee) Die Rechtsstellung in der *procédure de liquidation judicaire*

(1) Verwertungsrecht

Im Liquidationsverfahren wird das Verwertungsrecht auch des mittels besitzloser *fiducie-sûreté* gesicherten Gläubigers nicht beeinträchtigt, solange er die *revendication* ordnungsgemäß geltend macht.[802] Gemäß art. L. 641-11-1 Abs. 6 C.com. stellt das Besitzmittlungsverhältnis im Liquidationsverfahren keinen gegenseitigen Vertrag im Sinne von art. L. 622-13 C.com. dar. Auch art. 622-23-1 C.com. hat im Liquidationsverfahren keine Bedeutung.[803] Für den vollumfänglichen Schutz des Sicherungsnehmers ordnet art. L. 642-7 Abs. 5 C.com. zudem an, dass das Besitzmittlungsverhältnis nicht ohne Zustimmung des Sicherungsnehmers durch eine im Rahmen einer übertragenden Sanierung gerichtlich angeordnete Vertragsübernahme auf einen Unternehmenskäufer übertragen werden darf. Auch der mittels *cession Dailly* gesicherte Gläubiger ist im Liquidationsverfahren gemäß den bereits dargestellten Grundsätzen uneingeschränkt zur Verwertung berechtigt.

(2) Nutzungsrecht und Erlösverteilung

Nach Beendigung des Besitzmittlungsverhältnisses steht dem Insolvenzschuldner bzw. dem Verwalter kein Nutzungsrecht mehr zu. Erscheint eine auch für den gesicherten Gläubiger günstige übertragende Sanierung möglich, so mag er sich mit dem Verwalter über Nutzung und Verwertung einigen. Ansonsten gilt das zu *procédure de sauvegarde* Gesagte entsprechend.

---

801 Siehe art. L. 631-14 Abs. 1 C.com.
802 *Berthelot*, D&P 2009, n° 185, 89, 93 f.; *Crocq*, Revue des procedures collectives 2009, N° 1, 75, 82 f.; *Pétel*, JCP G 2009, N° 6, 17, 26.
803 *Combe*, LPA 2011, n° 30, 8, 12; *Fix*, S. 284.

IV. Vergleichende Betrachtung

1. Konstruktion und wirtschaftliche Bedeutung

Alle drei dargestellten Jurisdiktionen kennen die Übertragung des Eigentumsrechts zum Zwecke der Kreditsicherung. In der Konstruktion bestehen allerdings zum Teil erhebliche Unterschiede. Der deutschen und der französischen Rechtsordnung liegt jeweils das römisch-rechtliche Verständnis des Eigentums als absolutem Herrschaftsrecht zugrunde. Insofern besteht hier Einigkeit darin, dass es dieses Recht ist, welches auf den Sicherungsnehmer übergeht, während dem Sicherungsgeber keinerlei dingliche Rechtsposition am Sicherungsgut verbleibt. Das französische Recht konnte die Verknüpfung des Rechtsübergangs mit dem einschränkenden Sicherungszweck jedoch bis zur Einführung der *fiducie* 2007 nicht über den Treuhandgedanken herstellen. So erklärt es sich, dass die älteren spezialgesetzlich zugelassenen Eigentumssicherheiten *cession Dailly* und Vorbehaltseigentum nach wie vor als akzessorische Nebenrechte zu verstehen sind. Die 2007 eingeführte *fiducie* billigt der Treuhandabrede dingliche Wirkung zu, was aus deutscher Sicht mit § 137 BGB kaum vereinbar erschient. Einem gänzlich anderen Verständnis folgt dagegen das *title*-basierte englische Recht, welches in jedem Einzelfall prüft, wem die größte dingliche Berechtigungsstärke zukommt. Dogmatisch weisen allerdings die *legal mortgage* sowie die *equitable mortgage*, mit welcher ein *equitable interest* sicherungshalber übertragen wird, große Gemeinsamkeiten mit dem deutschen und französischen Verständnis der Sicherungsübertragung auf, wird doch auch hier ein bestehendes dingliches Recht vom Sicherungsgeber auf den – nehmer übertragen. Schwieriger einzuordnen erweist sich die Variante der *equitable mortgage*, in welcher das englische Recht den Sicherungsnehmer aufgrund einer rein vertraglichen Verpflichtung, strengrechtliches Eigentum zu übertragen, so stellt, als habe er bereits strengrechtliches Eigentum erhalten. Die Einordnung dieser Konstruktion als Sicherungsübertragung rechtfertigt sich aber aus dem englischen Verständnis heraus, dass es – wenn auch in *equity* – mithin bereits zu einem Eigentumsübergang gekommen ist und der Sicherungsnehmer einem strengrechtlichen Eigentümer hinsichtlich seiner Befugnisse weitestgehend gleichgestellt wird. Dass *equitable ownership* insofern als schwächer gegenüber dem *legal ownership* angesehen wird, als dass ein Erwerber des *legal title* diesen gutgläubig lastenfrei erwerben kann, rechtfertigt aus funktionaler Sicht keine andere Einordnung, lassen doch auch das deutsche und das französische Recht den gutgläubigen Eigentumserwerb vom nichtberechtigten Sicherungsgeber zu. Das englische Recht greift zum Schutz des Sicherungsgebers nicht auf den Treuhandgedanken zurück. Stattdessen billigt es ihm aufgrund des Sicherungszwecks in jeder Konstruktion nach wie vor ein dingliches Recht am Sicherungsgut in Form der *equity of redemption* zu.

Während in Deutschland und in England – dort insbesondere in Form der *equitable mortgage* – Sicherungsübertragungen das dominierende Kreditsicherungsmittel an beweglichen Sachen und Forderungen darstellen,[804] dominiert in Frankreich die Sicherungsübertragung in der Praxis nur in Form der Sicherungsabtretung betrieblicher Forderungen durch *cession Dailly*. Dagegen hat sich die 2007 eingeführte Sicherungstreu-

---

804 Dabei wird davon ausgegangen, dass die in der Praxis gängigerweise vereinbarten *charges* in Wirklichkeit *equitable mortgages* darstellen.

hand in der Praxis zumindest an beweglichen Sachen und Forderungen des An- und Umlaufvermögens nicht durchgesetzt.

2.   Bestellung des Sicherungsrechts

Sicherungsrechte müssen in kostengünstiger, schneller, effizienter und umfassender Weise unter Wahrung der Vertragsfreiheit bestellt werden können.[805] Dabei ist zunächst festzustellen, dass in allen drei untersuchten Rechtsordnungen für die Sicherungsübertragung *inter partes* eine vertragliche Einigung Voraussetzung ist. Ob die Schriftform erforderlich ist, spielt für eine Bewertung keine Rolle, ist diese doch ohnehin in der Praxis üblich. Auch die steuerliche Registrierung in Frankreich sowie die Registrierung im Gesellschaftsregister in England werden in der Literatur nicht als große Effektivitätshindernisse wahrgenommen. Erstere scheint allerdings, soweit die Treuhand reinen Sicherungszwecken dient, jedenfalls unnötig. Als äußerst umständlich erscheint es zudem, dass in England alle Sicherheiten an speziell registerfähigen Gegenständen sowohl im Gesellschafts- als auch im jeweiligen Gegenstandsregister eingetragen werden müssen. In allen Rechtsordnungen können Sicherungsübertragungen zudem grundsätzlich an allen gegenwärtigen und künftigen Sachen und Rechten vorgenommen werden. Das englische Recht erweist sich insofern als besonders flexibel, als dass es die Übertragung sämtlichen gegenwärtigen und künftigen Vermögens zulässt. Demgegenüber erscheinen die Bestimmtheitsanforderungen des französischen Rechts als zu streng, lassen sie doch die Übertragung von künftigen Forderungen nur zu, wenn der Rechtsgrund bereits entstanden ist oder kurz vor der Entstehung steht. Erheblich relativiert werden muss das positive Urteil zum englischen Recht allerdings im Anwendungsbereich der BSA-Gesetzgebung. Hier machen bereits kleinste Abweichungen von dem gesetzlich vorgeschriebenen Inhalt und der Form das Sicherheitendokument unwirksam. Selbst erfahrene Juristen tun sich schwer damit, *security bills of sale* unter Wahrung der Parteiinteressen im Einzelfall aufzusetzen.[806] Auch die Besicherung künftiger Vermögenswerte ist nicht möglich. Die Reformierung der besitzlosen Kreditsicherheiten in England außerhalb des Anwendungsbereichs des CA 2006 dürfte nur noch eine Frage der Zeit sein.

Als besonders praxisrelevant erweist sich die Frage nach der Möglichkeit der Bestellung von revolvierenden Kreditsicherheiten am Umlaufvermögen. Auch wenn dies aus deutscher Sicht unpassend erscheinen mag, soll eine rechtsvergleichende Betrachtung diesbezüglich im Rahmen der Pfandrechte stattfinden. Denn sowohl in Frankreich als auch in England – dort allerdings nur begrifflich – treten revolvierende Kreditsicherheiten als Pfandrechte in Erscheinung. Ob eine *fiducie-sûreté* nach den für Pfandrechte geltenden Regeln als revolvierende Kreditsicherheit ausgestaltet werden kann, erscheint fraglich. Die Praxis scheint davon jedenfalls bislang abzusehen. Die Sicherungsübertragung mittels *cession Dailly* an Forderungen des Umlaufvermögens ist aufgrund ihrer Bestimmtheitsanforderungen jedenfalls nur als Mantelzession, nicht jedoch als revolvierende Globalsicherheit möglich. Mag diese sich auch als praxistauglich erwiesen haben, so ist doch der Sicherungsnehmer in erheblicherem Maße auf die Vertragstreue des Sicherungsgebers angewiesen, wohingegen im Falle revolvierender Kreditsicherheiten

---

805   Siehe UNCITRAL LGST, Introduction, Rn. 50 f.; EBRD CPSTL, Nr. 2, 7.
806   *Lenhard*, S. 120.

regelmäßig bereits die ursprüngliche Sicherheitenbestellung Drittwirkung auch hinsichtlich künftiger Vermögensgegenstände entfaltet.

3. Publizität, Drittwirksamkeit, Rangfolgen

a) Publizität

Obwohl bereits seit Einführung des BGB immer wieder gefordert[807] und heute überwiegend befürwortet,[808] kennt das deutsche Mobiliarkreditsicherungsrecht außerhalb der Mobiliarhypotheken keine Registerpublizität. Mag Deutschland mit der umfassenden Ablehnung jeglicher Registerpublizität auch international isoliert sein,[809] so hat die Untersuchung doch ergeben, dass auch das englische sowie insbesondere das französische Recht publizitätslose Sicherungsübertragungen zulassen. In England trifft dies zum einen auf – allerdings praktisch kaum relevante – rein mündlich bestellte *mortgages* an beweglichen Sachen außerhalb des Anwendungsbereichs des CA 2006 zu. Keiner Publizität unterfallen zudem *mortgages* an einzelnen Forderungen außerhalb des persönlichen Anwendungsbereichs des CA 2006. Soweit hier Globalzessionen der Registrierung nach den BSA-Gesetzen bedürfen, dient diese lediglich der (Dritt-) Wirksamkeit in der Insolvenz, ist aber ansonsten auch *erga omnes* wirksam. Weiter gestaltet sich der publizitätsfreie Raum dagegen im Frankreich. Tatsächlich sehen weder die *cession Dailly* noch die *fiducie-sûreté* jegliche zivilrechtliche Publizitätserfordernisse vor. Mit Einführung einer umfassenden publizitätslosen Sicherheit an jeglichen beweglichen Sachen und Rechten hat sich der französische Gesetzgeber unter dem Druck des *trust* und der deutschen Treuhand gegen das Publizitätsprinzip gegenwärtiger Rechtsvereinheitlichungsbestrebungen gewandt.[810] Die notwendige steuerliche Registrierung erscheint als vollkommener Fremdkörper in der europäischen Kreditsicherungsrechtsdogmatik.[811] Hier wäre eine strikte Trennung zwischen Verwaltungs- und Sicherungstreuhand angebracht gewesen.

---

807 Siehe die Nachweise bei *Drobnig*, Gutachten zum 51. DJT, F 57 f.

808 Aus rechtsvergleichender und -vereinheitlichender Sicht *Kieninger*, ZEuP 2016, 201, 208 ff.; *dies.* AcP 208 (2008), 182, 209 ff.; *Kreuzer*, in: Basedow/Remien/Wenckstern, Euroäisches Kreditsicherungsrecht, S. 31, 58; *Lenhard*, S. 352; *Sigman*, in: Eidenmüller/Kieninger, Secured Credit, S. 143, 157 ff.; *v. Wilmowsky*, Europäisches Kreditsicherungsrecht, S. 162 ff.; siehe aus Sicht der ökonomischen Analyse unter Informations- und Effektivitätsgesichtspunkten befürwortend *Dorndorf/Frank*, ZIP 1985, 65, 77 ff.; *Eidenmüller*, in: Hadding/Hopt/Schimansky, Internes und externes Rating, S. 117, 149 f.; ablehnend demgegenüber *Heese*, KTS 2010, 405, 414; *Lwowski*, in: Eidenmüller/Kieninger, Secured Credit, S. 174 ff.; *ders.*, in: Basedow/Remien/Wenckstern, Euroäisches Kreditsicherungsrecht, S. 173, 178 ff.

809 *Heese*, in: KTS 2010, 405, 406; *Kieninger*, ZEuP 2016, 201, 209; siehe auch *Drobnig/Böger*, Proprietary Security, art. IX-3:301, Comments, A.: »*Publicity by registration for security in movables can therefore with sufficient justification be regarded as a principle of European private law...*«.

810 Art. 18 UNCITRAL DMLST; art. IX.-3:301 DCFR; art. 6.1, 8.1. ff. EBRD Model Law on Secured Transactions.

811 Dies zeigt einmal mehr, dass vornehmlich der *trust* und damit die Verwaltungstreuhand Pate für die Einführung des Treuhandrechts stand.

117

Im Zuge der gegenwärtigen Rechtsvereinheitlichungsbestrebungen hat sich heute in Anlehnung an art. 9 UCC für besitzlose Kreditsicherheiten das Registrierungskonzept des *notice filing* weitgehend durchgesetzt, bei welchem nur die wesentlichen Eckdaten der Sicherheitenbestellung ungeprüft in elektronischer Form öffentlich registriert werden (Vertragsparteien, allgemeine Beschreibung des Sicherungsgegenstands). Zivilrechtlich hat die Registrierung einzig Auswirkungen auf die Rangstellung des Sicherungsrechts sowohl gegenüber konkurrierenden Sicherungsrechten als auch gegenüber weiteren Verfügungsempfängern.[812] Entsprechend wird die Registrierung in der modernen Mobiliarsicherheitendogmatik nicht mehr als konstitutives Element der Sicherheitenbestellung *inter partes*, sondern als reine Drittwirksamkeitsvoraussetzung gesehen, welche auch hinsichtlich des Bestehens der Sicherheit im Innenverhältnis keine positive Publizität aufweist.[813] Diesem Ansatz entspricht das englische Registrierungssystem nicht. Das aus dem 19. Jahrhundert stammende System der *bills of sale* sieht die Registrierung noch immer auch als Wirksamkeitsvoraussetzung *inter partes*. Das Registrierungskonzept unter dem CA 2006 unterscheidet zwar klar zwischen der Wirksamkeit *inter partes* und *inter omnes,* folgt aber nach wie vor dem *transaction filing*, bei welchem der gesamte Sicherungsvertrag öffentlich registriert wird.

b) Drittwirkung und Rangfolgen

Entsprechend ihrer mangelnden Publizität unterscheiden deutsche sowie französische Sicherungsübertragungen nicht zwischen Wirksamkeit *inter partes* und *erga omnes*. Das Sicherungsgut geht mit Abschluss des Rechtsgeschäfts (bzw. bei der *cession Dailly* zum auf dem Forderungsverzeichnis vermerkten Datum) drittwirksam auf den Sicherungsnehmer über. Begrifflich sieht das französische Recht zwar eine davon abweichende Drittwirksamkeit gegenüber dem Drittschuldner bei der Sicherungsübertragung von Forderungen vor. Diese unterscheidet sich kaum gegenüber den Drittschuldnerschutzvorschriften der §§ 404 ff. BGB. In Verbindung mit dem Prioritätsprinzip weisen beide Rechtsordnungen damit klare und einfach zu handhabende Rangfolgeregelungen auf, wobei aus deutscher Sicht die Frage gestellt werden kann, ob die über § 138 BGB vorgenommenen Korrekturen der Rechtsprechung betreffend das Verhältnis zwischen zeitlich vorhergehender Globalsicherungszession und verlängertem Eigentumsvorbehalt nicht eigentlich eine rechtspolitische Frage darstellen, die – wie in

---

812 UNCITRAL LGST, Introduction, Rn. 54; *Brinkmann*, Kreditsicherheiten, S. 426; zur Anwendung im DCFR siehe *Drobnig/Böger*, Proprietary Security, art. IX-3:301, Comments, C. Zum Konzept des *notice filing* allgemein und dessen Vorteilen gegenüber dem *transaction filing* siehe *Brinkmann*, Kreditsicherheiten, S. 378; *Kieninger*, RNotZ 2013, 217 ff., *dies.* ZEuP 2016, 201, 210 ff.

813 Zur Unterscheidung zwischen dem traditionellen und dem modernen Verständnis der Registereintragung siehe *Veneziano*, in: Eidenmüller/Kieninger, Secured Credit, S. 113, 119 f. Siehe zur Publizitätswirkung des *notice filing* auch *Brinkmann*, Kreditsicherheiten, S. 378; *Kieninger*, RNotZ 2013, 217, 218.

Frankreich[814] – der Gesetzgeber hätte beantworten müssen. Dass diese Frage nicht alleine durch den Verweis auf eine erforderliche Publizität gelöst werden kann, zeigen die unterschiedlichen Lösungen im DCFR sowie im UNCITRAL DMLST.[815]

Zumindest im Anwendungsbereich des CA 2006 unterscheidet das englische Kreditsicherungsrecht klar im Sinne moderner internationaler Sicherungsrechtsdogmatik zwischen der Wirksamkeit *inter partes* und *inter omnes*. Allerdings macht sich gerade im Bereich der Drittwirksamkeit und der damit verbundenen Rangfolgeregelungen negativ bemerkbar, dass das Registrierungssystem keinen umfassenden funktionalen Ansatz aufweist und sicherheitenfunktionsäquivalente Rechtsgeschäfte (*quasi-security rights*) damit nicht der Eintragung bedürfen. Damit stellen sich im Hinblick auf die Prioritätsregel betreffend Forderungsabtretungen aus *Dearle v Hall* insbesondere Unsicherheiten im Verhältnis zur Factoringglobalzession, da nicht klar ist, ob der Factor von der positiven Publizität einer vorangegangenen Sicherungsabtretung umfasst ist. Umgekehrt kann sich ein Sicherungsnehmer mit einem Blick in das *Companies Register* nicht vergewissern ob die Forderung nicht zuvor bereits an einen Factor abgetreten wurde. Ganz allgemein erschient es zudem für den Rechtsanwender als unbefriedigend, dass die Eintragung im *Companies Register* nicht unmittelbar die Rangfolge von Verfügungen bestimmt, sondern sich über die positive Publizität lediglich mittelbar auf die bestehenden ungeschriebenen Rangfolgeregeln auswirken kann, weshalb nach wie vor eine Vielzahl unterschiedlicher Reglungen und Ausnahmen im Verhältnis zu den unterschiedlichsten Verfügungsempfängern zu beachten sind.

4. Rechtsstellung der Parteien

Abgesehen von den bereits dargestellten Unterschieden in der dinglichen Konstruktion der Sicherungsübertragung weisen sämtliche untersuchten Sicherungsübertragungen die gleichen vertraglichen Gestaltungsmuster auf. Der Sicherungsgeber bleibt regelmäßig weiter im Besitz des Sicherungsguts, kann dieses nutzen und muss für dessen Erhaltung Sorge tragen. Forderungsabtretungen können sowohl still als auch offen ausgestaltet sein. Im Weiteren hängt die Verwendung des eingezogenen Erlöses dann im Wesentlichen von den Parteivereinbarungen ab.

---

814 Dort hat art. 2372 C.civ., welcher auf ältere Rechtsprechung zurückgeht, klargestellt, dass die aus der Weiterveräußerung resultierende Forderung aufgrund dinglicher Surrogation dem Vorbehaltsverkäufer zusteht. Siehe zum Aussonderungsrecht des Vorbehaltsverkäufers an der Forderung art. L. 624-18 C.com.

815 Nach Art. IX.-4:104(1)(c), IX.-4:105(1), (2)(b) DCFR erstreckt sich die *super priority* eines *acquisition finance device* auch auf die aus dem Weiterverkauf der erworbenen Waren resultierenden Forderungen, wenn dies zusammen mit dem *acquisition finance device* registriert wird, siehe auch *Brinkmann*, Kreditsicherheiten, S. 450 ff. Nach Art. 41 Nr. 1, 2(a), Option A UNCITRAL DMLST hingegen lässt sich die *super priority* eines *acquisition security right* nicht auf die aus der Weiterveräußerung der finanzierten Ware resultierende Forderung erstrecken und nach Art. 41 Nr. 1, 2(a), Option B UNCITRAL DMLST ist dies nur möglich, wenn die finanzierte Ware zum Anlagevermögen (*equipment*) des Vorbehaltskäufers zu zählen ist.

5.   Verwertung

Verwertungsbestimmungen sollten die schnelle, kostengünstige Realisierung des Sicherungsguts bestenfalls zum Marktpreis ermöglichen.[816] Die untersuchten Sicherheiten nehmen sich dabei im Hinblick auf die Verwertungsarten nicht viel. Insbesondere ist ein gerichtliches Verwertungsverfahren nicht erforderlich. Im Hinblick auf Sicherungsübertragungen an Forderungen weisen die untersuchten Sicherheiten keine großen Unterschiede auf. Die Verwertung erfolgt stets durch Einziehung beim Drittschuldner. Im Hinblick auf die Verwertung der Sicherungsübereignung an beweglichen Sachen erfolgt die Verwertung in Deutschland und England stets durch außergerichtliche Veräußerung. Dasselbe sollte in Frankreich gelten, selbst wenn dies nicht vertraglich vereinbart ist. Denn der gesetzlich angeordnete Verfall soll es dem Sicherungsnehmer letztendlich ermöglichen, als Eigentümer das Sicherungsgut veräußern zu können. Tatsächlich erinnert diese Vorstufe der endgültigen Eigentumszuschlagung in gewisser Weise an die *equitable mortgage*. Denn auch hier erfolgt im Sicherungsfall zumindest in manchen Konstellationen zunächst die Vervollständigung zur *legal mortgage*, bevor die eigentliche Verwertung einsetzt. Zu nennen ist hier insbesondere die Vornahme der Drittschuldneranzeige. Die *fiducie-sûreté* erweist sich allerdings insofern jedenfalls als nachteilhaft gegenüber den deutschen und englischen Sicherungsübertragungen, als dass sie die Bestimmung des Werts des Sicherungsguts durch einen Sachverständigen zwingend vorschreibt, was jedenfalls mit erhöhten Verwertungskosten einhergehen dürfte.

6.   Die Rechtsstellung des Sicherungsnehmers in der Insolvenz des Sicherungsgebers

Es lässt sich zunächst festhalten, dass die Wirksamkeit dinglicher Sicherungsübertragungen in allen untersuchten Rechtsordnungen vorbehaltlich der jeweiligen Anfechtungsvorschriften von der Eröffnung eines Insolvenzverfahrens unberührt bleibt. Sowohl in England als auch in Frankreich droht jedoch deren Verlust, wenn sie bei der Forderungsanmeldung nicht mit angegeben werden, wenngleich in Frankreich diese Gefahr nur für Pfandrechte.

a)   Das Verhältnis zwischen Sicherungsgut und Insolvenzmasse

Sowohl in England als auch in Frankreich gehören sicherungsübertragene Vermögenswerte nicht mehr zum Vermögen des Insolvenzschuldners und damit zur Insolvenzmasse. Konsequenterweise räumt das französische Recht daher dem durch besitzlose *fiducie-sûreté* gesicherten Gläubiger ein Aussonderungsrecht ein (*revendication*), welches dem Deutschen vergleichbar ist. Allerdings vollzieht es sich nicht vollkommen außerhalb insolvenzrechtlicher Regeln. Vielmehr stellt es selbst den Herausgabeanspruch dar und muss innerhalb des Insolvenzverfahrens innerhalb bestimmter Fristen geltend gemacht werden. Da die *revendication* ein Nutzungs- bzw. Fruchtziehungsverhältnis verlangt, ist es auf Forderungen allerdings nicht anwend-

---

816   UNCITRAL Legislative Guide on Secured Transactions, Ch. VIII, Rn. 6; EBRD Core principles for a secured transaction law, Nr. 4.

bar. Dem englischen Recht, welches nicht auf dem römisch-rechtlichen Eigentums-begriff aufbaut, sind Systembegriffe wie Aus- und Absonderung hingegen fremd. Der Sicherungsnehmer hat die stärkste dingliche Berechtigung am Sicherungsgut und ist bereits daher als Eigentümer anzusehen. Das Insolvenzrechtrecht hat diese dingliche Rechtslage zu akzeptieren. Dem Sicherungsgeber stehen damit grundsätz-lich nach Verfahrenseröffnung grundsätzlich die gleichen Befugnisse zu wie zuvor. Es lässt sich daher zumindest feststellen, dass das englische Recht eher dem deut-schen Verständnis der Aussonderung als der Absonderung entspricht. Sowohl das englische als auch das französische Recht räumen dem Insolvenzschuldner die Mög-lichkeit ein, dass Sicherungsgut durch Begleichung der gesicherten Forderung abzu-lösen. Unter englischem Recht behält der Insolvenzschuldner ohnehin zudem ein dingliches Ablösungsrecht (*equity of redemption*) welches auch in die Insolvenz-masse fällt. Das deutsche Recht räumt dem Insolvenzverwalter hingegen kein Ablö-sungsrecht ein. Dieses ist nicht notwendig, da der Verwalter ohnehin lastenfrei über das Sicherungsgut verfügen kann, zumindest wenn es sich in seinem Besitz befindet. Denn anders als im französischen und englischen Recht gehören sicherungsübereig-nete Vermögensgegenstände unter deutschem Recht zur Insolvenzmasse.

b) Verwertungsrecht

Hinsichtlich der Verwertungsbefugnis an sicherungsübertragenen Vermögenswerten in der Insolvenz weisen die betrachteten Rechtsordnungen zum Teil Unterschiede und zum Teil Gemeinsamkeiten auf. So ist im deutschen Recht maßgebliches Kriterium, ob sich das Sicherungsgut bei Verfahrenseröffnung im Besitz des Sicherungsnehmers befindet oder nicht. Wenn dies nicht der Fall ist – was regelmäßig der Fall sein wird –, steht dem Insolvenzverwalter die ausschließliche Verwertungsbefugnis zu. Die Diffe-renzierung fußt auf der Überlegung, dass Sicherungsgut, welches sich nicht im unmit-telbaren Besitz des Insolvenzschuldners befindet, regelmäßig nicht für die Geschäfts-fortführung benötigt wird. Auch sicherungsübertragene Forderungen sind nur noch vom Verwalter einzuziehen. Hier gründet sich der Übergang der Verwertungsbefugnis auf reinen Zweckmäßigkeitserwägungen. Auch das französische Recht knüpft an die Besitzlage an. Daneben differenziert es allerdings weiter nach Verfahrensarten und zwischen Sicherungsübertragungen an beweglichen Sachen und Forderungen. In den Sanierungsverfahren darf der Sicherungsnehmer sicherungsübertragene bewegliche Sachen nicht verwerten, wenn sie sich bei Verfahrenseröffnung im unmittelbaren Be-sitz des Insolvenzschuldners befinden. Ist dies nicht der Fall, so bestehen keine Ver-wertungshindernisse, es sei denn der Schuldner oder Insolvenzverwalter begleicht die gesicherte Forderung. Dies entspricht der Rechtslage in Deutschland. Allerdings darf auch der Insolvenzverwalter sicherungsübereignete Sachen nicht verwerten, da sie nicht zur Insolvenzmasse gehören. Sicherungsabgetretene Forderungen hingegen darf der gesicherte Gläubiger auch nach Verfahrenseröffnung einziehen. Im Liquidations-verfahren hingegen bestehen für den Sicherungsnehmer keinerlei Verwertungs-beschränkungen. Dass das französische Recht Verwertungshemmnisse nur in den Sanierungsverfahren und nur für im Besitz des Insolvenzschuldners befindliches Sicherungsgut anordnet, zeigt, dass alleiniges Ziel dieser Einschränkungen die Auf-rechterhaltung des Geschäftsbetriebs ist. Ähnlich wie das französische Recht differenziert das englische Recht nach Verfahrensarten. Im Liquidationsverfahren bestehen keinerlei Verwertungseinschränkungen für den gesicherten Gläubiger. Im Sanierungsverfahren (*administration*) hingegen darf der gesicherte Gläubiger nur noch mit Zustimmung des Gerichts zur Verwertung schreiten und zwar unabhängig davon, in wessen Besitz sich das Sicherungsgut befindet.[817] Umgekehrt darf auch der Verwalter mit Zustimmung des Gerichts Sicherungsgut veräußern.[818] Ist der Insolvenzschuldner allerdings nicht der unmittelbare Besitzer des Sicherungsguts, so dürfte die vom Gericht vorzunehmende Interessenabwägung in der Regel zugunsten des Sicherungsnehmers ausfallen, da das Sicherungsgut dann nicht für den Geschäftsbetrieb benötigt wird. Denn auch der Verwertungsstopp in der *administration* dient ausschließlich der Aufrechterhaltung des Geschäftsbetriebs. Letztendlich schränken damit alle untersuchten Rechtsordnungen die Verwertungsbefugnis des Sicherungsnehmers in der Insolvenz zugunsten der Aufrechterhaltung des Geschäftsbetriebs ein. Das deutsche Recht ist dabei insofern undifferenzierter, als dass es nur ein einheitliches Insolvenzverfahren kennt und nicht zwischen Liquidations- und Sanierungsverfahren differenziert.

c) Nutzungsrecht

In allen drei untersuchten Rechtsordnungen korrespondiert mit einer eventuellen Verwertungssperre auf Seiten des gesicherten Gläubigers ein Nutzungsrecht des Insolvenzschuldners oder Insolvenzverwalters. Dies entspricht dem Sinn und Zweck der Verwertungssperre, die Aufrechterhaltung des Geschäftsbetriebs zu ermöglichen.

d) Verwertungserlös

In Deutschland steht dem Sicherungsnehmer der Erlös aus dem Sicherungsgut zu, abzüglich des Massekostenbeitrags in Höhe von neun Prozent des Verwertungserlöses. Erfolgt die Verwertung durch den Sicherungsnehmer, so fällt nur die Feststellungskostenpauschale in Höhe von vier Prozent des Verwertungserlöses an. Im englischen *Administration*-Verfahren steht dem Sicherungsnehmer bei Verwertung durch den *administrator* der Verwertungserlös des Marktwerts zu, welchen das Insolvenzgericht zuvor bestimmt hat. Ihm steht sogar ein Ausgleichsanspruch zu, wenn der erzielte Erlös unter diesem Betrag liegt. Verwertet der Sicherungsnehmer selbst, so muss er ebenfalls keinerlei Beträge an die Insolvenzmasse abführen. Gleiches gilt im Liquidationsverfahren. In Frankreich stellt sich die Frage insofern nicht, als dass der Insolvenzschuldner oder Verwalter nicht zur Verwertung berechtigt ist. Kommt es zur Verwertung durch den Sicherungsnehmer, so erfolgt diese zunächst durch Eigentumsverfall, und insofern stehen ihm auch bei einem anschließenden Verkauf sämtliche Erlöse zu.

---

817 Die Rechtslage in der *administration* entspricht derjenigen beim CVA, wenn das Gericht auf Antrag ein Moratorium erlässt.

818 Dies widerspricht dem deutschen Verständnis von Aussonderungsgut und zeigt, dass sich die Behandlung von Kreditsicherheiten in England kaum in die Kategorien Aus- und Absonderungsgut fassen lassen.

e) Bewahrung des wirtschaftlichen Werts des Sicherungsrechts

Abschließend soll rechtsvergleichend dargestellt werden, inwieweit die hier untersuchten Sicherungsübertragungen substanziellen Beeinträchtigungen im Insolvenzverfahren ausgesetzt sind, welche dazu führen können, dass der gesicherte Gläubiger weniger als den wirtschaftlichen Wert des Sicherungsguts, mithin den Liquidationswert, erhält. In England besteht die Gefahr des vollständigen Verlusts der Sicherheit bereits bei der Forderungsanmeldung, wenn die Sicherheit nicht mit angegeben wird. In Frankreich muss zudem die *revendication* innerhalb von drei Monaten ab Verfahrenseröffnung geltend gemacht werden, um nicht die Wirkungen der Sicherheit in der Insolvenz zu verlieren. In Deutschland droht bei verspäteter Offenlegung demgegenüber nur ein Schadensersatzanspruch der Insolvenzmasse. Darüber hinaus erweisen sich alle Sicherungsübertragungen als weitestgehend geschützt. Wie bereits dargestellt erfolgen über Abzüge beim Verwertungserlös keine substantiellen Eingriffe. Die deutsche Massekostenpauschale stellt keinen übermäßig harten Eingriff dar. Zum einen handelt es sich um Kosten, die dem gesicherten Gläubiger letztendlich zugutekommen und die außerhalb der Insolvenz zum Teil ebenfalls aus dem Sicherungsgut heraus beglichen werden müssen. Zum anderen kann sich der Sicherungsnehmer durch Übersicherung vor diesen Kosten schützen. Sowohl das deutsche als auch das englische Recht schützen den gesicherten Gläubiger zudem vor Verschleuderungen durch den Insolvenzverwalter. Auch wenn in Deutschland die einwöchige Frist des gesicherten Gläubigers zur Anzeige einer günstigeren Verwertung kurz bemessen erscheint, gibt die Konsultationspflicht des Insolvenzverwalters ihm zumindest immer die Möglichkeit, selbst das Sicherungsgut gegen einen besseren Preis zu übernehmen, wenn der angestrebte Preis offensichtlich unter dem Marktwert liegt. Über den Minderheitenschutz des deutschen Insolvenzplanverfahrensrechts ist zudem sichergestellt, dass der gesicherte Gläubiger im Planverfahren das erhält, was er im Falle der Zerschlagung erhalten würde. In den englischen Planverfahren dürfen die Rechte gesicherter Gläubiger ohne deren Zustimmung überhaupt nicht beeinträchtigt werden. In Frankreich sind durch *fiducie-sûreté* gesicherte Forderungen nicht in den Gläubigerausschüssen repräsentiert, können dort also nicht durch Mehrheitsbeschluss eingeschränkt werden. Allerdings kann im Planverfahren die gesicherte Forderung gegen den Willen des Sicherungsnehmers gestundet werden. Jedoch muss auch in allen Rechtsordnungen im Falle der Verwertungseinschränkung einer Sicherheit zugunsten der Sanierung mit Verzögerungen bei der Forderungsbegleichung gerechnet werden. Immerhin muss der Sanierungsplan in sechs Monaten ausgearbeitet sein. Der durch eine *cession Dailly* gesicherte Gläubiger kann zwar Mitglied des Gläubigerausschusses sein. Erstens erscheint es allerdings fraglich, ob in einem solchen tatsächlich die Kürzung von gesicherten Forderungen unter den zu erwartenden Liquidationserlös der Sicherheiten beschlossen wird. Zum anderen unterliegen Sicherungsabtretungen an Forderungen keinerlei Verwertungsbeschränkungen, so dass die Sicherheit ohnehin unmittelbar nach Verfahrenseröffnung verwertet werden kann. Letztendlich erscheint damit in allen Rechtsordnungen der wirtschaftliche Wert der Sicherungsübertragungen als ausreichend geschützt. Schwächen zeigt das französische Recht zwar insoweit, als dass es dem gesicherten Gläubiger keinen Ausgleich für den Fall gewährt, dass durch Abnutzung des Sicherungsguts in Folge von Nutzungen durch den Verwalter das Sicherungsinteresse des gesicherten Gläubigers beeinträchtigt wird. Zwar ist ohne Zustimmung des gesicherten Gläubigers

123

dessen Forderung grundsätzlich voll zu befriedigen. Wird allerdings das Plan- in ein Liquidationsverfahren übergeleitet und war es zuvor durch Nutzungen zu einer Wertminderung des Sicherungsguts gekommen, kann dies zu Beeinträchtigungen führen. Zu beachten ist aber, dass hier – wie auch in England – die Möglichkeit der Übersicherung besteht. Das englische Recht kennt zwar ebenfalls keinen Anspruch auf den Ausgleich von durch Nutzungen des *administrators* entstandene Wertminderungen. Aufgrund des hohen Maßes an Bestandsschutz für dingliche Sicherheiten ist allerdings davon auszugehen, dass das Gericht dem Sicherungsnehmer die Verwertung gestattet oder Ausgleichszahlungen anordnet, wenn das Sicherungsinteresse des Sicherungsnehmers durch die Wertminderung tatsächlich beeinträchtigt wird. In Deutschland erscheint der Schutz des gesicherten Gläubigers im Vergleich mit England und Frankreich außergewöhnlich hoch, hat der Sicherungsnehmer hier sogar einen Zinsanspruch, wenn es trotz Möglichkeit der Verwertung nicht zu einer solchen kommt.[819]

B.   Besitzlose Pfandrechte

I.   England

1.   Entwicklung

Neben der *mortgage* stellt die *charge* das zweite vertragliche Mobiliarkreditsicherungsrecht dar, welches nicht auf der Besitzübertragung beruht. Bis in die Mitte des 19. Jahrhunderts war diese Form der Besicherung an Mobilien unbekannt, war doch im Hinblick auf den *Twyne's Case* ohnehin jedes besitzlose Mobiliarkreditsicherungsrecht bedeutungslos. Zum ersten Mal beschrieben wird die *charge* in einem Urteil von 1867 als Vorrangvereinbarung, welche zwar nicht auf der Übertragung von Eigentum beruht, welcher die *equity* aber dennoch dingliche Wirksamkeit zuerkennen muss.[820] Die Änderung der Definition des *bill of sale* durch den BSA 1878, nach welcher nunmehr auch solche Vereinbarungen erfasst wurden, lässt darauf schließen, dass das Konzept der *charge* zwischen 1854 und 1878 entstand, eventuell um die formellen Erfordernisse des BSA 1854 zu umgehen.[821]

2.   *Charge* – Begriff, Konstruktion und wirtschaftliche Bedeutung

Die *charge* ist eine dinglich wirkende Vereinbarung dahingehend, dass das Sicherungsgut im Sicherungsfall vom Sicherungsnehmer zur Begleichung der gesicherten Forderung eingesetzt werden soll, ohne dass dem Sicherungsnehmer Eigentumsbefugnisse zustehen sollen.[822] Sie stellt damit eine reine Belastung eines fremden Vermö-

---

819   Siehe *Lwowski/Tetzlaff*, in FS Fischer, S. 365, 367, die feststellen, dass den §§ 166 ff. InsO keine bedeutsame Entwertung der Sicherungsübertragungen entnommen werden kann.

820   *Brown v Bateman* (1866-1867) L.R. 2 C.P. 272, 282 f.; *Gough*, Company Charges, S. 28.

821   *Gough*, Company Charges, S. 30.

822   *Carreras Rothmans Ltd. v Freeman Mathews Treasure Ltd.* [1985] Ch. 207, 227 (Ch.D.); *Ali*, Rn. 4.93 f.; *B/B/G/L*, Law of Security, Rn. 6.17; *Enchelmaier*, S. 566.

gensgegenstands dar, vergleichbar mit einem besitzlosen Pfandrecht.[823] Da ein solches dingliches Recht dem *common law* unbekannt ist, handelt es sich bei der vertraglichen *charge* um ein ausschließliches Recht der *equity* (*equitable charge*).[824] Auch dogmatisch ist die *charge* mit der *equitable mortgage*, welche auf der Verpflichtung zur Bestellung einer *legal mortgage* beruht, weitestgehend identisch. Denn auch die *charge* beruht auf einem Vertrag, welchem die *equity* dingliche Wirkung zukommen lässt.[825] Als besitzlose Sicherheit kann eine *charge* sowohl an beweglichen Sachen als auch an Rechten bestellt werden. In der Praxis ist die *charge* zumindest begrifflich das in England dominierende Kreditsicherungsmittel.[826]

3. Abgrenzung zur *mortgage*

Konstruktiv besteht ein feststehender Unterschied zwischen *mortgage* und *charge*. Die *charge* stellt eine bloße Belastung (*mere encumberance*) fremden Vermögens dar, während der Sicherungsnehmer im Falle der *mortgage* ein Eigentumsrecht, sei es *legal* oder *equitable*, übertragen erhält.[827] Maßgeblich für die Abgrenzung zur *equitable mortgage* ist, ob dem Sicherungsgeber im Sicherungsfall nach Vertragsauslegung Eigentümerbefugnisse zustehen sollen oder nicht. Soll der Sicherungsnehmer befugt sein, ohne gerichtliche Anordnung das Sicherungsgut an sich zu nehmen und zu veräußern, so genügt dies grundsätzlich, um eine *equitable mortgage* anzunehmen, denn Besitz und Veräußerungsrecht sind nach englischem Verständnis originäre Ausflüsse des Eigentums. Die Vertragspraxis unterscheidet allerdings begrifflich nicht zwischen *equitable mortgage* und *charge*. Regelmäßig werden Sicherungsrechte vertraglich als *charges* bezeichnet, wobei dem Sicherungsnehmer entweder direkt die außergerichtlichen Verwertungsrechte eines *mortgagee* eingeräumt werden oder die Verpflichtung vereinbart wird, im Sicherungsfall eine *legal mortgage* zu bestellen.[828] Gerichte tun sich ebenfalls schwer mit einer klaren Trennung und sprechen zum Beispiel von einer »*charge by way of assignment*«.[829] Da in der Praxis nahezu alle *charges* solche Ver-

---

823 *Goode*, Credit and Security, Rn. 1-55; *Aschenbrenner*, S. 120; *Lenhard*, S. 25.

824 *B/B/G/L*, Law of Security, Rn. 6.17; *Gullifer*, Credit and Security, Rn. 1-55; Ausnahme ist die *legal charge by way of mortgage* über unbewegliches Vermögen, vgl. dazu *Aschenbrenner*, S. 111 f.

825 *Gullifer*, Credit and Security, Rn. 2-04: »*An equitable charge, not being a transfer of ownership, rests in contract; there is therefore no distinction between a charge and an agreement for a charge.*«

826 *McCormack*, Company Charges, Rn. 1.8; *ders.* Secured Credit, S. 39; siehe aber sogleich unten unter 1. Teil B I. 3 (S. 173 f.).

827 Siehe zur Abgrenzung *Re Bond Worth Ltd.* [1980] Ch. 228, 250 (Ch.D.); *Swiss Bank Corporation v Lloyds Bank Ltd.* [1980] 3 W.L.R. 457, 466 f. (C.A.): *National Provincial and Union Bank of England v Charnley* [1924] K.B. 431, 449 (C.A.).

828 Regelmäßig wird dem Sicherungsnehmer zugleich die Vollmacht erteilt, dafür eventuell notwendige Schritte (z.B. die Drittschuldneranzeige) im Namen des Sicherungsgebers unternehmen zu können, siehe *Gullifer*, Credit and Security, Rn. 3-21.

829 *Re ELS* [1995] Ch. 11, 25 f. (Ch.D.); damit kann nur eine *legal mortgage* gemeint sein, da es bei der reinen *charge* zu keiner Übertragung kommt, siehe *B/B/G/L*, Personal Property Security, Rn. 4.19; *Armour/Walters*, L.Q.R. 2006, 295, 303 sprechen in diesem Fall von einer *charge by way of mortgage*.

wertungsrechte vorsehen, ist unter Berücksichtigung des maßgeblichen Parteiwillens davon auszugehen, dass die meisten in der Praxis als *(floating) charge* bezeichneten Kreditsicherheiten in Wirklichkeit *equitable (floating) mortgages* darstellen.[830] Eine reine *(mere) charge* kommt kaum vor. Abgesehen davon halten sich auch der Gesetzgeber und die Rechtsprechung seit jeher in ihrer Terminologie nicht an die Unterscheidung, sondern verwenden die Begriffe *mortgage* und *charge* oftmals synonym.[831] Dies kann zum einen damit erklärt werden, dass aufgrund der umfassenderen Verwertungsbefugnisse nach englischem Verständnis in jeder *mortgage* zwangsläufig eine *charge* enthalten ist. Zum anderen ist aufgrund der dogmatischen Gleichheit und der vertraglichen Ausgestaltung die Unterscheidung zwischen einer *equitable mortgage* und einer *charge* kaum einmal entscheidungserheblich.[832]

4. Die *(fixed) charge*

a) Bestellung *inter partes*, Drittwirksamkeit, Publizität und Rangfolgen

Aufgrund der gleichen dogmatischen Grundlage ist die *charge* in ihrer Entstehung mit der auf vertraglicher Abrede beruhenden *equitable mortgage* weitestgehend identisch, so dass zum größten Teil auf die Ausführungen zur *equitable mortgage* verwiesen werden kann.[833] Zusammenfassend erfordert auch die Vereinbarung einer *charge* keine speziellen Formerfordernisse, auch wenn sie aus den oben genannten Gründen ausnahmslos schriftlich bestellt wird.[834] Für die Wirksamkeit ist immer eine erbrachte Gegenleistung erforderlich, und auch die Bestellung an künftigen Sachen ist nach den Grundsätzen der *equity* möglich. Hinsichtlich der Rangfolge konkurrierender Rechte an Forderungen ist die Anwendung der Regel aus Dearle v. Hall nicht ganz unumstritten, wird aber von der h.M. bejaht.[835]

Eine Besonderheit betrifft die BSA-Gesetzgebung. Eine *charge* fällt unter die Legaldefinition des s. 4 BSA 1878. Allerdings fordert das gesetzliche Muster des BSA AA 1882 einen *transfer* des Sicherungsguts. Eine Übertragung liegt aber bei der reinen *charge* gerade nicht vor. Folge ist, dass die Vereinbarung einer *charge* immer gegen die gesetzliche Form verstößt und damit unwirksam ist. Eine schriftliche *charge* kann daher im persönlichen Anwendungsbereich der BSA-Gesetze nicht bestellt werden. Die innere Widersprüchlichkeit der BSA-Gesetzgebung[836]

---

830 Ausführlich *Armour/Walters*, L.Q.R. 2006, 295, 303; zustimmend *B/B/G/L*, Law of Security, Rn. 4.19; *Cough*, Company Charges, S. 100 f; *Gullifer*, Credit and Security, Rn. 3-10, Fn. 36.

831 Vgl. u.a. ss. 861 (5) CA 2006; 205 (1) (xvi) LPA 1925; *Re Yorkshire Woolcombers Association Ltd.* [1903] 2 Ch. 284, 293, 298 (C.A.); *Lenhard*, S. 26 m.w.N.

832 *Calnan*, Taking Security, Rn. 3.12.

833 Vgl. *Calnan*, Taking Security, Rn. 3.17; *Gullifer*, Credit and Security, Rn. 3-21; *Gullifer/Payne*, Rn. 7.3.2.3.; *Seif*, S. 54 ff.

834 So erfordern die gesetzlichen Verwertungsermächtigungen in s. 101 LPA 1925 die Vereinbarung in Form einer *deed* auch für die *charge*, siehe s. 205(1)(xvi) LPA 1925.

835 *B/B/G/L*, Law of Security, Rn. 14.11; *Ferran*, Company Law, S. 536; *Lenhard*, S. 86.

836 *Lenhard*, S. 52 spricht von einem *Paradoxon.*

wurde durch die Rechtsprechung hinsichtlich einer *license to take possession* bereits bestätigt.[837]

Ungeklärt ist zudem, ob vertragliche Abtretungsverbote der Bestellung einer *charge* entgegenstehen, da es zu keiner Forderungsübertragung kommt.[838]

b) Rechtsstellung der Parteien

Im Hinblick auf bewegliche Sachen besteht kein Unterscheid zur *equitable mortgage*. Etwas anderes gilt mit Blick auf Forderungen. S. 136 LPA 1925 findet auf die reine *charge* keine Anwendung.[839] Dies bedeutet, dass der Sicherungsnehmer auch nach Anzeige der *charge* an den Drittschuldner nicht berechtigt ist, die Forderung ohne Einbeziehung des Sicherungsgebers einzuklagen.[840] Zumindest nach herrschender Meinung verhindert die Drittschuldneranzeige allerdings, dass der Drittschuldner noch mit anschließend entstandenen Gegenforderungen aufrechnen, anschließend entstandene Einwendungen geltend machen und schuldbefreiend an den Sicherungsgeber leisten kann. Auch insoweit wird die *charge* also der *equitable mortgage* gleichgestellt.[841]

c) Verwertung

Zumindest in der Theorie bestehen klare Unterschiede zwischen *mortgage* und *charge*. Da mit der *charge* kein Eigentumsrecht übertragen wird, kommt die *foreclosure* nicht in Betracht. Da zudem das Besitzrecht auf dem *legal title* beruht, darf der *chargee* Sicherungsgut nicht in Besitz nehmen.[842] In Bezug auf Forderungen berechtigt die Anzeige an den Drittschuldner zwar zur schuldbefreienden Annahme der Leistung vom

---

837 *Re Townsend, ex parte Parsons* (1886) 16 L.R.Q.B.D. 532 (C.A.); *Lenhard*, S. 52 spricht von einem Paradoxon.

838 Für die Gleichbehandlung mit der *mortgage Gullifer*, Credit and Security, Rn. 3-44, die aber als Hauptargument anführt, dass die meisten *charges* in Wahrheit *equitable assignments* (*mortgages*) darstellen. Dagegen sieht *Worthington*, in: Gullifer/Vogenauer, Perspectives, S. 417, 423 ff. mangels Übertragung der Forderung die Bestellung einer *charge* als unproblematisch an, allerdings könne der Sicherungsnehmer im Verwertungsfall die Forderung weder verkaufen noch selbst einziehen.

839 Siehe zum Anwendungsbereich *Durham Brothers v. Robertson* [1898] 1 Q.B. 765, 771 (C.A.): »*...assignment...(not purporting to be by charge only)...*«.

840 Siehe die Nachweise bei *Gullifer*, Credit and Security, Rn. 1-56, 3-21 und oben zur *equitable mortgage* unter 1. Teil A. II. 3. f) bb) (2) (S. 68 f.).

841 *Business Computers Ltd. v Anglo-african Leasing Ltd.* [1977] 1 W.L.R. 578, 584 ff., nicht thematisierend, ob es sich bei der *floating charge* um eine *charge* oder doch ein *equitable assignment* handelt; *Goode*, Credit and Security, Rn. 3-21; *Oditah*, Receivables financing, S. 246; Demgegenüber lassen *B/B/G/L*. Law of Security, Rn. 6.64 zumindest die Aufrechnung mit nach der Drittschuldneranzeige entstandenen Forderungen zu, da die reine *charge* die Gegenseitigkeit der Forderungen unberührt lässt. Dies sei aber praktisch irrelevant, da dem Drittschuldner regelmäßig im Rahmen der Verwertung die Sicherheit angezeigt wird, so dass er in jedem Fall mit nach der Sicherheitenbestellung entstandenen Gegenforderungen wird aufrechnen können.

842 Zu allem *Ali*, Rn. 8.09; *B//B/G/L*, Law of Security, Rn. 18.33; *Calnan*, Taking Security, Rn. 8.85.

Drittschuldner, jedoch nicht zur eigenständigen Einklagung.[843] Der Sicherungsnehmer ist damit in der Theorie bei der Verwertung auf die Hilfe des Gerichts angewiesen.[844] Die Praxis sieht anders aus und belegt, dass die Unterscheidung zur *equitable mortgage* kaum möglich und notwendig ist. Vertraglich wird dem Sicherungsnehmer das Recht zur außergerichtlichen Verwertung eingeräumt.[845] Um den Forderungseinzug beim Drittschuldner sicherzustellen, wird dem Sicherungsnehmer regelmäßig Vollmacht erteilt, um alles Notwendige für die Übertragung des *legal titles* zu veranlassen.[846] Ist die *charge* in Form einer *deed* bestellt worden, so ergeben sich diese Rechte, wenn auch unter Einschränkungen bereits aus dem Gesetz.[847] Von den Gerichten wurde im Falle der *floating charge* sogar das Recht auf *foreclosure* anerkannt.[848] Gerade letzteres zeigt, dass auch die Gerichte offensichtlich im Zweifel doch von einer *equitable mortgage* ausgehen.[849]

d)   Die Rechtsstellung des Sicherungsnehmers in der Insolvenz des Sicherungsgebers

Das englische Insolvenzrecht unterscheidet hinsichtlich der Rechtspositionen des dinglich gesicherten Gläubigers nicht zwischen *mortgage* und *charge*.[850] Es wird daher auf die Ausführungen zur *equitable mortgage* verwiesen. Die Auffassung, eine *charge* begründe im Gegensatz zur *mortgage* nur ein Absonderungsrecht, überzeugt nicht.[851] Zwar gibt die *charge* in ihrer Reinform tatsächlich nur das Recht auf gerichtliche Verwertung und vorrangige Befriedigung aus dem Erlös. Diese Unterscheidung beruht jedoch auf zivilrechtlichen Regeln und nicht auf insolvenzspezifischen Differenzierungen. Vielmehr gilt auch für die *charge*, dass sie dem Sicherungsnehmer die stärkste dingliche Berechtigung am Sicherungsgut verleiht, welches daher nicht dem Vermögen des Sicherungsgebers zuzurechnen ist. Letztere Annahme ist zwar vereinzelt angezweifelt worden, die Mindermeinung hat sich jedoch nicht durchgesetzt, und praktisch spielt der Streit ohnehin keine Rolle mehr.[852]

---

843   Siehe soeben oben unter 1. Teil B. I. 4. b) (S. 127).
844   *Swiss Bank Corporation v Lloyds Bank Ltd.* [1980] 3 W.L.R. 457, 466 f. (C.A.); *National Provincial and Union Bank of England v Charnley* [1924] K.B. 431, 449. Allerdings erscheint es mit der reinen *charge* vereinbar, dem Sicherungsnehmer das Recht auf außergerichtliche Bestellung eines Verwalters einzuräumen, der die Verwertung vornimmt. Denn dieser wird als Vertreter des Sicherungsgebers tätig.
845   *Calnan*, Taking Security, Rn. 8.86, 8.121.
846   Insbesondere um die Drittschuldneranzeige im Namen des Sicherungsgebers vornehmen zu können, siehe *Goode*, Credit and Security, Rn. 3-21.
847   Ss. 101 ff. LPA 1925 gelten auch für die *charge* siehe 205 (1) (xvi) LPA 1925.
848   *Re Grogory Love & Co.* [1916] 1 Ch. 203, 209; *Re Carshalton Park Estate Ltd* [1908] 2 Ch. 62, 67.
849   vgl. *B/B/G/L*, Law of Security, Rn. 18.22.
850   Siehe oben unter 1. Teil A. II: 3. g) bb) (S. 75 f.).
851   So *Seif*, S. 49, 63.
852   *Mokal*, L.M.C.L.Q. 2004, 387, 389 ff.; dagegen *Armour/Walters*. L.Q.R. 2006, 295, 306 ff.; die maßgebliche praktische Steitfrage, ob das einer *floating charge* unterfallende Vermögen zur vorrangigen Begleichung der Verfahrenskosten herangezogen werden darf, wurde zwischenzeitlich vom Gesetzgeber mit der Einfügung von s. 176ZA IA 1986 beantwortet.

5. Die *floating charge*

a) Entwicklung

Die *floating charge* ist das Ergebnis einer Entwicklung der *Equity*-Rechtsprechung unter Berücksichtigung ökonomischer Notwendigkeiten. Ihren Ursprung hat sie in der Anerkennung der *equitable mortgage/charge* an künftigem Vermögen.[853] In Verbindung mit dem weiten Bestimmbarkeitserfordernis fingen Finanzgläubiger an, sich schlicht eine *mortgage* am gesamten schuldnerischen Unternehmen bestellen zu lassen, wozu auch dessen künftiges Vermögen gehörte. Das Problem dabei war, dass nach englischem Verständnis damit die Verfügungsbefugnis des Sicherungsgebers über sämtliches Vermögen erloschen wäre, was eine Lähmung des Geschäftsbetriebs zur Folge gehabt hätte.[854] Dieses Problem wurde von der Rechtsprechung gelöst. Ein entsprechender Sicherungsvertrag sei so auszulegen, dass es erst mit Eintritt eines bestimmten Ereignisses (*crystallisation*) zu einem *attachment* an den zu diesem Zeitpunkt vorhandenen Vermögensgegenständen komme. Bis zu diesem Zeitpunkt sei der Sicherungsgeber daher befugt im ordnungsgemäßen Geschäftsgang über das schuldnerische Vermögen zu verfügen. Ab Eintritt von *crystallisation* und *attachment* hingegen stelle die Sicherheit eine reguläre *charge* oder *mortgage* an sämtlichem Betriebsvermögen dar.[855] Damit ist die heute noch anerkannte Funktionsweise der *floating charge* weitestgehend beschrieben. Da sich eine *floating charge* regelmäßig auf das zukünftige Vermögen des Schuldners erstreckt, ist es einem Individualschuldner aufgrund der Vorgaben des BSA AA 1882 nicht möglich, eine *floating charge* (bzw. *floating mortgage*) zu bestellen.[856]

b) Revolvierende Kreditsicherheit – Die Abgrenzung zwischen *fixed* und *floating charge*

aa) Bewegliche Sachen

Nach englischem Recht erfolgt die Bestellung einer revolvierenden Kreditsicherheit durch die Sicherheitenbestellung an einer bestimmbaren Sachgesamtheit unter (konkludenter) Erstreckung der Sicherheit auf künftig dazustoßende Vermögenswerte und gleichzeitiger Einräumung der Befugnis des Sicherungsgebers, über die vorhandenen Vermögenswerte im ordnungsgemäßen Geschäftsverkehr zu verfügen. Allerdings ist nach englischem Verständnis die Befugnis des Sicherungsgebers, über das Sicherungsgut lastenfrei verfügen zu dürfen, nicht mit dem Charakter eines »festen« Sicherungsrechts (*fixed/specific security*) vereinbar.[857] Entsprechend muss, wenn dies

---

853 Siehe oben unter 1. Teil A: II. 3. b) ff) (2) (S. 51 f.).

854 *Schall*, KTS 2009, 69, 73.

855 *Re Panama, New Zealand and Australian Royal Mail Company* (1869-70) L.R. 5 Ch. App. 318.

856 *B/B/G/L*, Law of Security, Rn. 11.49; *Gullifer*, Credit and Security, Rn. 4-01; *Grädler*, S. 27 f.

857 *Re Yorkshire Woolcombers Association Ltd.* [1903] 2 Ch. 284, 294 (C.A.): »...*what you do require to make a specific security is that the security ... shall never ... at the will of the mortgagor cease to be a security. If at the will of the mortgagor he can dispose of it and prevent its being any longer a security, although something else may be substituted more or less for it, that is not a specific security.*«

der Fall ist, grundsätzlich keine *fixed*, sondern eine *floating security* vorliegen, welche erst durch ein die Verfügungsbefugnis beendendes Ereignis (*crystallisation*) zu einer *fixed security* wird. Die Abgrenzung zwischen *fixed* und *floating charge (mortgage)* hat enorme Bedeutung für den Rang der Sicherheit in und auch außerhalb der Insolvenz des Sicherungsgebers.[858] Heute ist allgemein anerkannt, dass alleiniges Abgrenzungskriterium ist, ob der Sicherungsnehmer die Kontrolle über das Sicherungsgut in dem Sinne ausübt, dass er entscheiden kann, ob das Sicherungsgut durch Verfügung des Sicherungsgebers aus dem Sicherungsverband ausscheiden kann oder nicht. Nur wenn dies der Fall ist, liegt eine *fixed security* vor.[859] Mit einer *fixed security* ist es insbesondere unvereinbar, wenn dem Sicherungsgeber die Generalermächtigung dazu erteilt wird, im ordnungsgemäßen Geschäftsverkehr über das Sicherungsgut verfügen zu dürfen.[860] Gewisse Unsicherheiten bestehen nach wie vor über die Frage, wie sehr die Verfügungsbefugnis des Sicherungsnehmers eingeschränkt werden muss, damit noch von einer *fixed security* ausgegangen werden kann.[861] Das üblicherweise in einer *floating charge* enthaltene Verbot für den Sicherungsgeber, weitere gleich- oder vorrangige Sicherungsrechte am Sicherungsgut zu bestellen, führt jedenfalls noch nicht zur Annahme einer *fixed charge*.[862] In Bezug auf umzusetzende Waren wird nach der Entscheidung *Spectrum Plus*[863] allgemein angenommen, dass die Anforderungen der Rechtsprechung zu groß sind, als dass sich *fixed charges* daran in praktikabler Weise begründen ließen. Denn die Tendenz der Rechtsprechung geht dahin, dass eine *fixed security* das jeweils konkret zu erteilende Einverständnis des Sicherungsnehmers zu jeder Verfügung über das Sicherungsgut erfordert.[864]

Nach der Literatur ist auch die generelle Ermächtigung zur Weiterverarbeitung des Sicherungsguts mit dem Charakter einer *fixed security* unvereinbar, wenn dadurch eine neue Sache entsteht.[865]

Aufgrund der Nachteile der *floating charge* bei der Erlösverteilung in der Insolvenz des Sicherungsgebers[866] erstreckt sich die *floating charge* häufig als Bestandteil eines

---

858   Siehe unten unter 1. Teil B. I. 5. d) (S. 132 ff.) und 1. Teil B: I. 5. f) aa) (2) (S. 140 f.).

859   *B/B/G/L*, Law of Security, Rn. 6.106 ff.; siehe auch *Re Spectrum Plus Ltd. (in liquidation)* [2005] UKHL 41, Rn. 111.

860   *Re Cosslett (Contractors) Ltd.* [1998] Ch. 495, 510 (C.A.): »*The chargor's unfettered freedom to deal with the assets in the ordinary course of his business free from the charge is obviously inconsistent with the nature of a fixed charge...*«; *Royal Trust Bank v. National Westminster Bank plc.* [1996] B.C.C. 613, 618 (C.A.); *Re Brightlife Ltd.* [1987] Ch. 200, 209 ff. (Ch.D.); *B/B/G/L*, Law of Security, Rn. 6.111; *Gullifer*, Credit and Security, Rn. 4-18.

861   Unsicherheit besteht insbesondere darüber, ob Klauseln, nach denen dem Sicherungsgeber die allgemeine Verfügungsbefugnis unter der Bedingung eingeräumt wird, das Sicherungsgut im Anschluss durch ein gleichartiges Objekt zu ersetzen, noch eine *fixed security* begründen können. Diese Frage bejahend *B/B/G/L*, Law of Security, Rn. 6.120 ff.; *Cough*, S. 691 f.

862   *Re Cosslett (Contractors) Ltd.* [1998] Ch. 495, 510 (C.A.).

863   *Re Spectrum Plus Ltd. (in liquidation)* [2005] UKHL 41.

864   *Gough*, Company Charges, S. 630 f.; *Gullifer*, Credit and Security, Rn. 4-18.

865   *Gullifer*, Credit and Security, Rn. 4-19.

866   Siehe unten unter 1. Teil B. I. 5. f) aa) (2) (S. 140 f.).

sich auf das gesamte Unternehmen erstreckenden »Sicherheitenpakets« nur auf die Teile des Vermögens, an welchen praktischerweise nur eine revolvierende Sicherheit in Betracht kommt (Umlaufvermögen).[867] Alternativ dazu werden zunächst soweit wie möglich *fixed securities* am schuldnerischen Anlagevermögen bestellt, und anschließend wird eine diesen gegenüber nachrangige *floating charge* über das gesamte Schuldnervermögen gelegt, welche dann auch erstrangig das Umlaufvermögen erfasst.[868]

bb) Forderungen

Die reine Einziehungsermächtigung des Sicherungsgebers hinsichtlich einer besicherten Forderung ist demgegenüber mit der Idee einer »festen« Sicherheit vereinbar und unvermeidbar, will man nicht nur noch offene Sicherungszessionen zulassen. Dies wird dadurch erklärt, dass sich das Sicherungsrecht an der Forderung notwendigerweise auf den eingezogenen Erlös erstrecke, da dieser gerade den Wert der Sicherheit ausmache.[869] Die bloße Einziehung durch den Sicherungsgeber hat damit noch keinen Einfluss auf den Bestand der Sicherheit. Entscheidend für die Abgrenzung zwischen *fixed* und *floating security* ist nach den dargestellten Grundsätzen vielmehr, inwieweit der Sicherungsnehmer die Kontrolle über die Verwendung des eingezogenen Erlöses ausübt.[870] Ein generelles Zugriffsrecht des Sicherungsgebers auf den Erlös zur weiteren Verwendung im Rahmen des ordnungsgemäßen Geschäftsbetriebs macht die *charge* zu einer *floating charge*. Dies gilt auch, wenn bis auf die Einziehung und Verwendung des Erlöses alle weiteren Verfügungen über die Forderung wie die Weiterveräußerung durch Factoring oder weitere Sicherheitenbestellungen vertraglich aus-

---

867 *Schall*, KTS 2009, 69, 71 f.; in diesem Fall muss eindeutig geregelt sein, welche Gegenstände von der *fixed* und welche von der *floating security* umfasst werden. Dies kann nicht der Vertragsauslegung überlassen werden, siehe *Re ASRS Establishment Ltd.* [2002] B.C.C. 64 (C.A.); *Re G E Tunbridge Ltd.* [1994] B.C.C. 563 (Ch.D.).
868 Wichtig ist, dass sich die *floating charge* alleine oder zusammen mit anderen Kreditsicherheiten auf das wesentliche Unternehmensvermögen erstreckt. Nur dann handelt es sich um eine *qualifying floating charge*, welche den Sicherungsnehmer befugt, einen *administrator* zu ernennen, siehe p. 14(1), (3) sch. B1 IA 1986.
869 Vgl. *Agnew v Commissioner of Inland Revenue* [2001] UKPC 28, Rn. 46; bestätigt in *Re Spectrum Plus Ltd.* [2005] UKHL 41, Rn. 110.
870 Nach *Re Spectrum Plus Ltd. (in liquidation)* [2005] UKHL 41, Rn. 54 gibt es vier Möglichkeiten, eine *fixed security* an Forderungen zu bestellen: (1.) die *legal mortgage* nach s. 136 LPA 1925, bei welcher der Erlös direkt durch durch den Sicherungsnehmer eingezogen wird, (2.) die *equitable mortgage* oder *charge* verbunden mit der Einziehungsbefugnis des Sicherungsgebers und der Vereinbarung, die Erlöse direkt in Anrechnung auf die gesicherte Forderung an den Sicherungsnehmer auszuzahlen, (3.) wie (2.), nur dass die Erlöse mit oder ohne Anrechnung auf ein Konto bei der gesicherten Gläubigerin (Bank) eingezahlt werden müssen und der Sicherungsgeber diesem Konto nur mit jeweils neu erteilter Zustimmung der Bank Gelder entziehen darf (*blocked account*), (4.) ebenfalls wie (3), nur dass die Erlöse auf ein gesondertes Konto bei einer Drittbank einzuzahlen sind und über dieses Konto eine gesonderte *fixed security* bestellt wird.

geschlossen sind.[871] Die beschriebene Einheit zwischen besicherter Forderung und eingezogenem Erlös macht es entgegen früherer Rechtsprechung zudem unmöglich, eine *fixed charge (bzw. floating mortgage)* an Forderungen und eine *floating charge (bzw. floating mortgage)* an den eingezogenen Erlösen zu vereinbaren.[872] Anders liegt freilich das Verhältnis zwischen besicherter Ware und aus dem Verkauf resultierenden Forderungen. Ist dem Sicherungsgeber die Weiterveräußerung im ordnungsgemäßen Geschäftsbetrieb gestattet, hat er den Erlös jedoch auf ein getrenntes Konto einzuziehen, über welches er nicht frei verfügen darf, so liegt eine *floating security* über die beweglichen Sachen und eine *fixed security* über die aus der Umsetzung resultierenden Forderungen vor.[873] Wenn der Erlös allerdings im Geschäftsbetrieb eingesetzt werden muss, ist diese Konstruktion nicht praktikabel.[874]

c) Bestellung *inter-partes*, Drittwirksamkeit und Publizität

Prinzipiell gilt das zur *charge* und zur *equitable mortgage* Gesagte. Als *charge* bzw. *equitable mortgage* über künftige Sachen bzw. Forderungen beruht die *flaoting charge* zunächst einmal auf einem Vertrag und bedarf daher einer bereits erbrachten Gegenleistung, regelmäßig der Darlehensauszahlung.[875] Für die Drittwirksamkeit bedarf jede *floating charge* nach s. 859A CA 2006 der Eintragung in das *Companies Register*.

d) Wirkung und Rangfolgen

aa) Wirkung und Voraussetzung der *crystallisation*

Crystallisation bezeichnet das Ereignis, mit dessen Eintritt die Verfügungsbefugnisse des Sicherungsgebers erlöschen und die *charge* von einer *floating* zu einer *fixed charge* wird.[876] Erst jetzt kommt es zum *attachment* als unmittelbarer dinglicher Belastung der einzelnen Vermögensgegenstände. Bildlich gesprochen setzt sich nun die zuvor latent über den erfassten Vermögensgegenständen schwebende Sicherheit unmittelbar

---

871 *Re Cosslett (Contractors) Ltd.* [1998] Ch. 495, 510; *In Re Brightlife Ltd.* [1987] Ch. 200, 209. Zu den sog. *Restrictive clauses* siehe unten unter 1. Teil B. I. 5. d) bb) (1) (b) (S. 135 f.).

872 So noch das für Sicherungsnehmer wohlwollende Verständnis in *Re New Bullas Trading Ltd.* [1994] B.C.C. 36, welches aber mitterlweile als verworfen angesehen werden muss, siehe *Re Spectrum Plus Ltd. (in liquidation)* [2005] UKHL 41, Rn. 110 ff.; *Agnew v. Commissioner of Inland Revenue* [2001] UKPC 28, Rn. 29 ff.

873 *Gullifer*, Credit and Security, Rn. 1-39.

874 Um die Nachteile der *floating charge* in der Insolvenz zu vermeiden, wird daher im Bereich der Forderungsfinanzierung wenn möglich auf *factoring* oder *block discounting*, gegebenfalls in Verbindung mit einer zusätzlichen *floating charge*, zurückgegriffen, vgl. *B/B/G/L*, Law of Security, Rn. 7.100 ff.

875 Siehe speziell zur *floating charge* auch *Brambosch*, S. 54; liegt die Gegenleistung nicht in der Zuführung neuer Aktiva (Darlehenssumme oder Sachleistungen), besteht in der Insolvenz eine erhöhte Anfechtbarkeit nach s. 245 IA 1986.

876 *Cretanor Maritime Co. Ltd. v Irish Marine Management Ltd.* [1978] 1 W.L.R. 966, 978 (C.A.); *Brambosch*, S. 62 f., 85; *Grädler*, S. 77.

132

an diesen fest.[877] Dennoch ist anerkannt, dass die *floating charge* bereits vor Eintritt der *crystallisation* nicht bloß ein schuldrechtlicher Anspruch auf Sicherheitenbestellung, sondern eine echte dingliche Sicherheit ist.[878] Die dogmatische Begründung dafür ist allerdings nach wie vor nicht geklärt.[879] Solange sich aus dem Sicherungsvertrag nichts anderes ergibt, erstreckt sich die *fixed charge* auch auf nach *crystallisation* vom Sicherungsnehmer erworbene Vermögensgegenstände.[880] Somit ist – zumindest wenn durch die *floating charge* das wesentliche Umlaufvermögen erfasst wird – die Aufrechterhaltung des Geschäftsbetriebs nach *crystallisation* nur noch mit der Zustimmung des Sicherungsnehmers bzw. in der Praxis durch einen von ihm oder vom Gericht eingesetzten Verwalter (*receiver* bzw. nunmehr in der Regel *administrator*) möglich.[881] Bei der Bestimmung der eine *crystallisation* auslösenden Ereignisse wird unterschieden zwischen solchen, die kraft Richterrecht bzw. ergänzender Vertragsauslegung die *crystallisation* auslösen und solchen, welche der ausdrücklichen vertraglichen Abrede bedürfen.[882] In ersterem Sinne immer ausgelöst wird die *crystallisation*, wenn ein Liquidationsverfahren (*winding-up*) eröffnet[883] oder der schuldnerische Geschäftsbetrieb anderweitig eingestellt wird.[884] *Crystallisation* tritt ebenfalls stets ein, wenn der gesicherte Gläubiger Maßnahmen ergreift, um dem Sicherungsgeber die Kontrolle über die von der *floating charge* umfassten Gegenstände zu entziehen (*intervention of the chargeholder*).[885] Dies ist insbesondere der Fall, wenn der gesicherte Gläubiger die gängigen Verwertungsmaßnahmen einleitet,[886] nach herrschender Meinung nicht jedoch bei der Einsetzung eines *administrator*, es sei denn dies ist ausdrücklich vereinbart. Denn der *administrator* ist zuvorderst dazu verpflichtet, den schuldnerischen Betrieb im Interesse aller Gläubiger aufrechtzuerhalten und nicht zur

877 Vgl. *Grädler*, S. 77; *Schall*, KTS 2009, 69, 72; *Seif*, S. 115.
878 Siehe *Evans v Rival Granite Quarries Ltd.* [1910] 2 K.B. 979, 996, 999: »...*a floating charge is a real charge, ...It is a present security which presently affects all the assets...expressed to be included in it.*«; siehe zu dem Fall unten unter 1. Teil B. I. 5. d) bb) (1) (a) (S. 135).
879 Siehe zum Theorienstreit *Goode*, Credit and Security, Rn. 4-03; *Grädler*, S. 66 ff.
880 Die Erstreckung der *floating charge* auf zukünftige Sachen wirkt also nach Eintritt der *crystallisation* weiter, siehe *N.W. Robbie & Co. Ltd. v Witney Warehouse Co. Ltd.* [1963] 1 W.L.R. 1324 (C.A.); *Ferran*, Company Law, S. 530; *Gullifer*, Credit and Security, Rn. 4-32. Siehe auch bereits oben unter 1. Teil A. II. 3. b) ff) (2) (S. 51 f.).
881 *Grädler*, S. 78.
882 Vgl. *Brambosch*, S. 75 ff.; *Goode*, Credit and Security, Rn. 4-34; *Gough*, S. 135 ff.; *Grädler*, S. 55 f.
883 *Re Crompton & Co. Ltd.* [1914] 1 Ch. 954 *Re Panama, New Zealand and Australian Royal Mail Company* (1869-70) L.R. 5 Ch. App. 318.
884 Der Zweck der *floating charge*, dem Sicherungsgeber die Fortführung seines Geschäftsbetriebs zu ermöglichen, erübrigt sich in diesen Fällen, siehe *Re The Real Meat Co. Ltd.* [1996] B.C.C. 254, 259 f.; *Re Woodroffes (Musical Instruments) Ltd.* [1986] Ch. 366, 378.
885 *B/B/G/L.* Law of Security, Rn. 6.81; *Goode*, Credit and Security, Rn. 4-41; *Gullifer/Payne*, Rn. 7.3.3.2; *Seif*, S. 124. Da auch diese Maßnahmen i.d.R. zur Einstellung des Geschäftsbetriebs führen (zumindest soweit er vom Schuldner geführt wird), können letztendlich alle allgmein anerkannten Fälle der *crysallisation* unter dem Begriff »Einstellung des Geschäftsbetiebs« zusammengefasst werden.
886 Besitzergreifung, gerichtliche Bestellung eines Verwalters, gerichtliche Verkaufsanordnung.

Verwertung im alleinigen Interesse des Sicherungsnehmers.[887] Demgegenüber stellt die früher übliche Verwertung durch Bestellung eines *administrative receiver* einen klassischen Fall der *crystallisation* dar.[888] Daneben können weitere die *crystallisation* auslösende Ereignisse vereinbart werden. Üblich ist der Eintritt der *crystallisation* im Falle von bestimmten Zahlungsrückständen hinsichtlich der gesicherten Haupt- oder Zinsforderung, bei Unterschreitung bestimmter Finanzkennzahlen, bevorstehender oder durchgeführter Zwangsvollstreckungsmaßnahmen Dritter, im Falle nicht gestatteter Verfügungen über das Sicherungsgut durch den Sicherungsgeber oder auch im Falle der Bestellung eines *administrator*.[889] Je nach Vereinbarung kann *crystallisation* automatisch eintreten, oder der Sicherungsnehmer muss die *crystallisation* durch Anzeige an den Sicherungsgeber herbeiführen (*crystallisation by notice*).[890]

bb) Verfügungen und Rangfolgen vor und nach *crystallisation*

(1) Vor *crystallisation*

(a) Ausgangssituation

Solange nichts anderes vereinbart ist, kann der Sicherungsgeber vor Eintritt der *crystallisation* über das Sicherungsgut im ordnungsgemäßen Geschäftsgang frei verfügen. Letztere Voraussetzung wird entsprechend dem Sinn der *floating charge*, die Aufrechterhaltung des Geschäftsbetriebs zu ermöglichen, weit ausgelegt. Grenzen sind betrügerisches Handeln sowie Verfügungen, welche die Beendigung des Geschäftsbetriebs zur Folge haben.[891] Der Sicherungsgeber kann das Sicherungsgut frei veräußern oder erneut mit Sicherheiten belasten. Unabhängig von der Kenntnis der *floating charge* erwerben Käufer das Sicherungsgut lastenfrei, und zeitlich nachfolgende *fixed securities* gehen der *floating charge* im Rang vor.[892] Neu erworbene Gegenstände und Forderungen sowie jegliche Surrogate werden wieder von der *floating charge* umfasst. Ist über eine von der *floating charge* erfasste Forderung ohne Drittschuldneranzeige verfügt worden, so kann der Inhaber der *floating charge* auch nach Eintritt der *crystallisation* nicht durch schnellere Anzeige an den Drittschuldner den Vorrang vor dieser Ver-

---

887 *B/B/G/L*, Law of Security, Rn. 6.81; *Goode*, Credit and Security, Rn. 4-45; *Gullifer/Payne*, Rn. 7.3.3.2; *Lightman/Moss*, Rn. 3-062; praktisch dürfte diese Frage allerdings keine Rolle spielen, siehe unten unter 1. Teil B: I. 5. f) bb) (1) (S. 195).
888 *Goode*, Credit and Security, Rn. 4-44.
889 Vgl. *Gough*, Company Charges, S. 235 ff. *Grädler*, S. 56 f.
890 Dass *automatic crystallisation clauses* zumindest im Innenverhältnis wirksam sind, ist mittlerweile allgemein anerkannt, siehe *Re Permanent Houses (Holdings) Ltd.* (1989) 5 B.C.C. 151, 154 f.; *B/B/G/L*, Law of Security, Rn. 6.84; *Goode*, Credit and Security, Rn. 4-57; ausführlich dazu *Brambosch*, S. 76 ff. und *Grädler*, S. 57 ff.
891 *Bulbinger Singh Sandhu v Jet Star Retail Ltd.* [2011] EWCA Civ 459, Rn. 10; *Ashborder* v. Green Gas Power Ltd. [2004] EWHC 1517 (Ch), Rn. 227; *Willmott v. London Celluloid Company* (1886) 34 Ch.D. 147, 151 (C.A.); *Calnan*, Taking Security, Rn. 4.47 f.; *Grädler*, S. 61; vgl. auch *Re Borax Co.* [1901] 1 Ch. 326, wo sogar die Veräußerung des wesentlichen Teils des Geschäftsbetriebs als *in the ordinary course of business* liegend angesehen wurde.
892 *Goode*, Credit and Security, Rn. 5-40; *Grädler*, S. 62; *Seif*, S. 118.

fügung erlangen. Die Regel aus *Dearle v. Hall* findet in dieser Konstellation keine Anwendung.[893] Hingegen ist es dem Sicherungsgeber ohne ausdrückliche Erlaubnis nicht möglich, eine weitere vorrangige *floating charge* über exakt dieselben Vermögenswerte zu bestellen.[894] Eine solche zweite *floating charge* ist zwar nicht unwirksam, jedoch ist sie der zeitlich vorangehenden *floating charge* gegenüber nachrangig.[895] Ein gutgläubiger vorrangiger Erwerb kommt aufgrund der Eintragung der *floating charge* in das *Companies Register* nicht in Betracht. Demgegenüber ist es dem Sicherungsnehmer ohne anderweitige Vereinbarung gestattet, nur über bestimmte Teile des von der *floating charge* umfassten Vermögens eine weitere *floating charge* zu begründen, welche dann Vorrang genießt.[896] Die Einzelzwangsvollstreckung in von der *floating charge* umfasstes Vermögen ist vor *crystallisation* möglich. Ist die Zwangsvollstreckung vor Eintritt der *crystallisation* allerdings noch nicht abgeschlossen, so erlangt der Zwangsvollsteckungsgläubiger das Pfandrecht oder den Erlös nur belastet mit der zwischenzeitlich entstandenen *fixed charge*.[897] Daran wird deutlich, dass die *floating charge* bereits vor *crystallisation* auch ohne *attachment* dingliche Wirkung entfaltet.

(b) Die Verfügungsfreiheit beschränkende Abreden (*restrictive clauses*)

Um eine der Verfügungsfreiheit des Sicherungsgebers geschuldete Aushöhlung des von der *floating charge* umfassten Vermögens zu verhindern, werden jenem vertraglich regelmäßig bestimmte Verfügungen untersagt. Üblich ist es, dem Sicherungsgeber zu untersagen, ohne Erlaubnis des Sicherungsnehmers vorrangige Sicherungsrechte zu bestellen (*negative pledge clauses*). In Bezug auf Forderungen wird dem Sicherungsgeber zudem häufig untersagt, diese durch Factoring oder anderweitig zu veräußern. Die Wirkungen eines Verstoßes gegen eine vertragliche Verfügungsbeschränkung hängen davon ab, ob der Verfügungsempfänger das Verfügungsverbot kannte.[898] Ist dies nicht der Fall, so erwirbt er das Sicherungsgut unbelastet bzw. geht sein Sicherungsrecht der *floating charge* vor. Nach der Rechtsprechung erstreckte sich die mit der Eintragung in das *Companies Register* verbundene *constructive notice*[899] nicht auf im Sicherungsvertrag enthaltene Verfügungsbeschränkungen.[900] Trotz weiter Verbreitung konnte auch aus dem tatsächlichen Wissen von der *floating charge* nicht zwingend auf die Kenntnis

---

893 *Ward v Royal Exchange Shipping Co. Ltd.* (1887) 58 L.T. 174, 178; *Goode*, Credit and Security, Rn. 5-40; *Gough*, S. 276 f.

894 *Re Benjamin Cope & Sons Ltd.* [1914] 1 Ch. 800, 806 f. (Ch).

895 *B/B/G/L*, Law of Security, Rn. 15.28; der Inhaber der ersten *floating charge* hätte dann auch das vorrangige Recht, einen *administrator* zu bestellen, wenn – wie üblich – die *crystallisation* der zweiten auch zur *crystallisation* der ersten *floating charge* führt, siehe para. 15(2)(a) sch. B1 IA 1986.

896 *Re Automatic Bottle Makers* [1926] Ch. 412 (CA); *B/B/G/L*, Law of Security, Rn. 15.26 f.; *Goode*, Credit and Security, Rn. 5-43.

897 *Evans v Rival Granite Quarries Ltd.* [1910] 2 K.B. 979, 995 ff. (C.A.).

898 *Goode*, Commercial Law, Rn. 25.28; anders als im deutschen Recht kann eine solche Abrede damit dingliche Wirkung entfalten, vgl. *Grädler*, S. 64.

899 Dazu oben unter 1. Teil II. 3. c) bb) (3) (S. 56 f.).

900 *Siebe Gorman & Co. Ltd v. Barclays Bank Ltd.* [1979] 2 Lloyd's Rep. 142, 160; vgl. auch *Wilson v Kelland* [1910] 2 Ch. 306, 310 (Ch.D.).

darin enthaltener Verfügungsbeschränkungen geschlossen werden.[901] Begründung war stets, dass *restrictive clauses* nicht zwingend im *statement of particulars* anzugeben waren, sich die positive Publizität jedoch nur auf deren zwingenden Inhalt erstrecken konnte.[902] Diese Rechtslage scheint im Hinblick auf *non-pledging clauses* nach der Reform des Registrierungsrechts überholt. Nach s. 859D(2)(c) CA 2006 ist im *statement of particulars* nunmehr anzugeben, ob die *charge* eine *non-pledging clause* enthält oder nicht. Liegt eine solche vor, so ist der gutgläubige Erwerb vorrangiger Sicherungsrechte daher ausgeschlossen.[903] Angesichts der klaren Beschränkung auf *non-pledging clauses* dürfte hinsichtlich anderweitiger Verfügungsbeschränkungen die alte Rechtslage weiter gelten.[904] Notwendig für die positive Kenntnis ist danach, dass der Verfügungsempfänger das Verfügungsverbot tatsächlich kennt oder sich bewusst deren Kenntnis verschließt. Ein bösgläubiger Sicherungsnehmer erwirbt ein Sicherungsrecht, welches jedoch gegenüber der *floating charge* keinen Vorrang genießt. Ist daher die Verwertung bei *crystallisation* noch nicht abgeschlossen, so gebühren alle Erlöse vorrangig dem Inhaber der *floating charge.*

(2) Nach *crystallisation*

Nach crystallisation besteht eine *fixed charge*, so dass grundsätzlich auf die Ausführungen zur *equitable mortgage* verwiesen werden kann. Der Sicherungsgeber darf nicht mehr über das Sicherungsgut verfügen. Insbesondere Handelspartner können aber durchaus noch gutgläubig lastenfrei den *legal title* am Sicherungsgut erwerben, solange keine Verwertung, insbesondere die Ernennung eines *administrators*, stattgefunden hat.[905] Erfolgte die *crystallisation* automatisch und liegt keine wirksame Verfügungsbeschränkung vor, so sind anschließende Verfügungen bis zur Kenntnis der *crystallisation* generell aufgrund Rechtsscheins (*apparent authority*) wirksam, vorausgesetzt, sie erfolgten im ordnungsgemäßen Geschäftsgang. Denn in diesen Fällen haben Dritte keine Möglichkeit, vom Eintritt der *crystallisation* zu erfahren.[906]

e) Verwertung

aa) Allgemeines

Da nach *crystallisation* eine *floating charge* zu einer *fixed charge* bzw. *mortgage* wird, kann auf die Ausführungen zur *equitable mortgage* verwiesen werden. Der

---

901 *The English and Scottish Mercantile Investment Company Ltd. v Brunton* [1892] 2 Q.B. 700, 710 ff. (C.A.) gilt nach wie vor, auch wenn die Argumentation mit der heutigen Vertragspraxis kaum vereinbar erscheint.

902 *Brambosch*, S. 107.

903 *Gullifer/Payne*, Rn. 7.4.3.2; tendenziell auch *Goode*, Credit and Security, Rn. 2-29 und *McCormack/Bork*, Security Rights, Chapter 6, Rn. 217.

904 Hier stellen sich die gleichen Fragen, insbesondere wie der Fall zu behandeln ist, dass das *statement of affairs* fehlerhaft vom Sicherungsvertrag abweicht, der Verfügungsgegner aber dem *statement of affairs* vertraut und keinen Blick mehr in die Vertragskopie wirft, vgl. *Goode*, Credit and Security, Rn. 2-30.

905 Siehe oben unter 1. Teil II. 3. d) bb) (1) (S. 58).

906 *Gullifer*, Credit and Security, Rn. 5-51, *Gough*, Company Charges, S. 255.

Sicherungsvertrag ist regelmäßig so ausgestaltet, dass *crystallisation* und Fälligkeit der gesicherten Forderung zusammenfallen.[907] Ohne jegliche Vereinbarungen hat der Inhaber der *floating charge* stets das Recht, durch Gerichtsbeschluss den Verkauf oder die Bestellung eines Verwalters über das Sicherungsgut anordnen zu lassen. Wird die *floating charge* wie üblich in einer *deed* vereinbart, so hat er gemäß ss. 101 ff. LPA 1925 das Recht zum außergerichtlichen Verkauf und zur eigenhändigen Bestellung eines Verwalters. Das Recht auf *foreclosure* und Besitz hat er demgegenüber nur, wenn die *charge* die konkludente Verpflichtung zur Bestellung einer *legal mortgage* beinhaltet, es sich also um eine *equitable mortgage* handelt.[908]

bb) Von der *administrative receivership* zur *administration*

Da die *floating charge* sich immer auf das umzusetzende Umlaufvermögen erstreckt, hätte der Eintritt der *crystallisation* stets den Stillstand des Geschäftsbetriebs zur Folge. Der Sicherungsnehmer ist weder in der Lage noch aufgrund der mit der Inbesitznahme verbundenen Haftung willens, selbst den Geschäftsbetrieb weiter zu führen.[909] Um die mögliche Realisierung von Fortführungswerten offenzuhalten, muss das Unternehmen daher zunächst von einem Verwalter fortgeführt werden.[910] Die gerichtliche Verwalterbestellung kommt in der Praxis nicht in Betracht. Das Gerichtsverfahren ist langsam, teuer und mit Unsicherheiten behaftet.[911] Der gerichtlich bestellte Verwalter ist als *officer of the court* nicht den Weisungen des gesicherten Gläubigers unterworfen.[912] Seine Befugnisse hängen von der gerichtlichen Ermächtigung ab, umfassende wirtschaftliche Entscheidungsfreiheit ist damit nicht verbunden.[913] Nach alter Rechtslage war der Sicherungsnehmer daher vertraglich regelmäßig dazu ermächtigt, bei Verwertungsreife außergerichtlich einen Verwalter zu ernennen, welcher die Verwertung des Unternehmens vornehmen sollte und auf den sämtliche Geschäftsführungsbefugnisse übergingen. Diese Vorgehensweise wurde als *administrative receivership* durch s. 28 ff. IA 1986 gesetzlich anerkannt. Erstreckte sich die *floating charge* alleine oder zusammen mit anderen im Sicherungsvertrag vereinbarten *fixed securities* nahezu auf das gesamte Unternehmen, so war der außergerichtlich bestellte Verwalter als geschäftsführungs- und verwaltungsbefugter *administrative receiver* anzusehen.[914] Die *administrative receivership* war seit

---

907 Vgl. *Seif*, S. 123.
908 Zu allem *Gullifer*, Credit and Security, Rn. 4-65. Das Recht auf *foreclosure* wurde in der Rechtsprechung wiederholt angenommen, ohne die Abgrenzung zwischen *charge* und *equitable mortgage* zu problematisieren, siehe oben unter 1. Teil B. I. 4. c) (S. 128); vgl. auch *Gough*, Company Charges, S. 129, der ohne Problembewusstsein von einer Verwertung durch *foreclosure* ausgeht.
909 Vgl. zum Aspekt der Haftung *Gullifer/Payne*, Rn. 7.51.4 und oben unter 1. Teil A. II. 3. f) bb) (1) (a) (S. 66).
910 *Sealy/Worthington*, Company Law, S. 779.
911 *Clark*, Law of Mortgage, Rn. 28.16.
912 *Sealy/Worthington*, Company Law, S. 778.
913 In der Regel werden nur Befugnisse eingeräumt, die einen Unternehmensverkauf ermöglichen, siehe *Whitley v Challis* [1892] 1 Ch. 64, 69 f. (C.A.); *Clark*, Law of Mortgage, Rn. 28.18; einem Verkauf muss das Gericht zudem noch zustimmen, siehe *Grädler*, S. 83.
914 S. 29(2), 42 IA 1986 i.V.m. sch. 1 IA 1986.

jeher Kritik ausgesetzt.[915] Der Verwalter wurde nur im Interesse des Inhabers der *floating charge* tätig und war daher gerade im Fall von dessen Übersicherung nicht zu einer bestmöglichen Verwertung im Interesse der Gläubigergesamtheit verpflichtet.[916] Dies führte nicht selten zur Zerschlagung von an sich überlebensfähigen Unternehmen und damit nicht zuletzt zu volkswirtschaftlichen Schäden.[917] Nach Ende der *administrative receivership* blieben, wenn überhaupt, lediglich die Überreste des Unternehmens, welche dann im Wege des *winding-up* an die ungesicherten Gläubiger zu verteilen waren.[918] Sicherungsnehmer gingen allerdings aufgrund dieser Möglichkeiten dazu über, sich, auch wenn sie bereits ausreichend gesichert waren, zusätzlich eine *floating charge* bestellen zu lassen, nur um sich den Einfluss auf Art und Zeitpunkt der Verwertung sichern zu können.[919] Diese Umstände waren Anlass zur Reform durch den 2003 in Kraft getretenen EA 2003, welcher im Sinne des verstärkt aufkommenden *Corporate-rescue*-Gedankens die Stärkung der *administration* unter Zurückdrängung der *administrative receivership* zum Ziel hatte. Nach s. 72A IA 1986 ist die *administrative receivership* nunmehr nur noch in den in s. 72B – 72GA IA 1986 genannten Ausnahmefällen zulässig. Damit spielt sie heute praktisch nur noch eine geringe Rolle. Stattdessen ist der Inhaber einer *floating charge*, welche sich (zusammen mit weiteren Sicherheiten) auf das nahezu gesamte Unternehmen erstreckt (*qualifying floating charge*[920]), berechtigt, bei Verwertungsreife außergerichtlich einen *administrator* zu bestellen und so ein *Administration*-Verfahren einzuleiten. Der Inhaber einer *qualifying floating charge* bleibt insoweit privilegiert, als dass er zunächst informiert werden muss, wenn bei Gericht die Eröffnung eines *Administration*-Verfahrens wegen (drohender) Zahlungsunfähigkeit beantragt wird.[921] Gleiches gilt, wenn die Gesellschafter oder die Geschäftsführung außergerichtlich einen *administrator* ernennen wollen.[922] Dies gibt dem Inhaber der *qualifying floating charge* das Vorrecht, selbst einen *administrator* zu ernennen.[923] Wurde durch Gericht das *Winding-up*-Verfahren angeordnet oder ein vorläufiger *liquidator* bestellt, so kann der Inhaber der *qualifying floating charge* immer noch die Eröffnung eines *Administration*-

---

915   So bereits in *Salomon v A. Salomon & Co. Ltd.* [1897] A.C. 22 (HL); ausführlich *Mokal*, Int.C.R. 2004, 248 ff.; *Brambosch*, S. 170 ff.; *Gottwald*, KTS 1981, 17, 37.

916   *Worthington/Payne*, Rn. 7.5.1.4.

917   *Armour/Hsu/Walters*, ECFR 2008, 148, 158; *Mokal*, Int.C.R. 2004, 248 ff.

918   Vgl. bereits *Salomon v A. Salomon & Co. Ltd.* [1897] A.C. 22, 53 (H.L.): »*Everybody knows that when there is a winding-up debenture holders generally step in and sweep of everything; and a great scandal it is.*«; *Bork*, Sanierungsrecht, Rn. 6.27; *Ehricke/ Köster/Müller-Seils*, NZI 2003, 409, 411.

919   Sog. *lightweight floating charges*, siehe *Brambosch*, S. 171, *Jungmann/Bisping*, RIW 2003, 932; Der Einfluss wurde dadurch verstärkt, dass Inhaber einer *floating charge* nach s. 9(3)(a) IA 1986 a.F. der Eröffnung eines auf die Sanierung abzielenden *Administration*-Verfahrens widersprechen konnten, siehe. *Brambosch*, S. 170.

920   Para. 14(3) sch. B1 IA 1986.

921   Para. 12(2)(c) sch. B1 IA 1986.

922   Para. 26(1)(b) sch. B1 IA 1986.

923   *B/B/G/L*, Law of Security, Rn. 20.50.

Verfahrens beantragen.[924] In der Praxis führt die heutige Rechtslage häufig dazu, dass noch vor Ernennung des *administrators* eine Verwertungsabsprache zwischen dem Inhaber der *floating charge*, den durch vorrangige *fixed securities* gesicherten Gläubigern, dem künftigen *administrator* und dem Kaufinteressenten getroffen wird und der *administrator* direkt nach seiner Ernennung absprachegemäß das Unternehmen oder Teile davon veräußert (*pre-pack administration*). Einer Billigung durch die Gläubigerversammlung bedarf es dafür nicht.[925] Damit ist sowohl in Sachen Intransparenz gegenüber den ungesicherten Gläubigern als auch vom Ergebnis her (keine eigenständige Sanierung) fraglich, ob eine entscheidende Verbesserung im Vergleich zur alten Rechtslage eingetreten ist.[926] Auch hat die *administration* trotz Einführung des *prescribed part* auch für ungesicherte Gläubiger zu keinen wesentlich verbesserten Quotenausschüttungen geführt.[927]

f)   Die Position des Sicherungsnehmers in der Insolvenz des Sicherungsgebers

aa) Die Rechtsstellung im *Winding-up*-Verfahren

(1) Verwertungsrecht

Mit Eröffnung des *Winding-up*-Verfahrens tritt *crystallisation* ein, so dass entsprechend den Ausführungen zu *mortgage* und *fixed charge* die Verwertungsbefugnisse des gesicherten Gläubigers grundsätzlich nicht beeinträchtigt werden. Liegt eine der in ss. 72B ff. IA 1986 genannten Ausnahmen vor, so ist die Bestellung eines *administrative receivers* nach wie vor möglich mit der Folge, dass *liquidator* und *administrative receiver* nebeneinander im Amt sind.[928] Außerhalb der ss. 72B ff. IA 1986 besteht für den Sicherungsnehmer theoretisch die Möglichkeit, durch das Gericht einen Verwalter bestellen zu lassen, da ein *administrative receiver* per Definition nur ein außergerichtlich bestellter Verwalter sein kann.[929] Diese Möglichkeit spielt jedoch praktisch keine

---

924   Paras. 8, 17, 37 sch. B1 IA 1986. Dies gilt allerdings nicht im Falle des *voluntary winding-up*. Gesellschafter können die Pläne des durch eine *floating charge* gesicherten Gläubigers damit durchkreuzen, wenn sie selbst zuvor die Auflösung der Gesellschaft beschließen, siehe *Calnan*, Taking Security, Rn. 8.167.

925   *Re Kayley Vending Ltd.* [2009] EWHC 904, Rn. 16 und *Re Transbus International Ltd.* [2004] EWHC 932.

926   *Worthington/Payne*, Rn. 7.5.1.4; *Calnan*, Taking Security, Rn. 8.149; Aufgrund dieser Kritik sehen die Richtlinien für *insolvency practicioner* nunmehr vor, dass, zumindest wenn der Verkauf an eine nahestehende Person erfolgen soll, der *administrator* den Investor auffordern (»*encourage*«) soll, alle Gläubiger vorab zu informieren, wobei letzteren freilich kein bindendes Vetorecht zusteht, siehe *Reynolds/Manning*, Int.C.R. 2016, 1 ff.; *Daly/Wakely*, Int.C.R. 2014, 403 ff.

927   Dies wird auf die höheren Verfahrenskosten im Vergleich zur *administrative receivership* zurückgeführt, siehe *Armour/Hsu/Walters*, ECFR 2008, 148, 168 ff.; *Steffek*, Gläubigerschutz, S. 167 und unten unter 1. Teil B. I. 5. f) aa) (2) (S. 140 f.).

928   Der Einflussbereich des *liquidator* wird dabei gering sein, da sich seine Befugnisse nur auf das nicht besicherte Vermögen erstrecken, vgl. *Re Henry Pound, Son & Hutchins* (1889) 42 Ch. D. 402, 420 (Ch.D.).

929   *Goode*, Credit and Security, Rn. 4-46, Fn. 250.

Rolle.[930] Da die eigene Inbesitznahme und Verwertung des Unternehmens aufgrund des damit verbundenen Aufwands und des Haftungsrisikos nicht in Betracht kommt, wird der gesicherte Gläubiger in diesen Fällen die Verwertung dem *liquidator* überlassen müssen. Dem *Floating-charge*-Inhaber wird daher daran gelegen sein, dem *Winding-up*-Verfahren durch Einsetzung eines *administrators* zuvorzukommen.[931]

(2) Nutzungsrecht und Erlösverteilung

Zum Nutzungsrecht kann ebenfalls auf die Ausführungen zu *mortgage* und *fixed charge* verwiesen werden. Hinsichtlich der Verteilung des Erlöses aus der Verwertung von Sicherungsgut bestehen allerdings erhebliche Unterschiede zwischen *floating* und *fixed securities*. S. 175 (1) IA 1986 ordnet an, dass aus dem unbelasteten freien Vermögen des Schuldners zunächst die bevorrechtigten Gläubiger (*preferential creditors*) zu befriedigen sind. Vorrangig zu befriedigen sind danach neben bestimmten Beiträgen zur betrieblichen Altersversorgung[932] und bestimmten Umlagen in der Kohle- und Stahlproduktion[933] insbesondere offene Lohnforderungen von Arbeitnehmern im Zeitraum von vier Monaten vor Bestellung des (*provisional*) *liquidators*.[934] Die vorrangigen Forderungen der Arbeitnehmer sind allerdings jeweils auf einen Betrag von bis zu 800 £ beschränkt.[935] Wurde das Arbeitsverhältnis mit Verfahrenseröffnung beendet, so besteht für noch offene Lohnforderungen, die im Zeitraum von bis zu acht Wochen vor Verfahrenseröffnung entstanden sind, zudem eine Insolvenzausfallversicherung. Diese ist auf einen Höchstbetrag von 479 £ beschränkt.[936] Die auf die Versicherung übergehende Lohnforderung genießt wiederum die für Lohnforderungen geltende Vorrangstellung.[937] S. 175(2) IA 1986 ordnet weiter an, dass, wenn das freie Vermögen nicht ausreicht, um die bevorrechtigten Gläubiger zu befriedigen, deren verbleibende Restforderungen vorrangig vor der durch die *floating charge* gesicherten Forderung aus dem Verwertungserlös des von der *floating charge* umfassten Vermögens zu begleichen sind. Das Gleiche gilt nach s. 176ZA(1) IA 1986 für die Verfahrenskosten, welche noch vor den bevorrechtigten Gläubigern zu begleichen sind. Die dritte wesentliche Einschränkung erfährt die *floating charge* durch s. 176A IA 1986, welcher im Zuge des EA 2003 eingeführt wurde, um die Situation der ungesicherten nicht bevorrechtigten Gläubiger zu verbessern. Danach muss ein bestimmter Teil (*prescribed*

---

930 Siehe oben unter 1. Teil B. I. 5. e) bb) (S. 137).
931 Das damit verbundene Moratorium bewirkt, dass auch kein *Winding-up*-Verfahren mehr eröffnet oder beschlossen werden darf, siehe para. 42(2), (3) sch. B1 IA 1986.
932 Para. 8 sch. 6 IA 1986.
933 Para. 15A sch. 6 IA 1986.
934 Para. 9 ff. sch. 6 i.V.m. s. 387 IA 1986. Werden Arbeitnehmer vom *liquidator* nach Verfahrenseröffnung weiterbeschäftigt, so sind die anschließend entstandenen Lohnforderungen als Verfahrenskosten vorrangig zu begleichen, siehe *Keay/Walton*, Rn. 30.5.1.1 (S. 516).
935 Para. 4 Insolvency Proceedings (Monetary Limits) Order 1986.
936 S. 182, 184, 186 ERA 1996.
937 S. 189(2) ERA 1986. Daneben sind die Beschränkung auf acht Wochen, die Deckelung auf einen wöchentlichen Höchstbetrag und die Voraussetzung der Beendigung des Arbeitsverhältnisses die wesentlichen Unterschiede zum deutschen Insolvenzgeld, vgl. MüKoInsO-*Schlegel*, England und Wales, Rn. 13.

part) des Vermögens, aus welchem der durch die *floating charge* gesicherte Gläubiger zu befriedigen wäre (*net property*),[938] der Befriedigung der ungesicherten Gläubiger[939] vorbehalten bleiben. Dieser Teil beträgt bei einem von der *floating charge* erfassten Vermögenswert von bis zu 10.000 £ 50 Prozent des Vermögens und bei einem größerem Vermögenswert 50 Prozent der ersten 10.000 £ zuzüglich 20 Prozent des weiteren Vermögens, maximal jedoch einen Vermögenswert von 600.000 £.[940] Beträgt das *net property* weniger als 10.000 £, so kann der *liquidator* von der Abführung des *prescribed part* absehen, wenn damit nach seiner Auffassung ein unverhältnismäßiger Aufwand verbunden wäre.[941] Nicht in die Berechnung des *net property* einbezogen wird das von der *floating charge* erfasste Vermögen, welches benötigt wird, um bevorrechtigte Forderungen zu begleichen, wenn das freie Vermögen hierfür nicht ausreicht. Denn dies ist kein Vermögen, aus welchem der gesicherte Gläubiger zu befriedigen wäre.[942] Das Gleiche muss gelten, wenn das mit der *floating charge* belastete Vermögen für die Deckung der Verfahrenskosten benötigt wird. Denn die Verfahrenskosten genießen nach s. 176ZA(1) IA 1986 Vorrang vor den bevorrechtigten Forderungen.[943] Trotz dieser Einschränkungen wird auch das mit einer *floating charge* belastete Vermögen dogmatisch als dem gesicherten Gläubiger gehörend angesehen. Zur Begründung wird darauf verwiesen, dass die nicht dem gesicherten Gläubiger zustehenden Beträge direkt an die bevorrechtigten und ungesicherten Gläubiger auszuzahlen seien und daher zu keinem Zeitpunkt im Vermögen des Insolvenzschuldners stünden.[944] Schlussendlich ergibt sich für den Fall, dass das freie Schuldnervermögen für die Begleichung der Verfahrenskosten sowie der vorrangigen Forderungen nicht ausreicht, folgende Verteilungsreihenfolge des Verwertungserlöses von mit einer *floating charge* belastetem Vermögen: (1.) Kosten des Insolvenzverfahrens, (2.) Forderungen bevorrechtigter Gläubiger, (3.) Forderungen ungesicherter Gläubiger beschränkt auf die Mittel aus dem *prescribed part*, (4.) durch die *floating charge* gesicherte Forderungen, (5.) ungesicherte und nachrangige Forderungen.[945]

bb) Die Rechtsstellung im *Administration*-Verfahren

(1) Verwertungsrecht

Auch für den Inhaber einer *floating charge* gilt das bereits beschriebene Moratorium. Nur mit der Zustimmung des *administrators* oder des Gerichts kann er also z.B. einen Verwalter bestellen, wenn sich die *floating charge* nur über einen bestimmten Teil eines Unternehmens erstreckt. Die Ernennung eines *administrative receiver* (in den

---

938 Siehe die Defintiion des *net property* in s. 176A(6) IA 1986. *Net property*.
939 Untersicherte Gläubiger sind auch hinsichtlich ihres Forderungsausfalls keine ungesicherten Gläubger in diesem Sinne, *B/B/G/L*, Law of Security, Rn. 20.28.
940 Insolvency Act 1986 (Prescribed Part) Order 2003, SI 2003/2097; *Bork*, Sanierungsrecht, Rn. 13.31.
941 S. 176A(3) IA 1986.
942 *Goode*, Corporate Insolvency, Rn. 6-37.
943 Siehe *B/B/G/L*, Law of Security, Rn. 20.45.
944 *Goode*, Corporate Insolvency, Rn. 6-37; siehe auch *Armour/Walters*. L.Q.R. 2006, 295, 306 ff.
945 *B/B/G/L*, Law of Security, Rn. 20.45.

gesetzlich noch zugelassenen Fällen) ist ab Inkrafttreten des moratoriums nicht mehr gestattet.[946] Der Inhaber einer *qualifying floating charge* ist allerdings insofern privilegiert, als dass die *administration* durch die Reform des EA 2003 gerade als das typische Verwertungsverfahren einer *floating charge* an die Stelle der *administrative receivership* getreten ist.[947] Insofern hat der Inhaber der *qualifying floating charge* ein Vorrecht bei der Bestimmung des *administrator*. Auch wenn bereits eine gerichtliche *administration order* beantragt wurde, kann der Inhaber der *floating charge* noch außergerichtlich einen *administrator* einsetzen.[948] Entsprechend dem Verständnis der *administration* als Sanierungsverfahren darf der *administrator* nach para. 70(1) sch. B1 IA 1986 über mit einer *floating charge* belastetes Vermögen frei verfügen.[949] Ansonsten wäre die Fortführung des schuldnerischen Geschäftsbetriebs unmöglich. An dafür erzielten Surrogaten setzt sich die *floating charge* mit ihrem ursprünglichen Rang fort.[950] Damit trägt der Inhaber der *floating charge* das Risiko des wirtschaftlichen Handelns des *administrators*. Auch wenn der *administrator* von Gesetzes wegen frei über mit der *floating charge* belastetes Vermögen verfügen darf, wird er sich stets mit dem Inhaber der *qualifying floating charge* abstimmt haben, da seine Bestellung in aller Regel von dessen Einverständnis abhängt und der *administrator* im Hinblick auf künftige Ernennungen auf ein gutes Verhältnis zu den Großgläubigern bedacht sein wird.[951]

(2) Nutzungsrecht und Erlösverteilung

Kann der *administrator* das Sicherungsgut verwerten, so muss er dieses erst recht nutzen dürfen, zumal gerade bei der *floating charge* der Geschäftsbetrieb sonst regelmäßig nicht aufrechterhalten werden könnte.[952] Auch wenn der *administrator* nach Verwertung des Schuldnervermögens die Erlösverteilung vornimmt,[953] findet die oben beschriebene Rangordnung Anwendung. Ss. 175 (*preferential creditors*), 176A (*prescribed part*) IA 1986 finden auch in der *administration* Anwen-

---

946 Para. 43 (6A) sch. B1 IA 1986.

947 Der Ausdruck Verwertungsverfahren ist insoweit nicht passend, als dass der Verwalter auch bei der *out of court administration* im Interesse der Gläubigergesamtheit handeln muss. Die *administration* stellt daher auch hier ein auf Sanierung gerichtetes Gesamtverfahren dar. In der Praxis allerdings haben die ungesicherten Gläubiger von der Ersetzung der *administrative receivership* durch die *administration* nicht profitiert, siehe *Armour/ Hsu/Walters*, ECFR 2008, 148 ff.; siehe zum Missbrauch in der Praxis oben unter 1. Teil B. I. 5. e) bb) (S. 137 ff.).

948 Die Einschränkung in para. 25 sch. B1 IA 1986 gilt nicht für den nach para. 14 sch. B1 ernennungsberechtigten Inhaber einer *floating charge*.

949 Aus diesem Grund spielt es keine Rolle, ob mit der Verfahrenseröffnung *crystallisation* eintritt.

950 Para. 70 (2) IA sch. B1 1986. Unabhängig davon, ob *crystallization* eingetreten ist, setzt sich die *floating charge* damit mit dem Ergebnis fort.

951 *Armour*, in: Austin/Aoun, Restructuring companies, S. 43, 51, 60.

952 Zum Erst-Recht-Schluss, siehe *Bork*, Sanierungsrecht, Rn. 13.27.

953 Dazu ist er nach s. 65 IA 1986 berechtigt. Möglich ist es auch, dass der *administrator* nach Abschluss des Unternehmensverkaufs den Übergang zu einem *Winding-up*-Verfahren in die Wege leitet und im Rahmen dessen die Erlösverteilung erfolgt, vl. Zum Verfahrensübergang para. 83 sch. B1 IA 1986; *Bork*, Sanierungsrecht, Rn. 6.15.

dung.[954] Allerdings sind nach Eröffnung der *administration* entstandene Lohnforderungen sowie vom *administrator* im Namen des Schuldners begründete Masseverbindlichkeiten nicht als Kosten des Verfahrens zu behandeln, sondern noch vor diesen zu befriedigen (*pre-preferential debts/super-priority*).[955]

cc) Die Rechtsstellung im CVA

Kommt es im Rahmen des CVA zu einem Moratorium, so ist es dem Inhaber der *floating charge* während der Dauer des Moratoriums nicht gestattet, einen *administrator* zu ernennen.[956] Um den gesicherten Gläubiger zu schützen, darf der Schuldner allerdings auch über mit der *floating charge* belastetes Vermögen nur verfügen, wenn das Gericht oder der Inhaber der *floating charge* zustimmen. Anders als bei einer *fixed security* ist der Schuldner nicht verpflichtet, eine Differenz zu zahlen, wenn Sicherungsgut unter Marktpreis veräußert wird. Die *floating charge* setzt sich an den Surrogaten fort.[957]

II. Frankreich

1. Entwicklung

Es sei zunächst auf die Ausführungen zu den französischen Sicherungsübertragungen verwiesen.[958] Die Einführung der *fiducie-sûreté* 2007 stellte nicht die erste bedeutende Änderung im französischen Kreditsicherungsrecht dar. Bereits kurz zuvor war mit der Verordnung Nr. 2006-346 vom 23.03.2006 das allgemeine Pfandrechtsregime des *Code civil* umfassend reformiert und als wesentlichste Neuerung erstmalig ein allgemeines besitzloses Pfandrecht eingeführt sowie entsprechend die erforderliche Drittschuldneranzeige beim Forderungspfandrecht abgeschafft worden. Die zweite wesentliche Änderung bestand in der Einführung eines neuen besitzlosen (Register-)Pfandrechts an Lagerbeständen. Durch die Reform ist die Praxistauglichkeit des Pfandrechts erheblich verbessert worden. Da jedoch gleichzeitig sämtliche spezialgesetzlichen Pfandrechte bestehen blieben, ist die Entwirrung und Vereinheitlichung des pfandrechtlichen Flickenteppichs in Frankreich allerdings nicht gelungen.[959]

2. *Gage* und *nantissement* – Begriff, Konstruktion und wirtschaftliche Bedeutung

Gab es bis zur großen Pfandrechtsreform 2006 ein Besitzpfandrecht (*nantissement*) und ein besitzloses Pfandrecht an Grundstücken (*hypothèque*), so wurde durch die Re-

---

954 Para. 65 (2) sch. B1 IA 1986, s. 176A (2) IA 1986. Auch die Insolvenzausfallverischerung greift, wenn im Zuge der Verfahrenseröffnung das Arbeitsverhältnis beendet wurde, siehe s. 183(3) ERA 1996.

955 *B/B/G/L*, Law of Security, Rn. 20.60.

956 P. 12(1)(da) sch. A1 IA 1986. Das gleiche gilt für einen *administrative receiver*, p. 12(1)(e) sch. A1 IA 1986.

957 Siehe zu Allem para. 20(2), (4), (5)(a) sch. A1 IA 1986.

958 Siehe oben unter 1. Teil A. III. 1. (S. 82 ff.).

959 *Legeais*, in: JCl. Civil Code, art. 2333–2336, Rn. 18; *Dammann*, RD 2006, 1298; *Biller*, S. 111.

form der Oberbegriff *nantissement* aufgespalten. *Nantissement* bezeichnet nunmehr ausschließlich das Pfandrecht an Rechten gemäß art. 2355 ff. C.civ. während *gage (mobilier)*, nunmehr das Pfandrecht an beweglichen Sachen gemäß art. 2333 ff C.civ. beschreibt. Nach art. 2333 Abs. 1 C.civ. ist *gage*, das vertraglich eingeräumte Recht, aus einer beweglichen Sache vorrangig vor weiteren Gläubigern des Eigentümers Befriedigung zu erlangen. Beschrieben ist damit das Recht auf vorzugsweise Befriedigung (*droit de préférence*). Da in Frankreich in der Einzelzwangsvollstreckung nicht der Prioritätsgrundsatz Anwendung findet, steht ein Pfandgläubiger mit diesem Recht grundsätzlich in Konkurrenz insbesondere zu durch gesetzliche Vorzugsrechte (*privilèges*) privilegierten Gläubigern, welche ebenfalls ein Recht auf vorzugsweise Befriedigung genießen.[960] Dies ist der wesentliche Unterschied zu den beschriebenen Sicherungsübertragungen, welche ein *droit exclusif* gewähren. Neben dem *droit de préférence* ist wesentliches Merkmal des *gage* das Folgerecht (*droit de suite*), welches Ausfluss seines dinglichen Charakters ist und die Durchsetzbarkeit *erga omnes* gewährleistet.[961] Als Ausdruck des bis zur Pfandrechtsreform dominierenden Traditionsprinzips gewährt das Pfandrecht dem Pfandgläubiger zudem ein Zurückbehaltungsrecht (*droit de retention*), welchem in Zwangsvollstreckung und Insolvenz eine erhebliche Bedeutung zu kommt.

Demgegenüber stellt das *nantissement* nach art. 2355 Abs. 1 C.civ. schlicht die Verwendung eines Rechts als Sicherheit für eine Forderung dar. Dass die vorzugsweise Befriedigung nicht erwähnt wird, ist insofern symptomatisch, als dass Forderungspfandrecht jedenfalls im Ergebnis den Wirkungen eines *droit exclusif* weitestgehend entspricht.[962]

Im Folgenden sollen kurz sämtliche besitzlose Pfandrechte mit Ausnahme der Mobiliarhypotheken[963] überblicksartig dargestellt werden, bevor das allgemeine besitzlose Pfandrecht, das Pfandrecht am Warenlager sowie das allgemeine Pfandrecht an Forderungen näher erläutert werden.

a) Das allgemeine besitzlose Pfandrecht (*gage commun sans dépossession*) und das Handelspfandrecht (*gage commercial*)

Seit der Reform von 2006 kann das allgemeine Pfandrecht an beweglichen Sachen auch als besitzloses Pfandrecht bestellt werden. Der Streit um den Anwendungsbereich des besitzlosen Pfandrechts im Verhältnis zum Pfandrecht am Warenlager belegt, dass es von der Praxis angenommen wurde. Zweifellos kommt es auch zum Tragen bei der Verpfändung von Anlagevermögen, welches sich zuvor praktisch nur durch das Pfandrecht am Unternehmen verpfänden ließ. Die Vorschriften des *Code*

---

960 Siehe unten unter 1. Teil B. II. 5. a) (S. 152 ff.).

961 Siehe zum *droit de préférence*, *droit de suite* und *droit exclusif Aynès/Crocq*, Les sûretés, Rn. 401 f.

962 Vgl. art. 2361 ff. C.civ. und unten unter 1. Teil B. II. 6. a) (S. 155). Für sämtliche anderen Rechte außer Forderungen verweist art. 2355 Abs. 5 demgegenüber auf die Regeln des *gage*.

963 Schiffshypothek, art. L. 5114-6, 4122-1 ff. C.transports, und Flugzeughypothek, art. L. 6122-1 ff. C.transports.

civil werden durch Vorschriften des *Code de commerce* modifiziert, soweit das Pfandrecht im unternehmerischen Verkehr eingesetzt wird (*gage commercial*).[964]

b) Das allgemeine Pfandrecht an Forderungen (*nantissement*) und die Verpfändung gewerblicher Forderungen nach *Loi Dailly*

Mit der Reform von 2006 hat das allgemeine Pfandrecht an Rechten erstmals eine eigenständige Regelung erfahren. Dies gilt allerdings nach art. 2356 ff. C.civ. in erster Linie für das Pfandrecht an Forderungen, während art. 2355 Abs. 4 C.civ. für das Pfandrecht an anderen Rechten auf die Regelungen zum *gage* verweist. In Bezug auf Forderungen ist mit der Reform das Erfordernis der Drittschuldneranzeige entfallen. Ein solches stilles Forderungspfandrecht war bereits 1981 mit dem *Loi Dailly* eingeführt worden, welches neben der Sicherungsabtretung auch das stille Pfandrecht an gewerblichen Forderungen vorsieht.[965] Die Verpfändung spielt allerdings praktisch keine Rolle, da man stets davon ausging, dass in Insolvenz und Zwangsvollstreckung die Sicherungsabtretung im Zweifel effektiver sei.[966] Aufgrund der Vorteile der *cession Dailly* im Insolvenzanfechtungsrecht ist nicht zu erwarten, dass ihre praktische Bedeutung nunmehr durch das allgemeine Forderungspfandrecht gemindert wird.

c) Das Pfandrecht am Warenlager (*gage des stocks*)

Mit der Reform von 2006 wurde in art. L. 527-1 ff. C.com. ein spezielles besitzloses Pfandrecht am Warenlager geschaffen. Zweck war es insbesondere, die Bestellung revolvierender Kreditsicherheiten zu vereinfachen. Da beide Pfandrechte nunmehr gleiche Rechtspositionen gewähren und nebeneinander anwendbar sind, lässt sich nicht mit Sicherheit sagen, ob sich künftig das Pfandrecht am Warenlager gegen das allgeneine besitzlose Pfandrecht durchsetzen wird. Eventuell bietet das Pfandrecht am Warenlager bei der Bestellung revolvierender Kreditsicherheiten insofern Vorteile, als dass es nicht auf vertretbare Sachen beschränkt ist.[967] Nichtsdestotrotz stellt sich die Frage der Existenzberechtigung des Pfandrechts am Warenlager neben dem allgemeinen besitzlosen Pfandrecht.[968]

d) Die Pfandscheine (*warrants*)

Für bestimmte Wirtschaftszweige, namentlich die Landwirtschaft (*warrant agricole*[969]), das Hotelgewerbe (*warrant hôtelier*[970]), die (Rüstungs-)Industrie (*warrant industrie/ warrant des stocks de guerre*) sowie Erdölimporteure (*warrant pétrolier*[971]), sieht das französische Recht besitzlose Pfandrechte durch Ausgabe von Lagerpfandscheinen vor.

---

964 Art. L. 521-1 f. C.com.
965 Siehe art. 313-23 Abs. 1 Var. 2 C.fin.mon.
966 *Legeais*, in: JCl. Com., fasc. 359, Rn. 9.
967 Siehe unten unter 1. Teil B. II. 6. c) cc) (1) (S. 157 ff.).
968 *Paclot/Gaède*, JCP E 2016, n° 8-9, 9, 11.
969 Art. L. 342-1 ff. C.rur.pêche marit.
970 Art. L. 523-1 C.com.
971 Art. L. 524-1 ff. C.com.

Neben dem persönlichen ist auch der sachliche Anwendungsbereich durch die jeweiligen Gesetze eng definiert. Der *warrant* wird dem Sicherungsgeber vom Präsidenten des Handelsgerichts ausgestellt und dort registriert. Anschließend kann der Pfandschein vom Sicherungsgeber auf einen möglichen Sicherungsnehmer per Indossament übertragen werden. Auch die Weiterübertragung per Indossament ist möglich.[972] In der Praxis kommt nur noch dem Pfandschein der Landwirtschaft, insbesondere im Weinanbau, eine Bedeutung zu.[973]

e)   Das Pfandrecht an Berufsmaterial und Ausrüstung (*nantissement de l'outillage et du matériel d'equipement professionnel*)

Das besitzlose Pfandrecht an Berufsmaterial und Ausrüstung, eingeführt 1951 und heute geregelt in art. 525-1 ff. C.com., hat einen engen Anwendungsbereich. Als Pfandgegenstand kommt nur bewegliches Anlagevermögen in Betracht. Zum anderen kann durch das Pfandrecht nur der Warenkredit des Verkäufers des betreffenden Anlagevermögens oder der Aval- oder Geldkredit eines Dritten, welcher der Finanzierung des Kaufpreises diente, gesichert werden. Zur Wirksamkeit muss das Pfandrecht innerhalb von 15 Tagen nach Abschluss des Pfandvertrags in einem Register am örtlich zuständigen Handelsgericht eingetragen werden, art. L. 525-3 Abs. 2, 142-3 Abs. 2 C.com. Der Anwendungsbereich zeigt, dass das Pfandrecht aus einer Zeit stammt, als der Eigentumsvorbehalt im französischen Recht noch nicht zugelassen war. Neben Eigentumsvorbehalt und Finanzierungsleasing spielt es keine heute Rolle mehr.[974]

f)   Das Pfandrecht am Automobil (*gage sur un véhicule automobile*)

Seit der Pfandrechtsreform ist das Pfandrecht am Automobil im *Code civil* in art. 2351–2353 C.civ. geregelt. Eingeführt wurde es 1934 mit dem Ziel den Waren- oder Anschaffungskredit beim Autokauf zu sichern. Seit der Reform von 2006 kann das Automobil zur Sicherung jeglicher Forderungen eingesetzt werden.[975] Bezüglich der Form- und Inhaltsanforderungen finden die Regeln zum allgemeinen Pfandrecht Anwendung.[976] Es stellt sich hier allerdings die besondere Situation, dass der Ministererlass, durch welchen das Registrierungssystem nach art. 2351 C.com geregelt werden soll, bis heute noch nicht ergangen ist. Unklar ist daher, ob das alte Registrierungsregime, welches ursprünglich auf nach dem 01.08.2008 entstandene Pfandrechte keine

---

972   Ausführlich *Ferid/Sonnenberger*, Bd. 2, Rn. 3 D 162 ff.

973   Der *warrant hôtelier* beschränkt sich mit dem Inventar des Hotels auf zumeist wertlose Gegenstände. Der *warrant pétrolier* beschränkt sich auf Öl importierende Unternehmen, welche nicht auf die Verpfändung der aus der Ölverarbeitung resultierenden Produkte, auf welche der *warrant pétrolier* sachlich beschränkt ist, angewiesen sind. Die Pfandscheine der Industrie beruhen auf Gesetzen von 1939 und 1940, welche auf die damaligen Bedürfnisse zugeschnitten waren und nicht mehr angewandt werden, siehe zu allem *C/M/C/P*, Droit des sûretés, Rn. 847 ff.; auch *Biller*, S. 116.

974   *C/M/C/P*, Droit des sûretés, Rn. 837 ff; *Simmler*, in: Kreuzer, Mobiliarsicherheiten, S. 105, 110.

975   *Biller*, S. 117.

976   *Simler/Delebecque*, Les sûretés, Rn. 708. Siehe dazu unten unter 1. Teil B. II. 3. b) aa) (S. 149).

Anwendung mehr finden sollte, dennoch weiter anzuwenden ist,[977] ob das neue Recht daneben Anwendung angewendet werden kann[978] oder ob auf das Pfandrecht derzeit überhaupt nicht zurückgegriffen werden kann.[979] Abgesehen von dieser Rechtsunsicherheit zeigt diese Vernachlässigung jedenfalls, dass dem Pfandrecht in der Praxis keine relevante Bedeutung zukommt.[980]

g) Das Pfandrecht am Unternehmen (*nantissement du fonds de commerce*)

Das besitzlose Pfandrecht am Unternehmen, erstmals eingeführt 1898, ist heute in art. L. 142-1 ff. C.com. geregelt. Bereits früh hatte man erkannt, dass ein Unternehmen als solches einen Wert verkörpert, welcher für die Kreditbeschaffung nutzbar gemacht werden sollte. Denn das Unternehmen stand exemplarisch für die Inkompatibilität gewisser Vermögensgegenstände mit dem Faustpfandprinzip. Von dem Pfandrecht umfasst werden können die in art. L. 142-2 Abs. 1 C.com. genannten Vermögensgegenstände. Dazu zählen in erster Linie sämtliche Immaterialgüterrechte (Namen, Marken, Patente, Lizenzen, Rechte aus Miet- und Pachtverträgen, Kundenstamm, *goodwill*). Möglich ist daneben die vertragliche Erstreckung auf bewegliches Anlagevermögen. Ausgenommen sind Gegenstände, für die spezielle Registerpfandrechte vorgesehen sind (Automobil, Schiffe, Flugzeuge). Ebenfalls ausgenommen vom sachlichen Anwendungsbereich ist das Umlaufvermögen des Unternehmens.[981] Gleiches gilt für Guthaben auf Bankkonten und Immobiliarvermögen. Insbesondere die Ausnahme von Umlaufvermögen hebt es in funktionaler Hinsicht deutlich von der englischen *floating charge* ab. Für die Wirksamkeit des Pfandrechts muss es innerhalb von 30 Tagen nach Vertragsschluss beim örtlich zuständigen Handelsgericht registriert werden, art. L. 142-3 Abs. 2, 3, 142-4 Abs. 1 C.com. Das Pfandrecht weist erhebliche Schwächen sowohl in rechtlicher als auch wirtschaftlicher Hinsicht auf. In rechtlicher Hinsicht wird bemängelt, dass eine Verwertung weder durch vertraglichen (*attribution conventionelle* durch einen *pacte commissoire*) noch durch gerichtlich angeordneten Verfall (*attribution judicaire*) zulässig ist, art. L. 142-1 Abs. 2. Einzig möglich ist der Verkauf durch öffentliche Versteigerung. Dadurch wird es dem Pfandgläubiger unmöglich gemacht, vorrangige gesetzliche Vorzugsrechte zu umgehen. Des Weiteren gilt das Pfandrecht, auch wenn es sich auf bewegliche Sachen erstreckt, als *nantissement* und nicht als *gage*. Ihm kommt damit nicht das fiktive Zurückbehaltungsrecht des art. 2286 Nr. 4 C.civ. zu, was in der Insolvenz des Sicherungsgebers ebenfalls zu Nachteilen führt.[982] Zudem umfasst das Pfandrecht nicht die einzelnen die Sachgesamtheit ausma-

---

977 So *B/B/J*, Droit des sûretés, Rn. 854. Danach muss das Pfandrecht, welches regelmäßig im Kaufvertrag vereinbart wird, bei der amtlichen Zulassungsstelle registriert werden, siehe *Biller*, S. 122, Fn. 465; *Simler*, in: Kreuzer, Mobiliarsicherheiten, S. 105, 110.

978 So *Simler/Delebecque*, Les sûretés, Rn. 707.

979 So wohl *C/M/C/P*, Droit des sûretés, Rn. 825.

980 Siehe zur mangelnden praktischen Bedeutung *Simler/Delebecque*, Les sûretés, Rn. 707.

981 *Dissaux*, in: JCl. Civil Code, art. 2355, fasc. 20, Rn. 65; *Simler/Delebecque*, les sûretés, Rn. 717; *Gdanski*, in Bridge/Stevens, Cross-Border Security, S. 59, 65 f.

982 Vgl. unten unter 1. Teil B. II. 8. b) aa) (1) (b) (S. 164 f.) und 1. Teil B. II. 8. c) aa) (3) (S. 169 f.). Zur Unanwendbarkeit des fiktiven Zurückbehaltungsrechts des art. 2286 Nr. 4 C.civ. auf *nantissements* siehe Cass.com. v. 26.11.2013, Az.: 12-27390; *C/M/C/P*, Droit des sûretés, Rn. 805.

chenden Sachen und Rechte. Über diese kann der Sicherungsgeber damit weiterhin lastenfrei verfügen. Die Hauptschwäche des Pfandrechts ist jedoch wirtschaftlicher Art. Naturgemäß sinkt der ideelle Wert des Unternehmens je wahrscheinlicher es zu einem Zahlungsausfall kommt. Der Wert der Sicherheit entwickelt sich damit regelmäßig entgegen dem Sicherungsinteresse des Pfandgläubigers. Das Pfandrecht am Unternehmen ist zwar durchaus häufig in der Praxis anzutreffen, stets jedoch nur als Ergänzung zu weiteren Sicherungsrechten, um eventuelle Lücken anderer Sicherungsrechte zu schließen.

3. Bestellung *inter partes*

a) Anwendungsbereich

aa) Das allgemeine besitzlose Pfandrecht und das Forderungspfandrecht

Was den persönlichen und den sachlichen Anwendungsbereich betrifft, so weist das allgemeine besitzlose Pfandrecht ebenso wie das allgemeine Forderungspfandrecht naturgemäß keine Probleme auf. Die Modifikationen in art. L. 521-1 ff. C.com. (*gage commercial*), knüpfen nicht an die Vertragsparteien an. Anwendungsvoraussetzung ist einzig, dass die zu sichernde Forderung unternehmerischem Handeln (*acte commercial*) entspringt.[983] Es stellt sich allerdings die Frage, inwieweit das allgemeine besitzlose Pfandrecht neben den speziellen besitzlosen Pfandrechten Anwendung finden kann. Keine Probleme bereitet seit der Verordnung vom 29.01.2016 das Verhältnis zum Pfandrecht am Warenlager. Durch den neuen art. 527-1 Abs. 4 c.com. wird den Parteien freigestellt ob sie ein besitzloses Pfandrecht am Warenlager nach art. L. 527-1 ff. C.com. oder nach den allgemeinen Regeln der art. 2333 ff. C.civ. begründen wollen. Zuvor war die Frage heftig umstritten. Auf Grund der bis dato günstigeren Verwertungsregeln hatte die Praxis das allgemeine besitzlose Pfandrecht präferiert.[984] Dem schob der *Cour de cassation* mit der Begründung, art. 527-1 ff. C.com. seien *leges speciales*, einen Riegel vor.[985] Dieser Streit ist nunmehr obsolet. Ebenfalls keine Probleme stellen sich im Bereich des Pfandrechts am Unternehmen. Art. L. 141-2 Abs. 1 stellt den Parteien frei, ob sie das Pfandrecht auf bestimmte Teile des Anlagevermögens und Betriebsausstattung erstrecken wollen oder nicht. Was das Verhältnis zum Pfandrecht an Berufsmaterial und Ausrüstung betrifft, so ist zunächst dessen Beschränkung auf den Anschaffungskredit zu berücksichtigen. Im Übrigen tendiert das Schrifttum dazu, ein Wahlrecht der Parteien anzunehmen.[986] Im Verhältnis zum Pfandrecht am Automobil lässt dessen systematischer Standort im *Code civil* hingegen eher auf die Spezialität dieses Pfandrechts schließen.[987] Auch im Verhältnis zur Schiffs-

---

983 *Aynès/Crocq*, Les sûretés, Rn. 503; *B/B/J*, Droit des sûretés, Rn. 869.
984 *B/B/J*, Droit des sûretés, Rn. 873.
985 Cass.com. v. 19.02.2013, n° 11-21763, Bull. civ. 2013, IV, n° 29. Instanzgerichte sind dem zum Teil nicht gefolgt, siehe CA Paris v. 27.02.2014, n° 13/03840 mit Anm. *Simler/Delebecque*, JCP G 2014, n° 21–22, 1083.
986 *Legeais*, in: JCl. Code civ., art. 2333–2336, Rn. 21.
987 *Legeais*, in: JCl. Code civ., art. 2333–2336, Rn. 20; für die Unanwendbarkeit der allgemeinen Regeln auch *Biller*, S. 117.

und Flugzeughypothek nimmt die herrschende Meinung eine Unanwendbarkeit des allgemeinen besitzlosen Pfandrechts an.[988]

bb) Das Pfandrecht am Warenlager

Der Anwendungsbereich des Pfandrechts am Warenlager ist gemäß art. L. 527-1 Abs. 1 C.com. nahezu identisch mit demjenigen der *cession Dailly*.[989] In persönlicher Hinsicht kann der Sicherungsgeber eine natürliche oder juristische Person sein. Allerdings muss es sich bei der zu sichernden Forderung um einen betrieblich veranlassten Kredit eines Kreditinstituts oder einer Finanzgesellschaft an den Sicherungsgeber handeln. Der gesicherte Gläubiger muss damit in eine der letztgenannten Kategorien fallen.

b) Sicherungsvertrag und Bestimmtheitsgrundsatz

aa) Das allgemeine besitzlose Pfandrecht

Gemäß art. 2336 C.civ. muss der Pfandvertrag schriftlich abgeschlossen werden. Er muss die zu sichernde(n) Forderung(en) sowie das Pfandobjekt nach seiner Menge und seinen Eigenschaften hinreichend genau bezeichnen. Liegt ein Handelspfandrecht vor, so ist die Schriftform nicht erforderlich.[990]

bb) Das Pfandrecht am Warenlager

Form und Inhalt des Pfandvertrags sind in art. L. 527-2 C.com. geregelt.[991] Das Pfandrecht muss schriftlich vereinbart werden. Darüber hinaus müssen die gesicherte(n) Forderung(en) und die verpfändeten oder künftig zu verpfändenden Waren nach Eigenschaft, Menge und Wert bezeichnet und der Ort angegeben werden, an welchem das Sicherungsgut aufbewahrt wird. Die allgemeine Bezeichnung des Pfandobjekts als Warenlager oder durch eine nicht näher bestimmte All-Klausel genügt also nicht. Zudem muss grundsätzlich die voraussichtliche Dauer des Pfandverhältnisses genannt werden. Allerdings kann der Pfandvertrag auf unbestimmte Dauer geschlossen werden, wenn die Fälligkeit der gesicherten Forderung noch nicht bestimmbar ist. Wird das Pfandrecht als Faustpfandrecht begründet, so muss gegebenenfalls der Dritte genannt werden, welcher das Warenlager für die Parteien in Verwahrung nimmt.

cc) Das allgemeine Pfandrecht an Forderungen

Form und Inhalt des Pfandvertrags richten sich nach art. 2356 C.civ. Der Vertrag muss schriftlich abgeschlossen werden. Die gesicherte(n) Forderung(en) müssen bezeichnet werden ebenso wie die zu verpfändenden Forderungen. Zukünftig zu verpfändende

---

988 *B/B/J*, Droit des sûretés, Rn. 925; *Legeais*, in: JCl. Code civil, art. 2333–2336, Rn. 19.
989 Siehe oben unter 1. Teil A. III. 3. b) aa) (2) (S. 86 f.).
990 Art. L. 521-1 Abs. 1 i.V.m. art. L. 110-3 C.com; *C/M/C/P*, Droit des sûretés, Rn. 765.
991 Die inhaltlichen Mindestanforderungen wurden durch die Verordnung Nr. 2016-56 v. 29.01.2016 erheblich reduziert. Siehe zur alten Rechtslage *Biller*, S. 119.

Forderungen müssen nach art. 2356 C.civ. so genau bezeichnet werden, dass sie bei Entstehung bestimmbar sind.[992]

c) Verfügungsbefugnis

Nach art. 2335 C.civ., welcher über art. L. 527-1 Abs. 3 C.com. auch auf das Pfandrecht am Warenlager Anwendung findet, ist die Pfandbestellung an beweglichen Sachen durch einen Nichteigentümer nichtig. Allerdings kommt dem Pfandgläubiger art. 2276 C.civ. zugute, welcher den gutgläubigen Besitzerwerb schützt.[993] Die Vorschrift setzt jedoch den Besitzerwerb voraus, welcher beim besitzlosen Pfandrecht nicht vorliegt. Ein gutgläubiger Erwerb eines Forderungspfandrechts ist unmöglich.[994]

d) Die zu sichernde Forderung und Akzessorietät

Alle Pfandrechte sind streng akzessorisch. Hinsichtlich des allgemeinen Pfandrechts stellt das Gesetz klar, dass das Pfandrecht auch zur Besicherung künftiger Forderungen eingesetzt werden kann, wenn sie bestimmbar im Pfandvertrag bezeichnet wird.[995] Dagegen verlangt der Anwendungsbereich des Pfandrechts am Warenlager, dass dieses der Sicherung eines gewährten Kredits dient. Hinsichtlich der Erlöschensakzessorietät entpuppt sich das Pfandrecht an Forderungen erstaunlicherweise als weniger akzessorisch als die Sicherungsübertragungen. Art. 2366 C.civ. gestattet dem Sicherungsnehmer im Rahmen der Verwertung ausdrücklich die Einziehung eines die gesicherte Forderung übersteigenden Betrags, während zumindest für die *cession Dailly* anerkannt ist, dass ein solcher Betrag automatisch bereits mit Eintritt des Sicherungsfalls an den Sicherungsgeber zurückfällt.

e) Sicherungsobjekte

aa) Das allgemeine besitzlose Pfandrecht an beweglichen Sachen und Forderungen

Verpfändet werden können nur übertragbare Sachen und Forderungen.[996] Die Möglichkeit der Verpfändung von Sach- und Forderungsgesamtheiten sowie von künftigen Sachen und Forderungen ist unter dem Vorbehalt der Bestimmbarkeit seit der Reform 2006 ausdrücklich vorgesehen.[997] Auch die Verpfändung bloß eines Forderungsteils ist

---

992 Siehe bereits oben unter 1. Teil A. III. 3. b) ff) (2) (b) (bb) (S. 95 f.).
993 Liegt gutgläubiger Besitzerwerb vor, so setzt sich das Pfandrecht bspw. gegen einen Eigentumsvorbehalt durch, siehe *C/M/C/P*, Droit des sûretés, Rn. 762; *Simler/Delebecque*, Les sûretés, Rn. 613.
994 Siehe zu allem bereits oben unter 1. Teil A. III. 3. b) cc) (S. 89).
995 Art. 2333 Abs. 2, 2356 Abs. 3 C.civ.; siehe *Legeais*, in: JCl. Code civil, art. 2333–2336, Rn. 35 und bereits oben unter 1. Teil A. III. 3. b) ee) (1) (S. 90).
996 *C/M/C/P*, Doit des sûretés, Rn. 761; *Stoufflet*, JCP G 2006, Supplément au n° 20, 19, 20. Siehe zur Übertragbarkeit bereits oben unter 1. Teil A. III. 3. b) ff) (S. 92 ff.).
997 Art. 2333 Abs. 1, 2355 Abs. 1 C.civ. i, insbesondere steht art. 2335 C.civ. dem nicht entgegen, siehe *Legeais*, in: JCl. Code civil, art. 2333–2336, Rn. 37. Siehe allerdings zur eingeschränkten Möglichkeit der Verpfändung künftiger Forderungen oben unter 1. Teil A. III. 3. b) ff) (2) (b) (bb) (S. 95 f.).

bei Teilbarkeit der Forderung möglich, art. 2358 Abs. 2 C.civ. Auch die Möglichkeit der Verpfändung von Bankkonten ergibt sich ausdrücklich aus dem Gesetz, art. 2360 C.civ. Die Insolvenzfestigkeit der Verpfändung künftiger Sachen und Forderungen ist anzunehmen, da Drittwirksamkeit bereits mit Registereintragung oder im Falle der Forderungsverpfändung mit Abschluss des Pfandvertrags erfolgt.[998]

bb) Das Pfandrecht am Warenlager

Das Pfandrecht am Warenlager kann die in art. L. 527-3 C.com. aufgezählten Sachen erfassen, soweit sie nicht einem Eigentumsvorbehalt unterliegen: Rohstoffe, Zwischen-, Abfall-, Endprodukte und Handelswaren, welche in der letzten Inventur des Schuldners erfasst wurden. Das Pfandrecht kann sich auch auf künftige Gegenstände erstrecken.[999] Entsprechend dem allgemeinen besitzlosen Pfandrecht ist in diesem Fall Insolvenzfestigkeit anzunehmen, sobald durch Registereintragung Drittwirksamkeit eingetreten ist.

f) Grenzen

Es gilt das zur *fiducie-sûreté* Gesagte entsprechend.[1000] Die Bestellung von *gage* und *nantissement* im Insolvenzanfechtungszeitraum (*période suspecte*) für eine Altverbindlichkeit ist stets nichtig, art. L. 632-1 Nr. 6 C.com.

4. Drittwirksamkeit (*opposabilité*) und Publizität

a) Das allgemeine besitzlose Pfandrecht und das Pfandrecht am Warenlager

Um das allgemeine Pfandrecht Dritten entgegenhalten zu können, bedarf es eines Publizitätsakts.[1001] Das gleiche gilt seit Verordnung vom 29.01.2016 gemäß art. L. 527-4 C.com. auch für das Pfandrecht am Warenlager.[1002] Für das allgemeine Pfandrecht ordnen art. 2337 Abs. 1, 2, 2338 C.civ. an, dass Publizität ohne Besitzübergabe auch durch Eintragung in ein spezifisches Pfandregister erzeugt werden kann. Das Pfandregister wird vom Handelsgericht geführt, in dessen Bezirk der Pfandgeber seinen (Wohn-)Sitz hat. Die Registrierung muss der Pfandnehmer beantragen. Dafür muss er den Pfandvertrag im Original oder in beglaubigter Kopie zusammen mit zwei Ausführungen eines bestimmten Formulars beim zuständigen Handelsgericht einreichen.[1003] Dieses Formular enthält Informationen zu den Vertragsparteien, zur gesicherten Forderung, zum Pfandgegenstand und darüber, ob es sich um ein revolvierendes Pfandrecht nach art. 2342 C.civ. handelt. Die Registereintragung wird mit Datum und

---

998 Siehe zur Drittwirksamkeit sogleich unter 1. Teil B. II. 4. (S. 151 f.). Ausdrücklich die Insolvenzfestigkeit bejahend *Stoufflet*, JCP G 2006, Supplément au n° 20, 19, 21.
999 Vgl. art. L. 527-2 Nr. 2 C.com.
1000 Siehe oben unter 1. Teil A. III. 3. b) gg) (S. 96 f.).
1001 Art. 2337 Abs. 1 C.civ.: »Le gage est opposable aux tiers par la publicité qui en est faite.«
1002 Art. L. 527-4 C.com. a.F. ordnete noch die Nichtigkeit *inter partes* an, wenn das Pfandrecht nicht 15 Tage nach Abschluss des Pfandvertrags registriert wurde.
1003 Artt. 1, 2 Dekret Nr. 2006-1804 v. 23.12.2006.

Eintragungsnummer auf einem der beiden Formulare vermerkt, welches dem Sicherungsnehmer ausgehändigt wird.[1004] Das Vertragsdokument und das weitere Formular verbleiben beim Register. Ob dieses elektronisch geführt wird oder nicht, obliegt dem jeweiligen Gerichtsbezirk. Mit der Eintragung entsteht die Drittwirkung. Ein gutgläubiger lastenfreier Erwerb ist nicht mehr möglich, art. 2337 Abs. 3 C.civ. Nach Eröffnung eines Insolvenzverfahrens über das Vermögen des Sicherungsgebers ist eine Registereintragung nicht mehr möglich, art. L. 622-30 C.com.[1005] Der Urkundsbeamte bei Gericht muss anschließend den Namen des Sicherungsgebers sowie die Art des Pfandgegenstands in eine zentrale elektronisch geführte Datei eingeben, welche von jedermann kostenlos über das Internet eingesehen werden kann.[1006] Für das Pfandrecht am Warenlager gelten nach art. R. 527-1 ff. C.com. nahezu identische Eintragungsgrundsätze.[1007] Es gibt allerdings keine zentralisierte elektronische Datei über existierende Pfandrechte.

b) Das allgemeine Pfandrecht an Forderungen

Für das allgemeine Pfandrecht an Forderungen ist keine Registerpublizität vorgesehen. Art. 2361 C.civ. bestimmt, dass die Forderungsverpfändung mit Abschluss des wirksamen Pfandvertrags sowohl *inter partes* als auch gegenüber Dritten wirksam wird. Dem Drittschuldner gegenüber wird die Verpfändung erst wirksam, sobald sie ihm angezeigt wird, art. 2362 Abs. 1 C.civ. Es gelten die gleichen Grundsätze wie bei *fiducie-sûreté* und *cession Dailly*.

5. Rangfolgen

a) Das allgemeine besitzlose Pfandrecht und das Pfandrecht am Warenlager

Die Rangordnung konkurrierender besitzloser Pfandrechte richtet sich beim allgemeinen Pfandrecht nach der Rangfolge der Registereintragungen, art. 2340 Abs. 1 C.civ. Das Registerpfandrecht geht zudem einem nachfolgenden Besitzpfandrecht vor, art. 2340 Abs. 2 C.civ. Das gleiche gilt über die Verweisungsnorm des art. L. 527-1 Abs. 3 C.com. auch für das Pfandrecht am Warenlager. Konkurriert ein allgemeines besitzloses Pfandrecht mit einem besitzlosen Pfandrecht am Warenlager, so geht ebenfalls das zeitlich zuerst eingetragene Pfandrecht vor.[1008]

Im Verhältnis zu den zahlreichen gesetzlichen Vorzugsrechten (*privilèges*) gilt es zunächst, sich zu vergegenwärtigen, dass in Frankreich auch in der Einzelzwangsvollstreckung in bewegliche Sachen kein Prioritätsgrundsatz gilt.[1009] Betreibt der Pfandnehmer die Verwertung des Pfandes durch gerichtlich angeordneten Verkauf,

---

1004   Art. 3 Dekret Nr. 2006-1804 v. 23.12.2006.
1005   Die Vorschrift gilt generell für sämtliche Registereintragungen.
1006   Art. 9 Dekret Nr. 2006-1804 v. 23.12.2006; *Biller*, S. 124.
1007   *C/M/C/P*, Droit des sûretés, Rn. 787, siehe artt. R. 527-1 ff. C.com.
1008   Dies ist die allgemeine Regel im Falle unterschiedlicher besitzloser Registerpfandrechte, siehe *C/M/C/P*, Droit des sûretés, Rn. 1039.
1009   Ausführlich dazu *Hoffmann*, Prioritätsgrundsatz, S. 159 ff.

so kann diesem Vollstreckungsverfahren jeder Gläubiger beitreten, der einen vollstreckbaren Titel innehat.[1010] Für die Erlösverteilung gilt dann folgendes:[1011] Ein vertragliches Pfandrecht ist gleichzusetzen mit den Spezialprivilegien, welche sich auf einen bestimmten beweglichen Gegenstand beziehen (*privilèges speciaux mobiliers*).[1012] Damit geht es zunächst nach art. 2332-1 C.civ. den allgemeinen Privilegien vor, welche sich auf das gesamte (bewegliche) Vermögen des Schuldners erstrecken (*privilèges généraux*). Ausnahmen hiervon betreffen zum einen das steuergesetzliche Generalprivileg bestimmter Forderungen des Fiskus und zum anderen das Generalprivileg der Verfahrenskosten.[1013] Im Verhältnis zu den speziellen Vorzugsrechten sind die Rangfolgeregelungen anzuwenden, welche sich innerhalb jener Vorzugsrechte etabliert haben. Grundsätzlich finden die Grundsätze über den gutgläubigen Besitzerwerb Anwendung. Da ab Registrierung ein gutgläubiger lastenfreier Erwerb nach art. 2276 C.civ. nicht mehr möglich ist, genießen das allgemeine besitzlose Pfandrecht und das Pfandrecht am Warenlager gegenüber nach Eintragung entstehenden Vorzugsrechten Vorrang. Dies gilt jedoch nicht für nach Eintragung entstehende Vorzugsrechte, welche eine Forderung für auf die für Erhaltung Pfandguts gerichtete Leistung privilegieren, wie zum Beispiel das Privileg eines entgeltlichen Verwahrers. Denn von der Erhaltung profitiert schlussendlich auch der Pfandgläubiger. Ist der Pfandgläubiger bei Entstehung des Pfandrechts gutgläubig hinsichtlich eines bereits entstandenen Spezialprivilegs, so ist das Pfandrecht ebenfalls vorrangig.[1014]

Im Falle der vom Pfandgläubiger betriebenen Verwertung durch gerichtlich angeordneten Verkauf, schützt den Pfandgläubiger vor den soeben dargestellten Rangfolgeregelungen auch nicht sein fiktives Zurückbehaltungsrecht.[1015] Etwas anderes gilt, wenn konkurrierende Gläubiger gegen den Willen des Pfandnehmers in das Pfandgut vollstrecken wollen.[1016]

1010 *C/M/C/P*, Droit des sûretés, Rn. 1064 ff.; *Hoffmann*, S. 164.

1011 Innerhalb eines Insolvenzverfahrens werden die allgemeinen Regeln durch bestimmte insolvenzrechtliche Vorzugsrechte weitestgehend verdrängt, siehe unten unter 1. Teil B. II. 8. b) aa) (3) (a) (S. 166 f.).

1012 *C/M/C/P*, Droit des sûretés, Rn. 1028.

1013 *Aynès/Crocq*, Les sûretés, Rn. 609; *B/B/J*, Droit des sûretés, Rn. 996; *Simler/ Delebecque*, Les sûretés, Rn. 831 Art. 2331 Nr. 1, 2375 Nr. 1 C.civ. Soweit an den genannten Stellen auch das Superprivileg der Arbeitnehmer genannt wird, handelt es sich um ein insolvenzrechtliches Privileg. Demgegenüber hat das rein zivilrechtliche Generalprivileg der Arbeitnehmer keinen Vorrang vor dem Vertragspfand, siehe *C/M/C/P*, Droit des sûretés, Rn. 1028. Siehe zum Generalprivileg der Gerichtskosten art. 2331 Abs. 1 Nr. 1, 2375 Abs. 1 Nr. 1 C.civ.; siehe zum allgemeinen zivilrechtlichen Arbeitnehmerprivileg art. 2331 Abs. 1 Nr. 4, 2375 Abs. 1 Nr. 2 C.civ.

1014 Siehe zu diesen Rangfolgenregeln *C/M/C/P*, Droit des sûretés, Rn. 1040, 1032 ff.

1015 Siehe zum fiktiven Zurückbehaltungsrecht unten unter 1. Teil B. II. 6. a) (S. 154 ff.) und zu dessen Wirkungslosigkeit bei der Verwertung unten unter 1. Teil B. II. 7. b) aa) (1) (S. 160 f.).

1016 Siehe unten unter 1. Teil B. II. 6. b) aa) (S. 154 f.).

b) Das allgemeine Pfandrecht an Forderungen

Ob die Bestellung mehrerer nachrangiger Pfandrechte an derselben Forderung möglich ist, wird im französischen Schrifttum nicht näher erörtert.[1017] Jedenfalls müsste nach art. 2363 C.civ. die erste Forderungsverpfändung gegenüber nachfolgenden Pfandrechten und Abtretungen Vorrang genießen. Kommt es zur schuldbefreienden Leistung des Drittschuldners an einen nachrangigen (Schein-)Pfandgläubiger oder Zessionar, so hat der Pfandgläubiger gegenüber diesem einen Erstattungsanspruch.[1018] Darüber hinaus ist strittig, ob der Pfandgläubiger in Konkurrenz zu gesetzlich bevorrechtigten Gläubigern des Schuldners steht. Die herrschende Ansicht sieht in der Forderungsverpfändung seit der Pfandrechtsreform 2006 ab Drittschuldneranzeige ein *droit exclusive*, welches die verpfändete Forderung dem Zugriff weiterer Gläubiger entzieht.[1019] Dafür spricht art. 2363 Abs. 1 C.civ., welcher gleich den Regeln der *cession Dailly* anordnet, dass der Drittschuldner nach Anzeige der Verpfändung nur noch an den Pfandgläubiger befreiend leisten kann. Konkurrierende Gläubiger werden damit nicht in das Verwertungsverfahren eingebunden. Dagegen spricht, dass ein *droit exclusive* augenscheinlich nur mit den gesetzlich zugelassenen Eigentumsübertragungen erreicht werden kann. Hätte der Gesetzgeber dem Forderungspfandrecht eine so weitgehende Wirkung zubilligen wollen, so hätte er dies ausdrücklich klarstellen müssen.[1020] Die Mindermeinung führt allerdings letztlich zum selben Ergebnis, da sie – wie auch der überwiegende Teil der herrschenden Meinung – dem Pfandgläubiger aufgrund des art. 2363 Abs. 1 C.civ. ein Zurückbehaltungsrecht an der Forderung zugesteht, so dass auch nach der Mindermeinung der Pfandgläubiger im Ergebnis vorrangig zu befriedigen ist.[1021] Auch die Rechtsprechung anerkennt ein Zurückbehaltungsrecht des Forderungspfandgläubigers.[1022]

6. Die Rechtsstellung der Parteien

a) Das (fiktive) Zurückbehaltungsrecht des Sicherungsnehmers

Das Zurückbehaltungsrecht (*droit de rétention*) des Faustpfandgläubigers gemäß art. 2286 Nr. 1 C.civ. spielt in der französischen Pfandrechtsdogmatik eine bedeutende Rolle, da es dem Sicherungsnehmer erhebliche Stärke gegenüber konkurrierenden Gläubigern in Zwangsvollstreckung und Insolvenz verleiht.[1023] Es bewirkt, dass der Gläubiger, dem ein Pfandgegenstand übergeben wurde, dessen Herausgabe gegenüber jedermann verweigern darf, bis seine gesicherte Forderung beglichen wird. Dadurch ist

---

1017 Bejahend *Biller*, S. 151.
1018 Siehe oben unter 1. Teil A. III. 3. c) bb) (S. 99).
1019 *Aynès/Crocq*, Les sûretés, Rn. 536; *B/B/J*, Droit des sûretés, Rn. 910; *C/MC/P*, Droit des sûretés, Rn. 803; *Aynès*, D&P 2007, N° 162, 66, 68 f.; im Ergebnis auch *Stoufflet*, JCP G 2006, Supplément au N° 20, 19, 21, der keinen Unterschied zur *cession Dailly* erkennt; nicht eindeutig *Simler/Delebecque*, Les sûretés, Rn. 642.
1020 So die Mindermeinung, vgl. *Legeais*, in: JCl. Civil Code, fasc. 10, art. 2356–2366, Rn. 59.
1021 *Legeais*, in: JCl. Civil Code, art. 2356–2366, fasc. 10, Rn. 59; *B/B/J*, Droit des sûretés, Rn. 910; *C/MC/P*, Droit des sûretés, Rn. 803; *Simler/Delebecque*, Les sûretés, Rn. 642.
1022 Siehe zum pfandrechtlichen Zurückbehaltungsrecht sogleich unten unter 1. Teil B. II. 6. a) (S. 154 f.).
1023 *Aynès/Crocq*, Les sûretés, Rn. 516.

die Zwangsvollstreckung in das Sicherungsgut gegen den Willen des Sicherungsnehmers auch durch Gläubiger, welche ein vorrangiges gesetzliches Vorzugsrecht am Pfandgegenstand innehaben, unmöglich. In der Insolvenz können der Schuldner, Insolvenzverwalter oder ein Käufer, der den Pfandgegenstand erwirbt, die Herausgabe des Pfandgegenstands nur gegen Begleichung der gesicherten Forderung herausverlangen, und im Falle der Einzelverwertung im Liquidationsverfahren setzt sich das Zurückbehaltungsrecht am Erlös fort. Im Ergebnis führt somit das Zurückbehaltungsrecht des Pfandgläubigers gerade in der Insolvenz des Sicherungsgebers zur Aushebelung der gesetzlichen Verteilungsrangfolgen einschließlich des Superprivilegs der Arbeitnehmer.[1024] Da das Zurückbehaltungsrecht des Pfandgläubigers dogmatisch auf seiner tatsächlichen Sachherrschaft und nicht auf dem Pfandrecht beruht, war es unter alter Rechtslage nur vereinzelt als fiktives Zurückbehaltungsrecht (*droit de rétention fictive*) für bestimmte besitzlose Registerpfandrechte anerkannt.[1025] Um die Wirksamkeit besitzloser Pfandrechte in der Insolvenz des Sicherungsgebers zu erhöhen, wurde mit Gesetz vom 04.08.2008 der neue art. 2286 Nr. 4 C.civ. geschaffen, welcher besitzlosen Pfandrechten generell ein fiktives Zurückbehaltungsrecht zukommen lässt.[1026] Durch Verordnung vom 18.12.2008 wurden dessen Konsequenzen für die insolvenzrechtlichen Sanierungsverfahren allerdings wieder eingeschränkt.[1027] Dogmatisch weist das fiktive Zurückbehaltungsrecht erhebliche Fragen auf.[1028] Nichtsdestotrotz hat es zu einer wesentlichen Stärkung des besitzlosen Pfandrechts in der Insolvenz des Sicherungsgebers geführt. Das fiktive Zurückbehaltungsrecht nach art. 2286 Nr. 4 C.civ. ist auf Pfandrechte an unkörperlichen Sachen (*nantissements*) nicht anwendbar.[1029] Allerdings kommt dem Inhaber eines Forderungspfandrechts ebenfalls ein Zurückbehaltungsrecht zu. Nach alter Rechtslage war die Drittschuldneranzeige der Besitzübertragung gleichzustellen und daher konsequenter Weise ab diesem Zeitpunkt dem Pfandnehmer ebenfalls ein Zurückbehaltungsrecht zu gewähren.[1030] Daran dürfte sich nichts geändert haben, vielmehr ist die Berechtigung zur alleinigen Forderungseinziehung durch den Pfandnehmer nach erfolgter Drittschuldneranzeige durch die Pfandrechtsreform 2006 in art. 2263 C.civ. ausdrücklich anerkannt worden. Entsprechend nimmt auch das Schrifttum ein fiktives Zurückbehaltungsrecht an oder hält ein solches für entbehrlich, da dem Pfandgläubiger nach art. 2263 C.civ. ab Drittschuldneranzeige ohnehin das alleinige Recht an der Forderung und damit ein *droit exclusive* zukomme.[1031] Unerörtert bleibt allerdings der dogmatische Bezugspunkt des Zurückbehaltungsrechts.

1024 *Aynès/Crocq*, Les sûretés, Rn. 516; vgl. auch *Biller*, S. 135; *Simler*, in: Kreuzer, Mobiliarsicherheiten, S. 105, 118; siehe auch unten unter.

1025 Zu nennen sind das Pfandrecht am Automobil und die auf einem Pfandschein beruhenden Pfandrechte, siehe *Simler*, in: Kreuzer, Mobiliarsicherheiten, S. 105, 118.

1026 Zur gesetzgeberischen Intention siehe *Dammann/Podeur*, RD 2008, 2300, 2303.

1027 Siehe unten unter 1. Teil B. II. 8. b) aa) (1) (a) (S. 164) und 1. Teil B. II. 8. b) aa) (2) (S. 165 f.).

1028 Siehe unten unter 1. Teil B. II. 8. b) aa) (1) (b) (S. 164 f.).

1029 Cass.com. v. 26.11.2013, n° 12-27390.

1030 Siehe Cass.com. v. 26.05.2010, Bull. civ. 2010, IV, N° 94: »..., *que le nantissement de créances locatives régulièrement signifié au débiteur des loyers nantis entraîne dépossiession du constituant;...*«; in der amtlichen Analyse wird ausdrücklich erwähnt, dass dem Pfandgläubiger ab Drittschuldneranzeige ein Zurückbehaltungsrecht zukommt.

1031 Siehe soeben oben unter 1. Teil B. II. 5. b) (S. 154).

b) Die dingliche Stellung der Parteien und Schutz in der Zwangsvollstreckung durch Gläubiger des Sicherungsgebers

aa) Das allgemeine besitzlose Pfandrecht und das Pfandrecht am Warenlager

Gage und *nantissement* stellen jeweils dingliche Sicherungsrechte ohne Eigentumsübergang dar. Der Sicherungsnehmer erwirbt damit eine dingliche Belastung, während der Sicherungsgeber Eigentümer bleibt. Der durch das Faustpfand gesicherte Gläubiger kann gegen die Pfändung durch andere Gläubiger sein Zurückbehaltungsrecht geltend machen.[1032] Demgegenüber steht dem besitzlosen Pfandgläubiger kein bestimmter gesetzlicher Rechtsbehelf zur Seite. Da ihm aber nunmehr ebenfalls ein (fiktives) Zurückbehaltungsrecht zukommt, muss auf seinen Einwand hin die Zwangsvollstreckung eingestellt werden.[1033] Allgemein wird zudem darauf verwiesen, dass die mit der Registereintragung verbundene Publizität den besitzlosen Pfandgläubiger vor einer Pfändung durch andere Gläubiger schützt.[1034]

bb) Das allgemeine Pfandrecht an Forderungen

Da gemäß art. 2363 Abs. 1 C.civ. ab Anzeige der Forderungsverpfändung an den Drittschuldner dieser nur noch an den Pfandgläubiger befreiend leisten kann, ist eine nach diesem Zeitpunkt dem Drittschuldner zugestellte gerichtliche Zuschlagung der Forderung (*saisie attribution*) an einen anderen Vollstreckungsgläubiger zwar wirksam, hat für diesen jedoch keinerlei Nutzen, da er keine Zahlung verlangen kann.[1035] Gleiches sollte in Ansehung der bereits mit dem Pfändungsvertrag eintretenden Drittwirkung und der entsprechenden Rechtsprechung zur *cession Dailly* auch gelten, wenn die Zuschlagung zwischen Abschluss des Pfandvertrags und Drittschuldneranzeige erfolgt.[1036] Anders als dem besitzlosen Pfandgläubiger an beweglichen Sachen wird dem Forderungspfandgläubiger der Rechtsbehelf der *contestation* in der Literatur ausdrücklich zugestanden.[1037]

c) Rechte und Pflichten vor Tilgung der gesicherten Forderung

aa) Besitz, Nutzungen und Erhalt des Sicherungsguts

Naturgemäß verbleiben beim besitzlosen Pfandrecht Besitz und vertragsgemäßes Nutzungsrecht beim Sicherungsgeber. Nach der Wertung des art. 2343 C.civ., der gemäß art. L. 527-1 Abs. 3 auch auf das Pfandrecht am Warenlager Anwendung findet, hat der Sicherungsgeber die Kosten für den Erhalt des Pfandobjekts zu tragen. Verletzt der Sicherungsgeber seine Pflicht zum Erhalt des Pfandobjekts, kann der Sicherungsneh-

---

1032　Über art. R. 221-29 C.proc.civ.ex, welcher § 809 ZPO entspricht; ausführlich *B/B/J*, Droit des sûretés, Rn. 760.

1033　*Piedelièvre*, RD 2008, 2950, 2951 spricht von einem *droit de blocage*.

1034　*Legeais*, JCl. Civil Code, art. 2337–2340, Rn. 20; *Simler*, in: Kreuzer, Mobiliarsicherheiten, S. 105, 115.

1035　*Cayrol*, in: JCl. Procédure Civile, fasc. 2270, Rn. 81.

1036　Äußerst kritisch zu dieser Lösung *Cayrol*, in: JCl. Procédure Civile, fasc. 2270, Rn. 80.

1037　*Cayrol*, in: JCl. Procédure Civile, fasc. 2270, Rn. 78.

mer nach art. 2344 Abs. 2 C.civ. entweder seine gesicherte Forderung fällig stellen oder die Bestellung einer Ersatzsicherheit verlangen. Auf das Pfandrecht am Warenlager ist die Vorschrift nicht anwendbar. Jenes ist als revolvierende Sicherheit ausgestaltet, und das Absinken des Werts der Sicherheit unter bestimmte Schwellenwerte löst nach art. 527-6 Abs. 3, 4 C.com. ohnehin die (Teil-)Fälligstellung der gesicherten Forderung aus.

bb) Einziehungsrecht hinsichtlich der verpfändeten Forderung

Nach art. 2362 Abs. 1 C.civ. wird die Forderungsverpfändung gegenüber dem Drittschuldner erst wirksam, wenn ihm eine Verpfändungsanzeige zugeht. Davor kann der Drittschuldner nach art. 2362 Abs. 2 C.civ. nur an den Sicherungsgeber befreiend leisten. Inwiefern der eingezogene Betrag dann weiterhin als Sicherheit dienen soll, unterliegt den Parteivereinbarungen. Wird die Verpfändung dem Drittschuldner hingegen angezeigt, kann dieser nur noch an Pfandgläubiger befreiend leisten, art. 2363 Abs. 1 C.civ. Jener ist ab Vornahme der Drittschuldneranzeige auch zur Klageerhebung gegen den Drittschuldner berechtigt. Der Klage kann sich der Sicherungsgeber als Forderungsinhaber nach art. 2363 Abs. 2 C.civ. jedoch anschließen.[1038] Ob die Verpfändung damit als stilles oder offenes Pfandrecht ausgestaltet wird und wann der Pfandgläubiger zur Drittschuldneranzeige berechtigt ist, bleibt den Parteivereinbarungen überlassen. Zieht der Sicherungsnehmer die Forderung ein, obwohl noch keine Verwertungsreife vorliegt, so ordnet art. 2364 Abs. 2 C.civ. an, dass der Sicherungsnehmer verpflichtet ist, den eingezogenen Betrag nunmehr als Sicherheit bei einem Kreditinstitut zu hinterlegen. Das Forderungspfandrecht wird damit zu einem Besitzpfandrecht an einem Geldbestand (*gage-espèces*).[1039]

cc) Veräußerungs-, Verarbeitungs-, Einziehungsbefugnis – Ausgestaltung als revolvierende Kreditsicherheit

(1) Das allgemeine besitzlose Pfandrecht und das Pfandrecht am Warenlager

Das französische Recht tut sich schwer mit der Einräumung einer Verfügungsbefugnis des Sicherungsgebers. Dieses erscheint grundsätzlich nicht vereinbar mit dem einem dinglichen Recht innewohnenden Folgerecht (*droit de suite*). Dieses stellt sicher, dass der Inhaber des dinglichen Rechts sein Recht grundsätzlich auch gegenüber einem dritten Erwerber durchsetzen kann und vervollständigt damit die Wirkung *erga omnes*.[1040] Dem entspricht es, dass nach ursprünglichem Verständnis der nachträglich vereinbarte Austausch des Pfandobjekts stets das Erlöschen des ursprünglichen und die Bestellung eines neuen Pfandrechts zur Folge hatte.[1041] Dieses Ergebnis ist jedoch im

---

1038 *Simler/Delebecque*, Les sûretés, Rn. 648.
1039 *C/M/C/P*, Droit des sûretés, Rn. 803, 808.
1040 Zum *droit de suite* als Charakteristikum eines dinglichen Rechts siehe *Aynès/Crocq*, Les sûretés, Rn. 401.
1041 *C/M/C/P*, Droit des sûretés, Rn. 769. Ein anfänglich vereinbarter Austausch kam ohnehin nicht in Betracht, da aufgrund des Besitzübertragungserfordernisses die Bestellung eines Pfandrechts an künftigen Sachen nach alter Rechtslage nicht möglich war, siehe bereits oben unter 1. Teil A. III. 3. b) ff) (2) (b) (S. 93).

Hinblick auf die Nichtigkeit der Besicherung von Altverbindlichkeiten nach dem Insolvenzanfechtungsrecht unerwünscht. Es würde aus heutiger Sicht zudem beim besitzlosen Pfandrecht zur Unpraktikabilität führen, da für jeden Austausch eine neue Pfandrechtsregistrierung notwendig werden würde. Das Problem wurde von der Rechtsprechung über die Rechtsfigur der dinglichen Surrogation (*subrogation réelle*) gelöst.[1042] Die Gestattung der Verfügung über eine einzelne Sache unter der Verpflichtung, diese durch eine vergleichbare Sache zu ersetzen, sei zulässig, ohne dass die Zuführung der neuen Sache die Begründung eines neuen Pfandrechts darstelle.[1043] Vielmehr sei im Ergebnis der Pfandgegenstand, die Sachgesamtheit, gleichgeblieben. War danach die Vergleichbarkeit der neuen mit der alten Sache notwendig, so war dieses Konzept nur auf Sachgesamtheiten bestehend aus vertretbaren Sachen (*choses fongibles*) anwendbar. Ansonsten galt weiterhin, dass ein vereinbarter Austausch des Pfandobjekts die Auflösung des ursprünglichen in Verbindung mit der Bestellung eines neuen Pfandrechts darstellte.[1044] Diese Rechtsprechung wurde mit der Pfandrechtsreform 2006 hinsichtlich des allgemeinen besitzlosen Pfandrechts weitestgehend zu Gesetzesrecht. Zum einen kann Pfandobjekt nunmehr ausdrücklich eine Sachgesamtheit sein (*ensemble de biens*), art. 2333 Abs. 1 C.civ. Zum anderen sieht Art. 2342 C.civ. vor, dass, wenn eine Sachgesamtheit aus vertretbaren Sachen ohne Besitzübergabe verpfändet wird, dem Sicherungsgeber im Pfandvertrag gestattet werden darf, über die einzelnen Sachen zu verfügen unter der Verpflichtung, diese durch die gleiche Anzahl vergleichbarer Sachen zu ersetzen. Noch einfacher ist die Regelung bezüglich des Pfandrechts am Warenlager. Art. L. 527-5 Abs. 2 C.com. ordnet an, dass Gegenstände, die als Ersatz für veräußerte Gegenstände in das Warenlager gelangen, automatisch von dem ursprünglichen Pfandrecht umfasst werden. Über die Beschränkung auf vertretbare Sachen hinausgehend hat die Rechtsprechung hinsichtlich eines Besitzpfandrechts die Möglichkeit der Vereinbarung einer Ersetzung eines nicht vertretbaren Gegenstands durch einen ähnlichen Gegenstand anderer Qualität – gestützt auf eine vertraglich vereinbarte dingliche Surrogation – bejaht, ohne die Neubestellung eines Pfandrechts anzunehmen.[1045] Damit wird nunmehr die Bestellung von Pfandrechten an Sachgesamtheiten mit wechselndem Bestand allgemein für möglich gehalten, wobei einschränkend gefordert wird, dass die wechselnden Gegenstände zumindest von ähnlichem Wert und Qualität sind.[1046] Demgegenüber legt der Umkehrschluss aus art. 2342 C.civ. nahe, dass die Ersetzungsbefugnis zumindest beim allgemeinen besitzlosen Pfandrecht nur bezüglich vertretbarer Sachen vereinbart

---

1042 Aus heutiger Sicht erscheint der Rückgriff auf diese Konstruktion nicht notwendig, da nunmehr auch künftige Sachen verpfändet werden können.

1043 Cass.req. v. 10.03.1915, RD (DP) 1915, I, 242; *C/M/C/P*, Droit des sûretés, Rn. 769.

1044 *C/M/C/P*, Droit des sûretés, Rn. 769; vgl. auch *Dammann/Podeur*, RD 2005, 2447, 2449.

1045 Cass.com. v. 26.05.2010, n° 09-65813, Bull. civ. Die vertragliche Vereinbarung einer dinglichen Surrogation wurde damit im Bereich des Pfandrechts erheblich gestärkt, vgl. *Savaux/Grimonprez*, in: Rép.civ.Dalloz, Bd. XI, Subrogation réelle, Rn. 13.

1046 *Aynès/Crocq*, Les sûretés, Rn. 504; *B/B/J*, Droit des sûretés, Rn. 817; *C/M/C/P*, Droit des sûretés, Rn. 769, 783; weitergehend offenbar *Crocq*, in: Rép.civ.Dalloz, Bd. VI, Gage, Rn. 174, der von einer nahezu unbeschränkten vertraglichen Gestaltungsfreiheit hinsichtlich der Austauschbarkeit auszugehen scheint.

werden kann.[1047] Dogmatisch bereitet die Annahme der dinglichen Surrogation insoweit Schwierigkeiten, als dass unklar ist, ob und inwieweit bis zum Widerruf der Ersetzungsbefugnis ein dingliches Recht nicht nur an der Sachgesamtheit, sondern auch an den einzelnen dazu gehörenden Gegenständen besteht. Um ein vollumfängliches dingliches Recht kann es sich nicht handeln. Dann müsste es nämlich über das Folgerecht (*droit de suite*) grundsätzlich auch gegenüber dem Dritterwerber wirksam sein. Für eine dingliche Surrogation bliebe dann kein Raum.[1048]

Ob die Erteilung einer Verarbeitungsbefugnis möglich ist, wenn durch die Verarbeitung eine neue Sache entsteht, ist fraglich. Im Bereich des besitzlosen Pfandrechts spricht dafür, dass die vertraglich vereinbarte dingliche Surrogation für qualitativ unterschiedliche Sachen von der Rechtsprechung bereits zugelassen wurde. Im Bereich des Pfandrechts am Warenlager sollte es jedenfalls möglich sein, das Pfandrecht von vorneherein auch auf Zwischen- oder Endprodukte zu erstrecken.[1049]

Die Ersetzungsbefugnis kann je nach Vertragsgestaltung jederzeit widerrufen werden.[1050] Da der Umschlag von besichertem Umlaufvermögen nach dem Prinzip der dinglichen Surrogation nicht jeweils zu einer erneuten Pfandrechtsbestellung führt, bleibt das revolvierende Kreditsicherungsrecht grundsätzlich von der Eröffnung eines Insolvenzverfahrens unberührt. Um den Sicherheitenbestand zu schützen, ist allerdings davon auszugehen, dass Sicherungsnehmer die Ersetzungsbefugnis regelmäßig spätestens mit Verfahrenseröffnung widerrufen werden, wenn nicht ohnehin bereits der Sicherungsfall eingetreten ist.

(2) Das allgemeine Pfandrecht an Forderungen

Die mit der der stillen Forderungsverpfändung einhergehende Einziehungsbefugnis des Sicherungsgebers und die nunmehr ausdrückliche Möglichkeit der Verpfändung künftiger Forderungen ließe die Bestellung eines revolvierenden Pfandrechts an Forderungen auf diesem Wege zu. Dem steht jedoch das einschränkende Verständnis des Begriffs der künftigen Forderungen entgegen.[1051] Die Lösung liegt wiederum in der dinglichen Surrogation. Ganz überwiegend für zulässig erachtet wird die Möglichkeit, einen gegenwärtigen Forderungsbestand zu verpfänden und zu vereinbaren, dass darin enthaltene Forderungen, sobald sie fällig werden, durch nachfolgend entstandene Forderungen ersetzt werden. Somit wird der ursprüngliche Pfandgegenstand, die Forderungsgesamtheit, nicht geändert.[1052] An den einzelnen Forderungen selbst besteht zu-

---

1047 So *Biller*, S. 127; ob dies eine erhebliche Einschränkung darstellt, erscheint zweifelhaft. Schließlich werden revolvierende Kreditsicherheiten in den meisten Fällen vertretbare Sachen zum Gegenstand haben.

1048 Nach *C/M/C/P*, Droit des sûretés, Rn. 783 soll an den einzelen Gegenständen ein aufschiebend bedingtes dingliches Recht bestehen.

1049 Vgl. oben unter 1. Teil B. II. 3. e) bb) (S. 151).

1050 *Legeais*, JCl. Code civil, art. 2341 et 2342, Rn. 17.

1051 Siehe oben unter 1. Teil A. III. 3. b) ff) (2) (b) (S. 93 ff.).

1052 *Crocq*, in: Rép.civ.Dalloz, Nantissement, Rn. 18; *ders.*, in: Rép.civ.Dalloz, Gage, Rn. 153; *Legeais*, in: JCl. Civil Code, art. 2356–2366, fasc. 10, Rn. 31; *Moulière*, RTDcom. 2011, 677, 685 ff.; *Stoufflet*, JCP G 2006, Supplément au n° 20, 19, 20 f.

nächst kein vollkommenes dingliches Recht.[1053] In der Praxis erfolgt allerdings die Besicherung von Forderungen des Umlaufvermögens mittels *cession Dailly* durch Mantelzession.[1054]

d) Rechte und Pflichten nach Tilgung der gesicherten Forderung

Mit Begleichung der gesicherten Forderung erlöschen jegliche Pfandrechte in Folge ihrer Akzessorietät. Hat der Pfandgläubiger eine verpfändete Forderung zuvor vom Drittschuldner eingezogen und hinterlegt, so ist er ab Begleichung der gesicherten Forderung dazu verpflichtet, den eingezogenen Betrag rückzuerstatten, art. 2364 Abs. 2 S. 1 C.civ.

7. Verwertung

a) Allgemeines

Auch beim Pfandrecht setzt das Gesetz den Eintritt des Sicherungsfalls für die Verwertung voraus, ohne diesen Zeitpunkt genau zu bestimmen.[1055] Wann der Sicherungsfall eintritt, unterliegt grundsätzlich den Parteivereinbarungen. Bei fehlender Vereinbarung setzt der Sicherungsfall grundsätzlich den Schuldnerverzug voraus.[1056]

b) Verwertungsart

aa) Das allgemeine besitzlose Pfandrecht

(1) Zwangsverkauf durch öffentliche Versteigerung

Der klassische Weg der Verwertung des Pfandrechts war stets der gerichtlich angeordnete Zwangsverkauf durch öffentliche Versteigerung nach den Regeln des Vollstreckungsrechts, art. 2346 C.civ.[1057] Weigert sich der Sicherungsgeber zur Herausgabe der Pfandsache, muss der Pfandnehmer zunächst die Herausgabepfändung betreiben (*saisie-appréhension*).[1058] Demgegenüber ist die freihändige außergerichtliche Verwertung (*clause de voie parée*), auch nach der Pfandrechtsreform vom 2006 weiterhin unzulässig, art. 2346 S. 2 C.civ.[1059] Der gerichtlichen Mitwirkung bedarf es allerdings nicht im Falle des Handelspfandrechts. L. 521-3 Abs. 1, 3 C.com. bestimmt, dass der Gläubiger acht Tage, nachdem er den beabsichtigten Verkauf dem Sicherungsgeber angezeigt hat, das Pfandobjekt im Wege der öffentlichen Versteigerung veräußern darf. Die Veräußerung durch Zwangsverkauf hat für den Pfandgläubiger einen Nach-

---

1053 Vgl. *Moulière*, RTDcom. 2011, 677, 685 ff.
1054 Siehe oben unter Siehe oben unter 1. Teil A. III. 3. d) bb) (3) (b) (S. 103).
1055 *»A defaut de payment de la dette garantie«*, vgl. art. 2346, 2365 Abs. 1 C.civ., L. 527-8 C.com.
1056 Zu allem *Aynès/Crocq*, Rn. 515 und bereits oben unter 1. Teil A. III. 3. e) aa) (1) (S. 103).
1057 *B/B/J*, Droit des sûretés, Rn. 838; *Simler/Delebecque*, Rn. 629.
1058 *Crocq*, in: Rép.civ.Dalloz, Gage, Rn. 70, 73.
1059 *Aynès/Crocq*, Les sûretés, Rn. 512; *B/B/J*, Droit des sûretés, Rn. 839.

teil. Die Beantragung des Verkaufs hat die Wirkung eines freiwilligen Verzichts auf sein Besitz- und damit sein (fiktives) Zurückbehaltungsrecht. Dies führt dazu, dass der Pfandgläubiger bei der Erlösverteilung in Konkurrenz zu anderen – möglicherweise vorrangigen – gesetzlich bevorrechtigten Gläubigern tritt, welche sich dem Verwertungsverfahren angeschlossen haben.[1060] Anschließend folgen nachrangige Sicherungsnehmer. Ein Überschuss ist an den Sicherungsgeber auszukehren.

(2) Gerichtliche Verfallanordnung (*attribution judiciaire*)

Den Kampf um den Verwertungserlös mit gesetzlich bevorrechtigten Gläubigern kann der Pfandgläubiger durch die gerichtliche Verfallanordnung vermeiden. Nach art. 2347 Abs. 1 C.civ. kann der Pfandgläubiger vom Gericht anordnen lassen, dass ihm das Eigentum am Pfandobjekt als Zahlung auf die gesicherte Forderung verfällt. Übersteigt dessen Wert die gesicherte Forderung, so muss der Mehrwert an den Sicherungsgeber ausgezahlt oder für nachrangige Gläubiger hinterlegt werden. Dementsprechend beschränkt sich die gerichtliche Kontrolle vor der Verfallanordnung hauptsächlich auf die Ermittlung des Werts des Pfandobjekts.[1061] Die Verfallanordnung bewirkt, dass sämtliche dinglichen Sicherheiten an dem Pfandobjekt erlöschen (*purge*).[1062] Mit der Einführung dieser Verwertungsart sollte eine schnellere und günstigere Verwertung ermöglicht werden. Aufgrund der Gerichts- und regelmäßig notwendigen Sachverständigenkosten für die Wertermittlung ist jedoch fraglich, ob diese Ziele tatsächlich erreicht wurden. Für den Gläubiger besteht jedenfalls der Vorteil, dass er nicht mit anderen gesetzlich bevorrechtigten Gläubigern um den Erlös streiten muss.[1063]

(3) Vertragliche Verfallvereinbarung (*attribution contractuelle*)

Mit der Pfandrechtsreform 2006 wurde die Möglichkeit der vertraglichen Verfallvereinbarung (*pacte commissoire*) gesetzlich anerkannt.[1064] Nach art. 2348 Abs. 1 C.civ. können die Parteien bereits bei Bestellung des Pfandrechts vereinbaren, dass der Pfandgläubiger bei Eintritt des Sicherungsfalls Eigentümer der Pfandsache wird. Der Wert des Pfandobjekts im Zeitpunkt des Eigentumsübergangs ist von einem Sachverständigen zu ermitteln, es sei denn, das Pfandobjekt hat einen objektiven Börsen- oder Marktwert.[1065] In Höhe des Werts erlischt die gesicherte Forderung, ein Mehrwert ist an den Sicherungsgeber auszuzahlen oder für nachrangige Gläubiger zu hinterlegen,

---

1060 Zu allem *Simmler*, in: Kreuzer, Mobiliarsicherheiten, S. 105, 113.
1061 *Biller*, S. 129; *Simmler*, in: Kreuzer, Mobiliarsicherheiten, S. 105, 113.
1062 *C/M/C/P*, Droit des sûretés, Rn. 1116.
1063 Zu allem *C/M/C/P*, Droit des sûretés, Rn. 1113 f. Die Verwertungsart steht auch einem nachrangigen Pfandgläubiger offen, dessen gesicherte Forderung vor derjenigen des vorrangigen Pfandgläubigers fällig geworden ist. In diesem Fall muss er dem vorrangigen Pfandgläubiger allerdings den Wert ersetzen, welcher diesem durch die Verwertung des nachrangigen Pfandgläubigers entgangen ist, siehe Cass.com. v. 03.06.2008, n° 07-12017, Bull. civ. 2008, IV, n° 114; *C/M/C/P*, Droit des sûretés, Rn. 1116.
1064 Ausführlich *C/M/C/P*, Droit des sûretés, Rn. 1110 ff.
1065 Art. 2348 Abs. 2 C.civ.

art. 2348 Abs. 3 C.civ. Der Gläubiger trägt damit das Risiko, den ermittelten Wert anschließend tatsächlich realisieren zu können. Im Falle eines Verbraucherkredits ist die Verfallvereinbarung unzulässig.[1066]

bb) Das Pfandrecht am Warenlager

Es bestehen keine Besonderheiten. Art. L. 527-8 C.com. verweist umfänglich auf die art. 2346–2348 C.civ.

cc) Das allgemeine Pfandrecht an Forderungen

(1) Forderungseinzug und Aufrechnung mit hinterlegten Beträgen

Seit der Pfandrechtsreform 2006 ist die Drittschuldneranzeige verbunden mit der Forderungseinziehung beim Drittschuldner als Hauptverwertungsart gesetzlich anerkannt. Hatte der Sicherungsnehmer bereits vor Eintritt des Sicherungsfalls Forderungen bei Drittschuldnern eingezogen und diese hinterlegt, so ordnet art. 2364 Abs. 2 C.civ. an, dass die hinterlegten Beträge acht Tage, nachdem der Sicherungsgeber in Verzug gesetzt wurde, vom Sicherungsnehmer mit der gesicherten Forderung verrechnet werden dürfen. Die gesicherte Forderung übersteigende Erlöse sind an den Sicherungsgeber zurückzuzahlen, art. 2366 C.civ.

(2) Gerichtliche und vertragliche Verfallanordnung/-vereinbarung

Daneben anerkennt art. 2365 Abs. 1 Var. 1 die gerichtliche Verfallanordnung an den Sicherungsnehmer, ohne das Verfahren näher zu bestimmen. Es sollte art. 2347 C.civ. entsprechend anwendbar sein.[1067] Der Wert der Forderung sollte dabei ihrem Nennwert entsprechen. Art. 2365 Abs. 1 Var. 2 C.civ. lässt daneben auch die vertragliche Verfallvereinbarung zu. Diese beiden Verwertungsarten werden in der Literatur insbesondere für den Fall in Betracht gezogen, dass der Sicherungsfall bereits eingetreten ist, die verpfändete Forderung aber mangels Fälligkeit noch nicht eingezogen werden kann. Nach Art. 2365 Abs. 2 C.civ. steht es dem Pfandgläubiger auch offen, die Fälligkeit der verpfändeten Forderung abzuwarten, um diese dann beim Drittschuldner einzuziehen.

8. Die Rechtsstellung des Sicherungsnehmers in der Insolvenz des Sicherungsgebers

a) Das Verhältnis der Pfandrechte zur Insolvenzmasse und die Teilnahme der gesicherten Gläubiger am Insolvenzverfahren

Mit Pfandrechten belastetes Vermögen steht nach wie vor im Eigentum des Insolvenzschuldners. Die Verwaltungs- und Verfügungsbefugnis des Schuldners oder Verwalters erstreckt sich grundsätzlich auf diese Gegenstände, welche damit zur Insolvenz-

---

1066 *Biller*, S. 131.
1067 *B/B/J*, Droit des sûretés, Rn. 908.

masse gehören. Dogmatisch entspricht die Behandlung des Pfandrechts damit dem deutschen Absonderungsrecht, auch wenn das französische Recht keinen entsprechenden insolvenzrechtlichen Systembegriff kennt und hinsichtlich der Befriedigungsrangfolge Unterschiede zum deutschen Recht gelten. Pfandgläubiger nehmen wie alle andern Gläubiger am Insolvenzverfahren teil. Sie haben ihre gesicherten Forderungen zwingend anzumelden und dabei ihre Sicherheit anzugeben.[1068] Gegebenenfalls sind sie mit der gesicherten Forderung Mitglieder des Gläubigerausschusses. Die gesicherte Forderung kann damit prinzipiell auch weiter als bis zum Liquidationswert des Pfandguts durch Mehrheitsbeschluss gekürzt werden. Das Liquidationsszenario als die Untergrenze für mögliche Beeinträchtigungen dinglicher Sicherheiten kennt das französische Recht grundsätzlich nur für die *fiducie-sûreté*,[1069] zumal im Falle der Verwertung andere Forderungen Vorrang bei der Befriedigung genießen können. Ist der gesicherte Gläubiger kein Ausschussmitglied, so kann seine gesicherte Forderung ohne seinen Willen jedoch allenfalls gestundet werden.[1070] Sowohl in den Sanierungs- als auch im Liquidationsverfahren hat der Schuldner oder Verwalter mit Zustimmung des verfahrensleitenden Richters die Möglichkeit, Pfandrechte durch Begleichung der gesicherten Forderung abzulösen und so insbesondere (fiktive) Zurückbehaltungsrechte der Pfandgläubiger zu beseitigen.

b) Die Rechtsstellung in der *procédure de sauvegarde* und der *procédure de redressement judicaire*

aa) Das allgemeine besitzlose Pfandrecht und das Pfandrecht am Warenlager

(1) Verwertungsrecht

Der gesicherte Gläubiger ist ab Verfahrenseröffnung für die Dauer der Beobachtungs- und der Plandurchführungsphase an der Verwertung seiner Sicherheit gehindert. Das allgemeine Vollstreckungsverbot des art. L. 622-21 II. C.com[1071] hindert die Verwertung durch gerichtlich angeordneten Zwangsverkauf sowie durch gerichtliche Verfallanordnung. Nach art. L. 622-7 II. Abs. 3 C.com. ist zudem eine vertragliche Verfallklausel ab Verfahrenseröffnung wirkungslos. Hinsichtlich der Verwertungsbefugnisse des Schuldners oder Verwalters und der Rechtsfolgen einer Verwertung ist danach zu differenzieren, ob die Verwertung durch Einzelverwertung oder im Rahmen einer übertragenden Sanierung (mit-)verwertet wird.

1068 Siehe bereits oben unter 1. Teil A. III. 3. f) bb) (S. 109). Gesicherte Gläubiger, deren Sicherheit aus einem öffentlichen Register ersichtlich ist (bei allgemeinem besitzlosen Pfandrecht und dem Pfandrecht am Warenlager immer der Fall), sind vom Verwalter gesondert anzuschreiben. Erst ab Erhalt des Schreibens beginnt die Anmeldefrist, art. L. 624 Abs. 1 C.com.

1069 Siehe oben unter 1. Teil A. III. 3. f) bb) (S. 109).

1070 Siehe oben unter 1. Teil A. III. 3. f) aa) (1) (S. 107).

1071 Gilt in der procédure de redressement judicaire über art. L. 631-14 C.com.

(a) Einzelverwertung

Die Einzelveräußerung eines mit einem Pfandrecht belasteten Gegenstands stellt eine unter art. L. 622-7 II. Abs. 1 C.com. fallende außergewöhnliche Geschäftstätigkeit dar.[1072] Sie bedarf daher der Zustimmung des verfahrensleitenden Richters und setzt grundsätzlich voraus, dass sie für die Aufrechterhaltung des Geschäftsbetriebs von Vorteil ist. Dem Einzelverkauf nicht entgegen steht insbesondere das fiktive Zurückbehaltungsrecht des besitzlosen Pfandgläubigers. Art. L. 622-7 I. Abs. 2 C.com. bestimmt ausdrücklich, dass das fiktive Zurückbehaltungsrecht des art. 2286 Nr. 4 C.civ. ab Verfahrenseröffnung keine Drittwirkung mehr entfaltet, es sei denn das Sicherungsgut wird in einer übertragenden Sanierung veräußert. Auch der Sanierungsplan kann die Einzelverwertung eines Pfandobjekts vorsehen, art. L. 626-22 Abs. 1 C.com.

(b) Übertragende Sanierung

Sieht der Sanierungsplan nach art. L. 626 C.com. eine übertragende Sanierung vor oder ordnet das Gericht im *redressement judiciaire* eine solche nach art. L. 631-22 C.com. an, so bestimmt art. L. 642-12 Abs. 1 C.om., dass das Insolvenzgericht einen auf das Sicherungsgut entfallenden Teil des Gesamtpreises bestimmen muss, aus welchem die gesicherten Gläubiger gemäß den gesetzlichen Verteilungsrangfolgeregeln befriedigt werden. In dieser Regelung wurde seit jeher eine große Schwäche der besitzlosen Pfandrechte gesehen.[1073] Zum einen sind die Pfandgläubiger bei der Erlösverteilung den vorrangigen (privilegierten) Gläubigern gegenüber nachrangig.[1074] Erschwerend kommt hinzu, dass der vom Gericht festgesetzte Kaufpreis für das insolvente Unternehmen regelmäßig unter dem eigentlichen Marktpreis (und damit dem Liquidationswert) liegt, was sich notgedrungen auf den vom Gericht festzusetzenden Teilpreis für das Sicherungsgut niederschlägt.[1075] Immerhin muss seit einer Änderung des art. L. 642-12 Abs. 1 C.om. im Jahr 2014 der vom Gericht festzusetzende Teilpreis dem Wert des Pfandobjekts im Verhältnis zum Gesamtwert entsprechen. Der Faustpfandgläubiger war allerdings ohnehin stets über sein Zurückbehaltungsrecht gegen die mit art. L. 642-12 Abs. 1 C.om. verbundene Entwertung seiner Sicherheit geschützt. Obwohl nach art. L. 642-Abs. 3 C.com die Begleichung des Gesamtkaufpreises durch den Unternehmenskäufer zum Erlöschen sämtlicher Pfandrechte führt,[1076] konnte der Faustpfandgläubiger dem Unternehmenskäufer aufgrund seines Zurückbehaltungsrechts

---

1072 *B/B/J*, Droit des suretés, Rn. 1310; *Le Corre*, Procédures collectives, Rn. 481.21.
1073 *Dammann/Robinet*, Cahiers de droit de l'enterprise, N° 4, 35, 39 sprechen von der Achillesverse der (besitzlosen) Pfandrechte.
1074 Siehe sogleich unter 1. Teil B. II. 8. b) aa) (3) (a) (S. 166 f.).
1075 *C/M/C/P*, Droit des sûretés, Rn. 1095; *Dammann/Podeur*, RD 2008, 2300, 2303. Ziel der übertragenden Sanierung ist der Erhalt des Geschäftsbetriebs, vgl. L. art. 642-1 Abs. 1. C.com. Über diesen Weg ist es Investoren möglich, sich insbesondere die Aufrechterhaltung der Arbeitsplätze durch gravierende Preisabschläge bezahlen zu lassen, siehe *C/M/C/P*, Droit des sûretés, Rn. 1095.
1076 Dies gilt nach art. L. 642-12 Abs. 4 C.com. allerdings nicht für Pfandrechte an erworbenen Gegenständen, wenn der gesicherte Kredit gerade dem Erwerb dieses Gegenstandes diente. In diesem Fall setzt sich das Pfandrecht gegenüber dem Unternehmenskäufer an dem Gegenstand fort. Der Aquisitionsfinanzierer wird insoweit privilegiert.

die Herausgabe des Sicherungsguts bis zur Begleichung seiner gesicherten Forderung verweigern.[1077] Dies ist mittlerweile in art. L. 642-12 Abs. 5 C.com. gesetzlich anerkannt. Nach Einführung des fiktiven Zurückbehaltungsrechts in art. 2286 Nr. 4 C.civ., kann nunmehr nach ganz herrschender Meinung auch der besitzlose Pfandgläubiger sein (fiktives) Zurückbehaltungsrecht dem Unternehmenserwerber entgegenhalten.[1078] Dogmatisch begründen lässt sich das fiktive Zurückbehaltungsrecht kaum, denn tatsächlich gibt es nichts, was der besitzlose Pfandgläubiger dem Eigentums- und Besitzerwerb des Unternehmenskäufers entgegenhalten könnte.[1079] Es muss daher schlicht als rechtliches Übertragungshindernis angesehen werden, wobei hinsichtlich der Durchsetzbarkeit und daraus folgender Ansprüche erhebliche Unsicherheit besteht.[1080] Da zumindest feststeht, dass ohne Begleichung der gesicherten Forderung das fiktive Zurückbehaltungsrecht gegenüber dem Erwerber nicht erlischt und dessen vollkommene Wirkungslosigkeit mit der Absicht des Gesetzgebers, das besitzlose Pfandrecht zu stärken, nicht vereinbar erscheint, zwingt die Regelung den Unternehmenskäufer dazu, auf dem Verhandlungswege mit dem gesicherten Gläubiger eine Einigung zu erzielen, wenn das Pfandobjekt für ihn von Bedeutung ist. Eine andere Möglichkeit ist, dass der Verwalter unter Billigung des Gerichts das Pfandrecht durch Begleichung der gesicherten Forderung ablöst. Auch dies wird im Falle der Untersicherung auf eine Verhandlungslösung hinauslaufen. Wenn das Pfandobjekt für den Geschäftsbetrieb von Bedeutung ist, dürfte der gesicherte Gläubiger so mindestens dem Liquidationswert entsprechende Verhandlungsergebnisse erzielen.[1081]

(2) Nutzungsrecht

Dem Schuldner oder dem Verwalter steht das uneingeschränkte Nutzungsrecht an der Pfandsache zu. Die Unwirksamkeit des fiktiven Zurückbehaltungsrechts in der Beobachtungs- und Plandurchführungsphase verhindert, dass der Pfandgläubiger dieses der Beschlagnahmewirkung des Insolvenzverfahrens entgegenhalten und damit die

---

1077 Cass.com. v. 20.05.1997, Bull. civ. 1997, IV, N° 151. Dogmatisch beruht das Zurückbehaltungsrecht also nicht auf dem Pfandrecht, sondern auf dem damit verbundenen tatsächlichen Besitz des Sicherungsnehmers; siehe auch *Spickerhoff*, S. 123 f.

1078 Siehe ausführlich *Buisine*, Rev.proc.coll 2011, N° 6, 15, 16 ff.; siehe weiterhin *B/B/J*, Droit des sûretés, Rn. 752; *Le Corre*, Procédures collectives, Rn. 542.32; *Pérochon*, RD 2009, 651, 657; zweifelnd an der Reichweite des fiktiven Zurückbehaltungsrechts gegenüber dem Unternehmenskäufer hingegen *Cabrillac/Cabrillac*, in: JCl. Civil Code, art. 2354, fasc. 20, Rn. 126. Gerade für diesen Fall wurde zur Stärkung des besitzlosen Pfandrechts das fiktive Zurückbrhaltungsrecht weiter für wirksam erklärt, siehe Art. L. 622-7 I. Abs. 2 C.com.

1079 Zweifelnd an der praktischen Wirksamkeit des fiktiven Zurückbehaltungsrechts daher *Aynès*, JCP G 2009, N° 9, 17 ff.; Siehe zu den vielen mit dem fiktiven Zurückbehaltungsrecht verbundenen Unsicherheiten *Buisine*, Rev.proc.coll 2011, N° 6, 15 ff.

1080 Siehe *Aynès*, JCP G 2009, N° 9, 17, 19; *Dammann/Podeur*, RD 2008, 2300, 2301, die annehmen, der Pfandgläubiger müsse mittels einstweiliger Verfügung die Übergabe des Sicherungsguts an den Käufer verhindern. Bei bereits erfolgter Übergabe erwägen sie, wie auch *Le Corre*, Procédures collectives, Rn. 542.32, einen Herausgabeanspruch, solange die gesicherte Forderung nicht beglichen wurde.

1081 MüKoInsO-*Niggemann*, Frankreich, Rn. 61.

Nutzungsüberlassung nur gegen Begleichung seiner gesicherten Forderung erzwingen kann. Damit sollte die Aufrechterhaltung des schuldnerischen Unternehmens ermöglicht werden.[1082]

(3) Erlösverteilung

(a) Einzelverwertung

Kommt es zur Einzelverwertung von Sicherungsgut nach art. L. 622-7 II. Abs. 1 C.com. in der Beobachtungsphase, so gilt nach art. L. 622-8 Abs. 1 C.com. folgendes: Der erzielte Erlös ist zunächst zu hinterlegen. Erst nach Inkrafttreten des Sanierungsplans wird er, entsprechend den im Sanierungsplan vorgesehenen Fälligkeitsregeln, unter die Gläubiger entsprechend dem Rang ihrer Vorzugsrechte verteilt. Entsprechendes gilt, wenn der Sanierungsplan die Einzelverwertung von Sicherungsgut anordnet. Das französische Insolvenzrecht erschafft über die Einführung bestimmter insolvenzrechtlicher Generalprivilegien am gesamten schuldnerischen Vermögen und damit auch am Pfandobjekt eine eigene Verteilungshierarchie. Maßgebliche Norm ist art. L. 622-17 II. C.com. Danach stehen an erster Stelle die durch das in art. L. 3253-2 C.trav. festgelegte Vorzugsrecht gesicherten Arbeitnehmerforderungen (Superprivileg).[1083] Es handelt sich dabei um die in den letzten 60 Tagen vor der Insolvenzeröffnung fällig gewordenen Lohnforderungen. Der Betrag ist per Verordnung auf eine Höchstgrenze gedeckelt, welche nicht niedriger sein darf als der doppelte monatliche Beitrag zur Sozialversicherung. Soweit diese Forderungen durch eine Konkursausfallversicherung beglichen wurden, genießt deren Rückgriffsforderung das gleiche Vorzugsrecht.[1084] An zweiter Stelle steht das Vorzugsrecht der Verfahrenskosten. Allerdings werden von dem Erlös Verwertungs- und Erhaltungskosten von vornherein abgezogen, so dass im Ergebnis diese Kosten noch vor dem Superprivileg der Arbeitnehmer stehen.[1085] An dritter Stelle folgt das Vorzugsrecht nach art. L. 611-11 C.com. für die Rückforderung von im Rahmen eines vorinsolvenzlichen Vergleichsverfahrens (*conciliation*) geleisteten Sanierungsbeiträgen. An vierter Stelle steht das Vorzugsrecht der Masseforderungen.[1086] Erst nach diesen insolvenzrechtlichen Vorzugsrechten kommen die allgemeinen zivilrechtlichen Verteilungsrangfolgeregeln zur Anwendung.[1087]

Die Pflicht zur Hinterlegung hat für den Insolvenzschuldner oder Verwalter den Nachteil, dass der Veräußerungserlös nicht zur fortlaufenden Finanzierung des Geschäftsbetriebs verwendet werden kann. Aus diesem Grund sieht art. L. 622-8 Abs. 3

1082 *B/B/J*, Droit des sûretés, Rn. 752; *Pérochon*, RD 2009, 651, 656.
1083 Zu den davon erfassten als Lohnforderungen siehe art. 3253-3 C.trav.
1084 MüKoInsO-*Niggemann*, Frankreich, Rn. 23.
1085 Diese Praxis rechtfertigt sich aus dem Privileg der Erhaltungskosten. Es gäbe nichts zu verteilen, wenn Erhaltung und Verkauf nicht vorfinanziert worden wären, siehe *C/M/C/P*, Droit des sûretés, Rn. 1047.
1086 Innerhalb der Masseforderungen richtet sich der Rang nach art. L. 622-17 III C.com. Zunächst sind nach Insolvenzeröffnung entstandene Lohnforderungen zu begleichen, danach die Forderungen aus den vom Verwalter fortgeführten laufenden Verträgen und anschließend die Forderungen gemäß den allgemeinen Verteilungsrangfolgen des Zivilrechts.
1087 Siehe dazu oben unter 1. Teil B. II. 5. (S. 152 ff.).

C.com. zudem die Möglichkeit für den Schuldner oder Verwalter vor, dem Pfandgläubiger an Stelle der Hinterlegung des Erlöses die Bestellung einer wertmäßig gleichwertigen Ersatzsicherheit anzubieten.[1088]

Trotz der für Pfandgläubiger ungünstigen Verteilungsrangfolge wird die Einzelverwertung im Sanierungsverfahren überwiegend nicht als großes Problem des Bestandsschutzes der besitzlosen Pfandrechte betrachtet.[1089] Dafür dürften folgende Überlegungen ausschlaggebend sein: Die Veräußerung von für die Aufrechterhaltung des Geschäftsbetriebs notwendigem besichertem Anlagevermögen kommt ohnehin kaum in Betracht. Soweit besichertes Umlaufvermögen veräußert wird, kann der Erlös in der Regel ebenfalls nicht zur Befriedigung vorrangiger Gläubiger verwendet werden, da mit ihm neue Waren beschafft werden müssen.[1090] Zudem sind mit dem Superprivileg gesicherte Arbeitnehmerforderungen nach Möglichkeit bereits sofort nach Eröffnung des Insolvenzverfahrens aus freien Massemitteln zu begleichen. Bei Massearmut müssen sie aus den ersten generierten freien Massemitteln mindestens in Höhe von einem Monatsgehalt vorab beglichen werden, art. L. 625-8 C.com. Ebenso sind Masseforderungen nach Möglichkeit bei Fälligkeit und damit aus dann verfügbaren freien Massemitteln zu befriedigen, art. L. 622 I C.com. Aufgrund der Hinterlegungspflicht kann aber die Veräußerung von Sicherungsgut in der Beobachtungsphase nicht erfolgen, um kurzfristig Liquidität zur Begleichung vorrangiger Forderungen zu generieren. Die *sauvegarde* setzt ohnehin voraus, dass noch keine Zahlungsunfähigkeit eingetreten ist. Zudem wird über die Zustimmungserfordernisse des Sanierungsplans eine weitestgehend einvernehmliche Lösung sichergestellt, welche üblicherweise keine wesentlichen Forderungskürzungen vorsieht. Muss allerdings Erlös aus der Veräußerung von Sicherungsgut nach Annahme des Sanierungsplans verteilt werden, so sieht dieser regelmäßig, um größere Ungerechtigkeiten zu vermeiden, vor, dass alle bevorrechtigten Gläubiger einschließlich des Pfandnehmers eine quotale Ausschüttung erhalten, ohne Rücksicht auf die gesetzliche Verteilungsrangfolge.[1091]

(b) Übertragende Sanierung

Grundsätzlich gilt bei übertragender Sanierung, dass aus dem auf das Sicherungsgut entfallenden Erlösbetrag alle bevorrechtigten Gläubiger entsprechend der soeben geschilderten Rangfolge zu befriedigen sind.[1092] In der Praxis erfolgt auch hier eine quo-

---

1088 *Jacquemont*, Rn. 384. Im Falle des besitzlosen Pfandrechts an Umlaufvermögen garanitiert in der Praxis der Verwalter selbst für den Erhalt des entsprechenden Werts, um den fortlaufenden Warenumschlag aufrechterhalten zu können, siehe *Dammann/Podeur*, RD 2008, 2300, 2304.

1089 Nichtsdestotrotz ist eine daraus resultierende Gefahr nicht von der Hand zu weisen, siehe *C/M/C/P*, Droit des suretés, Rn. 1092.

1090 Dafür dient die Möglichkeit, eine Ersatzsicherheit zu bestellen.

1091 *McCormack/Bork*, Security Rights, Chapter 7, Rn. 384.

1092 Bei teilweiser übertragender Sanierung in der *sauvegarde* gilt die Verteilungsregel des art. L. 622-17 II. C.com. weiterhin, da art. L. 626-1 Abs. 3 C.com nur auf art. L. 642-1 ff. C.com. verweist. Wird demgegenüber im *redressement judicaire* die übertragende Sanierung ohne Verabschiedung eines Sanierungsplans angeordnet, so geht das Verfahren in ein Liquidationsverfahren über, so dass die Verteilungsregel des art. L. 641-13 C.com. Anwendung findet, welche art. L. 622-17 II. C.com entspricht.

tale Ausschüttung unter allen bevorrechtigten Gläubigern. Nunmehr kann jedoch der durch ein besitzloses Pfandrecht gesicherte Gläubiger sein fiktives Zurückbehaltungsrecht dem Erwerber entgegenhalten. Demgemäß wird er regelmäßig ein für ihn günstigeres Ergebnis erzielen können.

bb) Das allgemeine Pfandrecht an Forderungen

Nach erfolgter Drittschuldneranzeige kann der Pfandnehmer trotz Eröffnung des Insolvenzverfahrens über das Vermögen des Sicherungsgebers verpfändete Forderungen ungehindert einziehen.[1093] Art. 2363 C.civ., nach welchem der Pfandnehmer ab Drittschuldneranzeige alleine einziehungsbefugt ist, hat diese Rechtsprechung bestätigt und wird durch das Insolvenzrecht nicht eingeschränkt.[1094] Gegen eine Veräußerung der Forderung durch den Schuldner oder Verwalter schützt den Forderungspfandgläubiger sein Zurückbehaltungsrecht. Vergleichbar der Lage bei der Pfändung durch Dritte wäre ein Erwerb der Forderung zwar wirksam, sie könnte durch den Erwerber jedoch nicht mehr eingezogen werden. Das Einziehungsrecht verbleibt beim Sicherungsnehmer. Jener kann die Veräußerung des Sicherungsguts nicht verhindern, sondern dem Erwerber gegenüber lediglich die Herausgabe verweigern. Sollte die gesicherte Forderung noch nicht fällig sein, so entsteht an dem eingezogenen Betrag ein Besitzpfandrecht, an welchem unproblematisch ein Zurückbehaltungsrecht besteht.

c) Die Rechtsstellung in der *procédure de liquidation judicaire*

aa) Das allgemeine besitzlose Pfandrecht und das Pfandrecht am Warenlager

(1) Verwertungsrecht

Innerhalb der ersten drei Monate ab Eröffnung des Liquidationsverfahrens oder einer eventuell durch das Gericht verlängerten Frist zur Abgabe von Übernahmeangeboten durch Investoren liegt das alleinige Verwertungsrecht an Pfandgegenständen beim Verwalter, art. L. 643-2 Abs. 1 C.com. Dies dient der Zusammenhaltung des Unternehmens für den Fall der übertragenden Sanierung. Im Liquidationsverfahren bleibt das fiktive Zurückbehaltungsrecht des besitzlosen Pfandgläubigers uneingeschränkt wirksam.[1095] Kommt es allerdings zu einer Einzelverwertung von Sicherungsgut, so kann das Zurückbehaltungsrecht nicht dem Erwerber entgegengehalten werden. Vielmehr bestimmt art. L. 642-20-1 Abs. 3 C.com, dass sich das (fiktive) Zurückbehaltungsrecht im Wege dinglicher Surrogation am Erlös fortsetzt. Entscheidet der Verwalter sich für die Einzelverwertung durch öffentliche Versteigerung oder durch vom Gericht zu genehmigenden Verkauf, so hat er dafür zunächst die Zustimmung des verfahrensleitenden Richters einzuholen, wenn er das Pfandrecht nicht zuvor gemäß

1093 Die Rechtsprechung hat dies zur alten Rechtslage bejaht, entsprechendes muss nach der Einführung des art. 2363 C.civ. erst recht gelten, siehe C.com. v. 26.05.2010, Bull. civ. 2010, IV, N° 94 mit Anmerkung *Crocq*, RTDciv. 2010, 597 ff.
1094 *Stoufflet*, JCP G 2006, Supplément au N° 20, 19, 21; *Biller*, S. 153.
1095 Art. 641-3 Abs. 1 C.com. nimmt art. 622-7 I. Abs. 2 C.com. ausdrücklich von der Anwendbarkeit auf das Liquidationsverfahrens aus.

art. L. 641-3 Abs. 2 C.com. durch Begleichung der gesicherten Forderung abgelöst hat, art. L. 642-20-1 Abs. 1 C.com.[1096] Zudem muss der Verwalter den Pfandgläubiger mindestens 15 Tage vor der geplanten Einzelverwertung in Kenntnis setzen. Der Pfandgläubiger hat dann die Möglichkeit, vor dem verfahrensleitenden Richter die gerichtliche Verfallanordnung an dem Pfandobjekt zu beantragen, selbst wenn seine dreimonatige Verwertungssperre noch nicht abgelaufen ist, art. L. 642-20-1 Abs. 1, 2 C.com. Nach Ablauf der drei Monate oder einer durch das Gericht verlängerten Frist erlangt der Pfandgläubiger sein Verwertungsrecht. Er kann vor Gericht entweder die öffentliche Versteigerung oder die gerichtliche Verfallanordnung beantragen.[1097] Auch im Liquidationsverfahren bleibt allerdings die vertragliche Verfallvereinbarung gesperrt, art. L. 641-3 Abs. 1., L. 622-7 I. Abs. 3 C.com. Daneben bleibt auch der Verwalter zur Einzelverwertung berechtigt, was aus seiner Pflicht ersichtlich wird, das Sicherungsgut innerhalb von sechs Monaten ab Verfahrenseröffnung zu verwerten oder abzulösen, art. L. 642-20-1 C.com.

(2) Nutzungsrecht

Die dreimonatige Verwertungssperre dient in erster Linie der Ermöglichung einer übertragenden Sanierung. Ordnet das Gericht zu deren Ermöglichung die Aufrechterhaltung des Geschäftsbetriebs an, so muss damit auch ein entsprechendes Nutzungsrecht verbunden sein.

(3) Erlösverteilung

Im Falle der Verwertung von Sicherungsgut, gleich ob durch Einzelverwertung oder übertragende Sanierung, gilt grundsätzlich die Verteilungsrangfolge des art. L. 641-13 C.com., welche derjenigen in den Sanierungsverfahren entspricht. Aufgrund dieser Verteilungsrangfolge wurde die Einzelverwertung von Sicherungsgut im Liquidationsverfahren stets als zweite große Schwäche (besitzloser) Pfandrechte angesehen. Zwar besteht die Gefahr hier nicht wie bei der übertragenden Sanierung in einer Veräußerung weit unter Wert, allerdings müssen in der Liquidation regelmäßig auch die vorrangigen (privilegierten) Forderungen zu einem Großteil aus dem Veräußerungserlös beglichen werden.[1098] Gegen die daraus resultierenden Nachteile ist der besitzlose Pfandgläubiger allerdings nunmehr wie der Faustpfandgläubiger geschützt. Kommt es zur Einzelverwertung, so ordnet art. L. 642-20-1 Abs. 3 C.com. an, dass sich ein Zurückbehaltungsrecht im Wege dinglicher Surrogation auf den Erlös erstreckt. Dies gilt auch für das fiktive Zurückbehaltungsrecht des besitzlosen Pfandgläubigers. Damit entgeht er der insolvenzrechtlichen Verteilungsrangfolge, womit ihm effektiv hinter

---

1096 Das Ablösungsrecht steht ihm natürlich auch bei der übertagenden Sanierung offen, wenn er das fiktive Zurückbehaltungsrecht des Pfandgläubigers ausschalten will.

1097 Siehe zur gerichtlichen Verfallanordnung Cass.com. v. 28.05.1996, Bull. civ. 1996, IV, N° 144; *C/M/C/P*, Droit des sûretés, Rn. 1118.

1098 Um Ungerechtigkeiten zu vermeiden, werden in der Praxis unter Umgehung der gesetzlichen Verteilungsrangfolgen bei der Verwertung alle Gläubiger, die ein dingliches Vorrecht an dem Pfandgegenstand haben, aus dem Erlös quotal befriedigt, siehe *McCormack/ Bork*, Security Rights, Chapter 7, para. 384.

den Erhaltungs- und Verwertungskosten der zweite Verteilungsrang zukommt.[1099] Kommt es zur übertragenden Sanierung, so gelten die obigen Ausführungen entsprechend.[1100]

bb) Das allgemeine Pfandrecht an Forderungen

Es gelten auch hier keine Verwertungseinschränkungen.

III. *Vergleichende Betrachtung*

1. Konstruktion und wirtschaftliche Bedeutung

Mit der *charge* und dem *gage* bzw. *nantissement* kennen sowohl das englische als auch das französische Recht besitzlose dingliche Kreditsicherheiten, welche nicht auf der Übertragung von Eigentum, sondern auf der Idee einer Belastung eines fremden Rechts beruhen. Vom römisch-rechtlichen Eigentumsverständnis her muss man sich wiederum vergegenwärtigen, dass die *charge* ein *equitable interest* ist, weil strengrechtlich in England ein solcher dinglicher *title* an einem fremden Vermögensgegenstand nicht existiert. Während die reine *charge* in England kaum üblich ist, bilden Pfandrechte in Frankreich historisch bedingt außerhalb des Anwendungsbereichs der *cession Dailly* das gebräuchlichste Kreditsicherungsmittel, zumal 2006 das unpraktikable Faustpfandprinzip zugunsten eines allgemeinen besitzlosen (Register-)Pfandrechts und eines besitzlosen (Register-)Pfandrechts am Warenlager aufgegeben wurde. Anders als das englische Recht kennt das französische Recht kein auf alle Arten von Vermögensgegenständen anwendbares Pfandrecht, sondern differenziert zwischen jeweils einem allgemeinen Pfandrecht für bewegliche Gegenstände und Rechte sowie einer Vielzahl an speziellen Registerpfandrechten. Für den Rechtsanwender ist dies nicht von Vorteil, zumal teilweise Unsicherheiten hinsichtlich der Anwendungsbereiche bestehen.

2. Bestellung

a) Pfandrechte an einzelnen Vermögensgegenständen

Die *charge* weist keine Unterschiede zur *equitable mortgage* auf, so dass auf die vergleichende Betrachtung der Sicherungsübertragungen verwiesen werden kann. Für Pfandrechte in Frankreich gilt zunächst ebenfalls in gleicher Weise, dass die Bestellung grundsätzlich an allen gegenwärtigen und künftigen Vermögenswerten des Schuldners möglich ist und durch einfachen schriftlichen Vertrag erfolgen kann. Auch hier gilt die bereits kritisch erwähnte Einschränkung der Bestellung eines Pfandrechts an künftigen Forderungen. In Bezug auf besitzlose Pfandrechte an beweglichen Sachen gilt darüber hinaus in Frankreich im Gegensatz zu den Sicherungsübertragungen eine zivilrechtliche Registerpublizität. Auf die Effektivität der Sicherheitenbestellung sollte dies keinen Einfluss haben, kritisch ist jedoch zu beurteilen, dass es nur für das allge-

---

1099 *C/M/C/P*, Droit des sûretés, Rn. 784, 644.
1100 Siehe oben unter 1. Teil B. II. 8. b) aa) (3) (b) (S. 167 f.).

meine besitzlose Pfandrecht ein einheitliches elektronisches Register gibt, während für alle anderen besitzlosen Pfandrechte das Register am jeweils zuständigen Handelsregister geführt wird.

b) Revolvierende Kreditsicherheiten

Alle drei Rechtsordnungen ermöglichen die Bestellung von revolvierenden Kreditsicherheiten. Während in Deutschland dafür auf die Globalsicherungsübertragung zurückgegriffen wird, erfolgt die Bestellung in Frankreich in Form eines revolvierenden Pfandrechts. Das gleiche gilt zumindest begrifflich in England.[1101] Alle drei Lösungen weisen eine unterschiedliche Dogmatik auf. Das deutsche Recht hat keine Probleme damit, dem Sicherungsgeber die Verfügungsbefugnis über die nunmehr fremden Sachen einzuräumen, und unter Wahrung des Bestimmtheitsgrundsatzes erfolgt eine Sicherungsübertragung an jedem neu zu der erfassten Sachgesamtheit hinzustoßenden Vermögensgegenstand. Demgegenüber können die nicht auf dem Trennungsprinzip basierenden Rechtsordnungen in England und Frankreich die Verfügungsbefugnis des Sicherungsgebers nur konstruieren, indem sie ein Sicherungsrecht nicht an jedem einzelnen Gegenstand, sondern an der Sachgesamtheit annehmen. Kommen zu der Sachgesamtheit neue Gegenstände hinzu, so stellt dies keine erneute Sicherheitenbestellung dar. Zu einer Sicherheit an jedem einzelnen Gegenstand kommt es erst, wenn die Verfügungsbefugnis des Sicherungsgebers erlischt. Diese Konstruktion hat den Vorteil, dass ein Widerruf sämtlicher Verfügungsbefugnisse nicht bereits erfolgen muss, um mögliche Insolvenzanfechtungsrisiken auszuschließen. Unterschiede bestehen allerdings auch zwischen dem französischen und dem englischen Recht. So ist die *floating charge* als umfassende Unternehmenssicherheit konzipiert, während das revolvierende französische Pfandrecht entsprechend dem französischen Bestimmtheitsgrundsatz an einer vorher festzulegenden Sachgesamtheit bestellt wird, zumal es kein einheitliches Pfandrecht gibt, welches sich auf jegliche Arten von Vermögensgegenständen anwenden ließe.

3. Publizität, Drittwirksamkeit, Rangfolgen

a) Publizität

Zur englischen *charge* kann umfassend auf die Ausführungen zu den Sicherungsübertragungen verwiesen werden. Zum französischen Recht ist zunächst festzustellen, dass auch das Pfandrecht an Forderungen vollkommen ohne jede Registerpublizität auskommt. Besitzlose Pfandrechte an beweglichen Sachen hingegen unterliegen umfassend einer zivilrechtlichen Registerpublizität. Diese ist zumindest hinsichtlich der neu eingeführten besitzlosen Pfandrechte strikt als Drittwirksamkeitsvoraussetzung ausgestaltet und entspricht damit der nunmehr herrschenden Kreditsicherheitendogmatik. Da allerdings immer noch die Vertragsurkunde zu registrieren ist, folgt auch das französische Recht grundsätzlich noch der Idee des *transaction* und nicht des *notice filing*. Allerdings ist hier zu beachten, dass für das allgemeine besitzlose Pfandrecht ein natio-

---

1101 Hier stellen *floating charges* in der Regel rechtlich *floating mortgages* dar.

171

nales elektronisches Register eingeführt wurde, aus welchem nur die wesentlichen Eckdaten der Sicherheitenbestellung ersichtlich sind. Aus Sicht desjenigen, der sich über dieses Register informieren will, entspricht das Ergebnis dem *notice filing*.

b) Drittwirksamkeit und Rangfolgen

Für die englische *charge* gelten hier die Ausführungen zu den Sicherungsübertragungen entsprechend. Zum französischen Forderungspfandrecht ist zunächst festzustellen, dass bei diesem mangels Registerpublizität Drittwirksamkeit im Zeitpunkt des Sicherungsvertrags eintritt. Da das Pfandrecht – außer für das Verhältnis zum Drittschuldner – auch die Drittschuldneranzeige nicht erfordert, entspricht es in seiner Konstruktion vollkommen der französischen wie der deutschen Sicherungsabtretung. Hingegen tritt am allgemeinen besitzlosen Pfandrecht wie auch am besitzlosen Pfandrecht am Warenlager Drittwirksamkeit erst mit Registrierung ein. Die Drittwirksamkeit ist umfassend ausgestaltet, was für die Rechtssicherheit zunächst positiv ist. Jegliche nachfolgenden Verfügungen sind nachrangig und zwar auch, wenn es sich um ein revolvierendes Pfandrecht handelt. So können – anders als im englischen Recht – an einzelnen zu der revolvierenden Sachgesamtheit gehörenden Sachen keine vorrangigen Sicherheiten bestellt werden. In England kann dieses Ergebnis über die nunmehr positive Publizität genießende *negative pledge clause* erreicht werden. Möglicherweise geht die strikte Lösung Frankreichs allerdings zu Lasten des Rechtsverkehrs. Zu beachten ist nämlich, dass die Registereintragung außer im Rahmen eines revolvierenden Pfandrechts auch den gutgläubigen Erwerb ausschließt, wohingegen ein solcher in England im Falle einer üblichen *equitable security* stets trotz Registereintragung möglich bleibt. Das gleiche gilt in Deutschland, und auch die aktuellen Rechtsvereinheitlichungswerke sehen die Möglichkeit des gutgläubigen lastenfreien Erwerbs trotz Registereintragung vor, wenn dieser im ordnungsgemäßen Geschäftsverkehr erfolgte.[1102]

4. Rechtsstellung der Parteien

Hier ergeben sich keine Besonderheiten im Vergleich zu den Sicherungsübertragungen. Im Falle der revolvierenden Kreditsicherheiten hat der Sicherungsgeber stets die Möglichkeit im ordnungsgemäßen Geschäftsgang über das Sicherungsgut zu verfügen. Bei Eintritt des Sicherungsfalls und gegebenenfalls bereits davor ist der Sicherungsnehmer berechtigt, die Verfügungsbefugnis zu widerrufen bzw. tritt unter englischem Recht gegebenenfalls automatisch die *crystallisation* ein.

5. Verwertung

Im Zusammenhang mit der Verwertung weisen die Pfandrechte grundsätzlich Nachteile gegenüber den Sicherungsübertragungen auf. Etwas anderes gilt jedoch zum Teil, soweit Pfandrechte an Forderungen bestellt werden. In Frankreich etwa ergeben sich hier keinerlei Nachteile. Der Sicherungsnehmer darf die Forderung einziehen und ein-

---

1102 Art. 34 Nr. 4 UNCITRAL MLSTransactions; UNCITRAL LGST, V., Rn. 68; art. IX.-6:102(1), (2)(a), VIII.-3:102 DCFR.

klagen. In England dagegen darf der *chargee* die Forderung zwar einziehen, jedoch nicht selbstständig einklagen, sondern nur unter Einbindung des Sicherungsgebers. Hinsichtlich der Verwertung beweglicher Pfandsachen durch Verkauf erfordert die Verwertung jeweils eine gerichtliche Verkaufsanordnung. In Frankreich besteht dann zudem die Gefahr, mit anderen bevorrechtigten Gläubigern um den Erlös zu konkurrieren. Auch die weiteren Verwertungsarten des französischen Rechts können nicht vollends überzeugen. Sowohl die gerichtliche Verfallanordnung als auch der vertraglich vereinbarte Verfall lassen regelmäßig die Ermittlung des Werts des Pfandguts durch einen Sachverständigen erforderlich werden. Zudem trägt in beiden Fällen der Sicherungsnehmer das Risiko, das Pfandobjekt zu diesem Wert tatsächlich veräußern zu können.

6. Die Rechtsstellung des Sicherungsnehmers in der Insolvenz des Sicherungsgebers

Auf die englische *fixed charge* soll im Folgenden nicht weiter eingegangen werden, da sich ihre insolvenzrechtliche Behandlung nicht von derjenigen einer *legal* oder *equitable mortgage* unterschiedet.[1103]

a) Das Verhältnis zwischen Sicherungsgut und Insolvenzmasse

Obwohl die *floating charge* im Verhältnis zur *fixed security* zum Teil weitreichende Einschränkungen insbesondere hinsichtlich der Erlösverteilung erfährt, wird das von ihr erfasste Vermögen als nicht zum Schuldnervermögen gehörend angesehen. Dogmatisch stellt sie eine von dessen Eigentum getrennte Vermögensmasse dar. Dies wird deutlich, wenn in der *liquidation* neben dem *administrative receiver* ein *liquidator* zum Einsatz kommt, welcher für die Verwertung des unbelasteten Vermögens zuständig ist. Zwar entspricht das Verwertungsrecht des Verwalters in der *administration* eher dem deutschen Verständnis eines Absonderungsrechts, dennoch muss man sich vergegenwärtigen, dass der *administrator* damit dogmatisch die Verwertungsbefugnis über Eigentum des Sicherungsnehmers erlangt. Die französischen Pfandrechte führen generell nicht zum Ausscheiden des Vermögensgegenstands aus dem schuldnerischen Vermögen, so dass Pfandobjekte zur Insolvenzmasse zu zählen sind.

b) Verwertungsrecht und Nutzungsbefugnis

Im englischen Recht ist nach Verfahrensarten zu differenzieren. In der *liquidation* kann der durch eine *floating charge* gesicherte Gläubiger diese frei verwerten. In der *administration* hingegen erlangt der Verwalter die freie Nutzungs- und Verfügungsbefugnis über sämtliches von der *floating charge* erfasstes Vermögen. Für dessen Veräußerung braucht er keine gerichtliche Erlaubnis. Der Sicherungsnehmer ist insofern geschützt, als dass sich die *floating charge* an sämtlichen Surrogaten fortsetzt. Diese Lösung erklärt sich aus dem Charakter der *floating charge* als Unternehmenssicherheit. Dürfte der *administrator* nicht frei verfügen, so könnte das Unternehmen nicht fortgeführt werden, was den Sanierungszielen der *administration* widerspräche. An-

1103 Siehe oben unter 1. Teil B. I. 4. d) (S. 128).

ders stellt sich die Lage beim CVA dar. Wird hier ein Moratorium erlassen, so sind auch Verfügungen über von einer *floating charge* erfasstes Vermögen nur mit Zustimmung des Gerichts möglich. Denn beim CVA liegt die Geschäftsführung weiter beim Schuldner und nicht bei einem Verwalter, der im Zweifel vom Inhaber der *floating charge* bestimmt wurde. Umgekehrt darf in diesem Fall der gesicherte Gläubiger nicht durch Ernennung eines *administrators* zur Verwertung schreiten. In Frankreich gilt, dass Verwertungen des Sicherungsguts durch Pfandgläubiger grundsätzlich in jeder Verfahrensart ausgeschlossen sind, unabhängig davon, ob es sich um besitzlose Pfandrechte handelt. Das Nutzungsrecht liegt entsprechend beim Verwalter.[1104] Etwas anderes gilt für das Forderungspfandrecht. Hier kann der Pfandnehmer auch nach Verfahrenseröffnung das Pfandrecht dem Drittschuldner anzeigen und die Forderung einziehen. Lediglich im Liquidationsverfahren erlangt der Pfandgläubiger ein Verwertungsrecht, wenn feststeht, dass keine übertragende Sanierung zustande kommt. Dieses tritt dann neben das Verwertungsrecht des *liquidateurs*, welcher für die Verwertung die gerichtliche Zustimmung einholen muss. In der Beobachtungsphase eines Sanierungsverfahrens darf der Insolvenzschuldner oder Verwalter Pfandsachen nur mit gerichtlicher Zustimmung veräußern. Ist dies der Fall, so kann er dem Sicherungsnehmer zudem eine gleichwertige Ersatzsicherheit anbieten, um den Erlös anschließend verwenden zu können. Insofern sehen sowohl das englische Recht als auch das französische Insolvenzrecht Mittel vor, um auch gegen den Willen des durch eine revolvierende Globalsicherheit gesicherten Gläubigers Umlaufvermögen nach Verfahrenseröffnung weiter umsetzen zu können und so den Geschäftsbetrieb aufrechtzuerhalten. In Deutschland hingegen braucht es dafür regelmäßig eine Einigung zwischen dem Insolvenzverwalter und dem gesicherten Gläubiger.

c) Verwertungserlös

Als eine das gesamte schuldnerische Unternehmen umfassende Globalsicherheit muss die *floating charge* naturgemäß Einschränkungen bei der Erlösverteilung hinnehmen. Dementsprechend müssen vorab die Verfahrenskosten sowie die vorrangigen Gläubiger befriedigt werden. Dies gilt jedoch nur, wenn ansonsten dafür ausreichendes freies Vermögen vorhanden ist. Daneben muss seit dem EA 2003 ein bis zu 50 prozentiger Anteil des *Floating-charge*-Vermögens an die ungesicherten Gläubiger abgeführt werden. Kommt es Frankreich zur Verwertung von mit einem Pfandrecht belasteten Vermögen, so sind grundsätzlich Verfahrenskosten sowie bevorrechtigte Gläubiger zunächst aus dem Erlös zu befriedigen. Wird das Pfandrecht allerdings im Liquidationsverfahren einzelverwertet, so setzt sich ein eventuelles Zurückbehaltungsrecht des Pfandnehmers an dem Erlös fort, so dass im Ergebnis nur die Feststellungs- und Verwertungskosten vorab zu begleichen sind. Ein solches Zurückbehaltungsrecht gewähren insbesondere nunmehr auch besitzlose Pfandrechte an beweglichen Sachen.

1104 Der Faustpfandgläubiger kann freilich sein Zurückbehaltungsrecht dem Herausgabeverlangen entgegenhalten. Dann muss der Verwalter gegebenfalls das Pfandrecht ablösen.

d) Bewahrung des wirtschaftlichen Werts der Sicherheit

Im Falle der *floating charge* können die dargestellten Beeinträchtigungen nur auf den ersten Blick beträchtlich erscheinen. Regelmäßig wird sich die Sicherheit auf das gesamte schuldnerische Unternehmen erstrecken und damit Übersicherung vorliegen. Studien zeigen jedenfalls, dass die Einführung des *prescribed part* sowie die Abschaffung der *administrative receivership* für die gesicherten Gläubiger nicht zu einer Quotenkürzung geführt hat.[1105] Zwar trifft den *floating charge holder* das unternehmerische Risiko der Geschäftsfortführung im *Administration*-Verfahren, diese wird er jedoch regelmäßig maßgeblich beeinflussen können. Zu den französischen Pfandrechten ist zunächst festzustellen, dass das Pfandrecht an Forderungen auch im Insolvenzverfahren zur Einziehung und zum Einbehalt des Erlöses ermächtigt. Wird eine mit einem (besitzlosen) Pfandrecht belastete Sache in der Liquidation einzelverwertet, so hat der Pfandnehmer über sein (fiktives) Zurückbehaltungsrecht Anspruch auf den Erlös abzüglich der Feststellungs- und Verwertungskosten. Wird verpfändetes Vermögen im Rahmen einer übertragenden Sanierung veräußert, so kann dem Unternehmenskäufer das fiktive Zurückbehaltungsrecht entgegengehalten und dadurch regelmäßig auf Verhandlungswege zumindest der Liquidationswert erzielt werden. Die Einzelverwertung von Sicherungsgut durch den Schuldner oder Verwalter bedarf stets der gerichtlichen Zustimmung. Gefahren drohen damit allenfalls über die Einschränkung der gesicherten Forderung im Sanierungsplan. Ist der Pfandgläubiger nicht Mitglied des Gläubigerausschusses, so kann seine gesicherte Forderung gegen seinen Willen jedoch nur gestundet werden. Ist er Mitglied im Gläubigerausschuss, so kann theoretisch seine Forderung zwar durch Mehrheitsbeschluss erheblich eingeschränkt werden, ob dies in der Praxis tatsächlich geschieht, erscheint jedoch fraglich. Es besteht zudem stets die Möglichkeit, sich durch Übersicherung vor insolvenzrechtlichen Beeinträchtigungen zu schützen. Es lässt sich damit konstatieren, dass seit den Reformen zwischen 2006 und 2008 entgegen landläufiger Meinung auch in Frankreich der besitzlose Pfandgläubiger weitestgehend geschützt ist und ihm keineswegs das viel zitierte Superprivileg der Arbeitnehmer vorgeht. Etwas anderes kann gelten für Pfandrechte, welche kein (fiktives) Zurückbehaltungsrecht gewähren, also jegliche Pfandrechte an unverbrieften Rechten, die keine Forderungen sind.

1105 *Armour/Hsu/Walters*, ECFR 2008, 148, 169. Der *prescribed part* wird weitestgehend dadurch ausgeglichen, dass im Zuge des EA 2003 der Fiskus als bevorrechtigter Gläubiger entfallen ist.

2. Teil Besitzlose dingliche Mobiliarsicherheiten im europäischen Insolvenzrecht

A. Problemaufriss

I.   Ursprünglich vertretene Ansichten zur Behandlung von außerhalb des Insolvenzeröffnungsstaats belegenen Sicherheiten

Wie sind dingliche Kreditsicherheiten zu behandeln, welche im Zeitpunkt der Eröffnung des Insolvenzverfahrens einem anderen Sachenrechtsstatut als demjenigen des Insolvenzeröffnungsstaats unterliegen? Diese bereits als Achillesverse des internationalen Insolvenzrechts bezeichnete Frage[1106] ist seit jeher umstritten. Vor dem Hintergrund eines sich mehr und mehr durchsetzenden grundsätzlichen Bekenntnisses zur Universalität des Insolvenzverfahrens wurden vor Einführung der EuInsVO im Wesentlichen drei Positionen vertreten.[1107] Nach einer Ansicht sollten solche Sicherheiten auch insolvenzrechtlich ihrem Sachenrechtsstatut, der *lex causae*, unterstellt bleiben, wobei diese zum Teil, ausgehend von Überlegungen zu körperlichen Sachen, mit dem Recht des Belegenheitsstaats, der *lex rei sitae*, gleichgesetzt wurde (im Folgenden wird diese Lösung als *Lex-causae*-Lösung bezeichnet).[1108] Für diese Ansicht wurde insbesondere angeführt, gesicherte Gläubiger liefen sonst Gefahr, ihre Sicherheit in der Insolvenz zu verlieren, wenn das Insolvenzrecht des Insolvenzeröffnungsstaats, die *lex fori concursus*, diese nicht anerkenne.[1109] Die zweite Ansicht hingegen trat für die Einbeziehung außerhalb des Insolvenzeröffnungsstaats belegener dinglicher Sicherheiten in das Insolvenzverfahren gemäß der *lex fori concursus* ein (im Folgenden wird diese Lösung als *Lex-fori-concursus*-Lösung bezeichnet).[1110] Auch der gesicherte Gläubiger müsse stets mit der Eröffnung eines Insolvenzverfahrens am (Wohn-) Sitz seines Schuldners rechnen. Sein Vertrauen in die Anwendung lokaler Absonderungsregeln sei über die Möglichkeit des Sekundärverfahrens ausreichend gewährleistet. Die einheitliche Behandlung materiell-rechtlich ähnlicher Rechtspositionen, also die Gleichstellung mit den im Insolvenzeröffnungsstaat dinglich gesicherten Gläubigern, entspreche zudem am besten der pauschalierenden Gerechtigkeit des Konkurses und sei die praktikabelste Lösung.[1111] Einen Ausgleich zwischen diesen beiden Rechtspositio-

---

1106 *Aderhold*, S. 281.
1107 Siehe ausführlich die Nachweise bei *Favoccia*, S. 22 ff.; *Herchen*, S. 74 f.; *Riegel*, S. 193 f.
1108 U.a. *Ebenroth*, ZZP 101 (1988), 121, 136 ff.; *Flessner*, ZIP 1989, 749, 754 f.; zwischenzeitlich war diese Variante umgesetzt in Art. 18 Abs. 1 des deutsch-österreichischen Konkursvertrags, siehe kritisch *Favoccia*, S. 104 ff.
1109 *Ebenroth*, ZZP 101 (1988), 121, 139.
1110 *Aderhold*, S. 282; *Favoccia*, S. 28 ff., 50; *Riegel*, S. 192 ff., 201; *Trunk*, Insolvenzrecht, S. 139 f.
1111 *Trunk*, S. 139 f.

nen suchte die Kumulationslösung. Danach sollte das dingliche Sicherungsrecht grundsätzlich der *lex fori concursus* unterliegen. Einschränkungen des Sicherungsrechts sollten jedoch nur insoweit zulässig sein, als dass auch das Insolvenzrecht der *lex causae* diese Einschränkungen gestattete. Schutz verdiene der gesicherte Gläubiger lediglich dahingehend, dass seine dinglichen Rechte keinen höheren Einschränkungen unterlägen als denen der *lex causae*.[1112]

II. Der Art. 8 EuInsVO

Obwohl alle diese Lösungsansätze bei der Konzeption der EuInsVO bekannt waren und zur Diskussion standen,[1113] beschritt der europäische Gesetzgeber mit Art. 5 EuInsÜ, der später zu Art. 5 EuInsVO a.F. werden sollte (ab dem 26.06.2017 Art. 8 EuInsVO), einen anderen und bis dahin zumindest der deutschen Literatur fremden Weg.[1114] Man einigte sich auf die vermeintlich »einfachste« Lösung.[1115]

1. Die der Norm zugrunde liegenden Erwägungen

Die der Norm zugrunde liegenden Erwägungen ergeben sich aus ErwGr. 65 EuInsVO und Nr. 97 des Erläuternden Berichts zum EuInsÜ.[1116] Danach ist politisches Grundziel der Norm der Schutz des Wirtschaftsverkehrs in dem Staat, in welchem ein Vermögensgegenstand belegen ist, sowie der Schutz der Rechtssicherheit in Bezug auf dingliche Rechte. Ihre bedeutende Funktion für den inländischen Wirtschaftsverkehr könnten dingliche Sicherungsrechte nur erfüllen, wenn sie im Falle eines ausländischen Insolvenzverfahrens nicht stärker betroffen sein würden, als dies bei einer Verfahrenseröffnung im Belegenheitsstaat der Fall gewesen wäre. Zu erwähnen ist in diesem Zusammenhang zudem die in ErwGr. 22 EuInsVO niedergelegte Einsicht des europäischen Verordnungsgebers, dass aufgrund der unterschiedlichen nationalen Ausgestaltungen der dinglichen Sicherheiten eine vollkommene Universalität des Insolvenzverfahrens nicht zu erreichen ist.

2. Tatbestand des Art. 8 EuInsVO

In seinem Tatbestand verlangt Art. 8 EuInsVO ein dingliches Recht, welches sich zum Zeitpunkt der Insolvenzeröffnung in einem anderen Mitgliedstaat als dem Verfahrenseröffnungsstaat befindet. Wo sich ein Vermögensgegenstand befindet, richtet sich nach

---

1112 Richtigerweise ausdrücklich von der *lex causae* und nicht von der *lex rei sitae* sprechend *Drobnig*, in; Stoll, Stellungnahmen und Gutachten, S. 177, 180 f.; vgl. auch bereits *Müller-Freienfels*, in: FS Dölle, Bd. II, S. 359, 380.
1113 *Virgós*, The 1995 European Community Convention on Insolvency Proceedings, S. 20.
1114 Siehe *v. Wilmowsky*, EWS 1997, 295, 297.
1115 *Virgós/Schmit*, Erläuternder Bericht, Nr. 97; zur Maßgeblichkeit des Berichts für die historische Auslegung der EuInsVO zumindest hinsichtlich der ursprünglich in ihr enthaltenen Normen siehe *Plappert*, S. 280.
1116 *Virgós/Schmit*, Erläuternder Bericht, Nr. 98; siehe auch Hess/Oberhammer/Pfeiffer-*Piekenbrock*, Rn. 673 ff.

Art. 2 Nr. 9 EuInsVO. Für bewegliche Sachen gilt nach Ziffer vii) der Vorschrift, dass es auf den Staat ankommt, in dessen Hoheitsgebiet sich die bewegliche Sache befindet.[1117] Für Forderungen kommt es nach Ziffer viii) auf den Staat an, in welchem der Drittschuldner seinen COMI im Sinne von Art. 3(1) EuInsVO hat. Die Beantwortung der Fragen, ob es sich bei dem fraglichen Recht um ein dingliches Recht handelt und ob dieses im Zeitpunkt der Verfahrenseröffnung wirksam entstanden ist, richtet sich nach der gemäß internationalem Sachenrecht anwendbaren *lex causae*.[1118] Maßgeblicher Zeitpunkt ist die Eröffnung eines Hauptinsolvenzverfahrens. Ein Abstellen bereits auf die Eröffnung eines vorläufigen Verfahrens im Sinne der *Eurofood*-Entscheidung kommt aufgrund der spezifischen Fragestellung dieser Entscheidung nicht in Betracht.[1119]

3. Rechtsfolge

In der Rechtsfolge ordnet Art. 8(1) EuInsVO an, dass die sich außerhalb des Insolvenzeröffnungsstaats befindenden Sicherheiten von der Verfahrenseröffnung unberührt bleiben. Hinsichtlich des Verständnisses besteht im internationalen Vergleich ganz überwiegend Einigkeit dahingehend, dass die Norm als Sachnorm im Sinne einer *hard-and-fast-rule* zu interpretieren ist. Der Sicherungsnehmer ist so zu stellen, als ob ein Insolvenzverfahren nicht eröffnet wäre.[1120] Dies soll lediglich dann nicht gelten, wenn das Sicherungsgut vor Verfahrenseröffnung in betrügerischer Absicht ins Ausland gebracht wurde.[1121] Meinungen, nach welchen Art. 8 EuInsVO als Kollisionsnorm zu verstehen ist, welche auf das Insolvenzrecht der *lex causae* verweise,[1122] oder die Art. 8 EuInsVO so auslegen wollen, dass die *lex fori concursus* oder die *lex causae* unter Beschränkung des jeweils anderen Rechts auf das Sicherungsrecht anwendbar sei,[1123] haben sich nicht durchgesetzt. Dies gilt ebenso für Auffassungen, welche einer ausländischen *lex causae* unterliegende dingliche Sicherheiten nur von den sich unmittelbar aus der Verfahrenseröffnung ergebenden Rechtsfolgen ausnehmen möchten, im

---

1117 Siehe für Wertpapiere Art. 2 Nr. 9 i), ii) EuInsVO.

1118 EuGH Urt. v. 16.04.2015, *Lutz v Bäuerle*, C-557-13, ECLI:EU:C.2015:227, Rn. 27; HK-*Dornblüth*, Art. 8 EuInsVO Rn. 5; siehe auch ErwGr. 68 EuInsVO.

1119 *Geimer/Schütze*, Art. 5 EuInsVO a.F., Rn. 7; MüKoInsO-*Reinhart*, Art. 5 EuInsVO a.F., Rn. 12; siehe EuGH Urt. v. 02.05.2006, *Eurofood IFSC Ltd.*, C-341-04, ECLI:EU: C.2006:281.

1120 Siehe zum deutschen Recht HK-*Dornblüth*, Art. 8 EuInsVO, Rn. 8; Hmb.Kom.-*Undritz*, Art. 5 EuInsVO a.F., Rn. 6 f.; MüKoInsO-*Reinhart*, Art. 5 EuInsVO, Rn. 17a; *Balz*, ZIP 1998, 948, 950, Gottwald-*Kolmann/Keller*, § 133, Rn. 43; *Taupitz*, ZZP 111 (1998), 315, 336; siehe zum englischen Recht *Goode*, Corporate Insolvency, Rn. 15-83 f.; *Moss/Fletcher/Isaacs*, Rn. 6.78; Nach Hess/Oberhammer/Pfeiffer-*Piekenbrock*, Rn. 687 ist dies die herrschende Auffassung in 17 Mitgliedstaaten der EU.

1121 *Virgós/Schmit*, Erläuternder Bericht, Nr. 105; Duursma-Kepplinger/Duursma/Chalupsky-*Duursma-Kepplinger*, Art. 5 a.F., Rn. 10.

1122 *Schmidt-Brinkmann*, Art. 5 EuInsVO a.F., Rn. 17; *v. Bismarck/Schümann-Kleber*, NZI 2005, 147, 148 ff.; *Fritz/Bähr*, DZWIR 2001, 221, 227 f.; *Kodek*, IILR 2015, 10, 14; *Oberhammer*, KTS 2009, 27, 38 f.; *Flessner*, in: FS Drobnig, S. 277, 282 ff. (zu Art. 5 EuInsÜ).

1123 *Berger*, KTS 2007, 433, 449; *Plappert*, S. 286 ff.; wohl auch *Paulus*, EuInsVO, Art. 8, Rn. 24 f.

Übrigen aber Einschränkungen gemäß der *lex fori concursus* durch nachfolgende Entscheidungen, insbesondere gerichtlich bestätigte Insolvenzpläne, zulassen.[1124] Tatsächlich sprechen alle Argumente für die herrschende Meinung. Ausweislich des ErwGr 65 EuInsVO und des erläuternden Berichts[1125] sollen außerhalb des Insolvenzeröffnungsstaats belegene Sicherheiten allenfalls über ein Sekundärverfahren im Belegenheitsstaat beeinträchtigt werden können. Gegen jede Anwendung der *lex fori concursus* spricht auch die systematische Stellung des Art. 8 EuInsVO innerhalb der Ausnahmevorschriften zur Grundregel des Art. 7 EuInsVO. Dass trotz Widersprüchlichkeiten im Erläuternden Bericht zum EuInsÜ zudem die historische Auslegung des Art. 8 EuInsVO gegen das Verständnis als Kollisionsnorm spricht, wurde bereits umfassend nachgewiesen.[1126] Nicht zuletzt spricht gegen dieses Verständnis auch, dass Art. 8 EuInsVO durch die jüngste Reform 2015 nicht verändert wurde, obwohl von INSOL Europe ausdrücklich die entsprechende Änderung der Vorschrift gefordert worden war.[1127] Auch der EuGH hat die Auffassung des Generalanwalts in *Erste Bank Hungary*, Art. 8 EuInsVO sei eine Kollisionsnorm,[1128] nicht bestätigt.[1129]

4. Konsequenzen und Kritik

Die Konsequenz des Art. 8(1) EuInsVO ist, dass außerhalb des Insolvenzeröffnungsstaats belegene dingliche Sicherheiten nur über ein Sekundärinsolvenzverfahren in das Verfahren eingebunden werden können. Voraussetzung für ein Sekundärverfahren ist nach Art. 3(2) EuInsVO allerdings, dass der Insolvenzschuldner im Belegenheitsstaat eine Niederlassung hat. Dies muss jedoch nicht immer der Fall sein.[1130] Zum anderen ist es denkbar, dass die Eröffnung eines Sekundärinsolvenzverfahrens aus rechtlichen Gründen nicht möglich ist, etwa weil die *lex fori secundariae* ein Insolvenzverfahren über einen Einzelkaufmann nicht kennt.[1131] Das im Ausland belegene Sicherungsgut kann in solchen Fällen unbehelligt vom Insolvenzverfahren verwertet werden, wohingegen die Insolvenzeröffnungsstaat gesicherten Gläubiger mit insolvenzrechtlichen Einschränkungen leben müssen. Dies ist spätestens dann kaum noch zu rechtfertigen, wenn das auf die im Ausland belegene Sicherheit anwendbare Recht mindestens genauso schwerwiegende insolvenzrechtliche Beeinträchtigungen des Sicherungsrechts

---

1124 Duursma-Kepplinger/Duursma/Chalupsky-*Duursma-Kepplinger*, Art. 5 a.F., Rn. 37; *Herchen*, S. 94. Gegen die Möglichkeit der Einbeziehung in Insolvenzpläne spricht, dass Art. 8 EuInsVO damit seiner Bedeutung zu einem nicht unerheblichen Teil beraubt wäre, siehe überzeugend Bork/v. Zwieten-*Snowden*, Rn. 8.43.

1125 *Virgós/Schmit*, Erläuternder Bericht, Nr. 98.

1126 Siehe *Naumann*, welche unter umfassender Auseinandersetzung mit sämtlichen Auslegungsmethoden zum Ergebnis der herrschenden Meinung und *Plappert*, S. 280.

1127 *V. Gaalen u.a.*, Revision of the European Insolvency Regulation, Proposals by INSOL Europe, S. 10; siehe zu diesem Argument Bork/v.Zwieten-*Snowden*, Rn. 8.18.

1128 Schlussanträge des Generalanwalts Mázak, *Erste Bank Hungary*, C-527/10, ECLI:EU:C:2012:37, Rn. 36.

1129 EuGH Urt. v. 05.07.2012, *Erste Bank Hungary*, C-527/10, ECLI:EU:C:417, Rn. 42.

1130 Hier wirkt es sich aus, dass die EuInsVO entgegen eines ursprünglichen Entwurfs auf die Einführung eines allgemeinen Vermögensgerichtsstands verzichtet hat, siehe dazu *Taupitz*, ZZP 1998 (111), 315, 337.

1131 *Piekenbrock*, in: Hess/Oberhammer/Pfeiffer, European Insolvency Law, Rn. 690.

vorsieht wie die *lex fori concursus*. Selbst wenn die Eröffnung eines Sekundärverfahrens möglich ist, so hat die Praxis gezeigt, dass die Eröffnung von Sekundärverfahren aus Verwaltersicht – wenn möglich – vermieden wird, da diese zu erhöhtem Verfahrens- und Koordinationsaufwand und darüber hinausgehend häufig zu Wertvernichtung und einer reduzierten Berechenbarkeit des Verfahrensausgangs führen.[1132] Dementsprechend ist geäußert worden, Art. 8 verschaffe dem im Ausland gesicherten Gläubiger ein Erpressungspotential und ermögliche es ihm, höhere Vergütungen für die Nutzung von Sicherungsgut durchzusetzen, da der Verwalter anderenfalls das noch teurere Sekundärverfahren eröffnen müsste, wollte er die Verwertung durch den gesicherten Gläubiger verhindern.[1133] Probleme bestehen zudem, wenn in einem vorläufigen Insolvenzverfahren Sicherungsanordnungen die Verwertung von Sicherungsgut verbieten. Auf diesen Fall ist Art. 8 EuInsVO nicht direkt anwendbar, da er ein eröffnetes Verfahren voraussetzt. *A maiore ad minus* wird man dessen Wertungen allerdings auf diesen Fall erstrecken müssen. Wenn im Ausland belegene Sicherheiten von der Verfahrenseröffnung im Inland nicht betroffen werden, so können sie erst recht nicht im Rahmen eines inländischen vorläufigen Verfahrens eingeschränkt werden, auch wenn Art. 32(1) EuInsVO grundsätzlich die Anerkennung vorläufiger Sicherungsmaßnahmen anordnet.[1134] Solange allerdings der Insolvenzeröffnungsgrund im Hauptinsolvenzverfahren noch nicht feststeht, werden sich Gerichte schwer tun ein Sekundärverfahren zu eröffnen, da die materielle Insolvenz noch nicht feststeht. Sieht die *lex fori concursus secundariae* dann nicht ebenfalls die Möglichkeit vorläufiger Sicherungsmaßnahmen vor, so können gesicherte Gläubiger der Eröffnung des Sekundärverfahrens zuvorkommen und ihre Sicherheit verwerten. Aufgrund all dieser Konsequenzen wurde geäußert, Art. 8 EuInsVO erschwere die Fortführung und Sanierung von Unternehmen, obwohl dies ein wesentlicher Zweck des Insolvenzverfahrens sei.[1135] Weiter wird kritisiert, die Norm verleite gesicherte Gläubiger dazu, den Insolvenzschuldner zur vorinsolvenzlichen Verbringung von Sicherungsgut ins Ausland zu veranlassen, um dem gesicherten Gläubiger Vorteile zu verschaffen, obwohl es gerade das Ziel der Verordnung sei, solche Einflussnahmen zu unterbinden.[1136] Die Nachweisbarkeit betrügerischen Handelns falle regelmäßig schwer und die Rechtsfolgen seien alles andere als gesichert.[1137] Weiterhin wird geäußert, Art. 8 EuInsVO verstoße gegen den insolvenzrechtlichen Grundsatz der Gläubigergleichbehandlung[1138] und die Norm verleihe dem gesicherten Gläubiger nicht gerechtfertigte Vorteile, indem sein Sicherungsrecht noch nicht einmal den insolvenzrechtlichen Einschränkungen der *lex rei sitae* unterworfen werde.[1139]

1132 *Hoffmann*, Prioritätsgrundsatz, S. 423 f.; *Pluta/Keller*, in: FS Vallender, S. 437, 440; *Taylor*, IILR 2011, 242, 243.
1133 Hess/Oberhammer/Pfeiffer-*Piekenbrock*, Rn. 692.
1134 Für eine analoge Anwendung des Art. 8 EuInsVO in diesem Fall *Bork*, Insolv. Int. 2016, 1, 5.
1135 *V. Wilmowsky*, EWS 1997, 295, 298.
1136 *Gottwald*, Grenzüberschreitende Insolvenzen, S. 35; *Taupitz*, ZZP 1998 (111), 315, 338.
1137 Gottwald-*Kolmann/Keller*, § 133, Rn. 47.
1138 *Liersch*, S. 61; *Wiórek*, S. 243 ff.
1139 *Geimer*, in: Geimer/Schütze, Art. 5, Rn. 25; *Haas*, in: FS Gerhardt, S. 319, 329; *Ingelmann*, in: Pannen, EuInsVO, Art. 5, Rn. 11.

Aufgrund dieser Kritik verwundert es zunächst nicht, dass der ganz überwiegende Teil der Literatur nach wie vor für dingliche Sicherheiten, welche sachenrechtlich nicht dem Recht des Insolvenzeröffnungsstaats unterliegen, die Anwendung einer der drei eingangs vorgestellten Lösungen fordert. Dabei wird überwiegend die *lex causae*-Lösung favorisiert. Zum Teil geschieht dies *de lege lata* in Form der oben dargestellten Mindermeinung, welche in Art. 8 EuInsVO eine Kollisionsnorm sehen möchte. Zum Teil wird diese Lösung *de lege ferenda* gefordert.[1140] Daneben gibt es die erwähnte Mindermeinung, welche *de lege lata* durch Auslegung des Art. 8(1) EuInsVO zur Kumulationslösung kommen möchte. Auch *de lege ferenda* ist eine solche Lösung neuerdings wieder vorgeschlagen worden.[1141] Und auch die Ansicht, es solle konsequent die *lex fori concursus* anwendbar sein, wird weiterhin vertreten.[1142]

Im Folgenden soll untersucht werden, welche der drei Lösungen sich am besten in die Prinzipiensystematik der EuInsVO einfügt und die praktisch überzeugendsten Ergebnisse liefert.

B. Die Determinanten für die Behandlung dinglicher besitzloser Mobiliarsicherheiten im europäischen Insolvenzrecht

I. Die Bestimmung der Determinanten anhand der System- und Aufgabenstellung des europäischen Insolvenzrechts

Das europäische Insolvenzrecht in Form der EuInsVO ist internationales Insolvenzrecht. Ihm kommt damit dessen Funktion zu, nämlich insolvenzrechtlich relevante Sachverhalte mit Auslandsbezug für die europäischen Mitgliedstaaten einheitlich zu regeln. Die Notwendigkeit der gesonderten Regelung solcher Sachverhalte ergibt sich aus dem Umstand, dass kein nationales Insolvenzsachrecht seine Geltung über die eigenen Staatsgrenzen hinaus beanspruchen kann. So muss es die Frage beantworten, welches nationale Insolvenzsachrecht auf die mit der Insolvenzeröffnung verbundenen Rechtsfolgen Anwendung finden soll. Der Frage des anwendbaren Rechts vorgeschaltet ist die Frage, ob der Staat, mit welchem der Insolvenzsachverhalt eine Verbindung aufweist, die Verfahrenseröffnung im Insolvenzeröffnungsstaat überhaupt anerkennt. Denn der betroffene Staat wird insolvenzrechtliche Wirkungen auf seinem Hoheitsgebiet, gleich welchem Recht sie unterliegen sollen, nur dulden, wenn auch er zu dem Schluss kommt, dass überhaupt ein Insolvenzverfahren vorliegt.[1143] Es stellen sich damit Fragen der Anerkennung von im Zusammenhang mit Insolvenzverfahren ergan-

---

1140 V. Gaalen u.a., Revision of the European Insolvency Regulation, Proposals by INSOL Europe, S. 10; Gottwald-*Kolmann/Keller*, § 133, Rn. 43; *Haas*, in: FS Gerhardt 2004, S. 319, 329; *Veder*, IILR 2011, 285, 292.
1141 Hess/Oberhammer/Pfeiffer-*Piekenbrock*, Rn. 751 ff.
1142 Zuletzt *Bork*, Principles, Rn. 6.41.
1143 Zur begrenzten Wirkung der Anerkennung und der davon zu unterscheidenden Frage nach dem materiellen Recht, welches auf die an die Verfahrenseröffnung anknüpfenden Folgen anwendbar ist, siehe *Homann*, KTS 2000, 343, 353 ff.; ähnlich bereits *Leipold*, in: FS Schwab, S. 289, 301.

genen (Gerichts-)Entscheidungen sowie der internationalen Zuständigkeit. Auch Fragen der grenzüberschreitenden Kooperation der Verfahrensorgane und staatlicher Stellen werden im europäischen Insolvenzrecht geregelt. So wie das nationale Insolvenzrecht zum Teil materielles und zum Teil Verfahrensrecht darstellt, so enthält das europäische Insolvenzrecht damit Bestandteile sowohl des (europäischen) internationalen Privat- als auch des (europäischen) internationalen Zivilverfahrensrechts.[1144]

Neben Kollisions- und Verfahrensnormen können im europäischen Insolvenzrecht durchaus auch materiell-rechtliche Sachnormen zu finden sein, welche Anordnungen treffen, um eine interessengerechte Abwicklung grenzüberschreitender Insolvenzen zu gewährleisten. Es ist jedoch nicht Aufgabe des internationalen Insolvenzrechts, ein vereinheitlichtes materielles Insolvenzrecht zu schaffen. Seine Funktionen dienen vielmehr der Durchsetzung nationalen Insolvenzrechts und der darin zum Vorschein kommenden Regelungszwecke in grenzüberschreitenden Sachverhalten.[1145] Dementsprechend folgt auch aus den Kollisionsnormen der Art. 7 ff. EuInsVO, dass die EuInsVO grundsätzlich kein materielles Insolvenzrecht schaffen will.[1146]

Aus dieser Gemengelage ergibt sich folgendes Idealbild: Die Normbildung des europäischen Insolvenzrechts und damit der Behandlung dinglicher besitzloser Mobiliarsicherheiten in der grenzüberschreitenden Insolvenz fördert die Durchsetzung des jeweils anwendbaren nationalen Insolvenzrechts und der darin vorgegebenen Verfahrensziele und Prinzipien. Dabei beachtet es die im internationalen Privatrecht geltenden Grundsätze bei der Findung der richtigen Anknüpfungsmomente und des anwendbaren Rechts sowie die Prinzipien des internationalen Zivilverfahrensrechts. Darüber hinaus folgt aus der primärrechtlichen Ermächtigungsgrundlage des Art. 81 Abs. 2 AEUV ein weiterer Aspekt, der seinen Ursprung weder im Insolvenz- noch im internationalen Privat- oder Zivilverfahrensrecht hat. Das europäische Insolvenzrecht soll den gemeinsamen Binnenmarkt fördern.[1147]

II. Die Determinanten im Einzelnen

1. Kategorisierung

Eine Kategorisierung der einzelnen Determinanten, welche für die Findung der bestmöglichen Behandlung außerhalb des Insolvenzeröffnungsstaats belegener Mobiliarsicherheiten zu berücksichtigen sind, kann aus der soeben erörterten System- und Aufgabenstellung des europäischen Insolvenzrechts abgeleitet werden. Dabei gilt freilich, dass das europäische Insolvenzrecht für die Förderung der grenzüberschreitenden Durchsetzung nationaler Insolvenzrechte nicht alle Besonderheiten der einzelnen nationalen Insolvenzrechte berücksichtigen kann. Es hat auch nicht die Aufgabe, durch

---

1144 Speziell für die EuInsVO Mankowski/Müller/Schmidt-*Müller*, Einl., Rn. 4; allgemein zum internationalen Insolvenzrecht *Geimer*, IZPR, Rn. 3363; Gottwald-*Kolmann/Keller*, Rn. 13.
1145 *Kolmann*, Kooperationsmodelle, S. 4; *Trunk*, Insolvenzrecht, S. 12.
1146 *Turck*, S. 35.
1147 Anders als noch unter Art. 65 EGV stellt dieses Ziel jedoch nur noch ein mögliches Regelbeispiel dar, um die Ergreifung sekundärrechtlicher Maßnahmen zu rechtfertigen, siehe zum Ganzen Calliess/Ruffert-*Rossi*, AEUV Art. 81, Rn. 13 f.

materielles Recht neue Zielvorgaben oder Grundaussagen zu treffen. Zu berücksichtigen sind lediglich die in den nationalen Insolvenzrechten getroffenen gemeinsamen Grundsätze und Wertvorstellungen der Mitgliedstaaten. Das gleiche gilt für die internationalen privat- und zivilverfahrensrechtlichen Fragestellungen. Soweit hier bereits auf Vorgaben des europäischen Sekundärrechts zurückgegriffen werden kann, ist zu berücksichtigten, dass diese ihrerseits die Umsetzung von zuvor in den nationalen Rechtsordnungen der Mitgliedstaaten verkörperten gemeinsamen Grundsätzen und Werturteilen darstellen. Der Einfachheit halber sollen diese gemeinsamen Grundsätze und Werturteile im Folgenden als Prinzipien bezeichnet werden, wobei dieser Begriff hier nicht im Sinne der Dworkinschen Methodenlehre, sondern als Ausdruck des inneren Systems der Rechtsordnung verwendet wird.[1148] Im Folgenden soll untersucht werden, welche Prinzipien es sind, die bei der Frage der Behandlung außerhalb des Insolvenzeröffnungsstaats belegener Mobiliarsicherheiten zu berücksichtigen sind.

2.   Im nationalen Insolvenzrecht angelegte Prinzipien

a)   Der Gläubigergleichbehandlungsgrundsatz

aa) Anerkennung, Inhalt und Bedeutung

Ungeachtet der Unklarheiten betreffend seine dogmatische Herleitung[1149] ist der Grundsatz der Gläubigergleichbehandlung (*par conditio creditorum*) als grundlegendes Prinzip des Insolvenzrechts international anerkannt.[1150] Zum Teil wird in ihm eine reine Verteilungsregel gesehen.[1151] Als solche besagt der Grundsatz, dass alle Gläubigerforderungen in der Insolvenz des Schuldners im Sinne formaler Gleichheit mit der gleichen Quote aus der Insolvenzmasse zu befriedigen sind (*pari passu/pro portione*), wobei diese Aussage gerade im englischen Recht gerne auf die ungesicherten Gläubi-

---

1148 Siehe *Rüthers/Fischer/Birk*, Rechtstheorie, § 4 E. III. (S. 92 ff.), § 13 D. (S. 312 ff.).
1149 *Baur/Stürner*, Zwangsvollstreckungsrecht[12], Bd. II, Rn. 5.36 ff., 6.27 ff. (Art. 3 GG, Sozialstaatsprinzip); *Bauer*, Ungleichbehandlung, S. 72 ff. (Art. 12, 19 GG) *Berger*, ZZP 121 (2008), 407, 414 f. (verfahrensrechtliches Verteilungsprinzip); *Berges*, KTS 1957, 49, 52 ff. (materiell-rechtliche Vergemeinschaftung des Schuldnervermögens); *Häsemeyer*, KTS 1982, 507, 517 (materiell-rechtliche Ausgleichshaftung der Gläubiger untereinander); *Hoffmann*, Prioritätsgrundsatz, S. 208 f. (materiell-rechtliches Auffangprinzip) m.w.N. zu den weiteren Ansichten ab S. 193 ff.
1150 Siehe zum deutschen Recht: BGHZ 185, 206; MüKoInsO-*Stürner*, Einl., Rn. 62; *Bork*, ZIP 2014, 797, 798 ff.; *Thole*, Gläubigerschutz, S. 61; siehe zum englischen Recht: *Re Smith Knight & Co. Ex p. Ashbury* (1867-68) L.R. 5 Eq. 223, 226; *British International Air Lines Ltd. v Compagnie Nationale Air France* [1975] 1 W.L.R. 758, 780 (H.L.); *Goode*, Corporate Insolvency, Rn. 2-27, 3-07; *Keay/Walton*, Rn. 3.3; siehe zum französischen Recht: Cass.com. v. 12.01.2010, n° 09-11119; Bull. civ. 2010, IV, n° 5; Cass.com. v. 19.04.1985, n° 83-15258, Bull. civ. 1985, IV, n° 120; *Cabrillac*, égalité entre les créanciers, S. 31 ff.; *Gassert-Schumacher*, S. 213; zur weltweiten Anerkennung siehe *Bork*, ZIP 2014, 797, 798; siehe zu Europa auch *McBryde/Flessner/Kortmann*, European Insolvency Law, S. 81.
1151 *Goode*, Corporate Insolvency, 3-07; *Keay Walton*, Rn. 3.3.; siehe aber auch *Hoffmann*, Prioritätsgrundsatz, S. 4 und *Kodek*, KTS 2014, 215 ff., die den Gläubigergleichbehandlungsgrundsatz als reines Verteilungsprinzip erörtern.

184

ger beschränkt wird.[1152] Auch wenn der Gläubigergleichbehandlungsgrundsatz in seiner so verstandenen Verteilungsfunktion allgemein anerkannt ist, hat sich in Deutschland, zurückgehend auf Häsemeyer,[1153] mittlerweile überwiegend die Erkenntnis durchgesetzt, dass der Gläubigergleichbehandlungsgrundsatz noch eine weitere Ebene aufweist, welche der Verteilungsfrage vorgeschaltet ist.[1154] Um die quotale Befriedigung der Gläubiger zu ermöglichen, muss zunächst ausgeschlossen werden, dass Gläubiger der lediglich quotalen Befriedigung durch Einzelzwangsvollstreckungsmaßnahmen oder schlicht durch zur Erfüllung führende Verfügungen seitens des Schuldners zuvorkommen. Hinter diesem Chancengleichheitsprinzip,[1155] welches auch als Haftungskollektivierung bezeichnet wird,[1156] verbirgt sich nichts anderes als die Abkehr vom Prioritätsprinzip. Zwischen beiden Ebenen des Gläubigergleichbehandlungsgrundsatzes besteht kein unmittelbarer Zusammenhang. Die Abkehr vom Prioritätsprinzip sagt nichts über anschließende Verteilungsregeln aus.[1157] Nichtsdestotrotz ist das Chancengleichheitsprinzip Teil des Gläubigergleichbehandlungsgrundsatzes, ist sie doch *conditio sine qua non* für die anschließende Verteilungsgleichheit.[1158]

Auch wenn nicht in allen Mitgliedstaaten die Erkenntnis vorherrschen mag, dass Gläubigergleichbehandlung bereits mit der Gewährung von Chancengleichheit beginnt, so ist doch die Umsetzung dieser ersten Stufe in allen europäischen Insolvenzrechten festgestellt worden.[1159] Dies überrascht nicht, verdient doch ein Verfahren ohne die Entziehung der schuldnerischen Verfügungsbefugnis (oder im Falle der Eigenverwaltung die Kontrolle durch Sachwalter oder Gericht), ohne das Verbot der individuellen Rechtsverfolgung und ohne entsprechende Anfechtungsvorschriften kaum die Bezeichnung Kollektivverfahren, als welche Insolvenzverfahren gemeinhin bezeichnet werden. Blickt man hingegen auf den Verteilungsaspekt, so gestaltet sich das Bild weniger einheitlich. Während der deutsche Gesetzgeber zu dem Ergebnis kam, dass jede Schaffung einer Vorrechtsordnung durch Bildung von Gläubigerklassen unmöglich, weil letztlich willkürlich sei,[1160] herrscht in Frankreich die Auffassung vor, formale Gleichheit aller Gläubiger sei sozial ungerecht und damit inakzeptabel.[1161] Zwischen diesen Extremen stehen die Rechtsordnungen, welche nur einige wenige Vorrechte kennen. Aber auch klassenlose Insolvenzrechte kennen Durchbrechungen zum Beispiel in Form der Anerkennung dinglicher Sicherheiten und nachrangiger Insolvenzforderungen. Dementsprechend wird strikte quotale Verteilungsgleichheit heute in keinem europäischen Mitgliedstaat voll verwirklicht,[1162] wobei unterschiedliche

---

1152 Dies ist damit zu erklären, dass nach englischem Verständnis besichertes Vermögen ohnehin nicht zum zu verteilenden Schuldnervermögen zu zählen ist.

1153 *Häsemeyer*, Insolvenzrecht, Rn. 2.13 ff.

1154 Es ist die Rede von den zwei Schichten des Gläubigergleichbehandlungsgrundsatzes, siehe *Doebert*, S. 276; *Martius*, S. 64 f.; *Pluta*, S. 129 ff. *Weiland*, S. 11; *Wiórek*, S. 75 ff.

1155 *Bork*, ZIP 2014, 797, 798; *Doebert*, S. 277; *Weiland*, S. 14.

1156 *Martius*, S. 64 ff.; *Bork*, Principles, Rn. 4.6, Fn. 24 spricht vom »*principle of collectivity*« als Voraussetzung der Gläubigergleichbehandlung auf Verteilungsebene.

1157 *Häsemeyer*, Rn. 2.14; vgl. auch *Mokal*, C.L.J. 2001, 581, 593 f.

1158 *Häsemeyer*, Rn. 2.14; *Martius*, S. 66; *Weiland*, S. 15.

1159 *Martius*, S. 72, spricht vom in allen Insolvenzrechten zu findenden Kollektivierungsgebot.

1160 BT-Drs. 12/2443, S. 90; *Hoffmann*, Prioritätsgrundsatz, S. 211 f.

1161 *Cabrillac*, égalité entre les créanciers, S. 31, 35.

1162 *McBryde/Flessner/Kortmann*, European Insolvency Law, S. 81.

Einsichten darüber bestehen, zu welchen Zwecken die Privilegierung unterschiedlicher Gläubigergruppen erfolgen darf. Dies sowie die Tatsache, dass vorrechtslose Gläubiger regelmäßig nur mit einer äußerst geringen Ausschüttungsquote rechnen können, haben zu erheblichen Zweifeln an der Bedeutung des Gläubigergleichbehandlungsgrundsatzes geführt.[1163] Manche Autoren haben das Verständnis des Gläubigergleichbehandlungsgrundsatzes den tatsächlichen Gegebenheiten angepasst, indem sie den aus der Dogmatik des Art. 3 GG bekannten Satz, Gleichbehandlung bedeute nur die Gleichbehandlung von Gleichem aber die Ungleichbehandlung von Ungleichem, bemühten.[1164] Letzterem ist allerdings zum Teil zu widersprechen. Würde der Gleichbehandlungsgrundsatz Ungleichbehandlungen gebieten, so bedürfte es keinerlei »besonderer sachlicher Gesichtspunkte«, um die Privilegierung einer Gläubigergruppe zu rechtfertigen.[1165] Das Prinzip selbst müsste die Ungleichbehandlung erfordern. Zudem finden sich in einem Großteil der mitgliedstaatlichen Privatrechte keinerlei Hinweise darauf, wie die Vorrechtsbildung zu erfolgen hätte und selbst dort, wo – wie in Frankreich – bereits im Privatrecht Privilegierungen angelegt sind, werden durch das Insolvenzrecht neue geschaffen. Beruhen diese Privilegien auf sozial-, fiskal- oder wirtschaftspolitischen Entscheidungen, kann kaum mehr vom Gläubigergleichbehandlungsgrundsatz als einem privatrechtlichen Haftungsprinzip gesprochen werden. Dementsprechend ist auch die Ansicht Wiórek's abzulehnen, jede nationalstaatliche Verteilungsordnung bringe gerade durch ihre Insolvenzvorrechte einen materiellen Gläubigergleichbehandlungsgrundsatz zum Ausdruck, entspreche doch jede nationale Verteilungsordnung dem jeweils vorherrschenden Gerechtigkeitsempfinden.[1166] Ein insolvenzrechtliches Prinzip materieller Gläubigergleichbehandlung gibt es nicht. Vielmehr stellt jede Gläubigerprivilegierung eine Durchbrechung des insolvenzrechtlichen Gläubigergleichbehandlungsgrundsatzes dar. Dieser bedeutet formelle Gleichheit und ist dort, wo das Privatrecht keine Privilegierungen vorschreibt, die zwingende Folge aus der Abkehr vom Prioritätsgrundsatz. Im Ausgangspunkt müssen danach sämtliche schuldrechtlichen Forderungen zunächst auf einer Stufe stehen. Rechtlich hat er allerdings nicht mehr zur Folge, als dass jegliche Durchbrechung in Form der Privilegierung einer Gläubigergruppe einer sachlichen Rechtfertigung bedarf. Begreift man den Gläubigergleichbehandlungsgrundsatz als derartiges, aus der Abkehr vom Prioritätsprinzip folgendes Ausgangsprinzip, so erklärt sich auch, warum innerhalb einer jeden ranggleichen Gläubigergruppe ebenfalls der Gläubigergleichbehandlungs-

---

1163   Zu Deutschland siehe *Knospe*, ZInsO 2014, 861 ff.; zu England siehe *Mokal*, C.L.J. 2001, 60(3), 581 ff.; siehe zu Frankreich *Cabrillac*, égalité entre les créanciers, S. 31 ff.

1164   *Baur/Stürner*, Zwangsvollstreckungsrecht[12], Bd. II, Rn. 5.37; ebenso u.a. *Liersch*, S. 30; *Paulus*, DStR 2003, 31, 32; vgl. auch *Hoffmann*, Prioritätsgrundsatz, S. 210.

1165   So aber die Vertreter dieser Ansicht selbst, siehe *Baur/Stürner*, Zwangsvollstreckungsrecht[12], Bd. II, 5.37.

1166   *Wiórek*, S. 78. Dessen Verweis auf *Häsemeyer*, ZZP 107 (1994), 111, 116 überzeugt nicht. Häsemeyer wollte zum Ausdruck bringen, dass die Entscheidung, ein Vorrecht in der Insolvenz zu gewähren, einer im materiellen Privatrecht angelegten Begründung bedarf. Dem Gläubigergleichbehandlungsprinzip eine darüber hinausgehende Gerechtigkeitskomponente beizufügen, war nicht die Absicht. Vielmehr vertritt Häsemeyer selbst den strengen Ansatz, die Veteilungsordnung in der Insolvenz habe sich strikt nach privatrechtlichen Aspekten zu richten. Sozial-, Fiskal-, und wirtschaftspolitische Aspekte müssten außen vor bleiben, siehe *Häsemeyer*, Insolvenzrecht, Rn. 2.19 f.

186

grundsatz Anwendung finden muss. Durch die pauschalisierte Gruppenbildung unter Rückgriff auf privat- und öffentlich-rechtliche Rechtspositionen wird eine Gläubigergruppe gegenüber einer anderen bevorzugt behandelt. Innerhalb der jeweiligen Gruppen gilt jedoch weiterhin die Ausgangssituation der formellen Gleichheit, es sei denn, es finden sich Gründe, um innerhalb der Gruppe weiter zu differenzieren. Ein Ende kann die Gläubigergleichbehandlung nur dort finden, wo das Insolvenzrecht die Berücksichtigung der konkreten Einzelfallumstände ohne den pauschalisierenden Rückgriff auf durch das Sachrecht vorgegebene Rechtspositionen erlaubt. Insofern stimmt es, dass nach dem Gläubigergleichbehandlungsgrundsatz Gleichbehandlung innerhalb der gleichen Gruppe erfolgen muss,[1167] die Gruppenbildung selbst muss jedoch zunächst selbst vor dem Gleichbehandlungsgrundsatz gerechtfertigt werden.

bb) Dingliche Sicherheiten und der Gläubigergleichbehandlungsgrundsatz

(1) Anwendung des Gläubigergleichbehandlungsgrundsatzes auf dinglich gesicherte Gläubiger

Betrachtet man den Gläubigergleichbehandlungsgrundsatz als Verteilungsprinzip, so werden dinglich gesicherte Gläubiger von diesem nicht berührt. Die Insolvenzfestigkeit einer dinglichen Sicherheit und die damit verbundene bevorrechtigte Befriedigung der gesicherten Forderung aus dem Verwertungserlös stellt vielmehr jedenfalls eine Ausnahme zum Gläubigergleichbehandlungsgrundsatz dar, wobei es keiner Auseinandersetzung mit der Frage bedarf, ob in der Vorrangstellung dinglich gesicherter Gläubiger eine rechtfertigungsbedürftige Durchbrechung des Gläubigergleichbehandlungsprinzips zu sehen ist[1168] oder ob sich dingliche Sicherheiten – wie in England angenommen – dem Gläubigergleichbehandlungsgrundsatz von vornherein entziehen.[1169] Aber auch innerhalb der dinglich gesicherten Gläubiger spielt der Gläubigergleichbehandlungsgrundsatz als Verteilungsprinzip keine Rolle. Das Verhältnis der dinglich gesicherten Gläubiger hinsichtlich des gleichen Sicherungsrechts wird vom materiellen Privatrecht vorgegeben (in der Regel gilt das Prioritätsprinzip) und Gläubiger mit dinglichen Sicherheiten an unterschiedlichen Vermögensgegenständen konkurrieren nicht um den gleichen Verwertungserlös. Nichtsdestotrotz muss auch hier gelten, dass Inhaber der gleichen materiell-privatrechtlichen Rechtsposition im Ausgangspunkt in der Insolvenz gleichbehandelt werden müssen. Soll das Insolvenzrecht auf diese Rechtsposition unterschiedlich einwirken, müssen für die Ungleichbehandlung Anknüpfungspunkte gefunden werden, welche die Ungleichbehandlung rechtfertigen. Als Beispiel sei die im deutschen und französischen Insolvenzrecht vorzufindende Differenzierung nach der Besitzlage am Sicherungsgut genannt.

1167 Siehe § 39 Abs. 1 InsO, s. 175(2)(a) IA 1986, art. 2326 C.civ.
1168 Vgl. *Hoffmann*, Prioritätsgrundsatz, S. 290.
1169 Dieser Ansatz ist vor dem Hintergrund eines anderen Verständnisses des Eigentumsbegriffs verständlich; kritisch zum englischen Ansatz *Brinkmann*, in: Eidenmüller/Kieninger, Secured Credit, S. 248, 254 ff.

(2) Einschränkungen dinglicher Sicherheiten zugunsten des
Gläubigergleichbehandlungsgrundsatzes

Stellt die insolvenzrechtliche Anerkennung dinglicher Sicherheiten eine Ausnahme
oder gar Durchbrechung des Gläubigergleichbehandlungsgrundsatzes dar, so ist es
denkbar, dass das Insolvenzrecht Einschränkungen der dinglichen Sicherheiten vorsieht, um die Ausnahme zu relativieren. Nicht näher eingegangen wird dabei auf das
Insolvenzanfechtungsrecht, welches zugunsten des Gläubigergleichbehandlungsgrundsatzes (Chancengleichheit) bereits der Insolvenzfestigkeit dinglicher Sicherheiten entgegensteht.

(a) Verfahrenskostenbeiträge

Nahezu sämtliche Rechtsordnungen Europas sehen vor, dass aus der Veräußerung von
Sicherungsgut Kostenbeiträge an die Masse abzuführen sind. Üblich ist insbesondere
der Massekostenbeitrag hinsichtlich der Verwertungskosten.[1170] Hinsichtlich weiterer
Massekostenbeiträge herrscht eine größere Diskrepanz. Zum Teil werden Feststel-
lungskostenbeiträge erhoben, zum Teil ist allgemein von der Ersetzung der auf das
Sicherungsgut entfallenden Verwaltungskosten die Rede.[1171] Andere Rechtsordnungen
erheben neben den Verwertungskosten einen allgemeinen Massekostenbeitrag.[1172] Wo
Rechtsordnungen ein Sicherungsrecht am gesamten schuldnerischen Unternehmen
zulassen, müssen zudem die gesamten Verfahrenskosten naturgemäß aus dem Sicherungsgut beglichen werden können.[1173] Einen Sonderweg geht insoweit Frankreich, wo
den über Verwertungs- und Verwaltungskosten hinausgehenden allgemeinen Verfahrenskosten ein dem durch ein Pfandrecht an beweglichen Sachen gesicherten Gläubiger gegenüber vorrangiges Befriedigungsrecht am Schuldnervermögen eingeräumt
wird.[1174] Die Intensität solcher Eingriffe in den Bestand der Sicherungsrechte dürfte
sich größtenteils als gering erweisen. Überwiegend wird bereits lediglich an die unmittelbar im Zusammenhang mit dem Sicherungsgut angefallenen Kosten angeknüpft,
oder der allgemeine Kostenbeitrag erweist sich als so gering, dass kaum Unterschiede
zur Anknüpfung an direkt im Zusammenhang mit dem Sicherungsgut stehende Kosten
bestehen.[1175] Wird ein Sicherungsrecht am Unternehmen bestellt, so erweist sich zudem der Eingriff als unumgehbar und wird durch den allumfassenden Charakter des

---

1170 Lediglich die Verwertungskosten sind in Spanien abzuführen, siehe *McCormack/Bork*,
Security rights, Chapter 7, para. 383.

1171 So in Tschechien, siehe *Richter*, in: Faber/Vermunt/Kilborn, Ranking and Priority,
Rn. 747; Österreich und Ungarn, siehe *McCormack/Bork*, Security rights, Chapter 5, para.
256, Chapter 8, Rn. 237.

1172 So Polen, siehe *Porzyncki/Rachwat*, in: Faber/Vermunt/Kilborn, Ranking and Priority,
Rn. 747 und Italien, siehe *McCormack/Bork*, Security rights, Chapter 7, para. 382.

1173 Siehe zur englischen *floating charge* oben unter 1. Teil B. I. 5. f) aa) (2) (S. 140 f.).

1174 Im Liquidationsverfahren und bei der übertragenden Sanierung wird dieses Ergebnis allerdings über das (fiktive) Zurückbehaltungsrecht des gesicherten Gläubigers vermieden,
siehe oben unter 1. Teil B. II. 8. c) aa) (3) (S. 169 f.).

1175 So darf in Polen der allgemeine Kostenbeitrag nicht mehr als 10 Prozent des Verwertungserlöses betragen, so dass im Ergebnis kein wesentlicher Unterschied zum pauschali-
sierten Massekostenbeitrag des deutschen Rechts besteht.

Sicherungsrechts relativiert. Zum französischen Recht wurde bereits dargelegt, dass gerade im Fall der Aufrechterhaltung des schuldnerischen Geschäftsbetriebs Einschränkungen der Sicherungsrechte durch vorrangige Privilegien nicht als wesentlich empfunden werden, da hier grundsätzlich keine Masseverwertung und -verteilung erfolgt, sondern der Sanierungsplan die Zahlungsmodalitäten regelt.[1176] Zudem haben gesicherte Gläubiger stets die Möglichkeit, sich durch Übersicherung gegen Massekostenbeiträge zu schützen.

Was die Frage betrifft, ob Verfahrenskostenbeiträge der Stärkung des Gläubigergleichbehandlungsgrundsatzes dienen, so wird aus deutscher Sicht darauf verwiesen, der Massekostenbeitrag in §§ 170, 171 InsO erhöhe die Verteilungsgerechtigkeit.[1177] Dies ist insoweit richtig, als dass, entsprechend der Intention des Gesetzgebers,[1178] die durch Umsetzung von Absonderungsgut entstehenden Kosten nun von Gesetzes wegen nicht mehr von den ungesicherten Gläubigern zu tragen sind. Ein echtes Sonderopfer der absonderungsberechtigten Gläubiger zugunsten der ungesicherten Gläubiger sollte allerdings gerade nicht eingeführt werden. Lediglich die mit der Bearbeitung der Absonderungsrechte tatsächlich verbundenen Kosten sollten im Sinne des Verursacherprinzips dem ausschließlichen Profiteur der Bearbeitung aufgebürdet werden.[1179] Es gilt, was auch außerhalb der Insolvenz gelten würde. Die Kosten für die Verwertung sind aus dem Sicherungsgut zu tragen, soweit sie nicht beim persönlichen Schuldner geltend gemacht werden können. Durch §§ 170 f. InsO erfolgt danach kein (Um-) Verteilungseingriff, sondern lediglich eine Kostentragungsregelung hinsichtlich des Verwertungsvorgangs.[1180] Zudem wird das Ziel der Erhöhung der Verteilungsgerechtigkeit relativiert durch die Möglichkeit des Kreditgebers, sich durch Übersicherung gegen die Massekostenbeiträge zu schützen. In diesen Fällen sind die Verwertungskosten im Ergebnis wiederum von den ungesicherten Gläubigern zu tragen. Es lässt sich daher konstatieren, dass die Erhebung von Massekostenbeiträgen zwar der Verteilungsgerechtigkeit förderlich ist, mit ihnen jedoch kein Eingriff in Absonderungsrechte zugunsten des Gläubigergleichbehandlungsgrundsatzes erfolgt.[1181] Diese Aussage lässt sich problemlos auf alle Rechtsordnungen übertragen, welche für die Bemessung des Kostenbeitrags ebenfalls an die tatsächlich durch die Bearbeitung des Sicherungsguts entstandenen Kosten anknüpfen. Aber auch in Rechtsordnungen, welche einen allgemeinen Massekostenbeitrag erheben, stellt sich die Gläubigergleichbehandlungsrelevanz als gering dar. Auch hier findet keine echte Umverteilung statt, lediglich die letztlich allen Gläubigern zugutekommenden Verfahrenskosten sollen gerechter verteilt werden.[1182] Zum anderen gibt es auch hier die Möglichkeit der Übersicherung. Für eine tatsächliche Gläubigergleichbehandlungsrelevanz wäre zudem erforderlich, dass

---

1176 Im Liquidationsverfahren lässt das (fiktive) Zurückbehaltungsrecht das Privileg der allgemeinen Verfahrenskosten entfallen.
1177 MüKoInsO-*Tetzlaff*, § 170, Rn. 4.
1178 BR-Drucks. 1/92, S. 181.
1179 Leonhard/Smid/Zeuner-*Smid*, §, 170, Rn. 1; Schmidt-*Sinz*, § 170, Rn. 1.
1180 *Liersch*, S. 37.
1181 So auch *Liersch*, S. 36 ff. und *Häsemeyer*, Insolvenzrecht, Rn. 2.16, welcher die Förderung des Gläubigergleichbehandlungsgrundsatzes durch die §§ 170 f. InsO als allenfalls marginal bezeichnet; offenlassend *Wiórek*, S. 156 f.
1182 Vgl. zum italienischen Recht *McCormack/Bork*, Security rights, Chapter 7, para. 382.

sich der Kostenbeitrag auf die Quote der ungesicherten Gläubiger auswirkt. Allerdings kennen gerade die französische und die italienische Rechtsordnung eine Fülle an vorrangigen (privilegierten) Forderungen, welche in erster Linie von einem allgemeinen Kostenbeitrag des dinglich gesicherten Gläubigers profitieren. Dass zwischen der Tragung von Massekosten durch gesicherte Gläubiger und der Gläubigergleichbehandlung kein unmittelbarer Zusammenhang besteht zeigt sich zudem in England. Hier hat die Integrierung der *floating charge* in das *Administration*-Verfahren zu erheblich steigenden Verfahrenskosten geführt, welche die mit der Einführung des *prescriped part* angestrebte Verbesserung der Insolvenzquote für ungesicherte Gläubiger weitestgehend wieder zunichte gemacht haben.[1183]

(b) Vorrangige Forderungen (Privilegien)

Soweit unter manchen Rechtsordnungen aus dem Verwertungserlös von Sicherungsgut bestimmte Forderungen wie zum Beispiel Arbeitnehmerforderungen vor der gesicherten Forderung aus dem Verwertungserlös zu befriedigen sind, weisen diese Einschränkungen dinglicher Sicherheiten ebenfalls keine Gläubigergleichbehandlungsrelevanz auf. Sieht man die Gläubigergleichbehandlung als Ausgangsprinzip an, so stellt jede einzelne Bevorrechtigung bestimmter Forderungen eine Durchbrechung des Gläubigergleichbehandlungsgrundsatzes dar. Insoweit führt die Bevorrechtigung einzelner Forderungen vor der dinglich gesicherten Forderung lediglich zu einer Verschiebung von einer Durchbrechung des Prinzips zugunsten einer anderen. Zwischen unterschiedlichen Privilegien kann es jedoch naturgemäß keine Gläubigergleichbehandlung geben.[1184]

(c) Unternehmenssicherheiten

Sehen Rechtsordnungen dingliche Sicherheiten am gesamten Unternehmen vor, so werden diese in der Regel insoweit eingeschränkt, als dass ein nicht unerheblicher Teil des besicherten Vermögens aus dem Sicherungsverband herauszulösen ist, um ihn den ungesicherten Gläubigern vorzubehalten. Neben dem beschriebenen *prescribed part* des englischen Rechts verfahren so zum Beispiel das schwedische,[1185] das finnische[1186] und das ungarische Recht.[1187] Diese Eingriffe in die dingliche Sicherheit erfolgen gezielt zur Stärkung des Gläubigergleichbehandlungsgrundsatzes. Aufgrund des allumfassenden Charakters der Sicherheit muss sichergestellt werden, dass auch für die ungesicherten Gläubiger an der Verteilung der Insolvenzmasse partizipieren. In diesen Fällen weist der Eingriff somit eine Gleichbehandlungsrelevanz auf.[1188]

1183 *Armour/Hsu/Walters*, ECFR 2008, 148, 168 ff.; Steffek, Gläubigerschutz, S. 167.
1184 In diesem Sinne auch Cass.com. v. 30.10.2000, n° 98-10688, Bull. civ. 2000, IV, n° 169.
1185 Hier erstreckt sich das durch das Unternehmenspfandrecht gewährleistete Pfandrecht nur auf 55 Prozent des Unternehmensvermögens, siehe *Persson/Karlson-Trulla*, in: Faber/ Vermunt/Kilborn, Ranking and Priority, Rn. 18.04.
1186 Hier erhält der gesicherte Gläubiger 50 Prozent des auf das gesamte Sicherungsgut entfallenden Erlöses, siehe MüKoInsO-*Waselius/Griebeler/Wist*, Finnland, Rn. 63.
1187 Auch hier stehen dem gesicherten Gläubiger lediglich 50 Prozent zu, siehe *McCormack/ Bork*, Security Rights, Chapter 8, Rn. 244 f.
1188 *Wiórek*, S. 156, spricht insofern von einer Rückkehr zur *par conditio creditorum*.

(3) Zwischenergebnis

Als Zwischenergebnis lässt sich festhalten, dass dingliche Sicherheiten nur unter zwei Aspekten mit dem Gläubigergleichbehandlungsprinzip in Berührung treten. Zum einen gilt auch für dinglich gesicherte Gläubiger der Gleichbehandlungsgrundsatz als Ausgangsprinzip dergestalt, dass Gläubiger mit dem gleichen dinglichen Recht gleich zu behandeln sind, es sei denn es liegt eine sachliche Rechtfertigung für eine Ungleichbehandlung vor. Zweitens werden dingliche Sicherheiten am gesamten Unternehmen regelmäßig zugunsten des Gläubigergleichbehandlungsgrundsatzes auf Verteilungsebene eingeschränkt.

cc) Die Umsetzung des Gläubigergleichbehandlungsgrundsatzes im europäischen Insolvenzrecht – Universalitäts- und Einheitsprinzip

(1) Gläubigergleichbehandlung als Verteilungsprinzip

Die EUInsVO erkennt das Gläubigergleichbehandlungsprinzip ausdrücklich an.[1189] Dass die Gläubigergleichbehandlung ein Grundprinzip der EUInsVO sei,[1190] ist allerdings mittlerweile wiederholt angezweifelt worden.[1191] Dies ist insofern nachvollziehbar, als dass die zweifelnden Autoren den Gläubigergleichbehandlungsgrundsatz als reines Verteilungsprinzip verstehen. Die Verteilungsordnung ist freilich eine materiellrechtliche Frage der nationalen Insolvenzordnungen, auf die das europäische Insolvenzrecht kaum Einfluss hat. Insofern weist die EUInsVO mit Art. 23 nur eine einzige unmittelbar verteilungsrelevante Vorschrift auf.

(2) Gläubigergleichbehandlung als Chancengleichheitsprinzip

Begreift man das Gläubigergleichbehandlungsprinzip bereits im Vorfeld der Verteilungsfrage als die aus der Abkehr vom Prioritätsprinzip erfolgende Haftungskollektivierung (Chancengleichheit), so erkennt man allerdings, dass der EUInsVO sehr wohl das Gläubigergleichbehandlungsprinzip zugrunde liegt. Aufgrund der Haftungskollektivierung ist es zwingend geboten, die Haftungskollektivierung auch auf das schuldnerische Vermögen außerhalb des Insolvenzeröffnungsstaats zu erstrecken, da ansonsten Gläubiger unter Geltung des Prioritätsprinzips auf dieses Vermögen weiterhin zugreifen und die Haftungskollektivierung damit umgehen könnten. Das Prinzip der Universalität des Insolvenzverfahrens, welches zunächst eben dies besagt, nämlich dass einem Insolvenzverfahren auch im Ausland Wirkung zukommen soll, und welches mittlerweile international gemeinhin Anerkennung gefunden hat,[1192] dient damit

---

1189 ErwGr. 63 EuInsVO.
1190 So Ahrens/Gehrlein/Ringstmeier-*Gruber*, Einf. EuInsVO, Rn. 9; Duursma-Kepplinger/Duursma/Chalupsky-*Duursma-Kepplinger*, Vor. EuInsVO, Rn. 19; Pannen-*Riedemann*, Art. 20, Rn. 1; *Leible/Staudinger*, KTS 2000, 533, 563.
1191 *Hoffmann*, Prioritätsgrundsatz, S. 429, *Kodek*, KTS 2014, 215.
1192 *Flessner*, ZIP 1989, 749, 750; *Martius*, S. 16.

im Wesentlichen der Gläubigergleichbehandlung.[1193] Universalität sagt im Ausgangspunkt nicht, ob die Wirkungserstreckung durch ein einheitliches Verfahren mit grenzüberschreitender Wirkung oder durch die Eröffnung verschiedener Haupt- und Partikularinsolvenzverfahren erfolgen und nach welchem Insolvenzrechtrecht sich die Beschlagnahmewirkung (sowie sämtliche weitere an die Verfahrenseröffnung anknüpfenden Rechtsfolgen) richten soll. Diese Fragen bestimmen lediglich den Wirkungsgrad der Universalität.[1194] Da allerdings alle nationalen Insolvenzrechte die Abkehr vom Prioritätsprinzip vorsehen, wird das Gebot der Haftungskollektivierung weitestgehend durchgesetzt, gleich wie die konkrete Ausgestaltung der Universalität erfolgt. Dies bedeutet zugleich, dass für die grenzüberschreitende Haftungskollektivierung zunächst eine verfahrensrechtliche Universalität notwendig ist, welche die Anerkennung eines Insolvenzverfahrens im Ausland und die Voraussetzungen für die Eröffnung von Partikularinsolvenzverfahren regelt.[1195] Die Macher der EuInsVO haben sich insoweit für eine sogenannte kontrollierte Universalität entschieden.[1196] Danach kommt grundsätzlich ein Insolvenzverfahren zum Einsatz, welches automatisch in sämtlichen Mitgliedstaaten anerkannt wird und damit sämtliches in der EU belegenes Schuldnervermögen umfasst. Das Einheitsprinzip als grundsätzlich größtmöglicher Durchsetzungsgrad der Universalität wird lediglich durchbrochen, wenn der Schuldner in einem Mitgliedstaat eine Zweigniederlassung betreibt. In diesem Mitgliedstaat kann dann ein Partikularinsolvenzverfahren eröffnet werden, von welchem lediglich das in diesem Mitgliedstaat belegene Schuldnervermögen umfasst wird, Art. 3(2) EuInsVO.

(3) Kollisionsrechtliche Gläubigergleichbehandlung

Das internationale Insolvenzrecht muss zudem die Frage beantworten, welches Insolvenzrecht auf grenzüberschreitende Rechtsverhältnisse des Insolvenzschuldners Anwendung finden soll, deren Sachstatut vom Insolvenzstatut, der *lex fori concursus*, abweicht. Gemäß Art. 7, 35 EuInsVO findet sowohl für Haupt- als auch für Sekun-

---

1193 Nach BGHZ 95, 256, 264 beruht das Universalitätsprinzip gerade auf dem Prinzip der Gläubigergleichbehandlung; *Bowen*, IILR 2013, 121; Gottwald-*Kolmann/Keller*, § 130, Rn. 5; *Häsemeyer*, Insolvenzrecht, Rn. 35.12; *Spahlinger*, S. 52; auch *Leible/Staudinger*, KTS 2000, 533, 563 erkennen den Zusammenhang zwischen Universalität und Gläubigergleichbehandlung an.

1194 So ausdrücklich *Hanisch*, ZIP 1994, 1 f.; *ders.*, in: FS Nakamura, S. 222, 225 f. darauf hinweisend, dass Einheits- und Universalitätsprinzip oft nicht hinreichend auseinandergehalten werden.

1195 Zur Unterscheidung zwischen verfahrensrechtlicher und kollisionsrechtlicher Universalität siehe *Martius*, S. 14. Auf kollisionsrechtlicher Ebene stellt sich allerdings die Frage, nach welchem Recht sich die Beschlagnahmewirkung richten soll.

1196 Siehe das Bekenntnis der EuInsVO zur (eingeschränkten) Universaltität in ErwGr. 23 EuInsVO und deren Umsetzung insbesondere durch Art. 19 ff. EuInsVO. Dass das Universalitätsprinzip, wenn auch nicht in seinem höchsten Verwirklichungsgrad, eines der wesentlichen Prinzipien der EuInsVO ist, ist unbestritten, siehe EUGH Urt. v. 21.01.2010, *MG Probud Gdynia Sp. Z o.o.*, C-444/07, ECLI:EU:C:2010:24, Rn. 22; Duursma-Kepplinger/Duursma/Chalupsky-*Duursma-Kepplinger*, Vor. EuInsVO, Rn. 19; Mankowski/Müller/Schmidt-*Müller*, Einl. EuInsVO, Rn. 16 ff.; *Bork*, Principles, Rn. 2.15; *Moss*, Insolv. Int. 2015, 40.

därverfahren grundsätzlich das Recht des Insolvenzeröffnungsstaats Anwendung, es sei denn es greift eine der in Art. 8 ff. EUInsVO niedergelegten Sonderanknüpfungen. Dieses *Lex-fori*-Prinzip ist international anerkannt[1197] und verwirklicht das Prinzip der kontrollierten Universalität auf kollisionsrechtlicher Ebene.[1198] Aus Sicht des internationalen Privatrechts ist diese Grundregel insofern gerechtfertigt, als dass über die Verquickung mit der internationalen Zuständigkeit[1199] und das dafür wesentliche Kriterium des Interessenschwerpunkts sichergestellt ist, dass die *lex fori concursus* das Recht ist, welches mit dem Sachverhalt die nächste Verbindung aufweist.[1200] Dafür spricht im Übrigen das *Lex-fori*-Prinzip als international zivilverfahrensrechtlicher Grundsatz, wonach Gerichte stets ihr eigenes Verfahrensrecht anzuwenden haben. Denn gerade im Insolvenzrecht ist die Trennung zwischen Verfahrens- und Sachrecht bisweilen kaum möglich.[1201]

In der Literatur wird ganz überwiegend vertreten, das *Lex-fori*-Prinzip beruhe auf dem Gläubigergleichbehandlungsgrundsatz.[1202] Dem ist zuzustimmen. Im Ausgangspunkt sind alle Gläubiger mit ihren Forderungen und jeweiligen Rechtspositionen gleich zu behandeln, und entsprechend knüpfen die nationalen Insolvenzrechte an Rechtsverhältnisse an, ohne nach den diesen zugrunde liegenden Sachstatuten oder sonstigen grenzüberschreitenden Anknüpfungspunkten zu differenzieren.[1203] Will man demgegenüber ausländische Gläubiger gemäß einer von der *lex fori concursus* abweichenden *lex causae* in das Verfahren einbeziehen, muss man sich darüber im Klaren sein, dass jede kollisionsrechtliche Sonderanknüpfung eine weitere Ungleichbehandlung zur Folge hat.[1204] So kann über die Anwendung der *lex causae* auf eine Insolvenzforderung eine Rangordnung in das Insolvenzverfahren Einzug erhalten, welche die *lex fori concursus* nicht vorsieht. Umgekehrt kann die Anknüpfung an die *lex causae*

1197 *Trunk*, Insolvenzrecht, S. 88; *Wessels*, International Insolvency Law, Rn. 624.
1198 *Martius*, S. 14.
1199 Siehe Gottwald-*Kolmann/Keller*, § 130, Rn. 12.
1200 *Hanisch*, in: FS Jahr, S. 455, 458.
1201 Haß/Huber/Gruber/Heiderhoff-*Haß/Herweg*, Art. 4, Rn. 1; *Leible/Staudinger*, KTS 2000, 533, 550; *Trunk*, Insolvenzrecht, S. 89.
1202 Sehr ausdrücklich *Schack*, Internationales Zivilverfahrensrecht, Rn. 1189; siehe aber auch Haß/Huber/Gruber/Heiderhoff-*Haß/Herweg*, Art. 4, Rn. 3 Mankowski/Müller/Schmidt-*Müller*, Art. 7, Rn. 5; MüKoBGB-*Kindler*, Art. 7, Rn. 5; *Paulus*, EuInsVO, Art. 7, Rn. 2; Ebenso *Hanisch*, in: FS Nakamura, S. 222, 230 und *Wimmer*, ZIP 1998, 982, 983, die darauf hinweisen, die einheitliche Rechtsanwendung fördere den Gleichbehandlungsgrundsatz; a.A. *Hoffmann*, Prioritätsgrundsatz, S. 412.
1203 Für *Häsemeyer*, ZZP folgt diese internationale Gläubigergleichbehandlung als logische Folge aus dem Universalitätsprinzip. Zumindest innerhalb der EU wäre eine Schlechterstellung von Auslandsgläubigern gegenüber inländischen Gläubigern zudem kaum mit dem primärrechtlichen Diskriminierungsverbot vereinbar, siehe *Hoffmann*, S. 419; v. *Wilmowsky*, Europäisches Kreditsicherungsrecht, S. 326 f., 338, wobei letzterer sich auf den primärrechtlichen Verhältnismäßigkeitsgrundsatz stützt. Demgegenüber hatte *Hanisch*, in: FS Merz, S. 159, 164 noch darauf verwiesen, dass § 5 KO, welcher ausdrücklich die Gleichstellung in- und ausländsicher Gläubiger im Hinblick vorsah, im Hinblick auf einige südamerikanische Rechtsordnungen, keine selbstverständlichkeit sei.
1204 Etwas anderes gilt nur, soweit die *lex fori concursus* sowie das Insolvenzrecht der *lex causae* identische Regelungen bereithalten.

einen Auslandsgläubiger der bevorrechtigten Befriedigung berauben, welche die *lex fori concursus* für ihm gleichstehende inländische Gläubiger bereit hält. Für die Rechtfertigung der Ungleichbehandlung kann aber nunmehr nicht auf die Wertungen der nationalen Insolvenzrechte abgestellt werden. Es kommt zu einer weiteren Ebene der Ungleichbehandlung, zur Bildung einer neuen Gläubigergruppe, welche durch die rein nationalen Insolvenzrechte noch nicht bedacht wurde und daher einer gesonderten Rechtfertigung auf kollisionsrechtlicher Ebene unter Berücksichtigung der besonderen Umstände grenzüberschreitender Insolvenzen bedarf.

(4) Zwischenergebnis

Der auch für die dinglich gesicherten Gläubiger relevante Grundsatz, dass gleiche Rechtspositionen gleich zu behandeln sind, wird über den in der EuInsVO verankerten Grundsatz verfahrens- und kollisionsrechtlicher Universalität auf grenzüberschreitende Sachverhalte erstreckt. Der kollisionsrechtlichen Universalität kommt dabei mehr Bedeutung zu, führt diese doch zu materiell-rechtlicher Gleichbehandlung, während die verfahrensrechtliche Universalität dafür insbesondere über den Anerkennungsgrundsatz die verfahrensrechtlichen Voraussetzungen schafft. Im Gleichklang mit der rein nationalen Bedeutung verkörpert die kollisionsrechtliche Gläubigergleichbehandlung ein aus der Haftungskollektivierung folgendes Ausgangsprinzip, welches nunmehr auf ausländische Rechtsverhältnisse erstreckt wird. Bei hinreichender Rechtfertigung sind daher Durchbrechungen zulässig. Diese Rechtfertigungen können nunmehr insbesondere auch aus Grundsätzen des internationalen Privatrechts oder den Vorgaben des europäischen Primärrechts folgen.

b) Die bestmögliche Gläubigerbefriedigung und Aufrechterhaltung des
    schuldnerischen Geschäftsbetriebs

aa) Anerkennung, Inhalt und Bedeutung

Dass Insolvenzverfahren als Gesamtvollstreckungsverfahren auf die Gläubigerbefriedigung gerichtet sind, versteht sich von selbst. Auch wenn häufig gesetzlich allgemein die Gläubigerbefriedigung als Ziel des Insolvenzrechts genannt wird, so entspricht es doch allgemeiner Auffassung, dass Ziel stets die bestmögliche Gläubigerbefriedigung ist.[1205] Insofern sehen alle nationalen Insolvenzrechte Maßnahmen vor, um die Insolvenzmasse auf der einen Seite zu mehren und auf der anderen Seite vor Auszehrung zu schützen. Die Frage, wie weit dabei zu gehen ist, wird im Detail von jedem Recht unterschiedlich beantwortet. Gemeinsame Linien sind jedoch in allen nationalen Insolvenzrechten auszumachen. Insofern kann davon gesprochen werden, dass jedes nationale Insolvenzrecht eine bestmögliche Gläubigerbefriedigung zu erreichen sucht, die jeweils dort ihre Grenzen findet, wo nach dessen Verständnis die Schutzbedürftigkeit materieller Rechtspositionen überwiegt. Die bestmögliche Gläubigerbefriedigung ist

---

1205 Siehe BT-Drs. 12/2443, S. 108; BGHZ 163, 32, 35; MüKoInsO-*Ganter/Lohmann*, § 1, Rn. 20; Jaeger-*Henckel*, § 1, Rn. 3; *Eidenmüller*, KTS 2009, 137, 140; *Goode*, Corporate Insolvency, Rn. 2-04; vgl. auch zum internationalen Insolvenzrecht *Bork*, Principles, Rn. 4.27 ff.

dabei jeweils nicht gleichzusetzen mit der Frage der größten Verteilungsgerechtigkeit. Bestmögliche Gläubigerbefriedigung bedeutet vielmehr, im Sinne der Gesamtheit der Gläubiger die Insolvenzmasse so weit wie möglich zu mehren und die bestmögliche Art der Verwertung zu gewährleisten unabhängig von der Frage, wie der Verwertungserlös zu verteilen ist. Da hierfür ebenfalls die Haftungskollektivierung erforderlich ist, beruhen viele der diese sicherstellenden Vorschriften neben dem Grundsatz der Gläubigergleichbehandlung auch auf dem Prinzip der bestmöglichen Gläubigerbefriedigung.[1206] Neben seiner materiell-rechtlichen Komponente erfordert eine bestmögliche Gläubigerbefriedigung auf verfahrensrechtlicher Ebene zudem eine effektive und kostengünstige Verfahrensausgestaltung.

Im Zuge der bestmöglichen Gläubigerbefriedigung ist zudem das ebenfalls häufig in den nationalen Insolvenzrechten genannte Ziel der Restrukturierung oder Aufrechterhaltung des schuldnerischen Unternehmens zu nennen. Trotz seiner gesonderten Nennung ergibt sich dieses Ziel nämlich bereits aus dem Gebot bestmöglicher Gläubigerbefriedigung und stellt insofern ein aus diesem folgendes Unterziel dar.[1207] Da Fortführungswerte regelmäßig über den Einzelzerschlagungswerten liegen, muss das Insolvenzrecht die Betriebsfortführung ermöglichen, um Fortführungswerte realisieren zu können, wenn diese über dem Liquidationswert liegen.[1208] Das Ziel der Aufrechterhaltung des schuldnerischen Unternehmens kann damit in aller Regel nicht darüber hinwegtäuschen, dass die Interessen der Gläubiger an erster Stelle stehen, auch wenn sich über die speziell auf die Sanierung gerichteten vorinsolvenzlichen Sanierungsverfahren vieler Rechtsordnungen gewisse Verschiebungen zur Schuldnerperspektive hin ausmachen lassen.[1209]

bb) Einschränkungen dinglicher Sicherheiten zugunsten der bestmöglichen Gläubigerbefriedigung

Werden dingliche Sicherheiten auf der Verteilungsebene nur punktuell, bezogen auf einige Sicherheiten und einige Rechtsordnungen zugunsten vorrangiger Gläubiger eingeschränkt, so ergibt sich ein anderes Bild auf der Verwertungsebene. Zum einen ist in nahezu allen europäischen Rechtsordnungen der Insolvenzverwalter dazu befugt, mit dinglichen Sicherheiten belastete Gegenstände zu veräußern, wobei die gesicherten Gläubiger entweder durch Anhörungsrechte oder durch gerichtliche Zustimmungsvorbehalte geschützt werden.[1210] Zum anderen ist die Verwertung der Sicherheit durch

---

1206 Insbesondere in den USA wird das Prinzip der Gläubigergleichbehandlung mit dem hypothetischen Einverständnis der Gläubiger zur Gleichbehandlung gerechtfertigt, welches sich aus der Überlegung ergebe, dass nur dadurch die bestmögliche Befriedigung für die Gläubigergesamtheit möglich sei (*creditors' bargain*), siehe *Hoffmann*, Prioritätsgrundsatz, S. 202 f. m.w.N.

1207 So exemplarisch § 1 InsO.

1208 *Eidenmüller*, KTS 2009, 137, 140.

1209 Siehe zu der Entwicklung in Frankreich *Sonnenberger/Dammann*, Rn. VIII 1; vgl. auch *Paulus*, NZI 2015, 1001, 1002; auch in England lag der Stärkung des *Administration*-Verfahrens durch den EA 2003 der *Corporate-rescue*-Gedanke zugrunde. Nichtsdestotrotz wird das *Administration*-Verfahren eindeutig von den (gesicherten) Gläubigern bestimmt.

1210 Hess/Oberhammer/Pfeiffer-*Piekenbrock*, Rn. 706.

den gesicherten Gläubiger regelmäßig gesperrt, wobei diese Verwertungssperre entweder automatisch eintritt oder zumindest gerichtlich angeordnet werden kann.[1211] Ein Blick auf die in dieser Arbeit untersuchten Rechtsordnungen lässt vermuten, dass diese Maßnahmen ganz überwiegend der Aufrechterhaltung des Geschäftsbetriebs zum Zwecke der (übertragenden) Sanierung und damit letztendlich der bestmöglichen Gläubigerbefriedigung dienen. So kennt das englische Recht im Liquidationsverfahren keinerlei Verwertungseinschränkungen. Wenn also feststeht, dass keine Sanierung stattfindet, sieht es keine Veranlassung dazu, das Sicherungsrecht zugunsten der Gläubigergesamtheit einzuschränken. Auch die Verwertungssperre in der *administration* dient ersichtlich alleine der Aufrechterhaltung des Unternehmens durch den *administrator*, zumal das Sicherungsgut außer im Fall der *floating charge* auch vom *administrator* nur verwertet werden darf, wenn dies für den Zweck der *administration* förderlich ist. Letzeres kann insbesondere im Falle einer übertragenden Sanierung der Fall sein. Die Anordnung der im Vergleich zu den *fixed securities* weitergehenden Veräußerungsberechtigung des *administrators* im Falle der *floating charge* war ebenfalls zwingend notwendig, um deren allumfassendem Charakter – und damit wiederum dem Gedanken der Betriebsfortführung – Rechnung zu tragen, da gerade das Umlaufvermögen regelmäßig von einer *floating charge* umfasst ist. Auch das französische Recht differenziert zwischen Sanierungs- und Liquidationsverfahren. So können dinglich gesicherte Gläubiger im Liquidationsverfahren nach drei Monaten die Verwertung der Sicherheit beim Gericht beantragen, während die Verwertung im Sanierungsverfahren grundsätzlich ausgeschlossen ist.[1212] Dabei korrespondiert die Drei-Monats-Frist im Liquidationsverfahren ersichtlich mit der Frist für Investoren, um nach Eröffnung des Liquidationsverfahrens Übernahmeangebote abzugeben. Die Verwertungssperre soll damit ebenfalls die Aufrechterhaltung des Geschäftsbetriebs für eine übertragende Sanierung ermöglichen. In der Beobachtungsphase der Sanierungsverfahren darf Sicherungsgut vom Schuldner oder Verwalter ebenfalls nur verwertet werden, wenn dies dem Sanierungsziel dienlich ist. Auch die Differenzierung zwischen besitz- und besitzlosen Sicherungsrechten in den Sanierungsverfahren beruht auf dem Gedanken der Unternehmensfortführung. Die Sperrung der Aussonderung für besitzlose *fiducies-sûretés* und die Außerkraftsetzung des fiktiven Zurückbehaltungsrechts besitzloser Pfandrechte haben den alleinigen Zweck, dem Sicherungsgeber die weitere Nutzung des Sicherungsguts im Sanierungsverfahren zu ermöglichen, zumal die Sanierungsverfahren grundsätzlich nicht auf Verwertung ausgelegt sind.

Auch in Deutschland war die mögliche Aufrechterhaltung des schuldnerischen Unternehmens zum Zwecke der (übertragenden) Sanierung die ausschlaggebende Motivation des Gesetzgebers für die Anordnung des Übergangs der Verwertungsbefugnis vom gesicherten Gläubiger auf den Insolvenzverwalter, was anhand der Differenzierung nach den Besitzverhältnissen ersichtlich wird.

Die unter allen drei Rechtsordnungen zu findende Unterscheidung zwischen Liquidation und Sanierung sowie besitzlosen und auf Besitz beruhenden Kreditsicherungsrechten lässt insbesondere darauf schließen, dass ein über die Beschränkung der Mobiliarsicherheiten erfolgender allgemeiner Schutz der Gläubigergesamtheit, insbe-

---

1211 Hess/Oberhammer/Pfeiffer-*Piekenbrock*, Rn. 708.
1212 Inhaber einer *fiducie-sûreté* müssen noch nicht einmal die Drei-Monats-Frist abwarten.

sondere vor einer ungünstigen Verwertung durch den gesicherten Gläubiger, keine ausreichende Begründung für eine Verwertungssperre darstellt. Für Frankreich ist diese Überlegung freilich weniger zwingend, da die Verwertung hier ohnehin entweder einer gerichtlichen Kontrolle unterliegt oder zumindest mit der unabhängigen Evaluierung des Sicherungsguts einhergeht. Aber auch der Blick in weitere Rechtsordnungen bestätigt diese Einsicht. So belassen auch das österreichische und das liechtensteinische Recht dem im Besitz des Sicherungsguts befindlichen Gläubiger das Verwertungsrecht. In beiden Rechtsordnungen kann der gesicherte Gläubiger sofort auch vom Insolvenzverwalter die abgesonderte Befriedigung verlangen, in Österreich jedoch nur, wenn eine solche die Betriebsfortführung nicht gefährdet.[1213] Auch das italienische Recht belässt dem sich im Besitz des Sicherungsguts befindlichen Gläubiger zumindest im Liquidationsverfahren das Verwertungsrecht.[1214] Das spanische Insolvenzrecht kennt einen Verwertungsstopp grundsätzlich nur für solche Gegenstände, welche für die Unternehmensfortführung von Bedeutung sind.[1215] Auch das ungarische Recht kennt im Liquidationsverfahren (im Gegensatz zum Sanierungsverfahren) keinen automatischen Verwertungsstopp.[1216] Es lässt sich damit feststellen, dass die Einschränkungen dinglicher Sicherheiten auf Verwertungsebene den wesentlichen Zweck verfolgen, die bestmögliche Gläubigerbefriedigung durch die Erzielung von Fortführungswerten zu ermöglichen. Daneben mag insbesondere das Verwertungsrecht des Verwalters für eine effektive Haftungsverwirklichung zweckmäßig sein, kann er doch sofort auf die Massekostenbeiträge zugreifen und eine objektive und effektive Verteilung gewährleisten.

cc) Die Umsetzung des Ziels der bestmöglichen Gläubigerbefriedigung im
    europäischen Insolvenzrecht

Dass auch der EUInsVO das Prinzip der bestmöglichen Gläubigerbefriedigung zugrunde liegt, lässt sich zumindest aus einigen Erwägungsgründen ableiten, welche auf die Notwendigkeit einer effizienten grenzüberschreitenden Verfahrensabwicklung und die dementsprechende Koordinierung und Zusammenarbeit zwischen Haupt- und Sekundärinsolvenzverfahren zum Zwecke der effizienten Vermögenswertung hinweisen.[1217] Damit ist bereits der rein verfahrensrechtliche Aspekt der bestmöglichen Gläubigerbefriedigung in den Blick genommen, welcher auf der Ebene des europäischen Insolvenzrechts in den Vordergrund rückt. Die EuInsVO kann die bestmögliche Gläubigerbefriedigung in erster Linie dadurch sicherstellen, dass sie eine möglichst effektive und möglichst kostengünstige Verfahrensabwicklung ermöglicht. In der EUInsVO findet sich eine Vielzahl von Rechtsvorschriften, welche diesem Erfordernis

---

1213 Siehe zum österreichischen Recht *McCormack/Bork*, Security Rights, Chapter 5, para. 215 f., 218; siehe zum liechtensteinischen Recht *Oberhammer/Schwaighofer*, in: Kindler/Nachmann, Liechtenstein, Rn. 267, 269, 131.
1214 *McCormack/Bork*, Security Rights, Chapter 7, para. 303.
1215 *McCormack/Bork*, Security Rights, Chapter 7, para. 321.
1216 *McCormack/Bork*, Security Rights, Chapter 8 Rn. 190.
1217 ErwGr. 3, 8, 48 EuInsVO.

Rechnung tragen.[1218] Auch die durch verfahrensrechtliche Universalität sichergestellte grenzüberschreitende Haftungskollektivierung dient der bestmöglichen Gläubigerbefriedigung.[1219] Darüber hinaus ist spätestens seit der Reform von 2015 auch das Sanierungsziel der nationalen Insolvenzrechte Teil des der EuInsVO zugrundeliegenden Prinzips der bestmöglichen Gläubigerbefriedigung. Vorinsolvenzliche Sanierungsverfahren sind nunmehr als Gesamtverfahren ausdrücklich in die Verordnung einbezogen.[1220] Darüber hinaus wurde Art. 3(3) S. 3 EUInsVO a.F. abgeschafft, nach welchem Sekundärverfahren Liquidationsverfahren sein mussten. War danach zum Zwecke der Einbindung der Niederlassung in die Sanierungsbemühungen eine Intervention des Hauptinsolvenzverwalters nach Art. 46 EUInsVO (Art. 33 EuInsVO a.F.) notwendig, so ermöglicht die EUInsVO diese Einbindung heute auf der Basis gleichgerichteter Haupt- und Sekundärverfahren.[1221] Auch die Einführung des synthetischen Sekundärverfahrens nach art. 36 EuInsVO ist hier zu nennen. Schließlich sollte es dem Verwalter hierdurch ermöglicht werden, die Eröffnung von Sekundärverfahren zu vermeiden, da deren Eröffnung gerade bei der Durchführung von Sanierungsverfahren zu Unwägbarkeiten führen kann. Universalität in Form automatischer Anerkennung gerichtlich bestätigter Sanierungspläne kannte die EuInsVO bereits zuvor.[1222]

3. Im europäischen Zivilverfahrensrecht angelegte Prinzipien

Als Teil des europäischen Zivilverfahrensrechts lassen sich auch im europäischen Insolvenzrecht dessen Grundsätze wiederfinden. Im Zusammenhang mit der Behandlung im Ausland belegener dinglicher Sicherheiten sollen hier einige wenige Anmerkungen genügen. Für den Sicherungsnehmer von herausragender Bedeutung ist die Vorhersehbarkeit des auf seine Sicherheit anwendbaren Insolvenzrechts. Dieses hängt nach dem *Lex-fori*-Prinzip grundsätzlich von der internationalen Verfahrenseröffnungszuständigkeit ab, so dass man meinen könnte, das Prinzip der Rechtssicherheit, welches im europäischen Zivilverfahrensrecht die Vorhersehbarkeit der internationalen Zuständigkeit gewährleistet,[1223] stünde unmittelbar mit der Behandlung der im Ausland belegenen dinglichen Sicherheiten in Verbindung. Tatsächlich geht es dem Sicherungsnehmer allerdings um die kollisionsrechtliche Vorhersehbarkeit und nicht um die prozessuale. Möglicherweise hat der Sicherungsnehmer zwar ein Interesse an einer Verfahrenszuständigkeit im Belegenheitsstaat, jedoch gibt es kein Prinzip, das dieses Interesse schützen würde. So kennt die EuGVVO für Mobilien keinen allgemeinen Gerichtsstand der Belegenheit, und im europäischen Insolvenzrecht ist ohnehin kein Spielraum für die Berücksichtigung der Wertungen, welche den Zuständigkeits-

---

1218 Art. 24 f., 41 ff., 56 ff. EuInsVO.
1219 Siehe zudem Art. 23, 31 EuInsVO.
1220 Art. 1 Abs. 1 lit. c) EuInsVO und ErwGr. 10 EuInsVO; siehe dazu auch *Kindler*, KTS 2014, 25, 26 ff.
1221 Vgl. Art. 41 Abs. 2 lit. b) EuInsVO.
1222 Siehe nunmehr Art. 32 Abs. 1 EuInsVO.
1223 EuGH Urt. v. 16.01.2014, *Schmid v Hertel*, C-328/12, ECLI:EU:C:2014:6, Rn. 27; *Moss*, Insolv. Int. 2015, 40, 42; *Turck*, S. 29 f.

erwägungen der EuGVVO zugrunde liegen.[1224] Vielmehr wird über den insofern maßgeblichen Interessenschwerpunkt an ausschließlich in der Person des Insolvenzschuldners begründete objektive Gesamtumstände angeknüpft, ohne auf einzelne Rechtsverhältnisse Rücksicht zu nehmen.[1225] Dies wird auch anhand des im Zuge der Reform von 2015 neu eingefügten Art. 6 EuInsVO deutlich, welcher für im Zusammenhang mit dem Insolvenzverfahren stehende Verfahren sämtliche Zuständigkeitsinteressen einer effizienten Verfahrensabwicklung und damit letztendlich der bestmöglichen Gläubigerbefriedigung unterordnet.[1226] Zu beachten ist allerdings, dass verfahrensrechtlicher Schutz ausländischer Gläubiger im europäischen Insolvenzrecht mittelbar über Sekundärverfahren erreicht wird. Tatsächlich sollte durch Sekundärverfahren über das *Lex-fori*-Prinzip in erster Linie kollisionsrechtlicher (Vertrauens-)Schutz erreicht werden, während Sekundärverfahren auf verfahrensrechtlicher Ebene nur eine Unterstützungsfunktion für die Organe des Hauptverfahrens zugesprochen wurde.[1227] Nichtsdestotrotz kann dem Sekundärverfahren auch ein verfahrensrechtlicher Schutz der lokalen Gläubiger nicht abgesprochen werden, könnte es doch gerade für Kleingläubiger ein unüberwindbares Hindernis darstellen, an einem Insolvenzverfahren im Ausland teilzunehmen.

4.   Im (europäischen) internationalen Privatrecht angelegte Prinzipien

a)   Das Prinzip der Rechtssicherheit

Wie bereits erörtert handelt es sich beim europäischen Insolvenzrecht zu einem nicht unerheblichen Teil auch um Kollisionsrecht, durch welches das auf einzelne Rechtsverhältnisse anwendbare nationale Insolvenzrecht bestimmt wird. Entsprechend dem vereinheitlichten europäischen Kollisionsrecht muss daher auch das europäische Insolvenzrecht zuvorderst das Prinzip der Rechtssicherheit im Sinne der Vorhersehbarkeit des anwendbaren Insolvenzrechts waren.[1228] Handelt es sich bei den dinglichen Sicherungsrechten um materiell-rechtliche Rechtspositionen des nationalen Rechts, auf die durch das Insolvenzrecht eingewirkt wird, so steht dieses Prinzip im unmittelbaren Zusammenhang mit der insolvenzrechtlichen Behandlung ausländischer dinglicher Sicherheiten.[1229] Aufgrund des in der EuInsVO geltenden *Lex-fori*-Prinzips muss diese Vorhersehbarkeit zuvorderst durch die Vorhersehbarkeit der internationalen Insol-

---

1224   Siehe zu den der Zuständigkeit zugrunde liegenden Politiken unter der EuGVVO *Geimer/Schütze*, Einl. EuGVVO, Rn. 60 ff.

1225   Siehe *Reuss*, Forum Shopping, S. 81 f.

1226   EuGH Urt. 12.02.2009, *Seagon v Deko Marty Belgium NV*, C-339/07, ECLI:EU: C:2009:83, Rn. 22; Siehe zu diesem Zweck des heutigen Art. 6 EuInsVO Bork/v. Zwieten-*Ringe*, Rn. 6.11 f.

1227   Virgós/Schmit, Erläuternder Bericht, Nr. 21 ff., 32.

1228   ErwGr. 6 Rom I-VO, 6 Rom II-VO; *Bork*, Principles, Rn. 3.46; *Kegel/Schurig*, § 2 II. 3. c) (S. 143); *Weller*, in: Weller, Europäisches Kollisionsrecht, Rn. 49 f.

1229   Entsprechend sehen die eingangs vorgestellten Ansätze sämtlich kollisionsrechtliche Lösungen für die Behandlung außerhalb des Insolvenzverfahrensstaats belegener Sicherheiten vor.

venzeröffnungszuständigkeit gewährleistet werden. Dementsprechend sieht Art. 3(1) EuInsVO Vermutungen für das Vorliegen des schuldnerischen Interessenschwerpunkts als Zuständigkeitskriterium vor und bestimmen ErwGr 28 und 30 EuInsVO, dass dessen Ermittlung und Vermutungswiderlegungen nur auf objektive, das heißt von Dritten feststellbare Umstände gestützt werden können. Daneben sieht die EuInsVO zudem in Art. 8–16 für bestimmte Rechtsverhältnisse Sonderanknüpfungen, überwiegend an die dem Rechtsverhältnis zugrunde liegende *lex causae*, vor.

b) International-privatrechtliches Gerechtigkeitsprinzip

Darüber hinaus wird das internationale Privatrecht von einem spezifischen Gerechtigkeitsgrundsatz beherrscht, welcher von der Gerechtigkeit materiellen Rechts abzugrenzen ist: Seine Aufgabe ist es, das beste und damit gerechteste Recht zu finden, welches auf den jeweiligen Sachverhalt Anwendung finden soll, mithin das Recht mit der engsten Verbindung zum Sachverhalt.[1230] Nach dem auch heute noch herrschenden traditionellen Ansatz muss dabei die Frage, ob das international-privatrechtlich gerechteste Recht auch materiell-rechtlich zu einem gerechten Ergebnis führt, außen vor bleiben.[1231] Nichtsdestotrotz ist allgemein anerkannt, dass das internationale Privatrecht keineswegs wertungsneutral ist.[1232] Bei der entscheidenden Frage nach dem richtigen Anknüpfungsmoment hat es verschiedenste Interessen abzuwägen, wobei es sich nach dem zuvor Gesagten um reine Rechtsanwendungsinteressen handeln kann, nicht jedoch um Interessen an einem bestimmten materiell-rechtlichen Ergebnis.[1233] Zu berücksichtigen sind dabei prinzipiell Parteiinteressen, Verkehrsinteressen, Ordnungsinteressen und Staatsinteressen,[1234] wobei den Parteiinteressen im internationalen Insolvenzrecht von vornherein keine Bedeutung zukommen kann.[1235] Daneben können auch sozialstaatliche Wertungen berücksichtigt werden.[1236] In der EuInsVO kommen diese Interessen- und Wertungsabwägungen zum einen in den Sonderanknüpfungen der Art. 8 ff. EuInsVO zur Geltung und zum anderen in der Möglichkeit, Sekundärinsolvenzverfahren in einem Niederlassungsstaat zu eröffnen, mit der Folge der grundsätzlichen Geltung der *lex fori concursus secundaria*. Im Folgenden soll untersucht werden, welche im internationalen Privatrecht zu berücksichtigten Interessen für die kollisionsinsolvenzrechtliche Behandlung von außerhalb des Insolvenzeröffnungsstaats belegenen Mobiliarsicherheiten potentiell zu berücksichtigen sind.

1230 *Kegel/Schurig*, § 2 I. (S. 131); *Kropholler*, § 4 I., II. 1. (S. 24 f.).
1231 MüKoBGB-*v. Hein*, Einl. IPR, Rn. 29; Staudinger-*Sturm/Sturm*, Einl. IPR, Rn. 55 ff.; *Kegel/Schurig*, § 2 I. (S. 131 ff.); *Kropholler*, § 4 III. (S. 29).
1232 *Kropholler*, § 4 I. (S. 24); zurückgehend auf *Neuhaus*, § 5 (S. 42 ff.).
1233 MüKoBGB-*v. Hein*, Einl. IPR, Rn. 30; *Kegel/Schurig*, § 2 I. (S. 133 f.).
1234 *Kegel/Schurig*, § 2 II. (S. 134 ff.); *Kropholler*, § 5 I. (S. 31 ff.).
1235 Diese sind in erster Linie bei der Anknüpfung höchstpersönlicher Rechtsverhältnisse von Bedeutung, siehe MüKoInsO-*Reinhart*, Vor. § 335 ff., Rn. 45.
1236 Siehe zum Einfluss materiell-rechtlich sozialer Wertentscheidungen *Kropholler*, § 5 II. 2. (S. 36); Siehe zum Grundsatz des Schutzes des Schwächeren im europäischen Kollisionsrecht Staudinger-*Magnus*, Einl. Rom I-VO, Rn. 71.

aa) Verkehrsinteressen

(1) Kreditverkehr

Über die Verkehrsinteressen werden die Teilnehmer am Rechtsverkehr berücksichtigt, welche in typisierten Gruppen als potentielle Parteien einer kollisionsrechtlich anzuknüpfenden Rechtsbeziehung zusammengefasst werden können.[1237] Im Zusammenhang mit der insolvenzkollisionsrechtlichen Behandlung von dinglichen Sicherheiten versteht es sich von selbst, dass hier die Interessen insbesondere der Kreditgeber berücksichtigt werden müssen, sichern sie sich doch über die Kreditsicherheiten gerade gegen das Insolvenzrisiko ab.[1238]

(2) Bevorrechtigte Gläubigergruppen

Fraglich erscheint, ob die insolvenzkollisionsrechtliche Behandlung von ausländischen dinglichen Sicherheiten die Interessen von Gläubigern berücksichtigen muss, die nach dem Insolvenzrecht des Belegenheitsstaats vorrangig aus dem Erlös der Sicherheitenverwertung zu befriedigen wären.

(a) Insolvenzrechtliche Generalprivilegien

Dabei sind zunächst jene Gläubiger in den Blick zu nehmen, deren Vorrechte auf insolvenzrechtlichen Regelungen beruhen. Dazu gehören zum Beispiel in Frankreich die Arbeitnehmer, die Kreditgläubiger, welche im Rahmen eines vorinsolvenzlichen Vergleichsverfahrens Kredit gewährt haben, sowie die Massegläubiger. Diese Gläubiger haben daher naturgemäß ein Interesse daran, dass die französische oder englische Verteilungsordnung zur Anwendung kommt, wenn dort belegenes Sicherungsgut im Rahmen eines im Ausland eröffneten Insolvenzverfahrens verwertet wird. Bei diesem Rechtsanwendungsinteresse handelt es sich jedoch nicht um ein spezifisch sicherungsrechtliches Rechtsanwendungsinteresse. Es besteht vielmehr unabhängig davon, ob an dem in Frankreich oder England belegenen Vermögensgegenstand Sicherungsrechte bestehen. Denn die genannten Vorrechte bestehen an jeglichem Vermögen, nicht nur an dem Besicherten. Es wäre daher verfehlt, dem Rechtsanwendungsinteresse der bevorrechtigten Gläubiger über eine spezifisch sicherungsrechtliche Kollisionsregel Rechnung zu tragen. Täte man dies, so müssten die bevorrechtigten Gläubiger geradezu darauf hoffen, dass so viele Vermögensgegenstände des Schuldners im betreffenden Belegenheitsstaat wie möglich besichert wären, damit auf diese entgegen der Grundregel des Art. 7(2) lit. i) EuInsVO die jeweilige nationale Verteilungsordnung Anwendung fände. Wiórek führt zudem richtigerweise an, dass eine kollisionsrechtliche Sonderanknüpfung für im Ausland belegene dingliche Sicherheiten keinerlei Aussage über die Durchsetzbarkeit der Generalprivilegien treffen würde. Vielmehr würde weiterhin

---

1237 *Kegel/Schurig*, § 2 II. 2. (S. 137 f.).
1238 Die Rechtsanwendnungsinteressen der Sicherungsnehmer lagen in besonderem Maße auch der heutigen Regelung des Art. 8 EuInsVO zugrunde, siehe *Virgós/Schmit*, Erläuternder Bericht, Nr. 97 und bereits oben unter 2. Teil. A. II. 1. (S. 178).

über Art. 7 Abs. 2 lit. g), i) EuInsVO die Verteilungsordnung der *lex fori concursus* gelten, welche Insolvenzvorrechte möglicherweise gar nicht anerkennt.[1239] Selbst wenn man die insolvenzrechtlichen Generalprivilegien, wie in Frankreich teilweise vertreten wird,[1240] als dingliche Rechte ansehen wollte, so ändert sich an diesem Ergebnis nichts, da ihr Entstehen von der Eröffnung eines Insolvenzverfahrens abhängig ist, sich daher gemäß der Grundnorm des Art. 7 EuInsVO ebenfalls nach der *lex fori concursus*, richten hat.[1241] Alles andere liefe auf die Bildung von Untermassen an jedem einzelnen im Ausland belegenen Sicherungsgegenstand hinaus und ist innerhalb eines Einheitsverfahrens aufgrund praktischer Undurchführbarkeit zum Scheitern verurteilt.[1242] Entsprechend hat man sich in der EuInsVO bewusst gegen einen Vermögensgerichtsstand für die Eröffnung von Sekundärverfahren entschieden.[1243]

Anders stellt sich hingegen das Rechtsanwendungsinteresse ungesicherter Gläubiger hinsichtlich der *floating charge* unter englischem Recht dar. Denn der Vorrang der ungesicherten Gläubiger am mit einer *floating charge* besicherten Vermögen in Form des *prescribed part* ist hier unmittelbar an die Existenz der dinglichen Sicherheit geknüpft. Tatsächlich spricht einiges dafür, dies auch für die allgemein unter englischem Recht bevorrechtigten Arbeitnehmer anzunehmen. Denn aufgrund des Charakters der *floating charge* als umfassende Unternehmenssicherheit werden auch ihre bevorrechtigten Forderungen regelmäßig aus dem *Floating-charge*-Vermögen befriedigt werden müssen. Damit ergibt sich für die unter englischem Recht bevorrechtigten Gläubiger ein spezifisches Interesse daran, von einer *floating charge* in England umfasstes Vermögen auch englischem Insolvenzverteilungsrecht zu unterstellen. Da die *floating charge* regelmäßig eine größere Sachgesamtheit, unter Umständen sogar sämtliches in England belegenes Vermögen umfasst, erschiene hier auch die Bildung einer Untermasse nicht von vornerein unpraktikabel.

Die EuInsVO wählt allerdings einen anderen Weg und schützt das Vertrauen in nationale Verteilungsregeln über das (synthetische) Sekundärverfahren. Tatsächlich scheint diese Lösung für sämtliche soeben behandelte Fälle angemessen zu sein. Betrachtet man nämlich die dargestellten Gläubigergruppen, so fällt auf, dass diese nahezu ausschließlich in Verbindung mit einer Niederlassung vorkommen werden. Die Durchführung eines Vergleichsverfahrens in Frankreich ohne dortige Niederlassung erscheint undenkbar. Die *floating charge* wird zur Besicherung wechselnden Vermögens eingesetzt und erscheint damit ebenfalls ausschließlich für einer englischen Niederlassung zugehöriges Vermögen zweckmäßig. Zwar mag es möglich sein, einen Arbeitnehmer unter ausländischem Arbeitsstatut zu beschäftigen und in dem maßgeblichen Staat zur Finanzierung einsetzbares Vermögen zu haben, ohne dass es sich um eine Niederlassung handelte. Abgesehen davon, dass dies kaum der Fall sein wird, erscheint auch das Vertrauen eines solchen Arbeitnehmers, der – wenn überhaupt – nur von einzelnen in dem jeweiligen Staat belegenen Vermögenswerten des Schuldners

---

1239 *Wiórek*, S. 253 f.
1240 Siehe zu dem Streit *C/M/C/P*, Droit des sûretés, Rn. 665.
1241 Vgl. *Virgós/Schmit*, Erläuternder Bericht, Nr. 96.
1242 *Fehrenbach*, S. 57; *Gottwald*, Grenzüberschreitende Insolvenzen, S. 14; siehe zum Scheitern des EG-Konkursabkommens von 1980/84 an dem Versuch der Bildung von Untermassen auch *Aderhold*, S. 290; *Hanisch*, in: FS Nakamura, S. 221, 231.
1243 *Taupitz*, ZZP 1998 (111), 315, 337.

ausgehen kann, in die Anwendung der ausländischen Verteilungsordnung nicht schutzwürdig.[1244] Auch Massegläubiger wird es außerhalb des Insolvenzeröffnungsstaats ohne ausländische Niederlassung kaum geben, zumal diese ohnehin auch unter der *lex fori concursus* regelmäßig vorrangig befriedigt werden.

(b) Vorinsolvenzliche General- und Spezialprivilegien

Neben den insolvenzrechtlichen Generalprivilegien kennen einige Rechtsordnungen, insbesondere die französische, auch Privilegien, welche nicht erst im Insolvenz-, sondern bereits im allgemeinen Zivil- und Einzelzwangsvollstreckungsrecht angesiedelt sind und in der Insolvenz fortgelten. Zunächst muss man die Frage stellen, ob diese Vorzugsrechte möglicherweise selbst dingliche Sicherheiten darstellen und damit originär von der kollisionsrechtlichen Behandlung im Ausland belegener dinglicher Sicherheiten betroffen wären. Dies ist zu verneinen. Zwar ist unter Art. 8 EuInsVO anerkannt, dass für die Vorfrage, ob es sich bei einem Recht überhaupt um ein dingliches Recht im Sinne der Vorschrift handelt, die nach internationalem Privatrecht anwendbare *lex causae* befragt werden muss. Somit könnten nach dem maßgeblichen französischen Recht[1245] zumindest Spezialprivilegien ebenfalls als dingliche Rechte zu qualifizieren sein.[1246] Allerdings geht aus dem erläuternden Bericht zum EuInsÜ hervor, dass jegliche zivilrechtlichen Vorrechte, welche kein Recht auf Verwertung, sondern nur auf vorzugsweise Befriedigung gewähren, keine dinglichen Rechte im Sinne des Art. 8 EuInsVO darstellen sollten. Andernfalls drohte eine Aushöhlung der *lex fori concursus* als maßgebliche Verteilungsordnung.[1247] Dann allerdings kann für das Rechtsanwendungsinteresse der vorrangigen Gläubiger nichts anderes gelten als für die insolvenzrechtlich privilegierten Gläubiger französischen Rechts. Denn auch sämtliche vorinsolvenzlichen Privilegien knüpfen nicht an das Vorhandensein eines vertraglichen dinglichen Sicherungsrechts an. Während insbesondere in Bezug auf die

---

1244 So auch *Trunk*, Insolvenzrecht, S. 499.

1245 Da sowohl die Spezial- als auch die Generalprivilegien an schuldnerischen Vermögensgegenständen bestehen, setzte die Anwendbarkeit französischen Rechts jedenfalls voraus, dass sich betreffendes schuldnerisches Vermögen in Frankreich befindet. Darüber hinaus erscheint fraglich, ob für die Geltung weiter erforderlich wäre, dass die gesicherte Forderung ebenfalls französischem Recht untersteht.

1246 Nach *Plappert*, S. 262, soll die Qualifizierung der Spezialprivilegien, welche zur Verhaftung eines bestimmten schuldnerischen Vermögensgegenstands führen, als dingliches Recht in Frankreich unzweifelhaft sein. Tatsächlich ist dies so wie bei den Generalprivilegien höchst umstritten. Zumindest greift aber das Argument mangelnder Bestimmtheit, welches gegen die Qualifizierung der Generalprivilegien als dingliches Recht spricht, nicht bei den Spezialprivilegien. Zudem bleiben Spezialprivilegien grundsätzlich auch im Falle der Veräußerung des Gegenstands bestehen, wenngleich diese Rechtswirkung mangels Publizität der Spezialprivilegien im Mobiliarsachenrecht aufgrund der Möglichkeit des gutgläubigen lastenfreien Erwerbs kaum relevant wird, siehe *C/MC/P*, Droit des sûretés, Rn. 718.

1247 *Virgós/Schmit*, Erläuternder Bericht, Nr. 102 f.; Bork/v. Zwieten-*Snowden*, Art. 8, Rn. 8.26 demgegenüber nimmt *Plappert*, S. 262 wenig überzeugend an, dass nach maßgeblicher *lex rei sitae* zumindest Spezialprivilegien dingliche Rechte i.S.v. Art. 8 EuInsVO sein können.

Generalprivilegien vielfach die Möglichkeit des Sekundärverfahrens zu ausreichendem Schutz der vorrangigen Gläubiger führen wird, sind im Bereich der Spezialprivilegien Wertungswidersprüche in der EuInsVO zwar unvermeidbar, jedoch gleichwohl aus Praktikabilitätsgründen hinzunehmen. So könnte dem deutschen Lagerhalter im Insolvenzverfahren über einen englischen Schuldner sein gesetzliches Lagerpfandrecht als dingliches Recht zugutekommen, während das Privileg des französischen Lagerhalters wirkungslos wäre. Eine Lösung dieses Problems kann jedenfalls nicht über die kollisionsrechtliche Behandlung der dinglichen Mobiliarsicherheiten erreicht werden. Erstrebenswert erscheint jedoch in solchen Fällen – wenn möglich – eine Angleichung nach der *lex fori concursus*.[1248]

(c)   Zwischenergebnis

Als Zwischenergebnis lässt sich damit festhalten, dass die Rechtsanwendungsinteressen bevorrechtigter Gläubiger nicht über die kollisionsrechtliche Behandlung außerhalb des Insolvenzverfahrensstaats belegener dinglicher Sicherheiten berücksichtigt werden kann.

bb)   Staatliche Rechtsanwendungsinteressen

Es fragt sich zudem, ob staatliche Interessen in Bezug auf die insolvenzkollisionsrechtliche Behandlung außerhalb des Insolvenzeröffnungsstaats belegener dinglicher Sicherungsrechte bestehen. So beruht die jedenfalls für bewegliche Sachen allgemein gültige *Situs*-Regel des internationalen Sachenrechts zumindest auch auf staatlichen Ordnungsinteressen im Sinne der Wahrung der eigenen Rechtsordnung. Diese wäre erheblich beeinträchtigt, wenn über die gesetzlich verankerten dinglichen Rechte hinaus weitere dingliche Rechte verschiedenster Rechtsordnungen Geltung erlangen könnten, für die dann auch im Hinblick auf Fragen der Übertragung oder der Erlöschung unterschiedlichste *leges causae* anwendbar wären. Des Weiteren wird angeführt, dass der durch die *Situs*-Regel geförderte Einklang zwischen dem materiellen Recht und dem Prozess- und Zwangsvollstreckungsrecht die Durchsetzung dinglicher Ansprüche erleichtere und damit staatlichen Ordnungsinteressen diene. Gleiches gelte für den über die *Situs*-Regel erreichten internationalen Entscheidungseinklang.[1249]

1248   FK-*Wenner/Schuster*, Art. 5 EuInsVO a.F., Rn. 15. Billigt das englische Recht dem Lagerhalter ein gesetzliches Pfandrecht (*lien*) zu, so könnte das französische Privileg als solches behandelt werden, um Wertungs- und Normanwendungswidersprüche zu vermeiden. Zwar richtet sich die Verteilungsfrage gemäß Art. 7(2) lit. g) nach der englischen *lex fori concursus*, darin sollte jedoch kein Verbot zur Vornahme einer solchen Angleichung erblickt werden. Gleichfalls ist daran zu denken dem bevorrechtigten französischen Lagerhalter oder Vermieter in Deutschland die Stellung eines entsprechenden Pfandgläubigers zuzugestehen. Wo die *lex fori concursus* kein vergleichbares Vorrecht gewährt ist eine Angleichung nicht möglich. Das Ergebnis ist dann aber insofern widerspruchsfrei, als dass auch die heimischen Gläubiger kein vergleichbares Vorrecht genießen.
1249   Siehe zum Ganzen Staudinger-*Mansel*, Art. 43 EGBGB, Rn. 26 ff.

(1)   Wahrung der Rechtsordnung

Zu unterscheiden ist zwischen den Interessen des Staats, dessen Recht als *lex causae* auf die Sicherheit anzuwenden ist (in der Regel der Belegenheitsstaat oder der Staat, dessen Recht der besicherten Forderung zugrunde liegt) und den Interessen des Insolvenzeröffnungsstaats. Aus Sicht des ersteren besteht zunächst das Interesse daran, unter der eigenen Rechtsordnung nur die darin vorgesehenen dinglichen Rechte zuzulassen. Dafür genügt es ihm jedoch im Allgemeinen, die sachen- und verfahrensrechtlichen (Vor-)Fragen der Entstehung, Erlöschung, Übertragung sowie der Einhaltung eventuell vorgeschriebener staatlich beaufsichtigter Verwertungs- und Registerverfahren seinem Recht zu unterwerfen. Werden die insolvenzrechtlich zu qualifizierenden Fragen der Verwertungsberechtigung, der Erlösverteilung oder der Einbindung gesicherter Gläubiger in einen Sanierungsplan von einem davon abweichenden Insolvenzrecht entschieden, so berührt dies das Ordnungsinteresse des Belegenheitsstaats grundsätzlich nicht. Im Bereich der Sicherungsrechte an Forderungen spielt im allgemeinen Kollisionsrecht die Berücksichtigung eines etwaigen Lageorts ohnehin keine Rolle.[1250] Allerdings ist zu beachten, dass die sachenrechtliche *lex causae* zum Teil von ihrem eigenen Insolvenzrecht beeinflusst werden kann. Ein Beispiel hierfür sind die von der deutschen Rechtsprechung entwickelten Grenzen für das Entstehen des Freigabeanspruchs bei nachträglicher Übersicherung, welche sich an den insolvenzrechtlichen Massekostenbeiträgen orientieren. Insofern stellt sich die Frage, ob eine solche Regel noch Bestand haben kann, wenn mit der Anwendung eines fremden Insolvenzrechts gerechnet werden müsste, welches auf Verteilungsebene deutlich höhere Beeinträchtigungen des Sicherungsrechts vorsieht. Vor diesem Hintergrund kann ein legitimes Interesse des Staats, dessen Recht als *lex causae* auf die Sicherheit anwendbar ist, an der insolvenzkollisionsrechtlichen Behandlung der Sicherheit in einem ausländischen Insolvenzverfahren nicht von der Hand gewiesen werden.

Aus der Perspektive des Insolvenzeröffnungsstaats treten demgegenüber rein insolvenzspezifische Rechtsanwendungsinteressen in den Vordergrund. Sein Interesse geht dahin, dass die von ihm im Insolvenzrecht zum Ausdruck gebrachten Wertungen und rechtspolitischen Ziele umgesetzt und die vorgesehenen Verfahrensabläufe nicht beeinträchtigt werden. Insofern erscheinen die staatlichen Rechtsanwendungsinteressen allerdings deckungsgleich mit dem – wie dargestellt – nicht zu beachtenden Rechtsanwendungsinteresse bevorrechtigter Gläubiger oder gehen im Prinzip der bestmöglichen Gläubigerbefriedigung im Sinne einer effektiven Verfahrensabwicklung auf und bedürfen daher keiner gesonderten Darstellung.

(2)   Einklang zwischen materiellem Recht und Verfahrensrecht

Soweit vertreten wird, die *Situs*-Regel des internationalen Sachenrechts fördere den Einklang zwischen materiellem Recht und Verfahrensrecht, ist zu erwidern, dass dieses Argument bereits insofern zweifelhaft ist, als dass die *Situs*-Regel nicht dazu

---

1250   Bis zur Einführung des Art. 14 Rom I-VO war nach herrschender Ansicht das Forderungsstatut für die Bestellung dinglicher Sicherheiten maßgeblich. Unter Art. 14 Rom I-VO kommt es auf die *lex causae* des Sicherungsvertrags an.

führt, dass sachenrechtliche Vorgänge, die zuvor in einem anderen Belegenheitsstaat stattgefunden haben, nunmehr nach dem materiellen Sachenrecht des aktuellen Lageorts zu beurteilen wären.[1251] Der Gleichlauf zwischen materiellem Recht und Verfahrensrecht stünde zudem unter dem Vorbehalt der internationalen Zuständigkeit des Belegenheitsstaats. Im europäischen Insolvenzrecht bedeutet Einklang zwischen materiellem Recht und Verfahrensrecht überdies, dass insolvenzrechtlich zu qualifizierende Sachverhalte von den Gerichten des Insolvenzeröffnungsstaats zu entscheiden sind. Eine entsprechende ausschließliche[1252] Annexzuständigkeit ist nunmehr in Art. 6 (1) EuInsVO ausdrücklich festgeschrieben. Danach sind die Gerichte des Insolvenzeröffnungsstaats international für Klagen zuständig, welche unmittelbar aus dem Insolvenzverfahren hervorgehen und mit diesem in einem engen Zusammenhang stehen. Die Vorschrift ist sowohl auf Aktiv- wie auch auf Passivprozesse der Insolvenzmasse anwendbar.[1253] Im Hinblick auf dingliche Sicherheiten sollten damit jedenfalls Streitigkeiten über die Erlösverteilung nach erfolgter Sicherheitenverwertung sowie Streitigkeiten über die Verwertungsbefugnis stets insolvenzrechtlich zu qualifizieren sein.[1254] Wird dagegen lediglich über sachenrechtliche Fragen gestritten, greift die Annexzuständigkeit nicht ein.[1255] Die autonome Regelung der internationalen Zuständigkeit und damit des anwendbaren Verfahrensrechts im europäischen Insolvenzrecht lässt für eine Berücksichtigung des Einklangs zwischen materiellem Recht und Verfahrensrecht über das Insolvenzkollisonsrecht keinen Raum mehr.

c)   Internationaler Entscheidungseinklang

Aus dem Aspekt der Förderung des internationalen Entscheidungseinklangs kann sich nur ein Interesse an einer einheitlichen kollisionsrechtlichen Regel ergeben. Insofern kann diesem Aspekt aber von vorneherein kein Interesse an einer bestimmten Lösung entnommen werden, solange es nur eine einheitliche Regel gibt. Der Aspekt erscheint daher vorliegend irrelevant.

1251   Staudinger-*Mansel*, Art. 43 EGBGB, Rn. 28.
1252   H.M., siehe Bork/Mangano-*Mangano*, Rn. 3.75; Mankowski/Müller/Schmidt-*Mankowski*, Art. 6, Rn. 27 ff.; *Prager/Keller*, NZI 2013, 57, 59 f.; *Schulz*, EuZW 2015, 596, 598; *Thole*, ZEuP 2014, 39, 60, *Wedemann*, IPrax 2015, 505, 508; a.A. *Kindler*, KTS 2014, 25, 36 f.
1253   EuGH Urt. v., *Comité d'enterprise deNortel Networks SA v Cosme Rogeau*, C-649/13, ECLI:EU:C: 2015:384; EuGH Urt. v. 10.09.2009, *German Graphics*, C-292/08, EC-LI:EU:C:2009:544; deutlich Bork/Mangano-*Mangano*, Rn. 3.76; siehe auch Bork/ v. Zwieten-*Ringe*, Art. 6, Rn. 21; Mankowski/Müller/Schmidt-*Mankowski*, Art. 6, Rn. 7 ff., 18, 34; *Haas*, ZIP 2013, 2381, 2384 ff.; *Thole*, ZEuP 2014, 39, 59 ff.; a.A. *Prager/ Keller*, NZI 2013, 57, 59, Fn. 27. Die Gegenansicht kann vor dem Hintergrund, dass Art. 6 EuInsVO die Effektivität des Verfahrens fördern soll, nicht überzeugen.
1254   Vgl. HK-*Dornblüth*, Art. 6 EuInsVO, Rn. 5; Pannen-*Pannen*, Art. 3 a.F., Rn. 114.
1255   Vgl. EuGH Urt. v. 10.09.2009, *German Graphics*, C-292/08, ECLI:EU:C:2009:544, Rn. 31.

d) Ordnungsinteressen

Zum Teil wird auch das oben genannte Prinzip der Rechtssicherheit im Sinne der Vorhersehbarkeit des anwendbaren Rechts als Ordnungsinteresse gesehen.[1256] Daneben ist mit Ordnungsinteressen in erster Linie die Vermeidung von Normmängeln, Normhäufungen und Normwidersprüchen gemeint.[1257] Insoweit gilt wiederum, dass Deckungseinheit mit dem Prinzip der bestmöglichen Gläubigerbefriedigung besteht. Denn auch jenes erfordert im Sinne einer möglichst effektiven und günstigen Verfahrensdurchführung die weitestgehende Vermeidung von Rechtsunsicherheiten und daraus folgender Streitigkeiten, welche eben durch solche Normmängel, -häufungen und -widersprüche hervorgerufen werden. Aus diesem Grund bedarf es keiner gesonderten Beachtung international-privatrechtlicher Ordnungsinteressen.

e) Zwischenergebnis

Eine kollisionsrechtliche Lösung für die Behandlung außerhalb des Insolvenzeröffnungsstaats belegener dinglicher Sicherheiten hat zum einen die Rechtsanwendungsinteressen des Kreditverkehrs zu berücksichtigen. Zum anderen muss unter dem Aspekt der Wahrung der Rechtsordnung ein Rechtsanwendungsinteresse des Belegenheitsstaats bedacht werden.

III. Zusammenfassung und Gewichtung der einzelnen Determinanten

Die Untersuchung bis hierher hat folgendes ergeben: Im nationalen Recht steht die insolvenzrechtliche Behandlung dinglicher Sicherheiten mit dem Prinzip der Gläubigergleichbehandlung und dem Prinzip der bestmöglichen Gläubigerbefriedigung in Verbindung. Es gilt hier unter den gesicherten Gläubigern die Ausgangsregel, dass gleiche Rechtspositionen gleich behandelt werden müssen, es sei denn es liegen Gründe für eine Ungleichbehandlung vor. Diese Ausgangslage findet sich kollisionsrechtlich auch in der EuInsVO im Form des *Lex-fori*-Prinzips wieder. Daneben werden lediglich Unternehmenssicherheiten wie die *floating charge* zugunsten der Gläubigergleichbehandlung auf Verteilungsebene eingeschränkt. Diesem Umstand trägt die EuInsVO ebenfalls Rechnung, wenn auch nicht über gleichbehandlungsrelevante Regelungen. Vielmehr erkennt sie unter Zugrundelegung international-privatrechtlicher Grundsätze ein Rechtsanwendungsinteresse der ungesicherten Gläubiger an und ermöglicht daher über Sekundärverfahren oder nunmehr auch synthetische Sekundärverfahren im Ergebnis die Anwendung der jeweiligen nationalen Verteilungsordnung. Neben der Zulassung von Sekundärverfahren bleibt für eine spezifische Berücksichtigung von Rechtsanwendungsinteressen bevorrechtigter Gläubiger im Rahmen der Behandlung ausländischer dinglicher Sicherheiten kein Raum. In allen nationalen Insolvenzverfahren werden dingliche Sicherheiten zudem zugunsten der bestmöglichen Gläubigerbefriedigung durch die Erzielung von Fortfüh-

---

1256 So *Kegel/Schurig*, § 2 II. 3. a) (S. 143).
1257 MüKoInsO-*Reinhart*, Vor. § 335 ff., Rn. 47; *Kegel/Schurig*, § 2 II. 3. (S. 139 ff.).

rungswerten auf Verwertungsebene eingeschränkt. Zwar sind diese Eingriffe Sache der nationalen Rechtsordnungen, allerdings findet sich das Prinzip der bestmöglichen Gläubigerbefriedigung durch Unternehmensfortführung auch in der EuInsVO wieder. Daneben muss die EuInsVO insbesondere auf verfahrensrechtlicher Ebene eine effektive und kostengünstige Verfahrensabwicklung gewährleisten. Eine insolvenzkollisionsrechtliche Regelung ausländischer Sicherheiten muss daneben Rechtssicherheit im Sinne der Vorhersehbarkeit des anwendbaren Rechts gewährleisten sowie die Rechtsanwendungsinteressen des Kreditverkehrs sowie der involvierten Staaten berücksichtigen.

Es ist offensichtlich, dass sämtliche präsentierte Lösungsvorschläge diesen Prinzipien unterschiedliche Gewichtung einräumen. Gegenüber stehen sich insbesondere die originär insolvenzrechtlichen Prinzipien und die Rechtsanwendungsinteressen des internationalen Privatrechts. Ist für eine endgültige Entscheidung eine Abwägung notwendig, so fragt es sich insbesondere, inwieweit dabei der Gläubigergleichbehandlungsgrundsatz relevant sein kann. Da der Einschränkung dinglicher Unternehmenssicherheiten auf Verteilungsebene bereits über die Sekundärverfahren ausreichend Rechnung getragen wird, ist hier ausschließlich die Gleichbehandlung innerhalb einer Gläubigergruppe auf kollisionsrechtlicher Ebene betroffen, auf welcher jede Sonderanknüpfung zur Ungleichbehandlung vergleichbarer Rechtspositionen führt. Insofern muss bedacht werden, dass die erforderliche Rechtfertigung einer Durchbrechung dieses Ausgangsprinzips bereits aus der Abwägung in dem hier skizzierten Spannungsfeld folgen wird. Kommt diese zum Ergebnis, dass eine Sonderanknüpfung dinglicher Sicherheiten und damit eine Ungleichbehandlung innerhalb der Gruppe der gesicherten Gläubiger geboten ist, so kann ein anderes Ergebnis nicht mit der bloßen Erwägung der Gläubigergleichbehandlung gerechtfertigt werden. Dies zeigt die dem Gläubigergleichbehandlungsgrundsatz immanente Schwäche als Ausgangsprinzip. Neben der Frage, ob eine normative Ungleichbehandlung gerechtfertigt ist, weist der Hinweis auf die Gleichbehandlung selbst kaum eigenständige Argumentationsstärke auf. Dies wird auch im Hinblick auf die Unternehmenssicherheiten deutlich. Die Entscheidung für ein Sekundärverfahren beruht keineswegs auf der Erkenntnis, dieses könne den Gleichbehandlungsgrundsatz fördern. Ausschlaggebend waren reine Interessenabwägungen, welche am Ende zu dem Schluss kamen, dass unter bestimmten Umständen das international-privatrechtliche Rechtsanwendungsinteresse bestimmter Gläubiger an einer bestimmten Verteilungsordnung schutzwürdig sei. Fraglich ist allein, welche Anforderungen an die Rechtfertigung der kollisionsrechtlichen Ungleichbehandlung zu stellen sind. Vor dem Hintergrund der Unterschiede nationaler Sachenrechte und dem durch das Primärrecht vorgegebenen Ziel der Stärkung des Binnenmarkts ist dem europäischen Gesetzgeber dabei ein weiter Beurteilungsspielraum zu attestieren. Freilich kann man sich auch auf europäischer Ebene fragen, ob im Insolvenzrecht Ungleichbehandlungen mit insolvenzfremden rechtspolitischen Erwägungen gerechtfertigt werden sollten. Zu beachten ist, dass die negierende Antwort des deutschen Insolvenzrechtlers keinen gesamteuropäischen Konsens darstellt. Eine Bewertung der diskutierten Lösungen soll aus diesen Gründen zunächst jedenfalls ohne Eingehung auf den Gläubigergleichbehandlungsgrundsatz erfolgen, zumal offensichtlich ist, dass nur die umfassende Anwendung der *lex fori concursus* mit diesem vollkommen im Einklang stünde.

C. Die Bewertung der Alternativvorschläge zu Art. 8 EuInsVO

I. Die Lex-causae-Lösung

1. International-privatrechtliche Prinzipien

a) Rechtssicherheit

Die Anwendung des Insolvenzrechts der *lex causae* auf dingliche besitzlose Mobiliarsicherheiten, welche sachenrechtlich nicht dem Recht des Insolvenzeröffnungsstaats unterliegen, weist für die beteiligten Verkehrskreise ein hohes Maß an Rechtssicherheit im Sinne der Vorhersehbarkeit des anwendbaren Insolvenzrechts auf. Diese Rechtssicherheit ist gerade für den gesicherten Gläubiger essentiell. Denn die Zugrundelegung des voraussichtlich anwendbaren Insolvenzrechts beeinflusst seine Entscheidung über die Art und den Umfang der Sicherheitenbestellung. Die unvorhergesehene Anwendung eines anderen Insolvenzrechts kann zu nicht kalkulierten Beeinträchtigungen seiner Sicherheit führen. Im Extremfall könnte sein Sicherungsrecht gänzlich wirkungslos sein, weil das anwendbare Insolvenzrecht seine Sicherheit nach allgemeinen Grundsätzen des internationalen Sachenrechts nicht anerkennt. Klassisches Beispiel ist die Nichtanerkennung des deutschen Sicherungseigentums in Frankreich,[1258] wobei noch nicht geklärt ist, inwieweit die Einführung der *fiducie-sûreté* an dieser Rechtslage etwas geändert hat.[1259] Unklar wäre auch die Behandlung der *floating charge* durch deutsche oder französische Gerichte unter dem Aspekt der Wahrung des Bestimmtheitsgrundsatzes.[1260] Im Zusammenhang mit Sicherheiten an Forderungen weist die *Lex-causae*-Lösung eine höchstmögliche Rechtssicherheit auf. Richtet sich hier das anwendbare Recht gemäß Art. 14(1), (3) Rom I-VO nach dem auf den Sicherungsvertrag anwendbaren Recht, so kann dieses ohne den Willen des gesicherten Gläubigers nicht geändert werden. Etwas anderes gilt im Hinblick auf besitzlose dingliche Sicherheiten an beweglichen Sachen. Hier ist es möglich, dass der Sicherungsgeber Sicherungsgut gegen den Willen des Sicherungsnehmers ins Ausland verbringt und damit einen vom Sicherungsnehmer nicht bedachten Statutenwechsel herbeiführt, vgl. Art. 43 Abs. 2 EGBGB.[1261] Freilich erscheint dieses Risiko nicht höher als das besitzlosen Sicherheiten immanente Risiko des vertragsgemäßen Umgangs mit dem Siche-

---

1258 Cass.req. v. 24.05.1933, Rev.crit.DIP 1934, 142; *Kessedjian*, in: Bridge/Stevens, Cross-Border Security, S. 159, 171 ff.

1259 Zweifelnd *Szemjonneck* ZEuP 2010, 562, 585; *Wilhelm*, ZEuP 2009, 152, 169.

1260 Für regelmäßige dingliche Wirkungslosigkeit an in Deutschland befindlichen oder nach Deutschland verbrachten Gegenständen Staudinger-*Mansel*, Art. 43 EGBGB, Rn. 1070; differenzierend hingegen *Swienty*, S. 196 ff., welcher dingliche Unwirksamkeit aufgrund der Missachtung des Bestimmtheitsgrundsatzes nur für Gegenstände annimmt, die sich im Zeitpunkt der Sicherheitenbestellung in Deutschland befunden haben. Würden die Gegenstände hingegen erst nach der Sicherheitenbestellung nach Deutschland verbracht, so müsste das deutsche Recht die wirksame Bestellung nach englischem Recht anerkennen und den dinglichen Wirkungen, soweit sie denen des Sicherungseigentums entsprächen, Geltung verschaffen.

1261 Auf diese Gefahr weist bereits *Favoccia*, S. 33, hin.

rungsgut durch den Sicherungsgeber. Aus Sicht des Kreditverkehrs stellt sich dieses Risiko damit als jedenfalls hinnehmbar dar. Insbesondere wo Sicherungsgut als Anlage- oder Umlaufvermögen an eine Niederlassung gebunden ist, dürfte kaum die Gefahr einer Verbringung ins Ausland bestehen.

b) Die international-privatrechtlichen Rechtsanwendungsinteressen

aa) Das Rechtsanwendungsinteresse des Kreditverkehrs

Neben dem Interesse an Rechtssicherheit (aus Sicht des Kreditverkehrs lässt sich auch vom Schutz des Vertrauens in die Anwendbarkeit eines Rechts sprechen) besteht ein weiteres spezifisches Interesse des Kreditverkehrs an der Anwendung der *lex causae*. Es muss bedacht werden, dass nach der *Situs*-Regel in Verbindung mit dem jeweiligen nationalen *numerus clausus* der Sachenrechte für die Parteien zumindest in Bezug auf bewegliche Sachen nicht die Möglichkeit besteht, Sicherheiten nach einem anderen Recht als dem des Belegenheitsstaats zu bestellen und damit auf ein potentiell von der *lex rei sitae* abweichendes Insolvenzrecht Rücksicht zu nehmen. Bereits aus dieser international-privatrechtlichen Zwangslage folgt, dass die Anwendung auch des Insolvenzrechts der *lex causae* aus Sicht des gesicherten Gläubigers die vorzugswürdige Lösung ist. Denn nur in diesem Fall sind Insolvenz- und Sachrecht aufeinander abgestimmt und aus eventuellen Normwidersprüchen herrührende Rechtsunsicherheiten nicht zu befürchten. Die insolvenzrechtlichen Wirkungen der Sicherheit sind so nicht nur am sichersten, sondern auch am einfachsten zu beurteilen, da weder Erkundigungen über den COMI des Sicherungsgebers noch die Prüfung fremder Rechtsordnungen vorgenommen werden müssen. So wird denn auch in der Literatur überwiegend das Rechtsanwendungsinteresse des Kreditverkehrs an der *lex causae* nicht in Frage gestellt.[1262] Soweit in der Literatur die *lex causae* mit der *lex rei sitae* gleichgesetzt wird, ist dies allerdings ungenau. Denn ein Rechtsanwendungsinteresse an der *lex rei sitae* besteht ersichtlich nicht im Falle von Sicherheiten an Forderungen, da hier gemäß Art. 14 Rom I-VO *lex causae* und *lex rei sitae* auseinanderfallen können. Im Falle einer Globalsicherungszession müsste sich – die Anwendung der *lex rei sitae* unterstellt – die insolvenzrechtliche Behandlung der Sicherungszession nach dem Belegenheitsort jeder einzelnen erfassten Forderung richten, was wiederum nach Art. 2 Nr. 9 viii) EuInsVO vom COMI des Drittschuldners abhinge.[1263] Um die Sicherheit insolvenzrechtlich beurteilen zu können, müsste der Sicherungsnehmer also im Vorfeld die Insolvenzrechte sämtlicher Sitzstaaten der Drittschuldner analysieren, oder die Sicherungszession auf in bestimmten Staaten belegene Forderungen beschränken. Hier muss das Rechtsanwendungsinteresse vielmehr auf die einheitliche Anwendung der nach Art. 14(1), (3) Rom I-VO maßgeblichen *lex causae* gerichtet sein.[1264]

Ein weiterer Aspekt spricht aus Sicht des Kreditverkehrs für die *Lex-causae*-Lösung. Da eine solche insolvenzkollisionsrechtliche Verweisung nämlich nicht die Vertei-

---

1262 *Hoffmann*, Prioritätsgrundsatz, S. 422, Fn. 61 und zumindest stillschweigend alle Autoren, welche noch heute für die Anwendung der *lex rei sitae* bzw. der *lex causae* eintreten, siehe oben unter 2. Teil A. I. (S. 177 f.).

1263 Siehe das Beispiel zur englischen *floating charge* bei Bork/v. Zwieten-*Snowden*, Rn. 8.33.

1264 Richtig insoweit *Veder*, IILR 2011, 285, 292.

lungsordnung des Insolvenzrechts der *lex causae* umfassen würde, sie aber gleichzeitig als Ablehnung der Einschränkungen der *lex fori concursus* verstanden werden müsste, könnte eine solche Verweisung bedeuten, dass – vorbehaltlich der Eröffnung eines Sekundärverfahrens – gesicherte Gläubiger von jeglichen Einschränkungen auf Verteilungsebene befreit werden.[1265]

bb) Staatliche Rechtsanwendungsinteressen

Auch aus Sicht des Staats, dessen Sachenrecht auf die Sicherheit als *lex causae* Anwendung findet, ist die *Lex-causae*-Lösung von Vorteil. Es besteht dadurch keine Gefahr für etwaige Beeinträchtigungen der innerstaatlichen Kreditpraxis durch die Anwendung fremden Insolvenzrechts.

2. Die Verwirklichung bestmöglicher Gläubigerbefriedigung

a) Die Gewährleistung eines effektiven Verfahrens

aa) Effektivitätsverlust durch Aufeinandertreffen von *lex causae* und *lex fori concursus*

(1) Die Problematik

Die insolvenzkollisionsrechtliche Behandlung einem fremden Recht unterliegender dinglicher besitzloser Mobiliarsicherheiten sollte einen effektiven Verfahrensablauf gewährleisten. Soll für diese Sicherheiten auch das Insolvenzrecht der *lex causae* gelten, so werden die Verfahrensorgane im Insolvenzeröffnungsstaat zunächst gezwungen sein, eine fremde Rechtsordnung anzuwenden. Dafür bringen breit aufgestellte Insolvenzverwalter heute die benötigten Ressourcen und Netzwerke regelmäßig mit.[1266] Im Übrigen müsste auch unter den anderen Alternativlösungen zumindest für die Beurteilung des Vorliegens einer wirksamen Sicherheit im Zeitpunkt der Verfahrenseröffnung die *lex causae* befragt werden. Um die Anwendung der *lex causae* und damit eventuell verbundene höhere Verfahrenskosten in Form von Beratungskosten wird man daher unter keiner der vorgeschlagenen Lösungen herumkommen. Als sehr viel gravierender in Bezug auf die *Lex-causae*-Lösung erweist sich jedoch die Einsicht, dass das Zusammentreffen auch des Insolvenzrechts der *lex causae* und der *lex fori concursus* zwangsläufig zu kaum lösbaren Normmängeln und -widersprüchen führt, die das Verfahren als äußerst kompliziert gestalten würden.[1267] So kennen zum Beispiel weder französische Sanierungs- noch das deutsche Einheitsverfahren ein Antragsrecht des gesicherten Gläubigers bei Gericht auf Gestattung der Verwertung von Sicherungsgut, wie es im englischen *Administration*-Verfahren vorgesehen ist. Ganz im Gegensatz

---

1265 Siehe oben unter 2. Teil B. II. 4. b) aa) (2) (a) (S. 201 f.).
1266 *Taylor*, IILR 2011, 242, 243.
1267 Duursma-Kepplinger/Duursma/Chapulsky-*Duursma-Kepplinger*, Art. 5 a.F., Rn. 3; Hess/Oberhammer/Pfeiffer-*Pieckenbrock*, Rn. 723, 740; *Huber*, ZZP 114 (2001), 133, 153; *Naumann*, S. 83 *Taupitz*, ZZP 111 (1998), 315, 332; *Wessels*, International Insolvency Law, Rn. 10640a.

dazu liegt im deutschen Recht traditionell die Entscheidungsgewalt über wesentliche Fragen der Masseverwertung bei den Gläubigern. Müsste der in England gesicherte Gläubiger nun in einem deutschen Insolvenzverfahren vor dem Insolvenzgericht einen solchen Antrag stellen? Müsste das Gericht gemäß englischem Recht den Marktpreis ermitteln und festsetzen? Die Vorstellung, das deutsche Gericht müsste sich für seine Entscheidung in die Feinheiten des englischen Rechts einarbeiten, erscheint mit der gebotenen Effektivität des Insolvenzverfahrens kaum vereinbar. Müsste ein deutscher Insolvenzverwalter beim deutschen Insolvenzgericht die Genehmigung zum Verkauf einer in Frankreich belegenen Pfandsache einholen? Müsste er dann den gesicherten Gläubiger informieren und hätte dieser dann die Möglichkeit, vor dem deutschen Insolvenzgericht die Versteigerungs- oder Verfallanordnung zu beantragen?[1268] Oder wäre für diese, weil sachenrechtlich zu qualifizierende, Frage dann wiederum ein französisches Gericht zuständig? Selbst wenn man die hier angeführten Anträge auf gerichtliche Verwertungsgestattung nicht als Klagen im Sinne von Art. 6 EuInsVO ansehen wollte, so handelte es sich bei den angestrebten Entscheidungen doch jedenfalls um Verfahrensdurchführungsentscheidungen nach Art. 32 Abs. 1 EuInsVO. Vorbehaltlich der Eröffnung eines Sekundärverfahrens folgte dann die internationale Zuständigkeit der Gerichte des Insolvenzeröffnungsstaats auch ohne explizite Regelung zumindest aus einem Erst-Recht-Schluss.[1269] Auch unter Effektivitätsgesichtspunkten wäre nicht ersichtlich, warum ein englisches Gericht, welches mit dem Insolvenzverfahren in keiner Weise befasst ist, nunmehr entscheiden sollte, ob dem in England gesicherten Gläubiger die Verwertungsbefugnis eingeräumt wird. Wäre eine *fiducie-sûreté* nach maßgeblichem französischem Recht in einem deutschen Insolvenzverfahren unwirksam, weil nach französischem Recht nicht ordnungsgemäß angemeldet, obwohl das deutsche Recht eine solche Anmeldung überhaupt nicht vorsieht?[1270] Diese Fragen zeigen, dass sich praktisch eine unzählige Menge an Problemen finden ließen, wenn man nur lange genug suchte. Die erstgenannten Beispiele zeigen zudem, dass sich eine Beschränkung der *lex causae* auf rein materiell-rechtliche Wirkungen des Sicherungsrechts bei gleichzeitiger Anwendung der *lex fori concursus* auf verfahrensrechtliche Fragen kaum durchführen lässt, da materielles Recht und Verfahrensrecht häufig untrennbar miteinander verbunden sind.[1271]

(2) Relativierung durch (synthetische) Sekundärverfahren

Der Verweis darauf, dass der Verwalter etwaige Unsicherheiten vermeiden kann, indem er gemäß art. 37 Abs. 1 lit. a) EuInsVO die Eröffnung eines Sekundärverfahrens beantragt, steht zunächst von vornherein unter dem Vorbehalt, dass die Voraussetzungen eines Sekundärverfahrens gegeben sind. Selbst wenn dies der Fall ist, kann der Hinweis vor dem Hintergrund der Verfahrenseffizienz jedoch nicht überzeugen. Die

---

1268 Siehe zum französischen Recht oben unter 1. Teil B. 8. c) aa) (1) (S. 169).

1269 *Thole*, ZEuP 2014, 39, 59 f.

1270 Die Frage stelle sich ebenso für französische Gerichte, wenn man für die Zuständigkeitsfrage eine insolvenzrechtliche Qualifikation der französischen Aussonderung ablehnt.

1271 In diese Richtung v. *Wilmowsky*, EWS 1997, 295, 298 ff., der vorschlägt, Verwertungsfragen der *lex fori concursus* zu unterstellen und Verteilungsfragen nach der *lex causae* zu beurteilen; ihm folgend *Liersch*, S. 109 ff., 148; *ders.* NZI 2002, 15, 18 ff.

Praxis hat nämlich gezeigt, dass die ursprünglich angedachte Hilfsfunktion des Sekundärverfahrens[1272] für Insolvenzverwalter vor dem Hintergrund des damit regelmäßig verbundenen Effizienz- und Wertverlusts weitgehend bedeutungslos ist. Daher sollten Anreize für den Verwalter zur Eröffnung eines Sekundärverfahrens so weit wie möglich reduziert werden. Ob die mit der Reform der EuInsVO 2015 eingeführten Änderungen hinsichtlich der Pflicht zur Kooperation und der Wegfall der zwingenden Einordnung des Sekundärverfahrens als Liquidationsverfahren Sekundärverfahren daran etwas ändern, erscheint fraglich. Zwar sind der Wegfall des zwingenden Liquidationscharakters des Sekundärverfahrens sowie die Einführung umfassenderer Kooperationspflichten grundsätzlich positiv zu bewerten. Aus Sicht des Insolvenzverwalters des Hauptinsolvenzverfahrens vor allem maßgeblich dürfte jedoch sein, inwieweit er herrschenden Einfluss auf das Sekundärverfahren nehmen kann. Echte Maßnahmen zur Stärkung der Dominanz des Hauptverfahrens wurden durch die Reform jedoch nicht eingeführt. Die in ErwGr 48 EuInsVO als Zeichen dieses Dominanzverhältnisses erwähnten Möglichkeiten der Aussetzung der Verwertung im Sekundärverfahren gemäß Art. 46 EuInsVO sowie der Vorlage eines Sanierungsplans im Sekundärverfahren bestanden bereits zuvor.[1273] Auf der anderen Seite fehlt es auch nach der Reform von 2015 weiterhin an Sanktionsmöglichkeiten für den Fall. dass Kooperationspflichten nicht nachgekommen wird.[1274]

Auch inwieweit das synthetische Sekundärverfahren hier echte Vorteile bringen könnte, erscheint fraglich. Immerhin blieben unter einem solchen grundsätzlich sämtliche der soeben dargestellten Normwidersprüche bestehen, da der Verwalter schon bei Ausarbeitung der Zusicherung sowie nach Art. 36(2) EuInsVO an die *lex fori concursus secundariae* gebunden ist, welche regelmäßig ohnehin als *lex causae* auf die im Niederlassungsstaat belegenen Mobiliarsicherheiten Anwendung finden würde. Dies gilt jedenfalls, soweit im Niederlassungsstaat gesicherte Gläubiger einer etwaigen Zusicherung im Billigungsverfahren nach Art. 36(5) EuInsVO nicht zustimmen. Denn keinesfalls könnten durch das synthetische Insolvenzverfahren verfahrens- und materiell-rechtliche Eingriffsvoraussetzungen der *lex causae* umgangen werden. Der in der *Lex-causae*-Lösung zum Ausdruck kommende Schutz des gesicherten Gläubigers würde anderenfalls unterlaufen werden. Im Übrigen wäre eine Zustimmung der gesicherten Gläubiger keineswegs gesichert. Denn nach Art. 36(2) EuInsVO würde gerade auch die Verteilungsordnung der *lex fori concursus secundariae* Anwendung finden, welche von der insolvenzkollisionsrechtlichen Verweisung auf die *lex causae* nicht erfasst würde.[1275] Gesicherten Gläubigern würde somit die Befreiung von etwaigen Verteilungsbeschränkungen des Insolvenzrechts der *lex causae* wieder genommen werden. Sie hätten damit Anlass, ihre Zustimmung zu verweigern oder sich diese durch weitere Zugeständnisse abkaufen zu lassen, wenn der Insolvenzverwalter die Eröffnung des Sekundärinsolvenzverfahrens unbedingt vermeiden will. Es bliebe dann

---

1272 Neben dem Schutz nationaler Rangfolgeordnungen sollte das Sekundärverfahren dem Verwalter die Abwicklung des außerhalb des Insolvenzeröffnungsstaats belegenen Schuldnervermögens und die damit verbundene Auseinandersetzung mit einer fremden Rechtsordnung erleichtern, siehe *Virgós/Schmit*, Erläuternder Bericht, Nr. 33.

1273 Siehe Art. 33, 34 EuInsVO a.F.

1274 Siehe dazu kritisch *Taylor*, IILR 2011, 242, 243.

1275 Siehe oben unter 2. Teil C. I. 1. b) aa) (S. 210 f.).

zu fragen, ob ablehnende gesicherte Gläubiger zumindest hinsichtlich der Verteilungs-
festsetzungen an eine bindende Annahme der Zusicherung gebunden wären. Unter
Art. 8 EuInsVO wird vertreten, dass eine bindende Zusicherung nach Art. 36(5), (6)
EuInsVO für die im Sekundärverfahrensstaat dinglich gesicherten Gläubiger ohne deren Zustimmung keine Auswirkungen habe. Da für gesicherte Gläubiger aufgrund des
Art. 8 EuInsVO (synthetische) Sekundärverfahren keinen Schutz, sondern eine Einschränkung darstellten, könnten Eingriffe nach wie vor nur durch ein echtes Sekundärverfahren erfolgen.[1276] Da im Rahmen von Verteilungsfragen die *Lex-causae*-Lösung
zu identischen Ergebnissen wie Art. 8 EuInsVO führt, lässt sich diese Argumentation
durchaus auf die *Lex-causae*-Lösung übertragen. Dafür, dass über eine bindend gewordene Zusicherung allerdings die Verteilungsordnung der *lex fori concursus secundariae* auf die dort belegenen Sicherheiten auch gegen den Willen des gesicherten
Gläubigers Anwendung findet, spricht neben dem Wortlaut des Art. 36(2) EuInsVO
die Überlegung, dass gerade in Ländern, in denen bestimmte Gläubiger gegenüber den
gesicherten Gläubigern bei der Verteilung des Erlöses aus dem Sicherungsgut vorrangig zu befriedigen sind, das Ziel der Vorschrift, die lokalen Gläubiger so zu stellen, als
ob ein Sekundärverfahren eröffnet worden wäre,[1277] nur unter Einbindung der dinglichen Sicherheiten erreicht werden kann. Aber selbst wenn man die Einbeziehung
gesicherter Gläubiger gegen ihren Willen befürwortet, hätten diese gerade in Staaten,
deren Insolvenzrechte gesicherte Gläubiger einer eigenen Gruppe zuordnen, welche
über Art. 36(5) EuInsVO der Zusicherung zustimmen müsste, weiterhin die Möglichkeit, sich ihr Vetorecht überteuert abkaufen zu lassen, obwohl dieses Obstruktions-
potential durch Art. 36 EuInsVO gerade beseitigt werden sollte.[1278] Ob über Art. 36
EuInsVO damit die effektivere Einbeziehung von im Niederlassungsstaat belegenen
dinglichen Sicherheiten unter der *Lex-causae-Lösung* erreicht werden würde, erscheint
mehr als zweifelhaft.

bb) Effektivitätsverlust durch notwendige Verfahrensqualifikation und dadurch
    entstehende Rechtsunsicherheiten

Die Anwendung der *lex causae* auf außerhalb des Insolvenzeröffnungsstaats belegene
Mobiliarsicherheiten kann unter einem weiteren Aspekt zu Rechtsunsicherheit führen,
welcher insbesondere auch die gesicherten Gläubiger trifft. Dies rührt daher, dass in
einigen nationalen Rechtsordnungen die Rechtsposition der gesicherten Gläubiger abhängig von der Insolvenzverfahrensart variiert, während andere Rechtsordnungen ein
einheitliches Insolvenzverfahren vorsehen.[1279] Wird in Deutschland ein Insolvenzverfahren eröffnet und wird der schuldnerische Geschäftsbetrieb unter Billigung der
Gläubigerversammlung ohne Ausarbeitung eines Insolvenzplans über mehrere Monate
aufrechterhalten, um die Möglichkeit einer übertragenden Sanierung zu prüfen, so
wird sich ein mit einer in England belegenen *mortgage* gesicherter Gläubiger – jedenfalls wenn er sich durch die übertragende Sanierung kein wesentlich günstigeres Er-

---

1276 MüKoInsO-*Reinhart*, Art. 36, Rn. 9.
1277 Mankowski/Müller/Schmidt-*Mankowski*, Art. 36, Rn. 16.
1278 Siehe zur Verweisung des Art. 36(5) S. 2 EuInsO auf die §§ 243, 244, 222 InsO *Pluta/
      Keller*, in: FS Vallender, S. 437, 445.
1279 Siehe zu diesem Problem auch Hess/Oberhammer/Pfeiffer-*Piekenbrock*, Rn. 723.

gebnis verspricht – auf den Standpunkt stellen, seine Befugnisse richteten sich nach den Vorschriften der *liquidation*. Auch diese sieht immerhin die Ermächtigung des *liquidators* zur Fortführung des Geschäftsbetriebs vor. Der deutsche Verwalter wird sich hingegen auf den Verwertungsstopp der *administration* berufen. Ähnlich stellte sich die Problematik in Frankreich, wo ebenfalls Sanierungs- und Liquidationsverfahren unterschiedliche Regelungen hinsichtlich der Behandlung dinglich gesicherter Gläubiger bereithalten. Eine Lösung dieser Problematik wäre nur über eine ergänzende gesetzliche Klarstellung zu erreichen. Ein schlichtes Wahlrecht des Insolvenzverwalters würde dem Insolvenzverwalter hingegen eine unangemessene und willkürliche Verhandlungsmacht einräumen.[1280] Hauptkriterium sollte vielmehr sein, ob der schuldnerische Geschäftsbetrieb noch aufrechterhalten wird oder bereits eingestellt wurde. Nur im ersten Fall sollten Vorschriften über Sanierungsverfahren gelten. Erst in einem zweiten Schritt könnte auf den Eintritt der Zahlungsunfähigkeit oder Überschuldung abgestellt werden. So könnten im oben genannten Beispiel nicht die Regeln der französischen *procédure de sauvegarde* Anwendung finden, da diese nur bei drohender Zahlungsfähigkeit beantragt werden kann. Inwieweit hier eine angemessene Lösung gefunden werden könnte, müsste eine eingehende Untersuchung erfordern. Nur am Rande sei erwähnt, dass beispielsweise das italienische Insolvenzrecht sieben verschiedene Verfahrensarten bereithält.[1281] Ähnliche Probleme stellten sich im Rahmen eines Vorverfahrens, da ein solches nicht in allen Mitgliedstaaten bekannt ist. So könnte eine in Deutschland ergangene Anordnung nach § 21 Abs. 2 Nr. 5 InsO für englischem Recht unterfallende Mobiliarsicherheiten zwar als *interim order* mit gemäß para. 13, 44 sch. B1 IA 1986 vergleichbarer Wirkung zu qualifizieren sein, welche auch gemäß Art. 32(1) Unterabsatz 3 in England anzuerkennen wäre. Voraussetzung wäre allerdings wiederum, dass das deutsche vorläufige Verfahren überhaupt als vorläufiges *Administration*- und nicht als *Liquidation*-Verfahren zu qualifizieren wäre. Für in Frankreich belegene Mobiliarsicherheiten müsste eine solche Anordnung hingegen ins Leere gehen, da das französische Recht ein Vorverfahren oder vorläufige Anordnungen nicht vorsieht.

b) Erzielung des bestmöglichen Verwertungsergebnisses

aa) Beeinträchtigung durch forum shopping und zufällige Verlagerung von Sicherungsgut

Zugunsten einer bestmöglichen Verwertung muss verhindert werden, dass gesicherte Gläubiger das Insolvenzverfahren zu ihren Gunsten beeinflussen und dadurch die bestmögliche Verwertung verhindern. Angesprochen ist damit das Problem des *forum shopping*. Zwar umfasst dieser Begriff in seinem engen Verständnis grundsätzlich nur die verfahrensrechtliche Zuständigkeitserschleichung. Tatsächlich lässt sich der Begriff allerdings kaum trennscharf von einem »*choice of law shopping*« unterscheiden, sondern geht mit diesem einher.[1282] So kann auch die Aussage des ErwGr. 5. der EuInsVO, es solle verhindert werden, dass sich ein Verfahrensbeteiligter durch

---

1280 Dafür aber Hess/Oberhammer/Pfeiffer-*Piekenbrock*, Rn. 723.
1281 Siehe Annex A EuInsVO.
1282 *Reuss*, Forum Shopping, S. 7 f.

Verbringung von Vermögensgegenständen ins Ausland Vorteile gegenüber der Gläubigergesamtheit verschaffe, problemlos auch kollisionsrechtlich und nicht bloß im Sinne einer Verlagerung des COMI verstanden werden. Jedenfalls wird durch die kollisionsrechtliche Sonderanknüpfung an die *lex causae* im Hinblick auf Sicherheiten an beweglichen Sachen der Anreiz für gesicherte Gläubiger geschaffen, Sicherungsgut vor Verfahrenseröffnung ins Ausland oder vom Ausland in den Insolvenzeröffnungsstaat zu verlagern, um dadurch eine für sie günstigere *lex rei sitae* zur Anwendung zu bringen.[1283] Der Nachweis einer Missbrauchsabsicht mit der Folge der Geltung der *lex fori concursus* dürfte kaum zu führen sein.[1284] Unklar wäre unter der *Lex-causae-*Lösung zudem, wie mit Sicherungsgut umgegangen werden müsste, welches sich im Zeitpunkt der Verfahrenseröffnung zufällig[1285] außerhalb des Insolvenzeröffnungsstaats befindet. Könnte sich auch hier der gesicherte Gläubiger nunmehr auf die *lex rei sitae* als *lex causae* berufen? Im Zusammenhang mit besicherten Forderungen zeigt sich hier noch einmal, dass zwingend auf die *lex causae* abzustellen ist. Die plötzliche Sitzverlagerung des Drittschuldners im Vorfeld der Insolvenz führte sonst zur Änderung des anwendbaren Insolvenzrechts, was auch für den gesicherten Gläubiger zu unkalkulierbaren Risiken führen würde.

bb) Sicherung der Aufrechterhaltung des schuldnerischen Geschäftsbetriebs und übertragender Sanierung

Auf den ersten Blick ließe sich zu dem Ergebnis kommen, dass mit der Anwendung der *lex causae* auf die sachenrechtlich nicht der *lex fori concursus* unterfallenden besitzlosen Mobiliarsicherheiten zumindest die Aufrechterhaltung des schuldnerischen Geschäftsbetriebs sichergestellt sein müsste. Immerhin weisen zumindest hinsichtlich der Sicherungsrechte an körperlichen Sachen alle europäischen Insolvenzrechte Verwertungssperren zu diesem Zweck auf. Tatsächlich muss man jedoch feststellen, dass dieses Ergebnis zumindest an einigen Stellen mit Fragezeichen behaftet wäre. Diese beginnen bei der erwähnten Problematik, wann ein Einheitsverfahren, zum Beispiel unter deutschem Recht, unter der auf das Sicherungsrecht anwendbaren *lex causae* als Sanierungs- und nicht als Liquidationsverfahren zu qualifizieren wäre. Daneben knüpfen andere Rechtsordnungen die Verwertungssperre daran, dass das Sicherungsgut für die Aufrechterhaltung des Geschäftsbetriebs notwendig ist. Muss hierüber nach der *lex causae* das Insolvenzgericht befinden, kann es unter der *lex fori concursus* wiederum zu den bereits erwähnten Normwidersprüchen kommen, wenn jene ein entsprechendes Verfahren nicht vorsieht. Die dritte Gefahr droht aus möglichen Differenzen hinsichtlich der Dauer eines Verwertungsverbots. So ist das *Administration*-Verfahren grundsätzlich auf ein Jahr ausgelegt, während in den französischen Sanierungsverfahren der Zeitraum für die Vorlage eines Insolvenzplans grundsätzlich sechs Monate beträgt. In

---

1283 Zur Kritik diesbezüglich an Art. 8 EuInsVO bzw. der wortgleichen Ursprungsvorschrift des Art. 5 EuInsÜ *Taupitz*, ZZP 111 (1998), 315, 338 und *Gottwald* Grenzüberschreitende Insolvenzen, die beide ebenfalls von *forum shopping* sprechen. Für Sicherheiten an Forderungen stellt sich das Problem nicht; auf den COMI des Drittschuldners wird der gesicherte Gläubiger kaum Einfluss nehmen können.

1284 Gottwald-*Kolmann/Keller*, § 133, Rn. 47.

1285 Zufällig sollte im Sinne von »nicht auf Dauer angelegt« verstanden werden.

anderen Rechtsordnungen hingegen betragen die Verwertungssperren lediglich drei Monate.[1286]

Noch schwieriger gestaltete sich die Durchführung einer übertragenden Sanierung, da hinsichtlich der Verwertungsmodalitäten große Unterschiede in den nationalen Rechtsordnungen bestehen. Soll in einem deutschen Insolvenzverfahren eine übertragende Sanierung einen in Frankreich belegenen und mittels einer *fiducie-sûreté* sicherungsübertragenden Gegenstand beinhalten, so muss mit dem gesicherten Gläubiger sein Einverständnis ausgehandelt werden, da nach französischem Recht der Insolvenzverwalter nicht zur Verwertung befugt wäre. Gleiches gälte im Ergebnis nunmehr auch im Falle besitzloser Pfandrechte, soweit diese dem gesicherten Gläubiger ein fiktives Zurückbehaltungsrecht gewähren. Demgegenüber könnte für in England belegenes und mit *fixed securities* besichertes Vermögen das Einverständnis des gesicherten Gläubigers durch Gerichtsentscheid ersetzt werden, wobei hier die Verfahrensausgestaltung in einem deutschen Insolvenzverfahren Unsicherheiten hervorruft. Es wird deutlich, dass erheblicher Verfahrensaufwand erforderlich wäre und den gesicherten Gläubigern abhängig von dem Belegenheitsstaat der Sicherheit unterschiedliches Blockadepotential zukäme. Gerade in einem sich über mehrere Staaten erstreckenden Insolvenzverfahren wäre eine geordnete Abwicklung kaum durchführbar. Im Übrigen gilt gerade für angestrebte Gesamtlösungen, dass Sekundärverfahren in der Praxis keine willkommene Alternative bieten, um die dargestellten Probleme zu überwinden.

cc) Integrierung der außerhalb des Insolvenzverfahrensstaats gesicherten Gläubiger in einen Sanierungsplan

Erscheint die Durchführung einer übertragenden Sanierung unter Einschluss der durch ausländische Sicherheiten dinglich gesicherten Gläubiger noch durchführbar, so gilt dies kaum mehr für die Durchführung einer schuldnerinternen Sanierung. In einem deutschen oder französischen Insolvenzplanverfahren könnte sich ein in England gesicherter Gläubiger immer darauf berufen, dass unter englischem Recht eine Einschränkung seines Sicherungsrechts ohne seine Einwilligung nicht möglich ist. Ein in Deutschland gesicherter Finanzgläubiger könnte sich in Frankreich darauf berufen, dass seine Sicherheit in Deutschland nur durch einen Mehrheitsbeschluss innerhalb der gesicherten Gläubiger beeinträchtigt werden könnte. Zudem könnte er einwenden, dass er nach deutschem Recht jedenfalls nicht schlechter gestellt werden dürfte als in der Liquidation. Insofern muss hier festgehalten werden, dass die Anwendung unterschiedlicher Rechte der Umsetzung eines einheitlichen Insolvenzplans entgegensteht, da hier jeweils unterschiedliche verfahrens- und materiell-rechtliche Ausgestaltungen aufeinanderprallen.

3. Zwischenfazit

Zusammenfassend bleibt zunächst folgendes festzuhalten: Ein Interesse an der Anwendung der *lex causae* auf sachenrechtlich nicht der *lex fori concursus* unterstehende besitzlose Mobiliarsicherheiten hat zunächst der gesicherte Gläubiger. Die Geltung der

---

1286 Siehe den Überblick bei Hess/Oberhammer/Pfeiffer-*Piekenbrock*, Rn. 708.

lex causae hat für ihn den Vorteil, dass die Bestellung und insolvenzrechtliche Beurteilung der Sicherheit einheitlich nach diesem Recht erfolgen kann und keine Zweifel an der Einordnung des Rechts unter dem Insolvenzstatut bestehen. In Bezug auf besitzlose Sicherheiten an beweglichen Sachen besteht allerdings das Risiko eines Statutenwechsels in Folge einer Verbringung des Sicherungsguts ins Ausland, welches jedoch aus Sicht gesicherter Gläubiger in Kauf genommen werden kann. Ein willkommener Reflex der *Lex-causae*-Lösung ist für den gesicherten Gläubiger zudem, dass seine Sicherheit vorbehaltlich der Eröffnung eines Sekundärverfahrens keinerlei Verteilungsbeschränkungen unterliegt. Darüber hinaus besteht auch ein gewisses Interesse des Staates, dessen Rechtsordnung die *lex causae* der Mobiliarsicherheit stellt, an der Anwendung auch seines Insolvenzrechts, da hierdurch Einflüsse des nationalen Insolvenzrechts auf das Sachenrecht gewahrt bleiben. Im Hinblick auf das Verfahrensziel der bestmöglichen Gläubigerbefriedigung durch eine effektive Verfahrensabwicklung führte die Anwendung der *lex causae* allerdings zu einer Fülle von Rechtsunsicherheiten bei der Bestimmung und Durchsetzung der jeweiligen Rechtspositionen, welche sowohl entgegen den Interessen der Gläubigergesamtheit als auch entgegen den Interessen des gesicherten Gläubigers die effektive Verfahrensabwicklung beeinträchtigen. Diese Feststellung beschränkt sich keinesfalls auf Konstellationen, in denen die Voraussetzungen für die Eröffnung von Sekundärverfahren gegeben sind. Auch wenn sich nur einzelne besicherte Mobilien außerhalb des Insolvenzverfahrensstaates befinden, sind Friktionen zwischen *lex causae* und *lex fori concursus* vorprogrammiert, zumal auch die Eröffnung von Sekundärverfahren häufig nicht im Interesse der Gläubigergesamtheit liegt. Das synthetische Insolvenzverfahren böte keinerlei Vorteile im Vergleich zur ohnehin stets möglichen Lösung über den Verhandlungsweg. Zudem hätten gesicherte Gläubiger Anreize synthetische Sekundärverfahren zu torpedieren, da sie durch diese den Verteilungsbeschränkungen der *lex causae* unterworfen werden würden und es nicht sicher ist, inwieweit auch ablehnende gesicherte Gläubiger durch eine wirksame Zusicherung gebunden werden. Die Anwendung der *lex causae* gefährdet in erheblichem Maße die bestmögliche Gläubigerbefriedigung, indem sie die Aufrechterhaltung des Geschäftsbetriebs, die Durchführung der Gesamtveräußerung durch den Insolvenzverwalter und die schuldnerinterne Sanierung wesentlich erschwert. Aufgrund der Vielzahl an zu erwartenden Problemen erscheint es geradezu verwunderlich, wenn unter dem schlichten Verweis auf die überprotektionistische Wirkung des Art. 8 EuInsVO die Anwendung der *lex rei sitae* bzw. der *lex causae* gefordert wird, ohne sich mit den damit verbundenen Konsequenzen zu befassen und zu versuchen, eine praxistaugliche Gesetzeslösung zu entwickeln.[1287] Tatsächlich muss man sich eingestehen, dass der bloße Verweis auf die Anwendung der *lex causae* ohne weitere gesetzliche Klarstellungen kaum praktikabel wäre und sowohl für den gesicherten Gläubiger als auch für die weiteren Verfahrensbeteiligten eine Fülle an Rechtsunsicherheiten mit sich brächte.

1287 Siehe u.a. *Fritz/Bähr*, DZWIR 2001, 221, 227 f.; Gottwald-*Kolmann/Keller*, § 133, Rn. 43; *Veder*, IILR 2011, 285, 292.

II. Die Lex-fori-concursus-Lösung

1. International-privatrechtliche Prinzipien

a) Rechtssicherheit

aa) Vorhersehbarkeit der lex fori concursus

Auf die Wichtigkeit der Rechtssicherheit im Sinne der Vorhersehbarkeit des anwendbaren Insolvenzrechts bereits bei Bestellung der Sicherheit wurde bereits hingewiesen.[1288] Unterstellt man dingliche besitzlose Mobiliarsicherheiten, welche kollisionssachenrechtlich einer von der *lex fori concursus* abweichenden *lex causae* unterfallen, insolvenzkollisionsrechtlich der *lex fori concursus*, so folgt diese gemäß dem *Lex-fori*-Prinzip der internationalen Insolvenzzuständigkeit. Rechtssicherheit erforderte daher deren Vorhersehbarkeit. Entscheidendes Kriterium ist insoweit der COMI des Insolvenzschuldners. Dessen Vorhersehbarkeit ist über die in Art. 3(1) EuInsVO aufgestellten Vermutungen sowie die für eine Widerlegung erforderliche Anknüpfung an objektive, für Dritte erkennbare Umstände[1289] grundsätzlich ausreichend gewährleistet.[1290] Die Vorhersehbarkeit wird insofern dadurch verstärkt, dass im Zweifel regelmäßig zumindest eine Niederlassung vorliegen wird, wodurch die Anwendung der *lex causae* zumindest als *lex fori concursus secundariae* vorhersehbar wird. Die Bedeutung der Abgrenzung zwischen Niederlassung und COMI wird dadurch relativiert. Die Frage, ob zumindest eine Niederlassung vorliegt, wird sich unter dem weiten Niederlassungsbegriff regelmäßig beantworten lassen.[1291]

Die Rechtssicherheit bleibt allerdings hinter derjenigen der *Lex-causae*-Lösung insoweit zurück, als dass der Sicherungsgeber durch eine Verlagerung seines COMIs oder seiner Niederlassung die *lex fori concursus* im Nachhinein ohne Einfluss des Sicherungsnehmers verändern kann.[1292]

bb) Vorhersehbarkeit der konkreten insolvenzrechtlichen anzuwendenden Normen unter der lex fori concursus

Ist für den gesicherten Gläubiger absehbar, dass ein anderes Insolvenzrecht als das der *lex causae* zur Anwendung kommen wird, so muss er in der Lage sein, die Behandlung seiner Sicherheit unter der künftigen *lex fori concursus* einschätzen zu können. Entsprechend den allgemeinen Grundsätzen des internationalen Sachenrechts wird er dafür zu untersuchen haben, welchem Sicherungsrecht unter der *lex fori concursus* seine Sicherheit in funktionaler Weise entspricht, um die einschlägigen insolvenzrechtlichen

---

1288 Siehe oben unter 2. Teil C. I. 1. a) (S. 209 f.).
1289 Siehe Erw.Gr. 28, 30 EuInsVO.
1290 *Bork*, Principles, Rn. 6.24; siehe auch Mankowski/Müller/Schmidt-*Mankowski*, Art. 3, Rn. 52 ff.; für die Unsicherheit der Bestimmung des COMI als Argument gegen die Geltung der *lex fori concursus* hingegen *Wiórek*, S. 250.
1291 Siehe zur gebotenen weiten Auslegung des Begriffs und der Defintion in Art. 2 Nr. 10 EuInsVO Mankowski/Müller/Schmidt-*Schmidt*, Art. 2, Rn. 50 ff.
1292 Siehe dazu unten unter 2. Teil C. IV. (S. 243).

Normen der *lex fori concursus* ermitteln zu können. Als problematisch können sich dabei Fragen der Abgrenzung zwischen Insolvenz- und Sachenrechtsstatut erweisen. Insoweit gilt es zu untersuchen, inwieweit diese Einschätzungen mit der notwendigen Rechtssicherheit vorgenommen werden könnten.

(1) Transpositions- oder Hinnahmetheorie

Unter der Geltung der *lex fori concursus* führte die Insolvenzeröffnung hinsichtlich der einem anderen Sachenrecht unterstehenden dinglichen besitzlosen Mobiliarsicherheiten zu einem Statutenwechsel, wie er bei Verbringung einer beweglichen Sache ins Ausland erfolgen würde.[1293] Bereits die sachenrechtlichen Folgen eines solchen Statutenwechsels sind allerdings umstritten. Nach der Transpositionslehre wird das dingliche Recht an die neue Rechtsordnung angepasst, was im Ergebnis einer Umwandlung in dasjenige dingliche Recht gleicht, welches unter der neuen Rechtsordnung funktional am ehesten dem dinglichen Recht unter dem Altstatut entspricht.[1294] Dagegen will die herrschende Hinnahmetheorie auf die einzelnen jeweils relevanten Wirkungen des dinglichen Rechts unter dem Altstatut abstellen und prüfen, ob eine solche Wirkung mit der neuen Rechtsordnung in Einklang zu bringen ist. Dies führt wiederum zur Suche nach dem funktionsäquivalenten dinglichen Recht, jedoch nur in Bezug auf die in Frage stehende Wirkung, ohne dass es zu einer Umwandlung in dieses Recht kommt.[1295] Das BGB ist in § 43 Abs. 2 nicht eindeutig, die Gesetzesmaterialien lassen lediglich die Ablehnung einer rechtsvernichtenden Transpositionslehre erkennen.[1296] *De lege ferenda* sollte eine insolvenzkollisionsrechtliche Regelung allerdings der Transpositionstheorie folgen und dies entsprechend deutlich zum Ausdruck bringen. Für die Hinnahmetheorie wird geltend gemacht, eine Umwandlung könne dazu führen, dass dem Rechtsinhaber weitergehende Rechte zugesprochen würden, als ihm das Recht unter dem ursprünglichen *lex causae* gewährte.[1297] Unter insolvenzrechtlichen Gesichtspunkten führt jedoch die von den Anhängern der Hinnahmetheorie bezweckte Aufrechterhaltung von Unterschieden zu Wertungswidersprüchen. Deutlich wird dies am Beispiel der englischen *charge* über eine bewegliche Sache im französischen Insolvenzverfahren. Das funktionsäquivalente französische Sicherungsrecht wäre das allgemeine besitzlose (Register-)Pfandrecht.[1298] Das französische Sachenrecht stattet den besitzlosen Pfandnehmer mit einem fiktiven Zurückbehaltungsrecht aus. Dieses bewirkt gerade in der Insolvenz des Sicherungsgebers den Schutz des Pfandrechts vor Veräußerungen durch den Insolvenzverwalter gegen den Willen des Sicherungsnehmers. Nach der Hinnahmetheorie könnte der *charge* im französischen Insolvenzverfahren kein fiktives Zurückbehaltungsrecht zugesprochen werden, da das englische Recht ihr diese Wirkung nicht zuspricht. Dabei ist jedoch nicht einzusehen, warum der Inhaber der

---

1293 Siehe *Favoccia*, S. 35.
1294 *Drobnig*, in: FS Kegel, S. 141, 144; *Kreuzer*, RabelsZ 65 (2001), 383, 444 f.
1295 U.a. Bamberger/Roth-*Spickhoff*, Art. 43 EGBGB, Rn. 12; Erman-*Hohloch*, Art. 43 EGBGB, Rn. 21a; MüKoBGB-*Wendehorst*, Art. 43 EGBGB, Rn. 152 f.; Palandt-*Thorn*, Art. 43 EGBGB, Rn. 5; Staudinger-*Mansel*, Art. 43 EGBGB, Rn. 1264.
1296 Staudinger-*Mansel*, Art. 43 EGBGB, Rn. 1261.
1297 Staudinger-*Mansel*, Art. 43 EGBGB, Rn. 1264; *Jayme*, in: FS Serick, S. 245.
1298 Je nach Sicherungsgut möglicherweise auch das Pfandrecht am Warenlager.

charge nicht ebenso geschützt sein sollte wie ein französischer Pfandnehmer. Immerhin lässt auch das englische Insolvenzrecht im Liquidationsverfahren keine und im Sanierungsverfahren nur äußerst eingeschränkt Verfügungen des Insolvenzverwalters über das Sicherungsgut ohne Einwilligung des gesicherten Gläubigers zu. Das Beispiel zeigt zudem, dass die Transpositionstheorie Rechtsunsicherheiten vermeidet, welche aus der Abgrenzung zwischen sachen- und insolvenzrechtlicher Qualifikation resultieren könnten. Knüpfte eine Norm der französischen *lex fori concursus* generell an das Vorliegen eines Zurückbehaltungsrechts an, so müsste die Frage, ob das Sicherungsrecht ein (besitzloses) Zurückbehaltungsrecht gewährt, grundsätzlich nicht insolvenz-, sondern sachenrechtlich zu qualifizieren sein und richtete sich damit nach der *lex rei sitae*, also englischem Sachenrecht. Eine solche gesonderte Anknüpfung wäre nach der Transpositionstheorie entbehrlich. Im Ergebnis sollte jedenfalls gesetzlich zum Ausdruck kommen, dass die *lex fori concursus* die einem fremden Recht unterliegende Sicherheit genauso behandelt wie die funktionsäquivalente inländische Sicherheit und ihr alle möglicherweise sachenrechtlich zu qualifizierenden Wirkungen zu- oder abspricht, welche auch die funktionsäquivalente inländische Sicherheit aufweist, solange die *lex fori concursus* insolvenzrechtliche Folgen an diese Wirkungen knüpft. Dennoch muss jedoch aus Sicht des gesicherten Gläubigers Vorsicht geboten sein. Veräußert nämlich im obigen Beispiel der französische Insolvenzverwalter ohne Billigung des gesicherten Gläubigers das in England belegene Sicherungsgut, so erscheint es äußerst fraglich, ob das fiktive Zurückbehaltungsrecht nunmehr auch einem englischen Erwerber entgegengehalten werden könnte. Immerhin unterliegen in diesem Fall alle sachenrechtlich zu qualifizierenden Erwerbsvorgänge englischem Recht. Englische Verkehrsinteressen erforderten es vielmehr, den Schutz des fiktiven Zurückbehaltungsrechts und des damit verbundenen rechtlichen Veräußerungshindernisses auf das Innenverhältnis zum Insolvenzverwalter zu beschränken. Andernfalls drohte die Gefahr, dass die insolvenzrechtliche Kollisionsnorm zu sehr ins allgemeine Sachenrecht abstrahle und damit die Verkehrsinteressen des Belegenheitsstaats beeinträchtigen würde. Der gesicherte Gläubiger müsste daher genau aufpassen, den ihm zustehenden Rechtsschutz im Vorfeld einer Veräußerung gegenüber dem Insolvenzverwalter geltend zu machen. Andernfalls blieben möglicherweise Schadensersatzansprüche gegen den Insolvenzverwalter.

(2) Abgrenzung zwischen Sach- und Insolvenzstatut

Generell behielte die auch unter Art. 8 EuInsVO gültige Aussage, nach welcher die *lex causae* bestimmt, ob ein wirksames dingliches Sicherungsrecht im Zeitpunkt der Verfahrenseröffnung besteht,[1299] ihre Gültigkeit bei. Des Weiteren wären auch Fragen der Verwertung sachenrechtlich zu qualifizieren und richteten sich daher weiterhin nach der *lex causae*. Soweit die *lex fori concursus* an bestimmte sachenrechtlich zu qualifizierende Wirkungen eines Kreditsicherungsrechts anknüpft, muss über die Transpositionstheorie diese Wirkung zumindest im insolvenzrechtlich zu qualifizierenden Innenverhältnis zwischen gesichertem Gläubiger und den Verfahrensorganen auch dem

---

1299 EuGH Urt. v. 16.04.2015, *Lutz v Bäuerle*, C-557-13, ECLI:EU:C:2015:227, Rn. 27; HK-*Dornblüth*, Art. 8 EuInsVO Rn. 5; siehe auch ErwGr. 68 EuInsVO.

ausländischen Sicherungsrecht zugesprochen werden. Daneben stellten sich Fragen insbesondere im Zusammenhang mit der Bestellung einer Mobiliarsicherheit an künftigen Gegenständen. So gilt in England und Frankreich generell, dass die Insolvenzfestigkeit von Verfügungen über künftige Gegenstände bereits mit Eintritt der Drittwirksamkeit erreicht wird. Allerdings bestimmt bereits Art. 7(2) lit. b) EuInsVO, dass sich nach der *lex fori concursus* richtet, wie nach Verfahrenseröffnung vom Schuldner erworbene Vermögensgegenstände behandelt werden. Die *lex fori concursus* bestimmt damit, inwieweit die Bestellung von Sicherheiten an künftigem Vermögen insolvenzfest ist. Dies steht nicht im Widerspruch zu der Aussage, die *lex causae* bestimme, ob ein wirksames dingliches Recht vorliege. Denn dies gilt nur bis zum Zeitpunkt der Verfahrenseröffnung. Selbst wenn vor Verfahrenseröffnung bereits nach der *lex causae* Drittwirksamkeit vorliegt, so tritt doch der (vollendete) Erwerb des Sicherungsrechts erst mit Erwerb des Sicherungsguts durch den Schuldner ein. Zwar gilt nach englischem und französischem Verständnis etwas anderes für die revolvierenden Kreditsicherheiten, welche zunächst nur an der sich ändernden Sachgesamtheit bestehen. Allerdings sollte auch in diesen Fällen bereits vom Wortlaut her in Bezug auf die einzelnen künftig zu erwerbenden Vermögenswerte ebenfalls Art. 7(2) lit. b) EuInsVO gelten, so dass sich die Frage der Sicherheitenerstreckung auf nach Insolvenzeröffnung zur Sachgesamtheit stoßende Vermögenswerte nach der *lex fori concursus* beurteilt.

(3) Ermittlung des funktionsäquivalenten Sicherungsrechts

Bei der Ermittlung des funktionsäquivalenten Sicherungsrechts stellt sich zunächst die Frage, ob dafür auch die insolvenzrechtliche Behandlung des Sicherungsrechts unter der *lex causae zu* berücksichtigen wäre.[1300] Meines Erachtens ist hier Vorsicht geboten. Danach müsste beispielsweise der in England belegenen *equitable mortgage* im deutschen Insolvenzverfahren kein Ab-, sondern ein Aussonderungsrecht zukommen. Gleiches gilt für die in Frankreich belegene *fiducie-sûreté*. Diese Ergebnisse können nicht überzeugen, zumal diese Rechte im englischen und französischen Sanierungsverfahren ebenfalls Einschränkungen auf Verwertungsebene erfahren, welche der Verwertungssperre der §§ 166 ff. InsO vergleichbar sind. Daneben würde so durch die Hintertür das Problem der Verfahrensqualifikation eingeführt werden. Sollte im deutschen Einheitsverfahren die insolvenzrechtliche Behandlung der *equitable mortgage* im englischen Liquidations- oder Sanierungsverfahren zugrunde gelegt werden? Richtigerweise kann für die Ermittlung des funktionsäquivalenten Sicherungsrechts nur die Frage ausschlaggebend sein, welches Sicherungsrecht die Parteien zum Zwecke der Vorrangstellung in der Insolvenz des Sicherungsgebers unter den relevanten Umständen typischerweise nach dem Sachenrecht der *lex fori concursus* bestellt hätten, wenn sich das Sicherungsgut zum Zeitpunkt der Sicherheitenbestellung im Insolvenzeröffnungsstaat befunden hätte. Alles andere würde die durch die mit der Verweisung auf die *lex fori concursus* bezweckte Aufrechterhaltung der Harmonie zwischen Sach- und Insolvenzrecht unterlaufen und letztendlich eine Kumulationslösung darstellen.

1300 So *Favoccia*, S. 46.

(a) Sicherungsübereignung/-abtretung, fiducie-sûreté, cession Dailly, besitzlose
Register- und Forderungspfandrechte

Im deutschen internationalen Privatrecht ist anerkannt, dass besitzlose Registerpfandrechte ausländischer Rechtsordnungen als Sicherungseigentum zu behandeln sind, weil das deutsche Recht ein besitzloses Pfandrecht nicht kennt.[1301] Sind an dem jeweiligen Gegenstand mehrere nachrangige Registerpfandrechte bestellt worden, so müssen diese als nachrangige Absonderungsrechte behandelt werden, wie dies beispielsweise im Pfandrecht möglich ist.[1302] Umgekehrt müssten deutsches Sicherungseigentum und die französische *fiducie-sûreté*, wenn sie ohne Besitzübertragung bestellt werden, in Rechtsordnungen, welche lediglich ein besitzloses Registerpfandrecht kennen, als solches qualifiziert werden. Kennt dieses Recht eine Vielzahl von besitzlosen Registerpfandrechten, so muss danach differenziert werden, welches dieser Pfandrechte unter den relevanten Umständen unter ortsüblichen Gepflogenheiten typischerweise zum Einsatz gekommen wäre. Stille (Register-)Pfandrechte an Forderungen können in Deutschland funktional nur eine Sicherungsabtretung sein. Damit muss auch das französische Forderungspfandrecht als Sicherungsabtretung behandelt werden, wenn bei Bestellung keine Drittschuldneranzeige erfolgte.[1303] Auch *fiducie-sûreté* und *cession Dailly* müssen in Deutschland als Sicherungsübereignung und Sicherungsabtretung behandelt werden, unabhängig davon, ob dem Sicherungsnehmer Besitz übertragen oder die Sicherungsabtretung dem Drittschuldner bereits bei Sicherheitenbestellung angezeigt wurde. Umgekehrt sollte auch die einfache Sicherungsübereignung in Frankreich als *fiducie-sûreté* einzuordnen sein.[1304] Beide Sicherheiten beruhen auf einer treuhänderischen Eigentumsübertragung, wobei beiden Rechtsordnungen der römisch-rechtliche Eigentumsbegriff zugrunde liegt. Beide weisen zudem keine zivilrechtliche Registerpublizität auf. Zudem ist zu berücksichtigen, dass auch die deutsche Treuhanddogmatik der *fiducie* als Vorbild diente. Gleiches gilt für die Sicherungsabtretung. Gegen die Qualifikation als *cession Dailly* spricht insbesondere deren Erfordernis der Übergabe eines Forderungsverzeichnisses.[1305] Ist im Falle der französischen stillen Forderungsabtretung und -verpfändung dem Drittschuldner die Verfügung zwischenzeitlich angezeigt worden, so kann er – französisches Forderungsstatut unterstellt – auch nach Insolvenzeröffnung nur noch schuldbefreiend an den Sicherungsnehmer leisten. Diese Wirkung würde jedoch durch die deutsche *lex fori concursus* verdrängt

---

1301 BGHZ 39, 173, 176 ff.; BGH NJW 1991, 1415; Staudinger-*Mansel*, Art. 43 EGBGB, Rn. 1283 ff.; *Drobnig*, in: Bridge/Stevens, Cross-Border Security, S. 145, 155 f.

1302 Die Möglichkeit der Bestellung mehrerer Sicherheiten an demselben Gegenstand und die Rangfolge wird als sachenrechtliche (Vor-)Frage durch die *lex causae* bestimmt.

1303 Da sich die Pfandrechte ansonsten gerade auch hinsichtlich der Verwertung weitestgehend entsprechen (siehe § 1282 Abs. 1 BGB), muss das von vorneherein offengelegte Pfandrecht nach französischem Recht auch als deutsches Forderungspfandrecht eingeordnet werden. Umgekehrt gilt das gleiche.

1304 So wohl auch Hess/Oberhammer/Pfeiffer-*Piekenbrock*, Rn. 720 ff., 728, der aber fälschlicherweise ein Verwertungsrecht des durch eine *fiducie-sûreté* gesicherten Gläubigers im französischen Sanierungsverfahren annimmt.

1305 Für den Sicherungsnehmer ergäbe sich allerdings kein Unterschied, da er in beiden Fällen nicht durch die Eröffnung des Insolvenzverfahrens in Frankreich daran gehindert wäre, die Drittschuldneranzeige vorzunehmen und die Forderung einzuziehen.

werden. Die Entscheidung, an wen ab Insolvenzeröffnung zu leisten ist, muss dem anwendbaren Insolvenzrecht überlassen werden. Die stille Sicherungsabtretung müsste in England als *equitable mortgage* qualifiziert werden. Das Sicherungseigentum müsste wohl eine *legal mortgage*, jedenfalls aber keine *mere charge* darstellen.[1306] Gleiches gilt für *fiducie-sûreté* und *cession Dailly*. Da in Frankreich nunmehr der durch eine Forderungsverpfändung gesicherte Gläubiger nach der Drittschuldneranzeige ebenfalls berechtigt ist, die Forderung einzuziehen und einzuklagen, muss ein französisches Forderungspfandrecht in England ebenfalls als *equitable mortgage* eingeordnet werden. Zweifelhaft ist dies bei beim Pfandrecht an beweglichen Sachen. Für die Einordnung als *equitable mortgage* sprechen die Zulässigkeit von Verfallklauseln und die Möglichkeit der Beantragung einer gerichtlichen Verfallanordnung. Die generell unmögliche außergerichtliche Verwertung spricht jedoch eher dafür, Registerpfandrechte als reine *charge* anzusehen.[1307]

(b)   Das alleinige Sicherungsrecht in Rechtsordnungen mit funktionalem Ansatz

Unproblematisch erscheint das Zusammentreffen von Rechtsordnungen, die verschiedene Sicherungsrechte kennen, mit einer Rechtsordnung, welche im Sinne eines funktionalen Ansatzes nur ein zu registrierendes Sicherungsrecht kennt.[1308] Hier müsste zum Beispiel aus deutscher Sicht anhand der konkreten Vertragsgestaltung beurteilt werden, ob das ausländische Sicherungsrecht die Funktion der Sicherungsübereignung, -abtretung, des echten oder unechten Factoring oder des Eigentumsvorbehalts erfüllt und damit zur Aus- oder zur Absonderung berechtigt.[1309] Umgekehrt ergeben sich keinerlei Schwierigkeiten. Allenfalls wäre zu prüfen, ob die Sicherheit als *purchase money security* einzuordnen wäre.

(c)   Die besitzlosen Mobiliarsicherheiten englischen Rechts

Schwierig erscheint allerdings die Einordnung der *equitable mortgage* und der *charge*. Beide stellen *equitable interests* dar, welche auf dem römischen Recht beruhenden Rechtsordnungen fremd sind. Relativ einfach stellt sich die Einordnung im Verhältnis zum deutschen Recht dar. Ohne Besitzübertragung müssten beide Sicherungsrechte funktional als Sicherungsübereignung angesehen werden. Erfolgen sie mit Besitzübertragung, so muss jedenfalls die *charge* als bloße Belastung eines fremden Rechts ohne das Recht zur freihändigen Verwertung als Pfandrecht eingeordnet werden.[1310] Zweifel

---

1306   Siehe *Swienty*, S. 206, der allerdings nicht zwischen *legal* und *equitable mortgage* differenziert.

1307   Insolvenzrechtlich ist die Frage ist nicht entscheidungserheblich, da das englische Insolvenzrecht nicht zwischen *charge* und *mortgage* differenziert.

1308   Siehe zum *functional approach* und den Ländern, welche diesem Ansatz folgen, inbesondere den USA, *Brinkmann*, Kreditsicherheiten, S. 349 ff.; siehe zum US-amerikanischen Recht auch *Rakob*, S. 43, 86 ff.

1309   *Trunk*, Insolvenzrecht, S. 142 So hätte in OLG Karlsruhe WM 2003, 584 die Einordnung eines US-amerikanischen *security interest* als Eigentumsvorbehalt näher gelegen, siehe *Rakob*, S. 277.

1310   A.a. wohl *Swienty*, S. 199, der von einer Sicherungsübereignung ausgeht.

ergeben sich bei der *equitable mortgage.* Immerhin ist der Sicherungsnehmer hier nur in *equity* als Eigentümer anzusehen. Da der *equitable mortgagee* aber letztendlich die gleichen Befugnisse hat wie der *legal mortgagee,* er ja gerade so zu behandeln ist als sei er Eigentümer, spricht viel dafür, auch hier Sicherungseigentum anzunehmen. Im deutschen Recht kann die Einordnung letztlich offen bleiben,[1311] unter französischem Recht stellte sich jedoch unabhängig von der Besitzübertragung die entscheidungserhebliche Frage, ob die *equitable mortgage* als *fiducie-sûreté* oder als Registerpfandrecht zu behandeln wäre. Registerpublizität und nicht vergleichbare Treuhanddogmatik scheinen für eine Einordnung als Pfandrecht zu sprechen. Beachtet man jedoch, dass dem *equitable mortgagee* die einem *legal mortgagee* zustehenden außergerichtliche Verwertungsbefugnisse eingeräumt werden sollen, so spricht meines Erachtens viel dafür, von einer *fiducie-sûreté* auszugehen. Im Falle einer reinen *charge* sollte dagegen stets unabhängig von der Besitzübertragung von einem Pfandrecht ausgegangen werden. Erfolgt eine *charge* oder *equitable mortgage* an Forderungen ohne Drittschuldneranzeige, stellen beide Sicherheiten unter deutschem Insolvenzrecht eine Sicherungsabtretung dar. In Frankreich sollte im ersten Fall ein Forderungspfandrecht und im zweiten eine *fiducie-sûreté* angenommen werden.[1312]

(d) Revolvierende Kreditsicherheiten

Fraglich ist, ob deutsche und französische revolvierende Globalsicherheiten unter englischem Recht als *floating charge* zu behandeln wären. In funktionaler Hinsicht spricht alles dafür. Zweck ist es jeweils, dem Sicherungsgeber den Einsatz seines Umlaufvermögens zur Refinanzierung in praktikabler Weise zu ermöglichen. Schaut man sich indessen Art. 8(1) EuInsVO an, so ist das Ergebnis zumindest für deutsche Globalsicherheiten nicht mehr eindeutig. Die Vorschrift differenziert zwischen Sicherheiten an bestimmten Gegenständen und Sicherheiten an Sachgesamtheiten mit wechselnder Zusammensetzung. Die zweite Variante sollte gerade klarstellen, dass auch die *floating charge* unabhängig vom Eintritt der *crystallisation* als dingliches Recht unter Art. 8 EuInsVO zu behandeln ist.[1313] Tatsächlich könnte man die deutschen Globalsicherheiten allerdings unter die erste Variante subsumieren, da sich nach deutschem Verständnis die Sicherungsübertragung stets an jedem einzelnen Gegenstand der Sachgesamtheit vollzieht. Anders ist dies jedoch im Falle der revolvierenden Pfandrechte unter französischem Recht. Diese beruhen wie die *floating charge* auf der Annahme, dass nicht der einzelne Gegenstand, sondern die Sachgesamtheit das Sicherungsobjekt ausmacht. Auf die Tatsache, dass regelmäßig bei Insolvenzeröffnung sowohl unter deutschem als auch unter französischem Recht sämtliche Verfügungsbefugnisse widerrufen sein werden und damit nach englischem Verständnis *crystallisation* eingetreten wäre, kann meiner Ansicht nach nicht abgestellt werden. Denn nach englischem Insolvenzrecht kommt es nicht darauf an, ob die *floating charge* bereits zur *fixed charge*

1311 Sowohl Pfandrecht als auch Sicherungsübereignung gewähren ein Absonderungsrecht. Die weiteren Rechtsfolgen hängen davon ab, ob dem Sicherungsnehmer Besitz übertragen wurde.

1312 In den insolvenzrechtlichen Wirkungen bestehen hier freilich keine Unterschiede.

1313 *Virgós/Schmit,* Erläuternder Bericht, Nr. 104, siehe auch MüKo-*Reinhart,* Art. 5 EuInsVO a.F., Rn. 4.

geworden ist. Maßgeblich ist, ob die Sicherheit ursprünglich als *floating charge* bestellt worden war. Da die Qualifikation als *floating charge* dem Bestimmtheitsgrundsatz deutschen und französischen Rechts widerspricht und die in Deutschland oder Frankreich belegenen revolvierenden Sicherheiten erheblich beeinträchtigen könnte, erschiene mir hier eine gesetzliche Klarstellung dahingehend, dass die Anwendung der Regeln über die *floating charge* unter englischer *lex fori concursus* in diesen Fällen ausgeschlossen ist, aus Gründen der Rechtssicherheit angebracht.[1314] Freilich werden in diesen Fällen regelmäßig auch die Voraussetzungen eines Sekundärverfahrens vorliegen.

Umgekehrt müsste das in England mit einer *floating charge* besicherte Vermögen in Deutschland in jeden einzelnen erfassten Sicherungsgegenstand zerlegt werden.[1315] Hinsichtlich des Umlaufvermögens wäre jedenfalls von einer Sicherungsübereignung oder einer –abtretung auszugehen. Soweit davon auch andere Rechte wie beispielsweise Gesellschaftsanteile umfasst sind, sollte hingegen untersucht werden, ob nicht von einem Pfandrecht ausgegangen werden müsste. Die Überlegungen in der deutschen Literatur zur Differenzierung danach, ob eine *crystallisation* bereits eingetreten ist oder nicht, spielen hingegen keine Rolle.[1316] Da nach deutschem Insolvenzrecht mit Verfahrenseröffnung sämtliche Veräußerungs- und Einziehungsbefugnisse des Sicherungsgebers erlöschen, durch Fälligstellung sämtlicher Insolvenzforderungen der Sicherungsfall eintritt und zudem der gesicherte Gläubiger nicht die Möglichkeit hat, den deutschen Insolvenzverwalter selbst zu benennen, sollte die Wirkung einer *crystallisation* stets unterstellt werden. Jedenfalls wäre der Verwalter unter deutscher *lex fori concursus* nicht berechtigt, das nach englischem Recht besicherte Vermögen zu veräußern, da die §§ 165 ff. InsO ihn dazu ohne Absprache mit dem gesicherten Gläubiger nicht ermächtigen.

Geht man davon aus, dass die Bestellung revolvierender Sicherheiten in Frankreich nicht durch *fiducie-sûreté* möglich ist, so müssten deutsche revolvierende Globalsicherungsübertragungen in funktionaler Hinsicht als revolvierende Pfandrechte behandelt werden. Damit hat der Insolvenzverwalter in Frankreich die Möglichkeit, trotz Widerrufs jeglicher Verfügungsermächtigungen mit Umlaufvermögen weiter zu wirtschaften, wenn der Sicherungsnehmer die Stellung einer adäquaten Ersatzsicherheit akzeptiert oder das Gericht die Bereitstellung der Ersatzsicherheit gestattet. Umgekehrt wären entsprechende französische Globalsicherheiten in Deutschland als revolvierende Globalsicherungsübertragungen zu behandeln. Ob ein Widerruf sämtlicher Verfügungsbefugnisse eingetreten ist spielt keine Rolle, da diese in Deutschland ohnehin mit

---

1314   Dafür spricht auch das Interesse des Kreditverkehrs, siehe unten unter 2. Teil C. II. 1. b) aa) (3) (S. 229 f.).

1315   MüKoBGB-*Wendehorst*, Art. 43 EGBGB, Rn. 33; *Swienty*, S. 194 ff.; die Frage, ob die *floating charge* hinsichtlich einzelner Aspekte oder sogar insgesamt gesellschaftsrechtlich zu qualilfizieren ist (siehe dazu *Schall*, IPRax 2009, 209 ff.), stellt sich im Rahmen eines in Deutschland eröffneten Insolvenzverfahrens mit in England belegener *floating charge* nicht, da es hier jedenfalls nur um die dingliche Behandlung der *floating charge* geht und diese jedenfalls unter der EuInsVO eindeutig sachenrechtlich qualifiziert wird.

1316   So nehmen *Wenckstern*, RabelsZ 56 (1992), 624, 665 und ihm folgend *Swienty*, S. 196 bis zur *crystallisation* ein Anwartschaftsrecht auf Bestellung einer Sicherungsübereignung an.

Verfahrenseröffnung erlöschen.[1317] Werden diese in Frankreich allerdings unter Einsatz eines Lagerhalters bestellt, so muss vom Besitz des Sicherungsnehmers im Zeitpunkt der Verfahrenseröffnung ausgegangen werden.[1318] Die in Frankreich früher vertretene Ansicht, die *floating charge* müsse als französische Unternehmenssicherheit (*nantissement de commerce*) behandelt werden, kann jedenfalls nach der Einführung des allgemeinen besitzlosen Pfandrechts und des besitzlosen Pfandrechts am Warenlager sowie dem stillen Forderungspfandrecht nicht aufrechterhalten werden. Vielmehr werden von diesem Pfandrecht nur bestimmte Vermögenswerte und gerade nicht das relevante Umlaufvermögen umfasst.[1319] Es sollte daher auch hier gelten, dass die *floating charge* hinsichtlich ihrer einzelnen Bestandteile zu untersuchen ist. Hinsichtlich des Umlaufvermögens muss ein entsprechendes revolvierendes Pfandrecht angenommen werden. Soweit Anlagevermögen umfasst ist, muss vor dem Hintergrund, dass die meisten floating charges equitable mortgages darstellen, von einer *fiducie-sûreté* ausgegangen werden.

(4) Zusammenfassung

Meines Erachtens führt die Angleichung entsprechend den in allen Rechtsordnungen vorherrschenden Kategorien Sicherungsbelastung/Sicherungsübertragung und Besitz/besitzlos zu einem hohen Maß an Vorhersehbarkeit. Gelingt die Angleichung fremder Rechte im internationalen Sachenrecht, so ist nicht ersichtlich, warum dies im Insolvenzrecht unmöglich sein sollte, zumal hier aufgrund des Anerkennungsgebots die häufigsten Anerkennungshindernisse entfielen.[1320] Um Normwidersprüche und Unsicherheiten zu vermeiden, müssten jedoch gewisse gesetzliche Anpassungen vorgenommen werden. Erstens sollte die Transpositionstheorie gesetzlich verankert werden. Zweitens sollte sichergestellt werden, dass Sicherheiten an nach Verfahrenseröffnung erworbenem Vermögen nur wirksam sein können, wenn die Insolvenzfestigkeit auch für das funktionsäquivalente Sicherungsrecht unter der *lex fori concursus* gegeben wäre. Drittens müsste sichergestellt sein, dass Regeln über unbestimmte Unternehmenssicherheiten unter der *lex fori concursus* auf im Ausland belegene Sicherheiten nur Anwendung finden sollten, wenn die Sicherheit unter der *lex causae* ebenfalls als eine Sicherheit über das gesamte schuldnerische Vermögen bestellt werden könnte. Gewisse Unsicherheiten verbleiben allerdings. So kann fraglich sein, ob eine *equitable mortgage* in Frankreich als Eigentumsübertragung oder als Pfandrecht zu behandeln wäre. Diese Problematik wird sich nur in Rechtsordnungen stellen, die sowohl ein besitzloses Pfandrecht als auch die besitzlose Sicherungsübertragung zulassen. Des Weiteren stellt sich die Frage, ob revolvierende Kreditsicherheiten in Frankreich stets als Pfandrecht zu behandeln wären. Dies hängt allerdings mit der in Frankreich bestehenden Unsicherheit über die Möglichkeit der Bestellung revolvierender Kreditsicherheiten

---

1317 Ansonsten stellte sich auch hier das Problem, wie das dingliche Recht an den einzelnen Gegenständen zu qualifizieren wäre, da das französische Recht hier ein der *floating charge* vergleichbares dogmatisches Konzept aufweist.
1318 *Kessedjian*, in: Bridge/Stevens, Cross-Border Security, S. 159, 173 f.
1319 Siehe oben unter 1. Teil B. II. 2. g) (S. 147 f.).
1320 Hess/Oberhammer/Pfeiffer-*Piekenbrock*, Rn. 740.

mittels Sicherungsübertragung zusammen. Unterscheidet die *lex fori concursus* zudem zwischen den insolvenzrechtlichen Systembegriffen Ab- und Aussonderung, können sich Rechtsunsicherheiten auch aus der Frage ergeben, ob für die Ermittlung des äquivalenten Sicherungsrechts unter der *lex fori concursus* auch die insolvenzrechtliche Behandlung des fremden Sicherungsrechts nach der *lex causae* für die Ermittlung des äquivalenten Sicherungsrechts zu beachten ist.

b) Die international-privatrechtlichen Rechtsanwendungsinteressen

aa) Das Rechtsanwendungsinteresse des Kreditverkehrs

Es wurde bereits dargelegt, dass aus Sicht der Kreditgeber bzw. Sicherungsnehmer die Sicherheitenbestellung regelmäßig auch insolvenzrechtlich nach der *lex causae* beurteilt wird. So ist denn auch in der Literatur ausgeführt worden, die Anwendung der *lex fori concursus* auf außerhalb des Insolvenzeröffnungsstaats belegene Mobiliarsicherheiten sei dem Sicherungsnehmer nicht zumutbar. Von ihm könne nicht verlangt werden, zunächst die internationale Insolvenzzuständigkeit zu ermitteln und im zweiten Schritt zu untersuchen, ob das danach maßgebliche ausländische Insolvenzrecht die Sicherheit anerkenne und gegebenenfalls eine vorzugsweise Befriedigung ermögliche.[1321] Im Folgenden soll untersucht werden, ob diese These heute noch aufrechterhalten werden kann.

(1) Aufwand der Ermittlung des COMI oder einer Niederlassung

Unzweifelhaft erscheint, dass die Anwendung der *lex causae* für den Sicherungsnehmer die vorteilhafteste weil einfachste und zudem aufgrund der Abstimmung zwischen Sachen- und Insolvenzrecht bei der Beurteilung der insolvenzrechtlichen Wirkungen rechtssicherste Lösung darstellt. Allerdings erscheint das Argument, dem Sicherungsgeber könne die Ermittlung einer künftigen internationalen Insolvenzzuständigkeit nicht zugemutet werden, fragwürdig. Jedenfalls von professionellen Teilnehmern des Kreditverkehrs dürfte es nicht zu viel verlangt zu sein, Auskünfte über den gewöhnlichen Aufenthaltsort sowie den Satzungs- oder einen eventuell davon abweichenden Verwaltungssitz des Sicherungsgebers einzuholen, sofern dies im Rahmen zumindest größerer Kreditvorhaben nicht ohnehin immer erfolgt.[1322] Wird ein Kredit für private Zwecke erteilt, wird der Sicherungsnehmer ebenfalls über den gewöhnlichen Aufenthaltsort seines Sicherungsnehmers informiert sein. Darüber hinaus kann der gesicherte Gläubiger weiterhin von der Geltung der *lex causae* ausgehen, wenn zumindest eine Niederlassung im Belegenheitsstaat oder im Staat, dessen Recht die Besicherung der Forderung(-en) regelt, besteht. Wenn sich hingegen nur einzelne Vermögenswerte im Belegenheitsstaat befinden und der Schuldner dort keinen Sitz hat noch sonst unternehmerisch tätig wird, sollte der gesicherte Gläubiger in jedem Falle gewarnt sein.

1321 So *Kolmann*, Kooperationsmodelle, S. 180.
1322 *Bork*, Rn. 6.24; so schon *Favoccia*, S. 36.

(2) Aufwand der konkreten insolvenzrechtlichen Beurteilung der Sicherheit

Sehr viel aufwendiger als die Ermittlung einer ausländischen Rechtsordnung stellt sich allerdings die Ermittlung und Prüfung der konkret die Mobiliarsicherheit anzuwendenden Normen einer fremden *lex fori concursus* dar. Erscheint dies für professionelle Kreditgeber möglich, so dürfte diese Prüfung für Kredite unter Geschäfts- oder Privatleuten doch einen enormen Aufwand bedeuten. Insofern muss allerdings bedacht werden, dass zumindest das Vorhandensein einer Niederlassung auch in diesen Fällen dem Kreditgeber regelmäßig bekannt sein wird.

(3) Gefahr der Anerkennungsverweigerung

Zur Gefahr der Anerkennungsverweigerung ist zu sagen, dass diese aufgrund der sich aus der *Situs*-Regel des internationalen Sachenrechts ergebenden Zwangslage zwar ernst zu nehmen ist.[1323] Allerdings müsste die ausdrückliche Unterstellung ausländischer dinglicher Mobiliarsicherheiten unter die *lex fori concursus* als spezielles insolvenzkollisionsrechtliches Gebot an den Insolvenzeröffnungsstaat verstanden werden, das Sicherungsrecht jedenfalls als solches anzuerkennen und ihm nicht seine Wirksamkeit mangels Anerkennungsbereitschaft der *lex fori concursus* zu versagen.[1324] Insbesondere wäre eine Berufung der *lex fori concursus* auf ihren *ordre public* nur noch in absoluten Ausnahmefällen möglich. Verstöße gegen Publizitäts- oder Bestimmtheitsgrundsätze der *lex fori concursus* könnten eine Anerkennungsverweigerung jedenfalls nicht begründen. Dafür spricht in Bezug auf bewegliche Sachen bereits, dass das Sicherungsrecht aufgrund seiner Lage im Belegenheitsstaat die im Insolvenzeröffnungsstaat geschützten Verkehrsinteressen zu keiner Zeit beeinflusst hat. Die in der Literatur zu findende Aussage, es bestehe die Gefahr, dass die *lex fori concursus* dem Kreditsicherungsrecht schlicht keine Vorrangstellung einräume, stellte sich daher nur, wenn sich im Recht des Insolvenzeröffnungsstaats keinerlei vergleichbares dingliches Sicherungsrecht finden ließe und die *lex fori concursus* damit überhaupt keine auf das Sicherungsrecht anwendbaren Normen bereithielte oder aber es zwar ein vergleichbares Sicherungsrecht gäbe, diesem aber nach der *lex fori concursus* keinerlei Vorrangstellung zukäme. Allerdings kennen grundsätzlich alle europäischen Rechtsordnungen Mobiliarkreditsicherheiten, welchen in der Insolvenz eine Vorrangstellung gebührt, auch wenn die Eingriffe in die Sicherheiten variieren mögen.[1325] Ein nicht zu verkennendes Problem ergäbe sich jedoch im Bereich der *floating charge*.[1326]

1323 Siehe oben unter 2. Teil C. I. 1. b) aa) (S. 210 f.).
1324 Zu Recht sprechen *Niggemann/Blenske*, NZI 2003, 471, 474 dem heutigen Art. 8 EuInsVO ebenfalls ein solches konkludentes Anerkennungsgebot zu. Ein solches wäre freilich auch in einem insolvenzkollisionsrechtlichen Verweis auf die Geltung der *lex causae* für außerhalb des Insolvenzeröffnungsstaats belegene Mobiliarsicherheiten enthalten.
1325 Siehe nur Hess/Oberhammer/Pfeiffer-*Piekenbrock*, Rn. 687 (Fn. 54); 705 ff.; Siehe auch die Länderberichte bei *McCormack/Bork*, Security Rights.
1326 Möglicherweise stellte sich das Problem auch im Falle der Unternehmenssicherheiten anderer Rechtsordnungen. Dies hinge davon ab, ob diese revolvierende Kreditsicherungsrechte nur im Rahmen der Unternehmenssicherheit oder auch im Rahmen anderer Sicherheiten zuließen.

Müsste zum Beispiel eine deutsche Globalsicherungsübertragung im englischen Insolvenzverfahren als *floating charge* qualifiziert werden,[1327] so könnten die mit der Entnahme des *prescribed part* verbundenen Eingriffe so beträchtlich sein, dass hier tatsächlich von einer Nichtanerkennung der Vorrangstellung gesprochen werden könnte. Zudem könnte der in Deutschland gesicherte Gläubiger regelmäßig nicht den mit der *floating charge* typischerweise verbundenen Einfluss auf das Insolvenzverfahren beanspruchen, da das Anlage- und Umlaufvermögen der deutschen Niederlassung nicht den wesentlichen Teil des Vermögens des Insolvenzschuldners ausmachte, es sich mithin nicht um eine *qualifying floating charge handelte*. Dieses Problem wird zwar abgeschwächt durch den Umstand, dass im Falle einer Globalsicherungsübertragung in Deutschland regelmäßig eine deutsche Niederlassung vorhanden sein wird, so dass über das Sekundärverfahren deutsches Insolvenzrecht Anwendung finden könnte. Dennoch müsste meiner Ansicht nach im Rahmen einer *Lex-fori-concursus*-Lösung gesetzgeberisch klargestellt werden, dass auf ausländischem Recht unterfallende Sicherheiten über Sachgesamtheiten die Vorschriften der *lex fori concursus* über Unternehmenssicherheiten nur Anwendung finden können, wenn die *lex causae* selbst eine Unternehmenssicherheit zulässt und die konkrete Sicherheit auch als solche bestellt wurde.

(4) Schutz des Sicherungsnehmers über die *lex fori concursus secundariae*

Unter grundsätzlicher Geltung der *lex fori concursus* würden Sicherungsnehmer im Zeitpunkt der Sicherheitenbestellung regelmäßig prüfen, ob über ein Sekundärinsolvenzverfahren die insolvenzrechtliche *lex causae* zur Anwendung gebracht werden könnte. Will man die Anwendung der *lex fori concursus* auf ausländische Mobiliarsicherheiten daher entsprechend mit dem Schutz des gesicherten Gläubigers in die Anwendung der *lex causae* durch Sekundärverfahren rechtfertigen, so muss das Vertrauen des Sicherungsnehmers zumindest insofern geschützt werden, als dass ihm in jedem Fall das Recht zukommen sollte, die Eröffnung eines Sekundärverfahrens zu beantragen. Dies könnte kritisch sein, wenn die gesicherte Forderung nicht im Zusammenhang mit der Niederlassung steht. Da nach Art. 37(1) lit. b) EuInsVO allerdings kein Zusammenhang zwischen Insolvenzforderung und Niederlassung notwendig ist, sollte der gesicherte Gläubiger regelmäßig antragsberechtigt sein.[1328]
Eine ähnliche Problematik stellt sich nunmehr im synthetischen Sekundärverfahren nach Art. 36 EuInsVO. Hier ist zunächst einmal festzustellen, dass der unter der EuInsVO vertretenen Auffassung, eine nach Art. 36(5), (6) EuInsVO verbindlich gewordene Zusicherung habe auf dingliche Sicherheiten im Niederlassungsstaat grundsätzlich keinen Einfluss, jedenfalls unter der *Lex-fori-concursus*-Lösung nicht gefolgt werden könnte. Die Auffassung stützt sich auf die Feststellung, dass das (synthetische) Sekundärverfahren unter Art. 8 EuInsVo für im Niederlassungsstaat gesicherte Gläubiger keinen Schutz, sondern einen Eingriff darstelle, der nach wie vor nur über ein echtes Sekundärverfahren zulässig sei.[1329] Würde auf diese Sicherheiten hingegen

---

1327 Siehe oben unter 2. Teil C. II. 1. a) bb) (3) (d) (S. 225 f.).
1328 MüKoInsO-*Reinhart*, Art. 29 EuInsVO a.F., Rn. 8.
1329 MüKoInsO-*Reinhart*, Art. 36, Rn. 9.

grundsätzlich die *lex fori concursus* Anwendung finden, so hätte nunmehr für den dinglich gesicherten Gläubiger das (synthetische) Sekundärverfahren die gleiche (Vertrauens-)Schutzfunktion, welche es für die unter der *lex causae* des Niederlassungsstaats bevorrechtigten Gläubiger hat. Problematisch ist jedoch der Zuschnitt des synthetischen Insolvenzverfahrens auf die Interessen der »lokalen Gläubiger«. Nach Art. 2 Nr. 11 EuInsVO sind dies Gläubiger, deren Forderungen im Zusammenhang mit dem Betrieb der Niederlassung entstanden sind. Was aber gälte, wenn mit einer Sicherheit am Niederlassungsvermögen eine Forderung gesichert würde, welche von vorneherein mit der Niederlassung in keinem Zusammenhang stand? In diesem Fall könnte der gesicherte Gläubiger nicht nach Art. 36(5) EuInsVO über die Zusicherung abstimmen und müsste nicht über die Verteilung der Masse nach Art. 36(7) S. 1 EuInsVO informiert werden. Selbst wenn der Insolvenzverwalter ihn freiwillig einbeziehen sollte,[1330] wäre fraglich, ob ihm dann auch nach Art. 36(7) EuInsVO Rechtsschutz gegen die beabsichtigte Verteilung zustünde. Freilich wäre der gesicherte Gläubiger grundsätzlich über die Anwendbarkeit der *lex fori concursus secundariae* nach Art. 36(2) EuInsVO geschützt. Zu beachten ist aber, dass es gerade in Ländern wie Frankreich, welche eine Vielzahl von Vorrechten kennen, durchaus zu Streitigkeiten hinsichtlich der Verteilung von Verwertungserlösen kommen kann.[1331] Sollte hier der gesicherte Gläubiger nicht mitreden dürfen? Auch in der Literatur wird die Bevorzugung lokaler Gläubiger kritisch gesehen.[1332] Die Erkenntnis, dieser Nachteil sei jedem Sekundärverfahren aufgrund seines territorialen Charakters immanent, kann die Benachteiligung im Niederlassungsstaat gesicherter nicht lokaler Gläubiger jedoch nicht rechtfertigen. Denn anders als andere nicht lokale Gläubiger haben diese nunmehr über ihre Sicherheit ein mit lokalen Gläubigern vergleichbares Interesse am Sekundärverfahren. Unter einer *Lex-fori-concursus*-Lösung sollte daher eine gesetzliche Klarstellung dahingehend erfolgen, dass im Niederlassungsstaat gesicherte Gläubiger hinsichtlich der gesicherten Forderung stets lokale Gläubiger sind.[1333] Anderenfalls bestünde zudem die Gefahr, dass der gesicherte Gläubiger gezwungen ist, ein Sekundärinsolvenzverfahren zu beantragen und damit die Zwecke des synthetischen Insolvenzverfahrens zunichte macht.

bb) Staatliche Rechtsanwendungsinteressen

Aus Sicht des Staats, dessen Recht auf die Sicherheit anzuwenden ist, kann die *Lex-fori-concursus*-Lösung durchaus problematisch sein. Kommen Gläubiger zu dem Schluss, dass für ihr Sicherungsrecht unter der voraussichtlich anwendbaren *lex fori concursus* ungünstigere Verteilungsregeln gelten, werden sie probieren, dies im Wege der Übersicherung auszugleichen. Dies kann jedoch, wie zum Beispiel in Deutschland, gegen nationale Grundsätze zur Übersicherung oder zu möglichen Freigabeansprüchen führen, wenn diese mit den eigenen insolvenzrechtlichen Verteilungsregeln abgestimmt sind. Ohne zusätzliche gesetzgeberische Eingriffe auf nationaler Ebene der

---

1330 Dies könnte und sollte der Verwalter zweckmäßigerweise tun, vgl. Mankowski/Müller/ Schmidt-*Mankowski*, Art. 36, Rn. 42.
1331 Siehe zur Praxis oben unter 1. Teil B. II. 8. b) aa) (3) (a) (S. 167).
1332 Mankowski/Müller/Schmidt-*Mankowski*, Art. 36, Rn. 13.
1333 Diese Feststellung trifft auch *de lege lata* zu.

Mitgliedstaaten dürfte die *Lex-fori-concursus*-Lösung in diesem Bereich Rechtsunsicherheit hervorrufen, zumal sich der COMI auch nach der Sicherheitenbestellung noch ändern kann.

Ein weiteres Problem dürfte die Behandlung eigener Globalsicherheiten unter einer fremden *lex fori concursus* sein. Würde zum Beispiel nicht sicher feststehen, dass deutsche Globalsicherheiten in England nicht den Beschränkungen der *floating charge* unterfielen, könnten englischen Unternehmen mit Niederlassung in Deutschland möglicherweise größere Probleme haben, das Anlage- und Umlaufvermögen der Niederlassung zur Finanzierung einzusetzen als innerdeutsche Unternehmen. Hier müsste voll auf die Durchführung eines deutschen Sekundärverfahrens vertraut werden. Aus Sicht des Staats, dessen Recht auf die entsprechende Sicherheit Anwendung findet, sollte demnach auch unter dem Gesichtspunkt der Attraktivität als Investitionsstandort kein Interesse an der Unterstellung seiner Sicherungsrechte unter ein fremdes Insolvenzrecht bestehen.

2. Die Verwirklichung bestmöglicher Gläubigerbefriedigung

a) Die Gewährleistung eines effektiven Verfahrens

Wendet man auf einem ausländischen Recht unterliegende Mobiliarsicherheiten die *lex fori concursus an*, so müssen die Verfahrensorgane kein fremdes Insolvenzrecht anwenden. Es entstünden keine Normwidersprüche und –mängel und damit keine Rechtsunsicherheiten. Solche wären allenfalls zu erwarten bei der Einordnung dieser Sicherheiten unter die *lex fori concursus*. In der Regel sollte diese Einordnung jedoch wie gezeigt möglich sein. Jedenfalls wären die zu erwartenden Rechtsunsicherheiten sehr viel geringer als unter der *Lex-causae*-Lösung. Sieht die *lex fori concursus* die Anordnung eines vorläufigen Insolvenzverfahrens oder die Anordnung anderer vorläufiger Maßnahmen vor, welche dingliche Sicherheiten beeinflussen, so würden diese Wirkungen über Art. 32(1) Unterabsatz 3 EuInsVO unproblematisch auch die ausländischen Mobiliarsicherheiten erfassen. Auch unter Art. 6 EuInsVO ergäbe sich ein die Verfahrenseffektivität fördernder harmonischer Gleichlauf zwischen anwendbarem Insolvenzrecht und insolvenzrechtlicher Verfahrenszuständigkeit auf der einen und anwendbarem Sachenrecht sowie allgemeiner internationaler Verfahrenszuständigkeit auf der anderen Seite.

b) Erzielung des bestmöglichen Verwertungsergebnisses

aa) Beeinträchtigung durch forum shopping und zufällige Verlagerung von Sicherungsgut

Die Anreize für *forum shopping* würden durch die Anwendung der *lex fori concursus* auf im Ausland belege Sicherheiten deutlich reduziert werden. Die nicht auf Dauer ausgelegte oder offenbar in betrügerischer Absicht erfolgte Verbringung von zunächst im Inland belegenem Sicherungsgut ins Ausland könnte so behandelt werden, als ob ein dingliches Recht vom Ursprungs- in einen anderen Staat und wieder zurück in den Ursprungsstaat gelangt wäre, so dass entsprechend der herrschenden Hinnahmetheorie von vornherein auf das ursprüngliche Sicherungsrecht abzustellen wäre.

bb) Beeinträchtigung durch vermehrte Beantragung von Sekundärverfahren und
Schutz des gesicherten Gläubigers durch Sekundärverfahren

Unter dem weiten Niederlassungsbegriff der EuInsVO wird häufig die Möglichkeit
bestehen, in dem vom Verfahrenseröffnungsstaat abweichenden Staat, in welchem das
Sicherungsgut belegen ist, ein Sekundärverfahren zu eröffnen. Insofern würde sich
durch die kollisionsrechtliche Verweisung auf die *lex fori concursus* auch hinsichtlich
der außerhalb des Insolvenzeröffnungsstaats belegenen Sicherheiten die Funktion des
Sekundärverfahrens verschieben. Das Sekundärverfahren hätte nunmehr für den im
Ausland besicherten Gläubiger die gleiche Schutzwirkung, wie es sie auch für die
lokalen bevorrechtigten Gläubiger hat.[1334] Der Verwalter hingegen hätte keinen Anreiz
mehr zur Beantragung eines Sekundärverfahrens, um die koordinierte Verfahrens-
einbeziehung im Ausland belegener dinglicher Sicherheiten in das Insolvenzverfahren
zu ermöglichen.[1335] Auch wenn somit einer weiteren Gläubigergruppe das Druckmittel
des Sekundärverfahrens an die Hand gegeben würde, erschiene die *Lex-fori-concursus*-Lösung diesbezüglich nicht nachteilhafter als die *Lex-causae*-Lösung. Zum
einen wird es im Falle einer Niederlassung neben dem gesicherten Gläubiger regelmäßig andere bevorrechtigte Gläubiger geben, die auf das Sekundärverfahren drängen
würden. Zum anderen erscheint es mit den Pflichten des Verwalters und den Zielen
des Insolvenzverfahrens besser vereinbar, wenn nicht der Verwalter auf die »schlechte
Lösung« des Sekundärverfahrens angewiesen ist, sondern dieses konsequent dem
Schutz bestimmter lokaler Interessen dient. Die Drohkulisse des Sekundärverfahrens
ist zudem durch die Einführung des synthetischen Sekundärverfahrens nach Art. 36
EuInsVO erheblich abgeschwächt worden. Auch dieses hätte für den gesicherten
Gläubiger nunmehr die beschriebene Schutzwirkung vor der *lex fori concursus*, so
dass für ihn im Gegensatz zur Rechtlage unter der *Lex-causae*-Lösung kein Anlass
mehr bestünde, dieses zu torpedieren.[1336]

cc) Sicherung der Aufrechterhaltung des schuldnerischen Geschäftsbetriebs und
übertragender Sanierung

Hier weist die Anwendung der *lex fori concursus* auf im Ausland belegene Sicherheiten klare Vorteile gegenüber der Anwendung der *lex causae* auf. Die einheitliche
Rechtsanwendung ermöglicht unproblematisch die Aufrechterhaltung des schuldnerischen Geschäftsbetriebs sowie die Gesamtverwertung durch den Insolvenzverwalter
entsprechend den Vorgaben der *lex fori concursus*.

1334 Siehe *Trunk*, Insolvenzrecht, S. 139.
1335 Eine Ausnahme gilt hingegen möglicherweise im Falle von Unternehmenssicherheiten.
Insbesondere zugunsten der ungesicherten Gläubiger könnte aus Sicht des Verwalters die
Eröffnung eines Sekundärverfahrens in England sinnvoll sein, um den ungesicherten
Gläubigern den *prescribed part* zukommen zu lassen.
1336 Siehe oben unter 2. Teil. C. I. 2. a) aa) (2) (S. 213 f.) Da nur die lokalen Gläubiger von der
Billigung der Zusicherung nach Art. 36(5) S. 3 EuInsVO zu unterrichten sind, gilt *de facto*
nur für diese die Präklusion, siehe MüKoInsO-*Reinhart*, Art. 37 EuInsVO 2015, Rn. 4.

dd) Integrierung der außerhalb des Insolvenzverfahrensstaats gesicherten Gläubiger in einen Sanierungsplan

Das soeben Gesagte gilt auch hinsichtlich der Möglichkeit einer schuldnerinternen Sanierung. Entsprechend den Vorgaben der *lex fori concursus* ist die Integrierung auch außerhalb des Insolvenzeröffnungsstaats belegener Sicherheiten reibungslos möglich.

3.   Zwischenfazit

Auch die *Lex-fori-concursus*-Lösung bietet im Zeitpunkt der Sicherheitenbestellung ein hohes Maß an Rechtssicherheit. Die *lex fori concursus* dürfte über den COMI ebenso regelmäßig ermittelt werden können wie die Antwort auf die Frage ob eine Niederlassung im Belegenheitsstaat vorliegt. Größere Unsicherheit resultiert aus der Möglichkeit des Schuldners, seinen COMI oder seine Niederlassung im Anschluss zu verlegen. Aus diesem Grund sowie aufgrund der Tatsache, dass die Ermittlung des COMI, der Niederlassung sowie die materielle Prüfung einer eventuell von der *lex causae* abweichenden *lex fori concursus* mit erhöhtem Aufwand verbunden ist, erscheint aus Sicht des Kreditverkehrs die Anwendung der *lex causae* vorzugswürdig. Gerade für nicht grenzüberschreitend tätige Kreditgeber wäre die Prüfung ausländischen Insolvenzrechts mit erheblichem Aufwand verbunden. Gleiches gilt für das Rechtsanwendungsinteresse des Belegenheitsstaats, da nicht ausgeschlossen werden kann, dass eine ausländische *lex fori concursus* Anpassungen des nationalen Kreditsicherungsrechts notwendig erscheinen ließe. Demgegenüber erscheint die Gefahr einer erheblichen Entwertung inländischer Sicherheiten unter einer ausländischen *lex fori concursus* weitestgehend ausgeschlossen. Dies wird auch von dem im ersten Teil der Arbeit gefundenen Ergebnis bestätigt, dass zumindest der Liquidationswert besitzloser Sicherheiten in allen drei untersuchten Rechtsordnungen in der Insolvenz weitestgehend für den gesicherten Gläubiger gewahrt bleibt. Allerdings müsste klargestellt werden, dass revolvierende Kreditsicherheiten unter einer fremden *lex fori concursus* nicht ohne weiteres als Unternehmenssicherheit behandelt werden dürfen. Die unter der *Lex fori concursus*-Lösung erforderliche Angleichung ausländischer Sicherungsrechte unter die *lex-fori-concursus* sollte sich ohne große Schwierigkeiten vornehmen lassen. Tatsächlich werden auch in der Literatur Schwierigkeiten bei der Ermittlung des funktionsäquivalenten Sicherungsrechts unter der *lex fori concursus* nur von Wessels als Argument gegen die *Lex-fori-concursus*-Lösung angeführt.[1337] Dabei bezieht sich Wessels jedoch nicht nur auf Kreditsicherungsrechte, sondern auch auf andere Rechte wie den englischen *trust* und die Vormerkung. Für die Sicherungsübereignung und das Faustpfand räumt er ein, dass sich eine Angleichung vornehmen ließe. Nichtsdestotrotz müsste auch eine *Lex-fori-concursus*-Lösung mit weiteren gesetzlichen Klarstellungen verbunden werden. So sollte die Anwendung der Transpositionstheorie zumindest im Innenverhältnis zwischen gesichertem Gläubiger und den Verfahrensorganen festgeschrieben werden, um Normwidersprüche zu verhindern, welche sich aus der Differenzierung zwischen insolvenz- und sachenrechtlicher Qualifikation ergäben.

1337 *Wessels*, International Insolvency Law, Rn. 10640a; siehe demgegenüber Hess/Oberhammer/Pfeiffer-*Piekenbrock*, Rn. 740.

Aus der Perspektive der Gläubigergesamtheit ist die Anwendung der *lex fori concursus* auch auf außerhalb des Insolvenzeröffnungsstaats belegene Sicherheiten die bestmögliche Lösung. Die in der *lex fori concursus* zum Ausdruck kommenden Ziele und Wertungen kommen voll zur Geltung. Entsprechend diesen Wertungen wird die bestmögliche Gläubigerbefriedigung gewährleistet.[1338] Auch die Behandlung von Sicherheiten, welche kurz vor Verfahrenseröffnung zufällig oder missbräuchlich aus dem Insolvenzeröffnungsstaat geschafft wurden, bereitete keinerlei Probleme. Anreize zum *forum shopping* würden vollständig beseitigt. Die Lösung würde sich zudem harmonisch sowohl in die Möglichkeit des synthetischen Sekundärverfahrens als auch in den Gerichtsstand für Annexverfahren einfügen. Im Niederlassungsstaat gesicherte Gläubiger würden nunmehr über Sekundärverfahren ebenso geschützt wie bevorrechtigte Gläubiger. Insofern könnte ihrem Bestreben, ein Sekundärverfahren zu beantragen, über das synthetische Sekundärverfahren Rechnung getragen werden. Hier sollte allerdings sichergestellt werden, dass im Niederlassungsstaat gesicherte Gläubiger stets an dem Zusicherungsverfahren zu beteiligen sind, da ihre Interessen hinsichtlich der Anwendung der *lex causae* nunmehr identisch mit denjenigen der bevorrechtigten Gläubiger sind. Zweitens würde in der Zuständigkeit für Annexverfahren nach Art. 6 EuInsVO die generelle Frage der insolvenz- und sachenrechtlichen Qualifikation harmonisch im Sinne größter Verfahrenseffektivität zum Ausdruck kommen. Insolvenzrechtlich zu qualifizierende Fragen würden stets vor den Gerichten des Insolvenzeröffnungsstaats unter Anwendung der *lex fori concursus* entschieden werden.

III. Kumulationslösung

1. Inhalt und Kritik

Um zu einem Kompromiss zwischen Vertrauensschutz und universaler Geltung des Insolvenzverfahrens zu kommen, wollen die Vertreter der Kumulationslösung grundsätzlich von der Anwendbarkeit der *lex fori concursus* auch auf die einer anderen *lex causae* unterstehenden Mobiliarsicherheiten ausgehen. Deren Wirkungen sollen jedoch nur zur Anwendung kommen, wenn sie auch unter der *lex causae* möglich bzw. dieser bekannt sind.[1339] Zu dieser Aussage fundiert Stellung zu nehmen, fällt insofern schwer, als dass nicht genau feststeht, was mit den Wirkungen gemeint ist. Lediglich Piekenbrock versucht sich an einer Ausfüllung dieses Begriffs. Seiner Ansicht nach ist zwischen Tatbestand und Rechtsfolge zu differenzieren. Der gesicherte Gläubiger könne der *lex fori concursus* lediglich entgegenhalten, dass deren Rechtsfolgen ungünstiger seien als diejenigen der *lex causae*. Er könne jedoch nicht einwenden, dass die unter der *lex causae* vorgesehenen Tatbestandsvoraussetzungen für eine Beeinträchtigung seiner Sicherheit nicht erfüllt seien. Diesbezüglich sei er nicht schutzwürdig, da er von vornherein mit dem Vorliegen dieser Tatbestandsvoraussetzungen habe rechnen müssen.[1340] Danach könne dem Verwertungsrecht eines deutschen Insolvenz-

---

1338 *Taupitz*, ZZP 111 (1998), 315, 331.
1339 *Drobnig*, in: Stoll, Stellungnahmen und Gutachten, S. 177, 182; *Plappert*, S. 288.
1340 Hess/Oberhammer/Pfeiffer-*Piekenbrock*, Rn. 714, 724 f.

verwalters entgegengehalten werden, dass unter der *lex causae* weiterhin der gesicherte Gläubiger zur Verwertung berechtigt sei. Eine in Frankreich mittels *fiducie-sûreté* sicherungsübereignete Sache könne der deutsche Verwalter allenfalls verwerten, wenn er das Sicherungsrecht vorher durch Begleichung der gesicherten Forderung ablöse.[1341] Demgegenüber könne ein in England oder Frankreich gesicherter Gläubiger gegenüber dem Verwertungsrecht des deutschen Verwalters nicht einwenden, dass die Verwertung durch den Verwalter unter der *lex causae* nur mit Zustimmung des Gerichts oder des verfahrensleitenden Richters erfolgen könne, da diese Tatbestandsvoraussetzung des Verwertungsrechts und nicht Rechtsfolge sei.[1342] Gerade das englische Recht zeigt jedoch, dass sich nicht immer sauber zwischen Tatbestand und Rechtsfolge abgrenzen lässt. So legt im *Admistration*-Verfahren das Gericht in seiner Entscheidung zugleich den Wert des Sicherungsguts und damit den an den gesicherten Gläubiger auszukehrenden Erlös fest oder trifft weitere Anordnungen zum Schutze des gesicherten Gläubigers. Eine rechtssichere gesetzliche Abgrenzung erscheint kaum möglich.[1343] Weiterhin käme es zu gleichen Problemen wie unter der *Lex-causae*-Lösung. Sähe zum Beispiel die *lex causae* einen dreimonatigen Verwertungsstopp vor, während die *lex fori concursus* eine unbegrenzte Verwertungssperre bereithielte, so könnte der gesicherte Gläubiger nach Ablauf von drei Monaten verwerten und damit eine einheitliche Sanierungslösung unmöglich machen. Das Piekenbrock die Darlegungs- und Beweislast entsprechend Art. 16 EuInsVO dem Sicherungsnehmer aufbürden will, im Ansatz also uneingeschränkt die *lex fori concursus* zugrunde legt, dürfte daran kaum etwas ändern. Favoccia hat zudem bereits darauf hingewiesen, dass sich oft nicht genau ermitteln ließe, ob die *lex fori concursus* stärker in das Sicherungsrecht eingriffe als die *lex fori concursus*. Ein Recht mag die Verwertungsbefugnisse des gesicherten Gläubigers unberührt lassen, ihm aber höhere Massekostenbeiträge aufbürden, während ein anderes Recht ein Moratorium vorsieht, dafür aber Wertausgleichs- und Zinsansprüche als Ausgleich vorsieht. Zu Recht ist daher die praktische Umsetzung dieser Lösung in Frage gestellt worden.[1344]

2.   Eigener Vorschlag

Der hinter der Kumulationslösung stehende Grundgedanke, die *lex fori concursus* unter gleichzeitigem Vertrauensschutz der gesicherten Gläubiger weitestmöglich zur Geltung zu bringen, erscheint grundsätzlich anerkennenswert. Er lässt sich jedoch praxistauglich nur verwirklichen, wenn man die Reichweite des Vertrauensschutzes der gesicherten Gläubiger klarer definiert. Im Kern kann es nur um die Frage gehen, inwieweit der gesicherte Gläubiger auf den wirtschaftlichen Wert seiner Sicherheit unter der *lex causae* vertrauen kann. Beeinträchtigt es den gesicherten Gläubiger unangemessen, wenn nicht er, sondern der Verwalter nach ausländischer *lex fori concursus* zur Verwertung berechtigt ist, solange feststeht, dass der gesicherte Gläubiger entweder

---

1341   Hess/Oberhammer/Pfeiffer-*Piekenbrock*, Rn. 724.
1342   Nur zum französischen Recht Hess/Oberhammer/Pfeiffer-*Piekenbrock*, Rn. 724.
1343   Siehe *McCormack/Bork*, Security Rights, Chapter 1, para 99: »*any provision would need to be carefully worded to prevent the complete non-application of the lex fori concursus.*«
1344   *Facoccia*, S. 43; *McCormack/Bork*, Security Rights, Chapter 1, para 99.

den Erlös insoweit erhält, als er ihn auch unter der *lex causae* beanspruchen könnte oder ihm eine gleichwertige Ersatzsicherheit gewährt wird? Immerhin räumen alle untersuchten Rechtsordnungen dem gesicherten Gläubiger zu seinem Schutz im Falle der Verwertung durch den Verwalter entweder ein Mitspracherecht ein, stellen die Verwertung unter gerichtliche Aufsicht oder sprechen dem gesicherten Gläubiger einen Anspruch auf eine gleichwertige Ersatzsicherheit zu. Zudem hat der Verwalter regelmäßig mindestens ein ebenso hohes Interesse an der bestmöglichen Verwertung, zumal im Falle einer offensichtlich nachteilhaften Verwertung Schadensersatzpflichten drohen. Kann der gesicherte Gläubiger zweitens berechtigterweise darauf vertrauen, dass seine besitzlose Sicherheit zum Zwecke der Geschäftsfortführung nicht weiter genutzt wird? Alle hier untersuchten Rechtsordnungen sehen Verwertungssperren von mindestens sechs bis zwölf Monaten vor, wenn das Sicherungsgut für die Aufrechterhaltung des Geschäftsbetriebs notwendig ist. Lediglich das deutsche Recht sieht als Ausgleich Zins- und Wertausgleichsansprüche vor. Bereits die deutsche Ausnahmestellung legt nahe, dass ein Vertrauen auf diese Ansprüche kaum schutzwürdig erscheint. Vielmehr erscheint hier der Schutz des gesicherten Gläubigers über die Möglichkeit des Sekundärinsolvenzverfahrens ausreichend. Denn wenn der Verwalter auf die Nutzung eines ausländischen Sicherungsrechts für die Betriebsfortführung tatsächlich angewiesen ist, so wird dort in der Regel eine Niederlassung bestehen. Drittens stellt sich die Frage, ob der gesicherte Gläubiger berechtigterweise darauf vertrauen kann, dass sein Sicherungsrecht bzw. seine gesicherte Forderung in einem Insolvenzplan unter der *lex fori concursus* nicht beeinträchtigt werden kann, obwohl eine solche Beeinträchtigung auch unter der *lex causae* möglich wäre? Die Antwort muss negativ ausfallen. Aufgrund dieser Erwägungen erscheint meines Erachtens nur eine Kumulationslösung praktikabel, die vollumfänglich von der Anwendung der *lex fori concursus* im Sinne der zuvor dargestellten *Lex-fori-concursus*-Lösung ausgeht. Die *lex causae* sollte lediglich in zwei Fällen korrigierend eingreifen: Wenn es zur Verwertung durch ein Verfahrensorgan kommt, sollte der Sicherungsgeber wirtschaftlich nicht schlechter gestellt werden dürfen als im Verwertungsfall unter Geltung des Insolvenzrechts der *lex causae*. Zweitens dürfte das Sicherungsrecht durch einen Insolvenzplan unter der *lex fori concursus* wirtschaftlich nicht stärker beeinträchtigt werden, als dies unter dem Insolvenzrecht der *lex causae* möglich wäre. Einige Fälle sollen dies verdeutlichen. Auf den deutschen Verwalter ginge die Verwertungs- und die damit verbundene Nutzungsbefugnis an einer in England belegenen Sicherheit über. Verwertete er sie, so bekäme der Sicherungsnehmer den Nettoerlös entsprechend englischem Recht. Der deutsche Verwalter hätte keinen Anspruch auf Feststellungs- und Verwertungskosten. Im Falle einer *floating charge* gälte das gleiche, da die Sicherheit unter deutschem Recht als Sicherungsübereignung zu behandeln wäre. Um die englisch-rechtlichen Regeln über die *floating charge* zur Anwendung zu bringen, müsste der deutsche Verwalter, ein bevorrechtigter Gläubiger oder der Sicherungsnehmer ein Sekundärverfahren beantragen, oder es müsste über das synthetische Insolvenzverfahren eine entsprechende Verteilungslösung erreicht werden. Die englische Sicherheit könnte in einem deutschen oder französischen Insolvenzplan nicht gegen den Willen des Sicherungsnehmers beeinträchtigt werden. Eine deutsche revolvierende Kreditsicherheit könnte – unterstellt, eine solche ist in Frankreich als Pfandrecht zu qualifizieren – im französischen Hauptinsolvenzverfahren weiterhin umgesetzt werden, wenn dem Sicherungsnehmer eine entsprechende Ersatzsicherheit nach französischem Recht gestellt wird, da durch eine solche sichergestellt wäre, dass wirtschaftlich zunächst keine Beeinträchtigung erfolgt. Ohne die Stellung einer Ersatzsicherheit dürfte der französische Insolvenzverwalter maximal neun Prozent vom Nettoerlös einbehalten. Die Sicherheit dürfte durch einen französischen Insolvenzplan bis maximal zur Grenze des § 251 InsO beeinträchtigt werden. Diese Vorschrift müsste also von einem französischen Insolvenzgericht bei der Planbeschließung berücksichtigt werden. Umgekehrt dürften in ein deutsches Insolvenzverfahren in Frankreich gesicherte Pfandgläubiger einbezogen werden, wobei auch auf diese § 251 InsO Anwendung fände. Nicht durch Mehrheitsentscheidung im deutschen Planinsolvenzverfahren beeinträchtigt werden könnte allerding eine französische *fiducie-sûreté,* da diese in einem französischen Insolvenzplan nicht beeinträchtigt werden können. Französische Pfandrechte könnte der deutsche Verwalter verwerten und die Verwertungskosten entsprechend den französischen Grundsätzen einbehalten. Zöge er hingegen besicherte Forderungen ein, so müsste er die Erlöse in voller Höhe an den Sicherungsnehmer auskehren, da in Frankreich der Sicherungsnehmer ebenfalls zur Einziehung und zum vollen Einbehalt des Erlöses in Höhe der gesicherten Forderung berechtigt wäre. Gleiches gälte im Falle der Verwertung einer *fiducie-sûreté.* Denn unter französischem Recht wäre im Verwertungsfall das Sicherungsgut in Höhe seines Marktwerts dem Sicherungsnehmer verfallen.

3.   International-privatrechtliche Prinzipien

a)   Rechtssicherheit

Da auch die hier vorgeschlagene Kumulationslösung im Grundsatz von der Geltung der *lex fori concursus* ausgeht, können die zur *Lex-fori-concursus*-Lösung angestrengten Überlegungen grundsätzlich übertragen werden.[1345] Allerdings ließe sich überlegen, ob die Transpositionstheorie auch in diesem Fall gesetzlich verankert werden müsste, da der gesicherte Gläubiger in wirtschaftlicher Hinsicht bereits ausreichend geschützt wäre. Die Festschreibung dient allerdings nicht nur dem Schutz des gesicherten Gläubigers, sondern allgemein der Rechtssicherheit, indem sie die sich aus der Differenzierung zwischen Sachen- und Insolvenzstatut ergebenden Unsicherheiten bei der Anwendung der Normen der *lex fori concursus* beseitigt. Es sollte daher auch in diesem Fall klargestellt werden, dass sämtliche Normen der *lex fori concursus,* welche die insolvenzrechtliche Behandlung des funktionsäquivalenten inländischen Sicherungsrechts regeln, auch auf einer ausländischen *lex causae* unterliegende Sicherheiten Anwendung finden.

b)   Die international-privatrechtlichen Rechtsanwendungsinteressen

aa)   Das Rechtsanwendungsinteresse des Kreditverkehrs

Grundsätzlich gelten die Ausführungen zur *Lex-fori-concursus*-Lösung – insbesondere auch jene zum Schutz durch Sekundär- und synthetische Insolvenzverfahren – entspre-

---

1345   Siehe oben unter 2. Teil C. II. 1. a) (S. 219 ff.).

chend. Auch die hier vorgeschlagene Kumulationslösung stellt aus Sicht des Sicherungsnehmers nicht die Ideallösung dar. Zwar ist der Sicherungsnehmer insoweit besser als unter der *Lex-fori-concursus*-Lösung geschützt, als dass ihm der wirtschaftliche Wert des Sicherungsguts im Verwertungsfall oder im Planverfahren stets insoweit zusteht, wie dies unter der *lex causae* der Fall wäre. Auch wäre eine revolvierende Kreditsicherheit deutschen oder französischen Rechts vor den Beeinträchtigungen einer *floating charge* unter einer englischen *lex fori concursus* sicher, da der an die Masse bzw. an bevorrechtigte Gläubiger abzuführende Betrag durch die *lex causae* gedeckelt wäre. Eine Fortführung der revolvierenden Sicherheit durch den *Administrator* nach englischen *Floating-charge*-Regelungen schiede aus, da sich die Sicherheit nach deutschem Recht ohne neue Absprache nicht automatisch auf Surrogate erstreckt und es mit der Kumulationslösung nicht vereinbar wäre, wenn der Sicherungsnehmer die Verwirtschaftung der Sicherheit durch den *Administrator* hinnehmen müsste. Allerdings könnten unter der *lex fori concursus* längere Verwertungssperren als unter der *lex causae* gelten oder unter der *lex causae* vorgesehene Zins- und Wertersatzansprüche entfallen. Abgesehen von dem Schutz durch Sekundär- oder synthetische Insolvenzverfahren erscheint aber der Schutz zumindest des wirtschaftlichen Werts der Sicherheit entsprechend der *lex causae* den Aufwand bei der Beurteilung der insolvenzrechtlichen Wirkung der Sicherheit im Rahmen der Bestellung zu reduzieren.

bb) Staatliche Rechtsanwendungsinteressen

Die hier vorgeschlagene Lösung berücksichtigt die Rechtsanwendungsinteressen des Staats, dessen *lex causae* auf die Mobiliarsicherheit Anwendung findet, besser als die *Lex-fori-concursus*-Lösung. So könnte für die nachträgliche Übersicherung im deutschen Recht weiterhin auf die gültigen Obergrenzen rekurriert werden. Denn es stünde fest, dass auch unter der *lex fori concursus* allenfalls neun Prozent des Verwertungserlöses an die Masse abzuführen wären. Weder eine Anpassung in der Rechtsprechung noch in der Vertragspraxis wäre erforderlich.

4.   Die Verwirklichung bestmöglicher Gläubigerbefriedigung

a)   Das insolvenzspezifische Rechtsanwendungsinteresse aller Verfahrensbeteiligten zugunsten einer effektiven Verfahrensabwicklung

Da zunächst alleine die *lex fori concursus* zum Tragen käme, kann grundsätzlich auf die Ausführung zur *Lex-fori-concursus*-Lösung verwiesen werden. Allerdings hätten die Verfahrensorgane bei der Erlösverteilung die fremde *lex causae* zu berücksichtigen. Gleiches gilt im Rahmen der Aufstellungen und Bestätigung von Insolvenzplänen. Da sich das Verfahrensrecht jedoch allein nach der *lex fori concursus* richtete, wären die nach fremden Recht zu beurteilenden Fragen (Wie viel würde der gesicherte Gläubiger vom Erlös unter der *lex causae* bekommen, und dürfte der Insolvenzplan den gesicherten Gläubiger wirtschaftlich so auch unter dem Insolvenzrecht der *lex causae* beeinträchtigen?) punktueller Natur, und Antworten auf diese Fragen sollten relativ einfach zu ermitteln sein.

b) Erzielung des bestmöglichen Verwertungsergebnisses

aa) Beeinträchtigung durch forum shopping und zufällige Verlagerung von Sicherungsgut

Die Kumulationslösung führte nicht im selben Maße zur Immunität des Insolvenzverfahrens gegenüber Beeinflussungen in Folge der Verlagerung des Sicherungsguts wie die *Lex-fori-concursus-Lösung*. Allerdings wäre der Einfluss auf das Verfahren deutlich geringer, da das Sicherungsgut in jedem Fall zunächst nach Maßgabe der *lex fori concursus* in das Verfahren einbezogen werden könnte. Die Beeinflussung würde sich lediglich bei der Verteilungsfrage auswirken.

bb) Beeinträchtigung durch vermehrte Beantragung von Sekundärverfahren und Schutz des gesicherten Gläubigers durch Sekundärverfahren

Auch unter der Kumulationslösung behielte das Sekundärverfahren für den außerhalb des Insolvenzeröffnungsstaats gesicherten Gläubiger eine Vertrauensschutzfunktion. Die *lex fori concursus secundariae* könnte für ihn nach wie vor vorteilhafter sein hinsichtlich eventueller Zins- oder Wertersatzansprüche oder der Dauer von Verwertungssperren. Demgegenüber könnte der Verwalter über das Sekundärverfahren keine besseren Ergebnisse erzielen. Eine Ausnahme gilt freilich für die *floating charge*. Will der deutsche Insolvenzverwalter den ungesicherten Gläubigern den *prescribed part* zukommen lassen, so muss er ein Sekundärverfahren beantragen oder eine Zusicherung nach Art. 36 EuInsVO abgeben. Aufgrund der Schutzfunktion des Sekundärverfahrens wäre meiner Ansicht nach auch unter der Kumulationslösung klarzustellen, dass im Belegenheitsstaat gesicherte Gläubiger lokale Gläubiger im Sinne von Art. 2 Nr. 11 EuInsVO sind.

cc) Sicherung der Aufrechterhaltung des schuldnerischen Geschäftsbetriebs und übertragender Sanierung

Hier weist die Kumulationslösung keine Einschränkungen gegenüber der *Lex-fori-concursus*-Lösung auf. Sämtliche Sicherheiten könnten nach Maßgabe der *lex fori concursus* genutzt sowie verwertet werden. Lediglich im Rahmen der Verteilung bestünden Unterschiede.

dd) Integrierung der außerhalb des Insolvenzverfahrensstaats gesicherten Gläubiger in einen Sanierungsplan

Die Integrierung der im Ausland gesicherten Gläubiger in einen Insolvenzplan unter der *lex fori concursus* würde nicht an widersprüchlichen Regeln zum Beispiel hinsichtlich der Gruppenbildung scheitern. Insofern ist die Einbindung grundsätzlich problemlos möglich. Allerdings hätten gesicherte Gläubiger das Recht, gegen den Insolvenzplan einzuwenden, dass dieser den wirtschaftlichen Wert der Sicherheit stärker beeinträchtige, als dies unter der *lex causae* möglich sei. Voraussetzung wäre allerdings stets, dass der gesicherte Gläubiger nicht wenigstens den Zerschlagungswert des Sicherungsguts erhält. Insbesondere die Weiternutzung des Sicherungsguts gemäß

Insolvenzplan sollte keine Beeinträchtigung des wirtschaftlilchen Werts darstellen. Dass hier keine Schutzbedürftigkeit besteht, zeigt sich insbesondere am englischen Recht. Hier dürfen Sanierungspläne ohne den Willen des gesicherten Gläubigers nicht in das Sicherungsrecht eingreifen. Nichtsdestotrotz ist es dem *administrator* gestattet, mit besitzlosen Sicherheiten belastetes Vermögen im Sanierungsverfahren weiter zu nutzen, es sei denn die Interessen des gesicherten Gläubigers überwiegen die Interessen der Gläubigergemeinschaft. Darauf dass dies immer der Fall sein wird, kann der gesicherte Gläubiger jedoch im Zeitpunkt der Sicherheitenbestellung nicht vertrauen.[1346] Darüber hinaus wäre es allerdings unter der Kumulationslösung nicht möglich, englisch-rechtliche Sicherheiten gegen den Willen des gesicherten Gläubigers in einen deutschen oder französichen Insolvenzplan einzubinden, da das englische Recht dies stets an die Einwilligung des gesicherten Gläubigers knüpft. Insoweit bliebe die Kumulationslösung hinter der *Lex-fori-concursus*-Lösung zurück.

5. Zwischenfazit

Hinsichtlich des Kriteriums der Rechtssicherheit kann grundsätzlich auf die Ausführungen zur *Lex-fori-concursus*-Lösung verwiesen werden. Unsicherheiten, die aus einer möglichen nachträglichen Verlagerung des COMI entstehen können, werden aus Sicht des gesicherten Gläubigers insoweit allerdings weiter relativiert, als dass er sichergehen kann, im Falle der Verwertung das zu erhalten, was er auch unter dem Insolvenzrecht der *lex causae* verlangen kann. Insoweit wird der Gefahr einer wirtschaftlichen Entwertung weiter entgegengetreten, auch wenn gesicherte Gläubiger im Hinblick auf mögliche Ausgleichsansprüche für Nutzungen und Verwertungsverzögerungen möglicherweise Abstriche machen müssen. Auf eine Klarstellung dahingehend, dass revolvierende Kreditsicherheiten nicht ohne Weiteres als Unternehmenssicherheit unter der *lex fori concursus* anzusehen sind, könnte verzichtet werden. Auch aus Sicht des Staats, dessen Recht als *lex causae* das Sicherungsrecht beherrscht, stellt die Kumulationslösung eine harmonischere Lösung dar, weil im Hinblick auf nationalinsolvenzrechtliche Verteilungsgrundsätze entwickelte sachen- oder allgemeinzivilrechtliche Wertungen weiter zur Anwendung gelangen können. Aus Sicht der Gläubigergesamtheit werden die Ziele und Wertungen der *lex fori concursus* zwar nicht im gleichen Maße verwirklicht wie unter der *Lex-fori-concursus*-Lösung. So wird die nationale Verteilungsordnung zugunsten des ausländisch gesicherten Gläubigers eingeschränkt, was insbesondere auch zu einer Ungleichbehandlung zwischen den unter einer fremden *lex causae* gesicherte Gläubigern und den unter der *lex fori concursus* gesicherten Gläubigern führt. Sieht die *lex causae* keine Möglichkeit vor, Sicherungsrechte ohne Zustimmung der gesicherten Gläubiger wirtschaftlich einzuschränken, muss dies nach der hier vorgeschlagenen Lösung respektiert werden, wobei davon keine möglichen Nutzungsrechte betroffen sind.[1347] Auf der anderen Seite bietet die hier vorgeschlagene Lösung viele von der *Lex-fori-concursus*-Lösung bekannte Vorteile im Hinblick auf die bestmögliche Gläubigerbefriedigung. Insbesondere gelten die

---

1346 Hess/Oberhammer/Pfeiffer-*Piekenbrock*, Rn. 714, 724 f; vgl. zum englischen Recht auch oben unter 1. Teil A. II. 3. g) dd) (1) (a) (S. 78 ff.).

1347 Die Nutzung des Erlöses eingeozogener Forderungen stellt kein Nutzungsrecht in diesem Sinne dar.

Verwertungssperren der *lex fori concursus* vollumfänglich. Zum anderen gilt ausschließlich das Verfahrensrecht der *lex fori concursus,* so dass mit etwaigen Normmängeln und -widersprüchen nicht zu rechnen ist und damit der effektive Ablauf des Insolvenzverfahrens weitestgehend gewährleistet ist, wenn auch die Verfahrensorgane bei der Erlösverteilung und im Hinblick auf die Bestimmungen eines avisierten Insolvenzplans die fremde *lex causae* zu beachten haben und – soweit das Insolvenzrecht der *lex causae* eine Beeinträchtigung von Sicherheiten gegen den Willen des gesicherten Gläubigers nicht zulässt – eine Einbeziehung der Sicherheit in den Insolvenzplan gegebenfalls nicht möglich ist.

IV. Abwägung

Die vorstehende Darstellung hat zunächst gezeigt, dass sich keine der Lösungen, welche in der Literatur als Alternative zu Art. 8 EUInsVO für die Behandlung von nicht dem Recht des Insolvenzeröffnungsstaats unterliegende Sicherheiten vorgeschlagen werden, reibungslos umsetzen lässt. Eine Entscheidung zwischen den Lösungen lässt sich nur mittels einer Abwägung und Gewichtung der betroffenen Prinzipien bewerkstelligen. Dabei lässt sich allerdings schnell feststellen, dass die *Lex-causae*-Lösung jedenfalls abzulehnen ist. Mit ihr wird allenfalls dem Prinzip des Vertrauensschutzes auf Seite der gesicherten Gläubiger genüge getan, wohingegen die bestmögliche Gläubigerbefriedigung aus Sicht des Insolvenzeröffnungsstaats insbesondere durch Fortführungslösungen weitestgehend ignoriert wird. Mit der so gewonnenen Rechtssicherheit ist es zudem auch für den gesicherten Gläubger schnell dahin, wenn es in der grenzüberschreitenden Insolvenz zu Streitkeiten über das Sicherungsrecht kommt. In einem solchen Fall können Normmängel und -widersprüche zu einem erheblichen Maß an Rechtsunsicherheit und Unpraktikabilität führen, welches mit dem Prinzip eines effektiven Insolvenzverfahrens und damit der bestmöglichen Gläubigerbefriedigung nicht im Einklang steht. Dem Interesse des Kreditverkehrs an der Anwendung der *Lex-causae*-Lösung und dem damit verbundenen Argument geringerer Kreditkosten lässt sich damit begegnen, dass in den ganz überwiegenden Fällen das Insolvenzrecht der *lex causae* zumindest über das Sekundärinsolvenzverfahren zur Anwendung kommen kann. Erfolgt hingegen die Sicherheitenbestellung nach dem Recht eines Staats in dessen Hoheitsgebiet der Insolvenzschuldner noch nicht einmal eine Niederlassung betreibt, so erscheint es gerechtfertigt, vom Sicherungsnehmer zu verlangen, dass er sich über das anwendbare Insolvenzrecht und dessen Auswirkungen auf seine Sicherheit informiert. Umgekehrt formuliert erschient es nicht ersichtlich, warum der Sicherungsnehmer in einem solchen Fall ohne Weiteres von der Geltung des Insolvenzrechts der *lex causae* ausgehen können darf. Das Rechtsanwendungsinteresse des Kreditverkehrs an der *lex causae*, welches sich daraus ergibt, dass eine entsprechende kollisionsrechtliche Verweisung im Ergebnis zu einer Nichtanwendung jeglicher Beschränkungen von besitzlosen Sicherheiten auf Verteilungsebene führt, ist von vorneherein nicht schützenswert. Dieses Ergebnis ergäbe sich alleine aus kollisionsrechtlichen Widersprüchen, welche im internationalen Privatrecht vermieden werden sollten. Diese Rechtsfolge führte zudem zu eben jenem überschießenden Protektionismus ausländischer Sicherheiten, welcher Art. 8 EUInsVo zum Vorwurf gemacht wird.

Auch wenn die Untersuchung gezeigt hat, dass insbesondere auch die *Lex-fori-concursus*-Lösung sich keineswegs so einfach umsetzen lässt, wie es bisweilen im Schrifttum suggeriert wird, erscheinen doch aus insolvenzrechtlicher Sicht nur die *Lex-fori-concursus-* sowie die Kumulationslösung in ihrer hier vorgeschlagenen Form praktikabel. Beiden Lösungen steht insbeondere nicht von vorneherein das Prinzip der Rechtssicherheit im internationalen Privatrecht oder das Rechtsanwendungsinteresse des Kreditverkehrs entgegen. Unter der EuInsVO ließe sich das voraussichtlich anwendbare Insolvenzrecht mit hinreichender Sicherheit bestimmen. Die Gefahr, dass ein Sicherungsrecht im Insolvenzeröffnungsstaat nicht anerkannt wird, bestünde nicht, und auch die konkret anzuwendenden Normen ließen sich über die Ermittlung des funktionsäquivalenten Sicherungsrechts unter der *lex fori concursus* ermitteln, so dass eine Beurteilung der Sicherheit aus insolvenzrechtlicher Perspektive durch die beteiligten Parteien bereits im Zeitpunkt der Bestellung möglich wäre. Schwierigkeiten im Zusammenhang mit dem Prinzip der Rechtssicherheit stellen sich allerdings im Zusammenhang mit der Verlagerung des COMI oder der Aufgabe/Verlagerung einer Niederlassung. Denn insofern besteht ein anerkennenswertes Interesse des gesicherten Gläubigers, dass jenes Insolvenzrecht auf seine Sicherungsrechte Anwendung findet, welches sich aus seiner Sicht im Zeitpunkt der Sicherheitenbestellung als das voraussichtlich anwendbare Insolvenzrecht darstellte. Von Befürwortern der *Lex-fori-concursus*-Lösung ist daher vorgeschlagen worden, bei einem Wechsel des COMI nach Sicherheitenbestellung ausnahmsweise das Insolvenzrecht des COMI-Staats im Zeitpunkt der Sicherheitenbestellung auf die dinglichen Sicherungsrechte anzuwenden.[1348] Allerdings brächte die Anwendung dieses Rechts neben der nunmehr anwendbaren *lex fori concursus* sämtliche im Rahmen der *Lex-causae-Lösung* dargestellten Probleme mit sich. Daher sollte die nachträgliche Verlagerung des COMI oder der Niederlassung der Vertragspraxis in Form einschlägiger Informationspflichten, Kündungsrechte oder dem Recht auf weitere Sicherheiten überlassen werden. Ohnehin ginge eine Verlagerung des COMI, ohne dass zumindest eine Niederlassung im ursprünglichen COMI-Staat verbliebe, in der Regel mit der Verbringung maßgeblicher Vermögensgegenstände und damit mit einem Wechsel auch der *lex causae* zumindest hinsichtlich des beweglichen Anlage- und Umlaufvermögens einher.[1349] Das Risiko stellt sich daher kaum anders dar als im Rahmen der *Lex-causae-Lösung*.

Eine Entscheidung zwischen den beiden Lösungen hängt davon ab, ob man dem rein insolvenzrechtlichen Prinzip der bestmöglichen Gläubigerbefriedigung den Vorrang vor den Prinzipien des internationalen Privatrechts einräumen möchte. Wie bereits vielfach geschrieben stellt die *Lex-fori-concursus*-Lösung aus insolvenzrechtlicher Sicht die Ideallösung dar. Auf der anderen Seite kann jedoch nicht verkannt werden, dass das internationale Insolvenzrecht auch dem internationalen Privatrecht und dessen Prinzipien des Vertrauensschutzes und der Anerkennung von Rechtsanwendungsinteressen verpflichtet ist. So muss sich die Kumulationslösung insbesondere nicht mit der Frage beschäftigen, wie mit einer nachträglichen COMI-Verlagerung umzugehen ist. Ein von den Anhängern der *Lex-fori-concursus*-Lösung für diesen Fall zum Teil geforderter Statutenwechsel wäre entbehrlich. Berücksichtigt man dessen Konsequenzen,

---

1348 *Bork*, Principles, Rn. 6.40.
1349 Gleiches gälte im Falle der Verlagerung einer Niederlassung.

so stellte die Kumulationslösung auch unter dem Gesichtspunkt der Verfahrenseffizienz die bessere Lösung dar. Nationale sachenrechtliche Wertungen unter Berücksichtigung der Werthaltigkeit von Sicherheiten in der Insolvenz blieben zudem gewahrt. Auf der anderen Seite könnten Kreditgeber lediglich darauf Vertrauen, dass ihre Sicherheit wirtschaftlich nicht stärker beeinträchtigt wird, als dies unter der *lex causae* möglich wäre. Es gälte damit ausschließlich das Insolvenzrecht des Insolvenzeröffnungsstaats, einschließlich etwaiger Verwertungssperren. Einschränkungen der *lex fori concursus* ergäben sich nur auf Verteilungsebene, so dass insbesondere die Erzielung von Sanierungswerten möglich bliebe. Unter Berücksichtigung aller Prinzipien des internationalen Insolvenzrechts stellt sich damit die Kumulationslösung als die vorzugswürdige Lösung dar.

Aus europäisch-insolvenzrechtlicher Sicht sprechen für die Kumulationslösung zudem die Art. 8 EuInsVO zugrunde liegenden politischen Erwägungen, wonach zum Schutze des inländischen Wirtschaftsverkehrs dingliche Sicherungsrechte in einem ausländischen Insolvenzverfahren nicht stärker betroffen sein sollten, als dies bei einem Insolvenzverfahren im Belegenheitsstaat der Fall wäre.[1350] Die reine *Lex-fori-concursus*-Lösung ist damit kaum in Einklang zu bringen, ganz abgesehen davon, dass für diese Lösung ohne ein europäisch harmonisiertes Sachenrecht kaum ein politischer Wille vorhanden sein wird.

D. Fazit und Ergebnis des zweiten Teils

Die Untersuchung hat zunächt eines gezeigt: Keine der möglichen Lösungen zur Behandlung nicht dem Recht des Insolvenzeröffnungsstaats unterliegender besitzloser Mobiliarsicherungsrechte lässt sich umsetzen, ohne weitere Folgeprobleme aufzuwerfen. So müssten unter der *Lex-fori-concursus*- sowie der Kumulationslösung eine Vielzahl gesetzlicher Klarstellungen getroffen werden. Insbesondere erscheint die Kritik an der gegenwärtigen Regelung des Art. 8 EUInsVO zumindest unter dem schlichten Verweis auf die *Lex-causae*- oder *Lex-fori-concursus*-Lösung vorschnell. Vielmehr lässt es die Untersuchung erahnen, warum sich die Verfasser des Art. 5 EUInsÜ 1995 schlussendlich nur auf die einfachste Lösung einigten, erscheint diese doch zumindest im Gegensatz zur *Lex-causae*-Lösung tatsächlich als praktikabler. Vor dem Hintergrund der aufgezeigten Umsetzungsschwierigkeiten, der Möglichkeit der Eröffnung von Sekundärverfahren, der angestrebten Stärkung der Kreditwirtschaft und dem primärrechtlich vorgegebenen Binnenmarktziel und den damit verbundenen Ermessensspielräumen erscheinen auch die mit der gegenwärtigen Rechtslage verbundenen Ungleichbehandlungen gesicherter Gläubiger grunsätzlich als gerechtfertigt. Als verfehlt ansehen muss man allerdings das Abstellen auf den Belegenheitsort der Sicherheit auch im Falle von Sicherheiten an Forderungen. Warum beispielsweise in einem deutschen Insolvenzverfahren ein durch eine Sicherungsabtretung einer deutschem Recht unterliegenden Forderung gesicherter Gläubiger anders behandelt werden soll als ein ebenso gesicherter Gläubiger, nur weil der Drittschuldner seinen Sitz im Ausland hat,

---

1350 Siehe dazu oben unter 2. Teil A. II. 1. (S. 178).

ist nicht nachvollziehbar. Entsprechend den Regeln des internationalen Privatrechts für körperliche Sachen wäre es naheliegend und mit den Interessen aller Beteiligten Parteien vereinbar, solche Sicherheiten an Forderungen von dem Insolvenzverfahren unberührt zu lassen, deren nach Art. 14 Rom I-VO zu bestimmende *lex causae* von der *lex fori concursus* abweicht. *A fortiori* wird man anerkennen müssen, dass keiner der hier diskutierten alternativen Lösungsansätze gegen den Gläubigergleichbehandlungsgrundsatz verstoßen würde, wären die Ungleichbehandlungen doch in jedem Fall weniger gravierend als unter dem gegenwärtigen Art. 8 EUInsVO. Vielmehr wird man den Fragen des Vertrauensschutzes und der Praktikabilität in der grenzüberschreitenden Insolvenz generell den Vorzug vor dem Prinzip der Gläubigergleichbehandlung einräumen müssen.

Auch wenn sich unter der gegenwärtigen Rechtslage kein Verstoß gegen den Gläubigergleichbehandlungsgrundsatz feststellen lässt, so ist doch die Kritik an Art. 8 EUInsVO grundsätzlich berechtigt, schützt er doch übermäßig die Interessen des Kreditverkehrs. Insbesondere hat die Untersuchung in Bezug auf besitzlose Mobiliarsicherheiten gezeigt, dass sich die gegenwärtige Regelung nicht mit dem schlichten Verweis auf fehlende oder unpraktikable Alternativlösungen begründen lässt. Sowohl die *Lex-fori-concursus*-Lösung als auch die hier bevorzugte Kumulationslösung stellen gangbare Alternativen dar, welche die Schwachstellen der gegenwärtigen Rechtslage beseitigen oder zumindest deutlich abschwächen würden. Dabei stellt eine Kumulationslösung, welche dem gesicherten Gläubiger lediglich im Falle der Verwertung der Sicherheit den Anteil am Liquidationswert der Sicherheit zusichert, welchen er mindestens unter der *lex causae* erhalten hätte, im übrigen aber die *lex fori concursus* zur Anwendung kommen lässt, die vorzugswürdigere Lösung dar, da sie den besseren Einklang zwischen insolvenz- und international-privatrechtlichen Prinzipen gewährleistet. Gesetzgeberisch müsste sichergestellt werden, dass nicht dem Recht des Insolvenzeröffnungsstaats unterliegenden besitzlosen Sicherheiten im Innenverhältnis zu den Verfahrensorganenen die gleichen – auch sachenrechtlich zu qualifizierenden – Wirkungen zukommen wie den entsprechenden Sicherungsrechten des Insolvenzeröffnungsstaats. Zudem müsste gewährleistet sein, dass diglich gesicherte Gläubiger, deren Sicherungsrecht nicht dem Insolvenzstatut als *lex causase* unterfallen, stets als lokale Gläubiger an einem synthetischen Insolvenzverfahren zu beteiligen sind, wenn dessen Voraussetzungen vorliegen.

Abkürzungen

a.A.	andere Ansicht
Abs.	Absatz, Absätze
AcP	Archiv für civilistische Praxis
a.F.	alte Fassung
All E.R.	All England Law Reports
Anm.	Anmerkung
App. Cas.	Law Reports, Appeal Cases (second series)
Art.	Artikel
art.	article(s)
Az.	Aktenzeichen
BB	Betriebsberater
B.C.C.	British Company Cases
BeckRS	Beck online Rechtsprechung
BGB	Bürgerliches Gesetzbuch
BGH	Bundesgerichtshof
BGHZ	Entscheidungen des Bundesgerichtshofs in Zivilsachen
BK	Berliner Kommentar Insolvenzrecht
BSA	Bills of Sale Act
BSA 1854	Bills of Sale Act 1854
BSA 1878	Bills of Sale Act 1878
BSA AA 1882	Bills of Sale Act 1878 Amendment Act 1882
Bull. civ.	Bulletin civil de la Cour de Cassation
bzw.	beziehungsweise
CA	Cour d'appel
C.A.	Court of Appeal
CA 2006	Companies Act 2006
Cass.civ.	Cour de Cassation Chambre civil
Cass.req.	Cour de Cassation Chambre des requêtes
CCA 1974	Consumer Credit Act 1974
C.civ.	Code civil
C.com.	Code de commerce
Ch.	Law Reports, Chancery Division (third series)
Ch.App.	Law Reports, Chancery Appeal Cases
Ch.D.	Chancery Division
Ch. D.	Law Reports, Chancery Division (second series)
C.L.J.	Cambridge Law Journal
C.mon.fin.	Code monétaire et financier
CPR	Civil Procedure Rules
C.proc.civ.ex.	Code des procédures civiles d'exécution
CPSTL	EBRD Core principles for a secured transactions law
CVA	Company voluntary arrangement
DB	Der Betrieb
DCFR	Draft Common Frame of Reference

DMLST	UNCITRAL Draft Model Law on Secured Transactions
DP	Dalloz Périodique
D&P	Droit et Patrimoine
DZWIR	Deutsche Zeitschrift für Wirtschafts- und Insolvenzrecht
EA 2003	Enterprise Act 2003
EBRD	European Bank for Reconstruction and Development
ECFR	European Company and Financial Law Review
EMRK	Europäische Menschenrechtskonvention
E.R.	English Reports
ERA 1996	Employment Rights Act 1996
E.R.P.L.	European Review of Private Law
ErwGr	Erwägungsgrund, Erwägungsgründe
etc.	et cetera
EuGH	Europäischer Gerichtshof
EuGVVO	Verordnung (EG) Nr. 44/2001 des Rates über die gerichtliche Zuständigkeit und die Anerkennung und Vollstreckung von Entscheidungen in Zivil- und Handelssachen
EuInsÜ 1995	Europäisches Übereinkommen über Insolvenzverfahren vom 23.11.1995
EuInsVO	Verordnung (EU) 2015/848 des Europäischen Parlaments und des Rates über Insolvenzverfahren
EuZW	Europäische Zeitschrift für Wirtschaftsrecht
EWCA Civ	England and Wales Court of Appeal Civil Division
EWHC	England and Wales High Court
EWiR	Entscheidungen zum Wirtschaftsrecht
EWS	Europäisches Wirtschafts- und Steuerrecht
Fn.	Fußnote
FK	Frankfurter Kommentar zur Insolvenzordnung
FS	Festschrift
GRC	Charta der Grundrechte der Europäischen Union
HK	Heidelberger Kommentar zur Insolvenzordnung
H.L.	House of Lords
HLE	Halsbury's Laws of England
Hmb.Kom.	Hamburger Kommentar zur Insolvenzordnung
IA 1914	Insolvency Act 1914
IA 1986	Insolvency Act 1986
i.d.R.	In der Regel
IILR	International Insolvency Law Review
InsO	Insolvenzordnung
Insolv. Int.	Insolvency Intelligence
Int.C.R.	International Corporate Rescue
IPrax	Praxis des internationalen Privat- und Verfahrensrechts
IR 2016	Insolvency (England and Wales) Rules 2016
IVA	individual voluntary arrangement
i.V.m.	in Verbindung mit
JA 1873	Judicature Act 1873
J.B.L.	Journal of Business Law

JCl. Civil Code	Juris Classeur Civil Code
JCl. Com.	Juris Classeur Commercial
JCl. Procédure Civile	Juris Classeur Procédure Civile
JCP E	La Semaine Juridique – Entreprise et Affaires
JCP G	La Semaine Juridique édition générale
J.I.B.L.	Journal of International Banking Law
J.I.B.L.R.	Journal of International Banking Law and Regulation
JURA	Juristische Ausbildung
JuS	Juristische Schulung
J&W	Jacob and Walker's English Chancery Reports
K.B.	Law Reports, King's Bench Division
KTS	Zeitschrift für Insolvenzrecht, Konkurs, Treuhand, Sanierung
LC	Law Commission
LGST	UNCITRAL Legislative Guide on Secured Transactions
lit.	littera
LLPR 2009	The Limited Liability Partnerships (Application of Companies Act 2006) Regulations 2009
L.M.C.L.Q.	Lloyd's Maritime and Commercial Law Quarterly
LPA 1925	Law of Property Act 1925
LPA 1989	Law of Property (Miscellaneous Provisions) Act 1989
L.Q.R.	Law Quarterly Review
L.R.Q.B.D.	Law Reports, Queen's Bench Division
MAO 1972	The Mortgaging of Aircraft Order 1972
MDR	Monatszeitschrift für Deutsches Recht
MSA 1995	Merchant Shipping Act 1995
MüKoBGB	Münchener Kommentar zum Bürgerlichen Gesetzbuch
MüKoInsO	Münchener Kommentar zur Insolvenzordnung
m.w.N.	mit weiteren Nachweisen
n.F.	neue Fassung
NJW	Neue Juristische Wochenzeitschrift
NJW-RR	Neue Juristische Wochenzeitschrift – Rechtsprechungs-Report Zivilrecht
NK	Nomos Kommentar zum Bürgerlichen gesetzbuch
Nr.	Nummer(n)
NZI	Neue Zeitschrift für Insolvenzrecht
OLG	Oberlandesgericht
para.	Paragraph(s)
P.C.	Privy Council
Q.B.D.	Queen's Bench Division
r.	rule(s)
RabelsZ	Rabels Zeitschrift für ausländisches und internationales Privatrecht
RD	Recueil Dalloz
RdTW	Recht der Transportwirtschaft
Rép.civ.Dalloz	Encyclopédie juridique Dalloz, Répertoire droit civil
Rép.com.Dalloz	Encyclopédie juridique Dalloz, Répertoire droit commercial

Rép.soc.Dalloz	Encyclopédie juridique Dalloz, Répertoire de droit des sociétés
Rev.dr.banc.fin.	Revue de Droit bancaire et financier
Rev.proc.coll.	Revue des procédures collectives
RGZ	Entscheidungen des Reichsgerichts in Zivilsachen
RIW	Recht der internationalen Wirtschaft
RKO	Reichskonkursordnung
Rn.	Randnummer
RNotZ	Rheinische Notar-Zeitschrift
Rom I-VO	Verordnung (EG) 593/2008 des Europäischen Parlaments und des Rates über das auf vertragliche Schuldverhältnisse anzuwendende Recht (Rom I)
Rom II-VO	Verordnung (EG) 864/2007 des Europäischen Parlaments und des Rates über das auf außervertragliche Schuldverhältnisse anzuwendende Recht (Rom II)
RSC	The Rules of the Supreme Court
RTDcom.	Revue trimestrielle de droit commercial
S.	Seite bzw. Satz
s.	section(s)
SCA 1981	Senior Courts Act 1981
sch.	schedule
SchiffsRG	Gesetz über Rechte an eingetragenen Schiffen und Schiffsbauwerken
u.a.	unter anderem
UCC	Uniform Commercial Code
UKHL	United Kingdom House of Lords
UKPC	United Kingdom Privy Council
UNCITRAL	United Nations Comission on International Trade Law
Urt.	Urteil
v	versus
Vol.	Volume
W.L.R.	Weekly Law Reports
WM	Wertpapier-Mitteilungen
ZEuP	Zeitschrift für Europäisches Privatrecht
ZInsO	Zeitschrift für das gesamte insolvenzrecht
ZIP	Zeitschrift für Wirtschaftsrecht
ZMR	Zeitschrift für Miet- und Raumrecht
ZZP	Zeitschrift für Zivilprozess

250

Literatur

Aderhold, Eltje	Auslandskonkurs im Inland, Berlin 1992, zit.: *Aderhold*
Adolphsen, Jens	Die Rechtsstellung dinglich gesicherter Gläubiger in der Insolvenzordnung, in: Kölner Schrift zur Insolvenzordnung, 3. Aufl., Münster 2009, S. 1326–1372, zit.: *Adolphsen*, in: Kölner Schrift zur Insolvenzordnung, S. 1326
Ahrens, Martin/ Gehrlein, Markus/ Ringstmeiner, Andreas (Hrsg.)	Fachanwaltskommentar Insolvenzrecht, 3. Aufl., Köln 2017, zit.: A/G/R-*Bearbeiter*
Ali, Paul A.	The Law of Secured Finance, Oxford 2002, zit.: *Ali*, Secured Finance
Ambery, Richard/ Bowmer, Simon	The use of limited partnership special purpose entities in property securitisations, J.I.B.L. 2001, 16(6), S. 153–156, zit.: *Ambery/Bowmer*, J.I.B.L. 2001, 16(6), 153
Ansault, Jean-Jacques	Fiducie-sûreté et sûretés reelles traditionelles: que choisir?, D&P 2010, n° 192, S. 52–66, zit.: *Ansault*, D&P 2010, n° 192, 52
Armgardt, Matthias	Die Wirkung vertraglicher Abtretungsverbote im deutschen und ausländischen Privatrecht, RabelsZ 73 (2009), S. 314–335, zit.: *Armgardt*, RabelsZ 73 (2009), 314
Armour, John	The rise of the pre-pack: corporate restructuring in the UK and proposals for reform, in: Austin, Robert P./Aoun, Fady J. G. (Hrsg.), Restructuring companies in troubled times – director and creditor perspectives, Sydney 2012, S. 43–78, zit.: *Armour*, in: Austin, Restructuring companies, S. 43
Armour, John/ Hsu, Audrey/ Walters, Adrian	Corporate Insolvency in the United Kingdom: The Imact of the Enterprise Act 2002, ECFR 2008, S. 148–171, zit.: *Armour/ Hsu/Walters*, ECFR 2008, 148.
Armour, John/ Walters, Adrian	Funding liquidation: a functional view, L.Q.R. 2006, S. 295–326, zit.: *Armour/Walters*, L.Q.R. 2006, 295
Aschenbrenner, Mark	Die Sicherungsübereignung im deutschen, englischen und brasilianischen Recht, Tübingen 2014, zit.: *Aschenbrenner*
Assfalg, Dieter	Wirtschaftliches Eigentum als Rechtsbegriff, NJW 1963, S. 1582–1586, zit.: *Assfalg*, NJW 1963, 1582
Attal, Michel	De la validité et des utilités de la cession de créance future a titre de garantie, D&P 2005, n° 137, S. 34–39, zit.: *Attal*, D&P 2005, n°, 137, 34
Aynès, Augustin	Cession »Dailly« et procédures collectives, zugl. Anmerkung. zu CA Versailles v. 28.02.2013, Az.: 12/06573, D&P 2013, n° 227, S. 96–98, zit.: *Aynès*, D&P 2013, n° 227, 96

Aynès, Augustin	Précisions sur le sort du gage sans dépossession en cas de pro-dédure collective, JCP G 2009, n° 9, S. 17–19, zit.: *Aynès*, JCP G 2009, n° 9, 17
Aynès, Laurent/ Crocq, Pierre	Les Sûretés – La Publicité Fonciére, 8. Aufl., Issy-les-Moulineaux 2014, zit. *Aynès/Crocq*, Les suretés
Aynès, Laurent	Le nantissement de créance, entre gage et fiducie, D&P 2007, n° 162, S. 66–69, zit. *Aynès*, D&P 2007, n° 162, 66
Aynès, Laurent	Une discrète consécration de la cession de créances futures à titre de garantie, zugl. Anmerkung zu Cass.civ. v. 20.03.2001, Bul. civ. 2001, I, n° 37, RD 2001, S. 3110–3112, zit. *Aynès*, RD 2001, 3110
Balz, Manfred	Das neue Europäische Insolvenzübereinkommen, ZIP 1998, S. 948–955, zit.: *Balz*, ZIP 1998, 948
Bamberger, Heinz Georg/ Roth, Herbert	Kommentar zum Bürgerlichen Gesetzbuch,
	Band 1, §§ 1–610 BGB, CISG, 3. Aufl. München 2012;
	Band 3, §§ 1297–2385 BGB, Rom I-VO, Rom II-VO, EGBGB, 3. Aufl., München 2012,
	zit.: Bamberger/Roth-*Bearbeiter*
Bar, Christian von	Gemeineuropäisches Sachenrecht, Band 1, Grundlagen, Gegenstände sachenrechtlichen Rechtsschutzes, Arten und Erscheinungsformen subjektiver Sachenrechte, München 2015, zit.: *v. Bar*, Gemeineuropäisches Sachenrecht
Barrière, Jean François	La fiducie-sûreté, JCP E 2009, n° 36, S. 18–26, zit.: *Barrière*, JCP E 2009, n° 36, 18
Barrière, Jean François	La réception du trust au travers de la fiducie, Paris 2004, zit.: *Barrière*, La réception du trust
Barrière, Jean François	Fiducie, in: Raynaud, Pierre (Hrsg.) Encyclopédie juridique Dalloz, Répertoire de droit civil, Looseblattsammlung, Paris Stand März 2018, zit.: *Barrière*, in: Rép.civ.Dalloz, Bd. VI, Fiducie
Bauer, Joachim	Ungleichbehandlung der Gläubiger im geltenden Insolvenzrecht, Berlin 2007, zit.: *Bauer*
Bauerreis, Jochen	Länderbericht Frankreich, in: Kindler, Peter/Nachmann, Josef (Hrsg.), Handbuch Insolvenzrecht in Europa, Looseblattsammlung, 4. Aufl., München, Stand: Juli 2014, zit.: *Bauerreis*, in: Kindler/Nachmann, Frankreich
Baumbach, Adolf/ Lauterbach, Wolfgang/ Albers, Jan/ Hartmann, Peter	Zivilprozessordnung, 77. Aufl., München 2019, zit.: *B/L/A/H*, ZPO
Baur, Jürgen F./ Stürner, Rolf	Sachenrecht, 18. Aufl., München 2009, zit. *Baur/Stürner*

Baur, Jürgen F./ *Stürner, Rolf*	Zwangsvollstreckungs- Konkurs- und Vergleichsrecht, Band II – Insolvenzrecht, 12. Aufl., Heidelberg 1990, zit.: *Baur/Stürner*, Zwangsvollstreckungsrecht[12], Bd. II
Beale, Hugh/ *Bridge, Michael/* *Gullifer, Louise/* *Lomnicka, Eva*	The Law of Security and Title-Based Financing, 2. Aufl., Oxford 2012, zit.: *B/B/G/L*, Law of Security
Becker-Eberhard, Ekkehard	Die Forderungsgebundenheit der Sicherungsrechte, Bielefeld 1993, zit.: *Becker-Eberhard*, Forderungsgebundenheit
Bédaride, Bruno	Plaidoyer pour l'utilisation urgente de la fiducie-sûreté pour refinancer l'immobilier d'enterprise, Rev.dr.banc.fin. 2012, n° 1, S. 14–17, zit.: *Bédaride*, Rev.dr.banc.fin. 2012, n° 1, 14
Bell, Andrew P.	Modern Law of Personal Property in England and Ireland, London 1989, zit.: *Bell*, Personal Property
Berger, Christian	Haftungsrechtliche Verteilungsprinzipien an der Schnittstelle von Einzelzwangsvollstreckung und Insolvenz, ZZP 121 (2008), S. 407–426, zit.: *Berger*, ZZP 121 (2008), 407
Berger, Christian	Die Einziehung zur Sicherheit abgetretener Forderungen nach § 166 Abs. 2 InsO durch den Insolvenzverwalter, in: Ganter, Hans Gerhard/Gottwald, Peter/Lwowski, Hans-Jürgen (Hrsg.), Haftung und Insolvenz – Festschrift für Gero Fischer zum 65. Geburtstag, München 2008, S. 1–14, zit.: *Berger*, in: FS Fischer, S. 1
Berger, Christian	Die Verwertung von Absonderungsgut, KTS 2007, S. 433–450, zit.: *Berger*, KTS 2007, 433
Berges, August Maria	Die rechtlichen Grundlagen der Gläubigergleichbehandlung im Konkurs, KTS 1957, S. 49–58, zit.: *Berges*, KTS 1957, 49
Bernstorff, Christoph Graf von	Einführung in das englische Recht, 4. Aufl., München 2011, zit.: *Bernstorff*
Berthelot, Geoffroy	Le traitement de la fiducie-sûreté dans la nouvelle ordonnance sur les procédures collectives, D&P 2009, n° 185, S. 89–94, zit.: *Berthelot*, D&P 2009, n° 185, 89
Biller, Patricia	Die neuen besitzlosen Mobiliarsicherheiten des französischen Rechts im Vergleich zum deutschen Mobiliarsicherungsrecht, Köln 2012, zit. *Biller*
Bismarck, Kolja von/ *Schümann-Kleber, Kirsten*	Insolvenz eines ausländischen Sicherungsgebers – Anwendung deutscher Vorschriften auf die Verwertung in Deutschland belegener Sicherheiten, NZI 2005, S. 147–152, zit.: *v. Bismarck/Schümann-Kleber*, NZI 2005, 147
Bitter, Georg	Rechtsträgerschaft für fremde Rechnung – Außenrecht der Verwaltungstreuhand, Tübingen 2006, zit.: *Bitter*, Rechtsträgerschaft
Blersch, Jürgen/ *Goetsch, Hans-W./* *Haas, Ulrich (Hrsg.)*	Berliner Kommentar Insolvenzrecht, Band II, §§ 148–359 InsO, Looseblattsammlung, Köln, Stand: 67. Ergänzungslieferung, September 2018, zit.: BK-*Bearbeiter*

Bork, Reinhard	Principles of Cross-Border Insolvency Law, Cambridge 2017, zit.: *Bork*, Principles
Bork, Reinhard	Sanierungsrecht in Deutschland und England, Köln 2011, zit.: *Bork*, Sanierungsrecht
Bork, Reinhard	Anfechtung als Kernstück der Gläubigergleichbehandlung, ZIP 2014, S. 797–810, zit.: *Bork*, ZIP 2014, 797
Bork, Reinhard	Moratoria (or »stays«) under the new European Insolvency Regulation, Insol. Int. 2016, S. 1–5, zit.: *Bork*, Insol. Int. 2016, 1
Bork, Reinhard	Zum Verwertungsrecht des Insolvenzverwalters nach InsO § 166 Abs. 1, zugl. Anmerkung zu BGH ZIP 2006, 2390, EWiR 2007, S. 119–120, zit.: *Bork*, EWiR 2007, 119
Bork, Reinhard	Die Verbindung, Vermischung und Verarbeitung durch den Insolvenzverwalter, in: Schilken, Eberhard (Hrsg.), Festschrift für Hans Friedhelm Gaul zum 70. Geburtstag, Bielefeld 1997, S. 71–92, zit.: *Bork*, in: FS Gaul, S. 71
Bork, Reinhard/ Mangano, Renato	European Cross-Border Insolvency Law, Oxford 2016, zit.: Bork/Mangano
Bork, Reinhard/ Zwieten, Kristin van (Hrsg.)	Commentary on the European Insolvency Regulation, Oxford 2016, zit.: Bork/v. Zwieten-*Bearbeiter*
Bourassin, Manuella/ Brémond, Vincent/ Jobard-Bachellier, Marie-Noëlle	Droit des Sûretés, 5. Aufl., Paris 2016, zit.: *B/B/J*, Droit des sûretés
Bowen, Morgan	An introduction tot he fundamental principles governing cross-border insolvency in an English law context, IILR 2013, S. 121–131, zit.: *Bowen*, IILR 2013, 121
Bradgate, Robert	Commercial Law, 3. Aufl., London 2000, zit.: *Bradgate*, Commercial Law
Bridge, Michael	Personal Property Law, 4. Aufl., Oxford 2015, zit.: *Bridge*, Property Law
Bridge, Michael	England and Wales, in: Sigman, Harry C./Kieninger, Eva-Maria, Cross-Border Security over Receivables, München 2009, S. 147–180 zit.: *Bridge*, in: Sigman/Kieninger, Security over Receivables, S. 147
Bridge, Michael	The English law of real security, E.R.P.L. 2002, S. 483–508, zit.: *Bridge*, E.R.P.L. 2002, 483
Bridge, Michael/ Gullifer, Louise/ McMeel, Gerard/ Worthington, Sarah	The Law of Personal Property, London 2013, zit.: *B/G/M/W*, Law of Personal Property
Brinkmann, Moritz	Kreditsicherheiten an beweglichen Sachen und Forderungen, Tübingen 2011, zit.: *Brinkmann*, Kreditsicherheiten

Brinkmann, Moritz	The Position of Seured creditors in Insolvency, in: Eidenmüller, Horst/Kieninger, Eva-Maria (Hrsg.), The Future of Secured Credit in Europe, Berlin 2008, S. 248–272, zit.: *Lwowski*, in: Eidenmüller/Kieninger, Secured Credit, S. 248
Brox, Hans/ Walker, Wolf-Dietrich	Zwangsvollstreckungsrecht, 11. Aufl., München 2017, zit.: *Brox/Walker*, Zwangsvollstreckungsrecht
Bruns, Alexander	Die Dogmatik rechtsgeschäftlicher Abtretungsverbote im Lichte des § 354a HGB und der UNIDROIT Factoringconvention, WM 2000, S. 505–514, zit.: *Bruns*, WM 2000, 505
Buisine, Olivier	L'opposabilité du droit de retention »fictif« dans le cadre du plan de cession, Rev.proc.coll. 2011, n° 6, S. 15–19, zit.: *Buisine*, Rev.proc.coll. 2011, n° 6, 15
Buchholz, Stephan	Können Sicherungszession und Sicherungsbereignung akzessorisch gestaltet werden?, Jura 1990, S. 300–306, zit.: *Buchholz*, Jura 1990, 300
Bülow, Peter	Recht der Kreditsicherheiten, 8. Aufl., Heidelberg 2012, zit.: *Bülow*
Cabrillac, Michel	Les ambiguïtes de l'égalité entre les créanciers, in: Mélanges en hommage à André Breton et Fernand Derrida, Paris 1991, S. 31–39, zit.: *Cabrillac*, égalité entre les créanciers, S. 31
Cabrillac, Michel/ Cabrillac, Séverine	Gage – Régime général du gage commercial, in: Juris Classeur Civil Code, Looseblattsammlung, Paris, art. 2354, fasc. 20, Stand: Juli 2010, zit.: *Cabrillac/Cabrillac*, in: JCl. Civil Code, art. 2354, fasc. 20
Cabrillac, Michel/ Mouly, Christian/ Cabrillac, Séverine/ Pétel, Philippe	Droit Des Sûretés, 10. Aufl., Paris 2015, zit.: *C/M/C/P*, Droit des sûretés
Calliess, Christian/ Ruffert, Matthias (Hrsg.)	EUV/AEUV – Das Verfassungsrecht der Europäischen Union mit Europäischer Grundrechtecharta – Kommentar, 5. Aufl., München 2016, zit.: Calliess/Ruffert-*Bearbeiter*
Calnan, Richard	Taking Security: Law and Practice, 2. Aufl., Bristol 2011, zit.: *Calnan*, Taking Security
Calnan, Richard	Taking security in England, in: Bridge, Michael/Stevens, Robert, Cross-Border Security and Insolvency, Oxford 2001, S. 17–44, zit.: *Calnan*, in Bridge/Stevens, Cross-Border Security, S. 17
Canaris, Claus-Wilhelm	Die Rechtsfolgen rechtsgeschäftlicher Abtretungsverbote, in: Huber, Ulrich/Jayme, Erik (Hrsg.), Festschrift für Rolf Serick zum 70. Geburtstag, Heidelberg 1992, S. 9–36, zit.: *Canaris*, in: FS Serick, S. 9
Carl, Michael H.	Die Forderungsabtretung, insbesondere zur Kreditsicherung, in England, in: Hadding, Walther/Schneider, Uwe H. (Hrsg.), Die Forderungsabtretung, insbesondere zur Kreditsicherung, in ausländischen Rechtsordnungen, Berlin 1999, S. 199–211, zit.: *Carl*, in: Hadding/Schneider, Forderungsabtretung, S. 199

Cayrol, Nicolas	Saisie-Attribution – Conflict avec les tiers, in: Juris Classeur Procédure Civile, Looseblattsammlung, Paris, fasc. 2270, Stand: Januar 2013, zit.: *Cayrol*, in: JCl. Procédure Civile, fasc. 2270
Cayrol, Nicolas	Saisie-Attribution – Procédure: Payment, in: Juris Classeur Procédure Civile, Looseblattsammlung, Paris, fasc. 2260, Stand: Januar 2013, zit.: *Cayrol*, in: JCl. Procédure Civile, fasc. 2260
Cerles, Alain	La fiducie – nouvelle reine de sûretés?, JCP E 2007, n° 36, S. 19–23, zit.: *Cerles*, JCP E 2007, n° 36, 19
Clark, Wayne (Hrsg.)	Fisher and Lightwood's Law of Mortgage, 13. Aufl., London 2010, zit.: *Clark*, Law of Mortgage
Clarke, Alison	Ship Mortgages, in: Palmer, Norman/McKendrick, Ewan (Hrsg.), Interests in Goods, 2. Aufl., London 1998, S. 663–695, zit.: *Clarke*, in: Palmer/McKendrick, Interests in Goods, S. 663
Coing, Helmut	Die Treuhand kraft privaten Rechtsgeschäfts, München 1973, zit.: *Coing*
Combe, Marion	L'efficacité de la fiducie-sûreté, LPA 2011, n° 30, S. 8–13, zit.: *Combe*, LPA 2011, n° 30, 8
Crocq, Pierre	Gage, in: Raynaud, Pierre (Hrsg.) Encyclopédie juridique Dalloz, Répertoire droit civil, Looseblattsammlung, Paris Stand März 2018, zit.: *Crocq*, in: Rép.civ.Dalloz, Bd. VI, Gage
Crocq, Pierre	Sûretés Mobilières – Clause de réserve de propriété, in: Juris Classeur Civil Code, Looseblattsammlung, Paris, art. 2367–2372, Stand: Juni 2015, zit.: *Crocq*, in: JCl. Civil Code, art. 2367–2372
Crocq, Pierre	La réforme des procedures et le droit des sûretés, RD 2006, S. 1306–1309, zit. *Crocq*, RD 2006, 1306
Crocq, Pierre	Lacunes et limites de la loi au regard du droit des sûretés, RD 2007, S. 1354–1358, zit.: *Crocq*, RD 2007, 1354
Crocq, Pierre	L'ordonnance du 18 décembre 2008 et le droit des sûretés, Rev.proc.coll. 2009, n° 1, S. 75–83, zit.: *Crocq*, Rev.proc.coll. 2009, n° 1, 75
Crocq, Pierre	Une trés importante consecration de la pleine efficacité du nantissement d'une créance née d'un contrat à execution successive!, zugl. Anmerkung zu Cass.com. v. 26.05.2010, Az.: 09-14431, RTDciv. 2010, S. 597–601, zit.: *Crocq*, RTDciv. 2010, 597
Daly, Crispin/ Wakely, Sarah	Impacts of the Graham Review into pre-pack administration, Int. C. R. 2014, 11(6), S. 403–407, zit.: *Daly/Wakely*, Int. C. R. 2014, 11(6), 403
Dammann, Reinhard	La réforme des sûretés mobilières: une occasion manquée, RD 2006, S. 1298–1300, zit.: *Dammann*, RD 2006, 1298
Dammann, Reinhard	Réflexions sur la réforme du droit des sûretés au regard du droit des procédures collectives: pour une attractivité retrouvée du gage, RD 2005, S. 2447–2453.

Dammann, Reinhard/ Podeur, Gilles	Les enjeux de la réforme des comités de créanciers, JCP E 2009, n° 47, S. 36–42, zit.: *Dammann/Podeur*, JCP E 2009, n°, 47, 36
Dammann, Reinhard/ Podeur, Gilles	Le nouveau paysage du droit des sûretés: première étape de la réforme de la fiducie et du gage sans dépossession, RD 2008, S. 2300–2305, zit: *Dammann/Podeur*, RD 2008, 2300
Dammann, Reinhard/ Podeur, Gilles	Fiducie-sûreté et droit des procedures collectives: évolution ou révolution?, RD 2007, S. 1359–1363, zit.: *Dammann/Podeur*, RD 2007, 1359
Dammann, Reinhard/ Rapp, Alexis	La responsabilité pour soutien abusif de l'article L. 650 du code de commerce: la fin des incertidudes, RD 2012, S. 1455–1460, zit. *Dammann/Rapp*, RD 2012, 1455
Dammann, Reinhard/ Robinet, Mylène	Quel avenir pour les sûretés réelles classiques face a la fiducie-sûreté?, Cahiers de droit de l'enterprise, n° 4, S. 35–40, zit.: *Dammann/Mylène*, Cahiers de droit de l'enterprise, n° 4, 35
Dammann, Reinhard/ Undritz, Sven-Holger	Die Reform des französischen Insolvemzrechts im Vergleich zur InsO, NZI 2005, S. 198–205, zit. *Dammann/Undritz*, NZI 2005, 198
Delpech, Xaver	Cession par bordereau Dailly: clause exonératoire de responsabilité, zugl. Anmerkung zu Cass.com. v. 05.06.2012, Az.: 11-18210, RD 2012, S. 1605, zit.: *Delpech*, RD 2012, 1605
Dernburg, Heinrich	Pandekten, Band 1, Allgemeiner Teil und Sachenrecht, 7. Aufl., Berlin 1902, zit.: *Dernburg*, Pandekten, Bd. 1
Diamond, Aubrey L.	The Law of England and Wales, in: Sauveplanne, Jean George, Security over Corporeal Movables, Leiden 1974, S. 23–42, zit.: *Diamond*, in: Sauveplanne, Security over Corporeal Movables, S. 23
Dissaux, Nicolas	Fonds de commerce – Nantissement, in: Juris Classeur Civil Code, Looseblattsammlung, Paris, art. 2355, fasc. 20, Stand: Dezember 2010, zit.: *Dissaux*, in: JCl. Civil Code, art. 2355, fasc. 20
Doebert, Arno	Die Insolvenzanfechtung von Lohnzahlungen – Gläubigergleichbehandlung und Arbeitnehmerschutz, Berlin 2016, zit.: *Doebert*
Dorndorf, Eberhard/ Frank, Jürgen	Reform des Rechts der Mobiliarsicherheiten – unter besonderer Berücksichtigung der ökonomischen Analyse der Sicherungsrechte, ZIP 1985, S. 65–84, zit.: *Dorndorf/Frank*, ZIP 1985, 65
Drobnig, Ulrich	German Conflict Rules on Security Interests in Movable Assets, in: Bridge, Michael/Stevens, Robert, Cross-Border Security and Insolvency, Oxford 2001, S. 145–158, zit.: *Drobnig*, in: Bridge/Stevens, Cross-Border Security, S. 145
Drobnig, Ulrich	Mobiliarsicherheiten – Vielfalt oder Einheit? Vergleichender Generalbericht, in: Kreuzer, Karl F. (Hrsg.), Mobiliarsicherheiten – Vielfalt oder Einheit?, Baden-Baden 1999, S. 9–41, zit.: *Drobnig*, in: Kreuzer, Mobiliarsicherheiten, S. 9

257

Drobnig, Ulrich	Bemerkungen zur Behandlung der Rechte Dritter, insbesondere von Sicherungsrechten (Artt. 3, 3a, 17, 17a VE), in: Stoll, Hans –Stellungnahmen und Gutachten zur Reform des deutschen internationalen Insolvenzrechts, Tübingen 1992, S. 177–182, zit.: *Drobnig*, in: Stoll, Stellungnahmen und Gutachten, S. 177
Drobnig, Ulrich	Entwicklungstendenzen des deutschen internationalen Sachenrechts, in: Lüderitz, Alexander (Hrsg.), Internationales Privatrecht und Rechtsvergleichung im Ausgang des 20. Jahrhunderts. Bewahrung oder Wende? – Festschrift für Gerhard Kegel, Frankfurt am Main 1977, S. 141–151, zit.: *Drobnig*, in: FS Kegel, S. 141
Drobnig, Ulrich	Empfehlen sich gesetzliche Maßnahmen zur Reform der Mobiliarsicherheiten: Gutachten F für den 51. Deutschen Juristentag, München 1976, zit.: *Drobnig*, Gutachten zum 51. DJT
Drobnig, Ulrich/ Böger, Ole	Proprietary Security in Movable Assets, München 2015, zit.: *Drobnig/Böger*, Proprietary Security
Dumas, Jean-Pierre/ Cohen-Branche, Marielle	Cession et nantissement de créances professionnelles, in: Hémard, Jean (Hrsg.), Encyclopédie juridique Dalloz, Répertoire de droit commercial, Looseblattsammlung, Paris Stand März 2018, zit.: *Dumas/Cohen-Branche*, in: Rép.com.Dalloz, Bd. II, Cession et nantissement de créances professionnelles
Dupichot, Philippe	Opération *fiducie* sur le sol français, JCP G 2007, n° 11, S. 5–8, zit.: *Dupichot*, JCP G 2007, n° 11, 5
Dupichot, Philippe	La fiducie-sûreté en pleine lumière – À propos de l'ordonnance du 30 janvier 2009, JCP G 2009, n° 14, S. 23–28, zit. *Dupichot*, JCP G 2009, N° 14, 23
Duursma-Kepplinger, Henriette-C./ Duursma, Dieter/ Chalupsky, Ernst	Europäische Insolvenzverordung – Kommentar, Wien 2002, zit.: Duursma-Kepplinger/Duursma/Chalupsky-*Bearbeiter*
Ebenroth, Carsten Thomas	Die Inlandswirkungen der ausländischen lex fori concursus bei Insolvenz einer Gesellschaft, ZZP 101 (1988), S. 121–151, zit.: *Ebenroth*, ZZP 101 (1988), 121
Eidenmüller, Horst	Rechtsmissbrauch im europäischen Insolvenzrecht, KTS 2009, S. 137–161, zit.: *Eidenmüller*, KTS 2009, 137
Eidenmüller, Horst	Internationale Entwicklungen im Recht der Kreditsicherheiten, in: Hadding, Walter/Hopt, Klaus J./Schimansky, Herbert (Hrsg.), Internes und Externes Rating – Aktuelle Entwicklungen im Recht der Kreditsicherheiten – national und international, Berlin 2005, S. 117–156, zit.: *Eidenmüller*, in: Hadding/Hopt/Schimansky, Internes und Externes Rating, S. 117
Einhaus, Stefan	Kollektiver Rechtsschutz im englischen und deutschen Zivilprozessrecht, Berlin 2006, zit.: *Einhaus*
Enchelmaier, Stefan	Übertragung und Belastung unkörperlicher Gegenstände im deutschen und englischen Privatrecht, Tübingen 2014, zit.: *Enchelmaier*

Erman, Walter (Begr.)	Bürgerliches Gesetzbuch Band I, §§ 1–761 BGB, AGG, 15. Aufl., Köln 2017; Band II, §§ 762–2385 BGB, AGG, EGBGB, 15. Aufl., Köln 2017, zit.: Erman-*Bearbeiter*
Ferid, Murad/ *Sonnenberger, Hans Jürgen*	Das französische Zivilrecht, Band 1/1, 2. Aufl., Heidelberg 1994, zit.: *Ferid/Sonnenberger*, Bd. 1/1
Ferid, Murad/ *Sonnenberger, Hans Jürgen*	Das französische Zivilrecht, Band 2, 2. Aufl., Heidelberg 1986, zit.: *Ferid/Sonnenberger*, Bd. 2
Ferran, Eilis	Company Law and Corporate Finance, Oxford 1999, zit.: *Ferran*, Company Law
Ferran, Eilis/ *Ho, Look Can*	Principles of Corporate Finance Law, 2. Aufl., Oxford 2014, zit.: *Ferran/Ho*, Corporate Finance
Fletcher, Ian F.	The Istanbul Convention and the Draft EEC Convention, in: Aderhold, Eltje/Lipstein, Kurt/Schücking, Christoph/Stürner, Rolf (Hrsg.), Köln 1994, S. 89–108, zit.: *Fletcher*, in: FS Hanisch, S. 89
Flessner, Axel	Entwicklungen im internationalen Insolvenzrecht, besonders im Verhältnis Deutschland-Frankreich, ZIP 1989, S. 749–757, zit.: *Flessner*, ZIP 1989, 749
Flessner, Axel	Dingliche Sicherungsrechte nach den Europäischen Insolvenzübereinkommen, in: Basedow, Jürgen/Hopt, Klaus J./Kötz, Hein (Hrsg.), Festschrift für Ulrich Drobnig zum siebzigsten Geburtstag, Tübingen 1998, S. 277–287, zit.: *Flessner*, in: FS Drobnig, S. 277
François, Bénédicte	Fiducie, in: Lagarde, Gaston (Hrsg.) Encyclopédie juridique Dalloz, Répertoire de droit des sociétés, Looseblattsammlung, Paris Stand März 2016, zit.: *François*, in: Rép.soc.Dalloz, Bd. III, Fiducie
Frisby, Sandra/ *Jones, Michael*	National Report on the Transfer of Movables in England ans Wales, in: Faber,Wolfgang/Lurger, Brigitta (Hrsg.), National Reports on the Transfer of Movables in Europe, Volume 2: England and Wales, Ireland, Scotland, Cyprus, München 2009, S. 1–154, zit.: *Frisby/Jones*, in: Faber/Lurger, National Reports on the Transfer of Movables, S. 1
Fritz, Daniel Friedemann/ *Bähr, Rainer M.*	Die Europäische Verordnung über Insolvenzverfahren – Herausforderung an Gerichte und Insolvenzverwalter, DZWIR 2001, S. 221–235, zit.: *Fritz/Bähr*, DZWIR 2001, 221
Fromholzer, Ferdinand	Consideration, Tübingen 1997, zit.: *Fromholzer*
Ganter, Hans Gerhard	Zahlungsvergleiche über globalzedierte Forderungen in der Insolvenz, ZIP 2014, S. 53–58, zit.: *Ganter*, ZIP 2014, 53
Ganter, Hans Gerhard	Betriebsfortführung durch den vorläufigen Verwalter trotz Globalzession?, NZI 2010, S. 551–554, zit.: *Ganter*, NZI 2010, 551

259

Ganter, Hans Gerhard	Die ursprüngliche Übersicherung, zugl. Besprechung von BGHZ 137, 212, WM 2001, S. 1–7, zit.: *Ganter*, WM 2001
Ganter, Hans Gerhard	Die nachträgliche Übersicherung eines Kredits, ZIP 1994, S. 257–264, zit.: *Ganter*, ZIP 1994, 257
Gassert-Schumacher, Heike	Privilegien in der Insolvenz, Frankfurt am Main 2002, zit.: *Gassert-Schumacher*
Gaul, Hans Friedhelm	Dogmatische Grundlagen und praktische Bedeutung der Drittwiderspruchsklage, in: 50 Jahre Bundesgerichtshof – Festgabe aus der Wissenschaft, Band III, Zivilprozess, Insolvenz, Öffentliches Recht, München 2000, S. 521–568, zit.: *Gaul*, in: Festgabe BGH, Bd. III, S. 521
Gaul, Hans Friedhelm	Neuere »Verdinglichungs«-Tendenzen zur Rechtsstellung des Sicherungsgebers bei der Sicherungsübereignung, in: Huber, Ulrich, Jayme, Erik (Hrsg.), Festschrift für Rolf Serick zum 70. Geburtstag, Heidelberg 1992, S. 105–152, zit.: *Gaul*, in: FS Serick, S. 105
Gaul, Hans Friedhelm	Lex commissoria und Sicherungsübereignung, AcP 168 (1968), S. 351–382, zit.: *Gaul*, AcP 168 (1968), 351
Gaul, Hans Friedhelm/ Schilken, Eberhard/ Becker-Eberhard, Ekkehard	Zwangsvollstreckungsrecht, 12. Aufl., München 2010, zit.: *Gaul/Schilken/Becker-Eberhard*
Gdanski, Martin	Taking Security in France, in: Bridge, Michael/Stevens, Robert, Cross-Border Security and Insolvency, Oxford 2001, S. 59–89, zit.: *Gdanski*, in: Bridge/Stevens, Cross-Border Security, S. 59
Gehrlein, Markus	Die Wirksamkeit einer Sicherungsübereignung, MDR 2008, S. 1069–1075, zit.: *Gehrlein*, MDR 2008, 1069
Geimer, Reinhold	Intenationales Zivilprozessrecht, 7. Aufl., Köln 2015, zit.: *Geimer*, IZPR
Geimer, Reinhold/ Schütze, Rolf A.	Europäisches Zivilverfahrensrecht, 3. Aufl., München 2010, zit.: *Geimer/Schütze*
Geißler, Markus	Einzelprobleme und Kollisionslagen bei der Verwertung von Sicherungseigentum, KTS 1989, S. 787–807, zit.: *Geißler*, KTS 1989, 787
Genske, Tobias S.	Die Gläubigerposition im Insolvenzverfahren englischen Rechts: mit vergleichenden Bezügen zum deutschen Recht, Göttingen 2005, zit.: *Genske*
Gernhuber, Joachim	Die fiduziarische Treuhand, JuS 1988, S. 355–363, zit.: *Gernhuber*, JuS 1988, 355
Goode, Royston Miles	Goode on Principles of Corporate Insolvency Law, edited by Kristin van Zwieten, 5. Aufl., London 2018, zit.: *Goode*, Corporate Insolvency
Goode, Royston Miles	Goode on Commercial Law, edited by Ewan McKendrik, 5. Aufl., London 2016, zit. *Goode*, Commercial Law
Goode, Royston Miles	Proprietary Rights and Insolvency in Sales Transactions, 2. Aufl., London 1989, zit.: *Goode*, Proprietary Rights

Goode, Royston Miles	Security Interests in Movables under English Law, in: Kreuzer, Karl F. (Hrsg.), Mobiliarsicherheiten – Vielfalt oder Einheit?, Baden-Baden 1999, S. 43–74, zit.: *Goode*, in: Kreuzer Mobiliarsicherheiten, S. 43
Goode, Royston Miles	The secured creditor and insolvency under english law, RabelsZ 44 (1980), S. 674–712, zit.: *Goode*, RabelsZ 44 (1980), 674 ff.
Gottwald, Peter (Hrsg.)	Insolvenzrechts-Handbuch, 5. Aufl., München 2015, zit.: Gottwald-*Bearbeiter*
Gottwald, Peter (Hrsg.)	Grenzüberschreitende Insolvenzen – Europäische und weltweite Tendenzen und Lösungen, München 1997, zit.: *Gottwald*, Grenzüberschreitende Insolvenzen
Gough, William James	Company Charges, 2. Aufl., London 1996, zit.: *Gough*, Company Charges
Grädler, Thomas/ Zintl, Josef	Das Registerpfandrecht an Luftfahrzeugen als Sicherungsmittel der Kreditwirtschaft, RdTW 2014, S. 261–266, zit.: *Grädler/ Zintl*, RdTW 2014, 261
Graham, Peter	Registration of company charges, J.B.L. 2014, S. 175–193, zit.: *Graham*, J.B.L. 2014, 175
Gramalda, Christian/ Stoufflet, Jean	Droit Bancaire, 9. Aufl., Paris 2015, zit. *Gramalda/Stoufflet*, Droit Bancaire
Grimaldi, Michel/ Dammann, Reinhard	La fiducie sur ordonnances, RD 2009, S. 670–677, zit.: *Grimaldi/Dammann*, RD 2009, 670
de Groot, Selma	Fiduciary Transfer and Ownership, in: Faber, Wolfgang/Lurger, Brigitta (Hrsg.), Rules for the Transfer of Movables – A Candidate for European Harmonisation or National Reforms?, München 2008, S. 161–173, zit.: *de Groot*, in: Faber/Lurger, Transfer of Movables, S. 161
Grundlach, Ulf/ Frenzel, Volkhard/ Schmidt, Nikolaus	Die Verwertungsbefugnis aus §§ 166 ff. InsO, NZI 2001, S. 119–124, zit.: *Grundlach/Frenzel/Schmidt*, NZI 2001, 119
Grundlach, Ulf/ Frenzel, Volkhard/ Schmidt, Nikolaus	Die Mitteilungspflicht aus § 168 InsO, DZWIR 2001, S. 18–21, zit.: *Grundlach/Frenzel/Schmidt*, DZWIR 2001, 18
Gullifer, Louise	Goode on Legal Problems of Credit and Security, 5. Aufl., London 2013, zit.: *Gullifer*, Credit and Security
Gullifer, Louise, Payne, Jennifer	Corporate Finance Law, 2. Aufl., Oxford 2015, zit.: *Gullifer/ Payne*, Corporate Finance
Haas, Ulrich	Die Verwertung der im Ausland belegenen Insolvenzmasse im Anwendungsbereich der EuInsVO, in: Schilken, Eberhard/ Kreft, Gerhart/Wagner, Gerhard/Eckardt, Diederich (Hrsg.), Festschrift für Walter Gerhardt, Köln 2004, S. 319–340, zit.: *Haas*, in: FS Gerhardt, S. 319
Haas, Ulrich/ Scholl, Stefanie	Hinweispflicht und Hinweisrecht auf alternative Verwertungsmöglichkeiten gem. § 168 InsO, NZI 2002, S. 642–647, zit.: *Haas/Scholl*, NZI 2002, 642

Halsbury's Laws of England	Vol. 5, Bankruptcy and Individual Insolvency, 5. Aufl., London 2013,
	Vol. 17, Company and Partnership Insolvency, 5. Aufl., London 2017,
	Vol. 50, Financial Services and Institutions, 5. Aufl., London 2008,
	Vol. 77, Mistake, Mortgage, National Cultural Heritage, 5. Aufl. London 2016,
	zit.: HLE, Vol.
Hanisch, Hans	Einheit oder Pluralität oder ein kombiniertes Modell beim grenzüberschreitenden Insolvenzverfahren?, ZIP 1994, S. 1–9, zit.: *Hanisch*, ZIP 1994, 1
Hanisch, Hans	Grenzüberschreitende Insolvenz Drei Lösungsmodelle im Vergleich, in: Heldrich, Andreas/Uchida, Takeyoshi (Hrsg.), Festschrift für Hideo Nakamura zum 70. Geburtstag, Tokyo 1996, S. 221–242, zit.: *Hanisch*, in: FS Nakamura, S. 221
Hanisch, Hans	Allgemeine kollisionsrechtliche Grundsätze im internationalen Insolvenzrecht, in: Martinek/Michael/Schmidt, Jürgen/Wadle, Elmar (Hrsg.), Festschrift für Günther Jahr zum siebzigsten Geburtstag, Tübingen 1993, S. 455–475, zit.: *Hanisch*, in: FS Jahr, S. 455
Hanisch, Hans	Bemerkungen zur Geschichte des internationalen Insolvenzrechts, in: Gerhardt, Walter (Hrsg.), Festschrift für Franz Merz zum 65. Geburtstag, Köln 1992, S. 159–176, zit.: *Hanisch*, in: FS Merz, S. 159
Haß, Detlef/ *Huber, Peter/* *Gruber, Peter/* *Heiderhoff, Bettina*	EU-Insolvenzverordnung (EUInsVO) – Kommentar zur VO (EG) Nr. 1346/2000 über Insolvenzverfahren, München 2005, zit.: Haß/Huber/Gruber/Heiderhoff-*Bearbeiter*
Häsemeyer, Ludwig	Insolvenzrecht, 4. Aufl., Köln 2007, zit.: *Häsemeyer*, Insolvenzrecht
Häsemeyer, Ludwig	Insolvenzrecht, 1. Auflage, Köln 1992, zit.: *Häsemeyer1*
Häsemeyer, Ludwig	Rezension von: Eltje Aderhold – Auslandskonkurs im Inland und Cornelia Summ – Anerkennung ausländischer Konkurse in der Bundesrepublik Deutschland, ZZP 107 (1994), S. 111–117, zit.: *Häsemeyer*, ZZP 107 (1994), 111
Häsemeyer, Ludwig	Die Gleichbehandlung der Konkursgläubiger, KTS 1982, S. 507–575, zit.: *Häsemeyer*, KTS 1982, 507
Heese, Michael	Das U.S.-amerikanische Registerpfandrecht als Modell für deutsche und europäische Reformen?, KTS 2010, S. 405–431, zit.: *Heese*, KTS 2010, 405
Hellmich, Nicole	Zur Zinszahlungspflicht des Insolvenzverwalters nach § 169 InsO, ZInsO 2005, S. 678–682, zit.: *Hellmich*, ZInsO 2005, 678

Hellwig, Konrad	Ueber die Zulässigkeit der Eigentumsübertragung zur Sicherung einer Forderung, AcP 64 (1881), S. 369–394, zit.: *Hellwig*, AcP 64 (1881), 369
Henckel, Wolfram	Zur Dogmatik der besitzlosen Mobiiarsicherheiten, in: Bettermann, Karl August (Hrsg.), Festschrift für Albrecht Zeuner zum siebzigsten Geburtstag, Tübingen 1994, S. 193–218, zit.: *Henckel*, in: FS Zeuner, S. 193
Henssler, Martin	Treuhandgeschäft – Dogmatik und Wirklichkeit, AcP 196 (1996), S. 37–87, zit.: *Henssler*, AcP 196 (1996), 37
Herchen, Axel	Das Übereinkommen über Insolvenzverfahren der Mitgliedstaaten der Europäischen Union vom 23.11.1995 – eine Analyse zentraler Fragen des internationalen Insolvenzrechts unter besonderer Berücksichtigung dinglicher Sicherungsrechte, Würzburg 2000, zit.: *Herchen*
Hess, Burkhard	Europäisches Zivilprozessrecht, Heidelberg 2010, zit.: Hess, Europäisches Zivilprozessrecht
Hess, Burckhard/ Oberhammer, Paul/ Pfeiffer, Thomas (Hrsg.)	European Insolvency Law – The Heidelberg-Luxembourg-Vienna Report on the Application of Regulation No. 1346/ 2000/EC on Insolvency Proceedings, München 2014, zit.: Hess/Oberhammer/Pfeiffer-*Bearbeiter*
Heublein, Gerrit	Die Ausgleichsansprüche des Aussonderungsberechtigten bei Anordnung von Sicherungsmaßnahmen nach § 21 Abs. 2 Satz 1 Nr. 5 InsO, ZIP 2009, S. 11–17, zit.: *Heublein*, ZIP 2009, 11
Hoffmann, Jan Felix	Prioritätsgrundsatz und Gläubigergleichbehandlung, Tübingen 2016, zit.: *Hoffmann*, Prioritätsgrundsatz
Hofmann, Carsten	Mortgage und Charge, Berlin 2002, zit.: *Hofmann*
Hollweg-Stapenhorst, Susanna	Sicherungsabtretung zugunsten des Geldkreditgebers und Factoring nach deutschem und französischem Recht, Berlin, 1991, zit.: *Hollweg-Stapenhorst*
Honsell, Heinrich	Römisches Recht, 8. Aufl., Berlin 2015, zit.: *Honsell*, Römisches Recht
Homann, Stefan	System der Anerkennung eines ausländischen Insolvenzverfahrens, KTS 2000, S. 343–372, zit.: *Homann*, KTS 2000, 343
Hromadka, Wolfgang	Die Entwicklung des Faustpfandprinzips im 18. Und 19. Jahrhundert, Köln 1971, zit.: *Hromadka*
Hubert, Olivier	France, in: Johnston, William (Hrsg.), Security over Receivables, Oxford 2008, S. 177–191 (Rn. 13.01–13.39), zit. *Hubert*, in: Johnston, Security over Receivables, Rn.
Jaeger, Ernst (Begr.)	Insolvenzordnung – Großkommentar, Band 1, §§ 1–55 InsO, Berlin 2004, zit.: Jaeger-*Bearbeiter*
Jauernig, Othmar (Begr.)	Bürgerliches Gesetzbuch mit Rom-I-, Rom-II-, Rom-III-VO, EG-UntVO/HUntProt und EuErbVO, 17. Aufl., München 2018, zit.: Jauernig-*Bearbeiter*

Jauernig, Othmar (Begr.)	Zur Akzessorietät bei der Sicherungsübereignung, NJW 1982, S. 268–270, zit.: *Jauernig*, NJW 1982, 268
Kaduk, Hubert	Verlängerter Eigentumsvorbehalt und Globalzession als konkurrierende Gläubigerrechte – zur Rechtslage des Warengläubigers im Verhältnis zu dem Geldgläubiger bei unzureichender Deckung aus dem Sicherungsgut, in: Gotthard, Paulus (Hrsg.) Festschrift für Karl Larenz zum 70. Geburtstag, München 1973, S. 683–702, zit.: *Kaduk*, in: FS Larenz, S. 683
Kaser, Max	Das römische Privatrecht – Erster Abschnitt – Das altrömische, das vorklassische und klassische Recht, 2. Aufl., München 1971, zit.: *Kaser*, Das römische Privatrecht
Kayser, Godehard/ Thole, Christoph	Heidelberger Kommentar zur Insolvenzordung, 9. Aufl., Heidelberg 2018, zit.: HK-*Bearbeiter*
Keay, Andrew/ Walton, Peter	Insolvency Law – Corporate and Personal, 3. Aufl., Bristol 2012, zit.: *Keay/Walton*
Kegel, Gerhard/ Schurig, Klaus	Internationales Privatrecht, 9. Aufl., München 2004, zit.: *Kegel/ Schurig*
Kessedjian, Catherine	The Conflict of Laws Principles in French Law with Respect to Security Interests in Movable Assets, in: Bridge, Michael/ Stevens, Robert, Cross-Border Security and Insolvency, Oxford 2001, S. 159–185, zit.: *Kessedjian*, in: Bridge/Stevens, Cross-Border Security, S. 159
Kessel, Christian	Eigentumsvorbehalt und Rezession in Großbritannien, RIW 1991, S. 812–818, zit.: *Kessel*, RIW 1991, 812
Kieninger, Eva-Maria	Perspektiven für ein Europäisches Mobiliarkreditsicherungsrecht, ZEuP 2016, S. 201–214, zit.: *Kieninger*, ZEuP 2016, 201
Kieninger, Eva-Maria	Gestalt und Funktion einer »Registrierung« von Mobiliarsicherungsrechten, RNotZ 2013, S. 216–225, zit.: *Kieninger*, RNotZ 2013, 216
Kieninger, Eva-Maria	Die Zukunft des deutschen und europäischen Mobiliarkreditsicherungsrechts, AcP 208 (2008), S. 182–226, zit.: *Kieninger*, AcP 208 (2008), 182
Kilger, Joachim	Der Konkurs des Konkurses, KTS 1975, S. 142–166, zit.: *Kilger*, KTS 1975, 142
Kindler, Peter	Hauptfragen der Reform des Europäischen Internationalen Insolvenzrechts, KTS 2014, S. 25–44, zit.: *Kindler*, KTS 2014, 25
Kirchhof, Hans-Peter/ Eidenmüller, Horst/ Stürner, Rolf (Hrsg.)	Münchener Kommentar zur Insolvenzordnung, Band 1, §§ 1–79 InsO, InsVV, 3. Aufl., München 2013; Band 2, §§ 80–216 InsO, 3. Aufl., München 2013; Band 3, §§ 217–359 InsO, 3. Aufl., München 2014; Band 4, EGInsO, EUInsVO, Länderberichte, 3. Aufl., München 2016, zit.: MüKoInsO-*Bearbeiter*

Klein, Christian

Frankreichs Insolvenzrechtsreform setzt auf Vorbeugung, RIW 2006, S. 13–16, zit.: *Klein*, RIW 2006, 13

Knospe, Armin

Scharfes Schwert oder harmlose Gerechtigkeitsregel? – Die insolvenzrechtliche Monstranz der Gläubigergleichbehandlung, ZInsO 2014, S. 861–876, zit.: *Knospe*, ZInsO 2014, 861

Kodek, Georg E.

The Treatment of Security Rights – The Austrian Perspective, IILR 2015, S. 10–17, zit.: *Kodek*, IILR 2015, 10

Kodek, Georg, E.

Der insolvenzrechtliche Gleichbehandlungsgrundsatz in vergleichender Perspektive – eine Skizze, KTS 2014, S. 215–255, zit.: *Kodek*, KTS 2014, 215

Kolmann, Stephan

Kooperationsmodelle im internationalen Insolvenzrecht – Empfiehlt sich für das deutsche internationale Insolvenzrecht eine Neuorientierung?, Bielefeld 2001, zit.: *Kolmann*, Kooperationsmodelle

Kreuzer, Karl

Die Harmonisierung des Rechts der Mobiliarsicherheiten, in: Basedow, Jürgen/Remien, Oliver/Wenckstern, Manfred (Hrsg.), Europäisches Kreditsicherungsrecht – Ulrich Drobnig zum 80. Geburtstag, Tübingen 2010, S. 31–70, zit.: *Kreuzer*, in: Basedow/Remien/Wenckstern, Europäisches Kreditsicherungsrecht, S. 31

Kreuzer, Karl

Die Vollendung der Kodifikation des deutschen internationalen Privatrechts durch das Gesetz zum internationalen Privatrecht der außervertraglichen Schuldverhältnisse und Sachen vom 21.05.1999, RabelsZ 65 (2001), S. 383–462, zit.: *Kreuzer*, RabelsZ 65 (2001), 383

Krimphove, Dieter

Das Europäische Sachenrecht – Eine rechtsvergleichende Analyse nach der komparativen Institutionenökonomik, Köln 2006, zit.: *Krimphove*

Kropholler, Jan

Internationales Privatrecht, 6. Aufl., Tübingen 2006, zit.: *Kropholler*

Kübler, Bruno M./ Prütting, Hans/ Bork, Reinhard

Kommentar zur Insolvenzordnung, Köln, Loseblattsammlung, Stand: 77. Ergänzungslieferung, Juli 2018, zit.: K/P/B-*Bearbeiter*

Kuhn, Céline

Une fiducie française, D&P 2007, n° 158, S. 32–44, zit.: *Kuhn*, D&P, 2007, n° 158, 32

Kuhn, Georg/ Uhlenbruck, Wilhelm

Konkursordnung – Kommentar, 11. Aufl., München 1994, zit.: *Kuhn/Uhlenbruck*, KO[11]

Kusche, Carolin

Die Anerkennung des Scheme of Arrangement in Deutschland, Köln 2014, zit.: *Kusche*

Lambsdorff, Hans Georg Graf

Unechtes Factoring – Globalzession – Viele Fragen sind noch offen, BB 1982, S. 336–338, zit.: *Lambsdorff*, BB 1982, 336

Lambsdorff, Hans Georg Graf/ Skora, Bernd

Globalzession und Lieferantenvorausabtretung – kein Ende, NJW 1977, S. 701–706, zit.: *Graf Lambsdorff/Skora*, NJW 1977, 701

Larenz, Karl	Lehrbuch des Schuldrechts – Erster Band, Allgemeiner Teil, 14. Aufl., München 1987, zit.: *Larenz*, Bd. I
Larroumet, Christian	La loi du 19 février 2007 sur la fiducie – Propos critiques, RD 2007, S. 1350–1353, zit.: *Larroumet*, RD 2007, 1350
Laude, Anne	La fongibilité, RTDcom. 1995, S. 307–344, zit.: *Laude*, RTDcom. 1995, 307
Lawson, Frederick H.	Common Law, in: Lawson, Frederick H. (Hrsg.), International Encyclopedia of Comparative Law, Vol. VI: Property and Trust, Ch. 2: Structural Variations in Property Law, Tübingen 1975, S. 23–35, zit.: *Lawson*, IECL, VI, S. 23
Leavy, James	France, in: Sigman, Harry C./Kieninger, Eva-Maria (Hrsg.), Cross-Border Security over Receivables, München 2009, S. 123–146 zit.: *Leavy*, in: Sigman/Kieninger, Security over Receivables, S. 123
Le Corre, Pierre-Michel	Droit et pratique des procedures collectives, 5. Aufl., Paris 2009, zit.: *Le Corre*, Procédures collectives
Legeais, Dominique	Gage de meubles corporels – Droit commun. Constitution, in: Juris Classeur Civil Code, Loseblattsammlung, Paris, art. 2333–2336, fasc. 10, Stand: Juni 2013, zit.: *Legeais*, in: JCl. Civil Code, art. 2333–2336
Legeais, Dominique	Gage de meubles corporels – Opposabilité du gage, in Juris Classeur Civil Code, Loseblattsammlung, Paris, art. 2337–2340, Stand: Juni 2013, zit.: *Legeais*, in: JCl. Civil Code, art. 2337–2340
Legeais, Dominique	Gage de meubles corporels – Gage de biens fongibles, in: Juris Classeur Civil Code, Loseblattsammlung, Paris, art. 2341 et 2342, Stand: Juni 2013, zit.: *Legeais*, in: JCl. Civil Code, art. 2341 et 2342
Legeais, Dominique	Nantissement de meubles incorporels – Nantissement de créance, in: Juris Classeur Civil Code, Loseblattsammlung, Paris, art. 2356–2366, fasc. 10, Stand: Mai 2013, zit.: *Legeais*, in: JCl. Civil Code, art. 2356–2366, fasc. 10
Legeais, Dominique	Cession et nantissement de créances professionnelles – Conditions de realization de l'operation, in: Juris Classeur Commercial, Loseblattsammlung, Paris, fasc. 357, Stand: Juni 2013, zit.: *Legeais*, in: JCl. Com., fasc. 357
Legeais, Dominique	Cession et nantissement de créances professionnelles – Effets de la cession »Dailly«, in: Juris Classeur Commercial, Loseblattsammlung, Paris, fasc. 359, Stand: Juni 2013, zit.: *Legeais*, in: JCl. Com., fasc. 359
Leible, Stefan/ Reichert, Jochem (Hrsg.)	Münchener Handbuch des Gesellschaftsrechts, Band 6, Internationales Gesellschaftsrecht, Grenzüberschreitende Umwandlungen, 4. Aufl., München 2013, zit.: Mü.Hdb.GesR-*Bearbeiter*, Bd. 6
Leible, Stefan/ Staudinger, Ansgar	Die Europäische Verordnung über Insolvenzverfahren, KTS 2000, S. 533–575, zit.: *Leible/Staudinger*, KTS 2000, 533

Leipold, Dieter	Ausländischer Konkurs und inländischer Zivilprozess, in: Gottwald, Peter/Prütting, Hans (Hrsg.), Festschrift für Karl Heinz Schwab zum 70. Geburtstag, München 1990, S. 289–308, zit.: *Leipold*, in: FS Schwab, S. 308
Lenhard, Anselm	Die Vorschläge zur Reform des englischen Mobiliarkreditsicherungsrechts – Ein Wegweiser für eine europäische Harmonisierung?, Tübingen 2010, zit.: *Lenhard*
Leonhardt, Peter/ Smid, Stefan/ Zeuner, Mark	Insolvenzordnung – Kommentar, 3. Aufl., Stuttgart 2010, zit.: Leonhardt/Smid/Zeuner-*Bearbeiter*
Licari, François-Xavier	Fiducie-sûreté mobilière, in: Juris Classeur Civil Code, Loseblattsammlung, Paris, art. 2372-1–2372-5, Stand: Januar 2014, zit.: *Licari*, in: JCl. Code Civil, art. 2372-1–2372-5
Liersch, Oliver	Sicherungsrechte im internationalen Insolvenzrecht – Unter besonderer Berücksichtigung der Vereinbarkeit von Art. 5 und 7 der EG-Verordnung über Insolvenzverfahren (EUInsVO) mit dem deutschen Insolvenzrecht, Frankfurt am Main 2001, zit.: *Liersch*
Liersch, Oliver	Sicherungsrechte im internationalen Insolvenzrecht, NZI 2002, S. 15–19, zit.: *Liersch*, NZI 2002, 15
Lightman, Gavin/ Moss, Gabriel	The Law of Administrators and Receivers of Companies, 5. Aufl., London 2011, zit.: *Lightman/Moss*
Loy, Andreas	Verwertungsvoraussetzungen und Verwertungsverfahren bei Sicherungsübereignung und Sicherungsabtretung, München 1997, zit.: *Loy*
Lwowski, Hans-Jürgen	Ökonomische und rechtliche Anforderungen an ein optimal funktionierendes Mobiliarkreditsicherungsrecht aus Sicht der Praxis, in: Basedow, Jürgen/Remien, Oliver/Wenckstern, Manfred (Hrsg.), Europäisches Kreditsicherungsrecht – Ulrich Drobnig zum 80. Geburtstag, Tübingen 2010, S. 173–181, zit.: *Lwowski*, in: Basedow/Remien/Wenckstern, Europäisches Kreditsicherungsrecht, S. 173
Lwowski, Hans-Jürgen	»Quiet« Creation of Security Interests or Filing, in: Eidenmüller, Horst/Kieninger, Eva-Maria (Hrsg.), The Future of Secured Credit in Europe, Berlin 2008, S. 174–179, zit.: *Lwowski*, in: Eidenmüller/Kieninger, Secured Credit, S. 174
Lwowski, Hans-Jürgen	Die anfängliche Übersicherung als Grund für die Unwirksamkeit von Sicherheitenbestellungen (138 BGB), in: Horn, Norbert (Hrsg.), Bankrecht – Schwerpunkte und Perspektiven – Festschrift für Herbert Schimansky, Köln 1999, S. 389–414, zit.: *Lwowski*, in: FS Schimansky, S. 389
Lwowski, Hans-Jürgen/ Tetzlaff, Christian	Verwertung von Absonderungsgut im Besitz des Insolvenzverwalters, in: Ganter, Hans Gerhard/Gottwald, Peter/Lwowski, Hans-Jürgen (Hrsg.), Haftung und Insolvenz – Festschrift für Gero Fischer zum 65. Geburtstag, München 2008, S. 365–378, zit.: *Lwowski/Tetzlaff*, in: FS Fischer, S. 365

Lwowski, Hans-Jürgen/ Fischer, Gero, Langenbucher, Katja (Hrsg.)	Das Recht der Kreditsicherung, 9. Aufl., Berlin 2011, zit.: Lwowski/Fischer/Langenbucher-*Bearbeiter*
Mallet-Bricout, Blandine	Quelle efficacité pour la nouvelle fiducie-sûreté?, D&P 2009, n° 185, S. 79–88, zit.: *Mallet-Bricout*, D&P 2009, n° 185, 79
Mankowski, Peter/ Müller, Michael F./ Schmidt, Jessica	Europäische Insolvenzordnung 2015 – Kommentar, München 2016, zit.: Mankowski/Müller/Schmidt-*Bearbeiter*
Martius, Alexander	Verteilungsregeln in der grenzüberschreitenden Insolvenz, Frankfurt am Main 2002, zit.: *Martius*
McBryde, William W./ Flessner, Axel/ Kortmann, Sebastianus Constantinus J. J. (Hrsg.)	Principles of European Insolvency Law, Deventer 2003, zit.: *McBryde/Flessner/Kortmann*, European Insolvency Law
McCormack, Gerard	Registration of Company Charges, 2. Aufl., Bristol 2005, zit.: *McCormack*, Company Charges
McCormack, Gerard	Secured Credit under English and American Law, Cambridge 2004, zit.: *McCormack*, Secured Credit
McGhee, John	Snell's Equity, 30. Aufl., London 2000, zit.: *McGhee*, Snell's Equity
Meyer, Peter/ Varel, Hargen von	Die Sicherungszession, JuS 2004, S. 192–196, zit.: *Meyer/v. Varel*, JuS 2004, 192
Mitlehner, Stephan	Wirkung der Eröffnung des Insolvenzverfahrens auf Kreditsicherungsrechte an Immobilien, Sachen, Rechten und Forderungen, ZIP 2015, S. 60–64, zit.: *Mitlehner*, ZIP 2015, 60
Mokal, Rizwaan Jameel	Liquidation expenses and floating charges – the separate funds fallacy, L.M.C.L.Q. 2004, S. 387–404, zit.: *Mokal*, L.M.C.L.Q. 2004, 387
Mokal, Rizwaan Jameel	The harm done by administrative receivership, Int. C. R. 2004, S. 248–256, zit.: *Mokal*, Int. C. R. 2004, 1(5), 248
Mokal, Rizwaan Jameel	Priority as Pathology: The Pari Passu Myth, C.L.J. 2001, S. 581–621, zit.: *Mokal*, C.L.J. 2001, 581
Mönning, Rolf-Dieter	Verwertung und Nutzung von Gegenständen mit Absonderungsrechten, in: Prütting, Hans (Hrsg.), Insolvenzrecht in Wissenschaft und Praxis – Festschrift für Wilhelm Uhlenbruck zum 70. Geburtstag, Köln 2000, S. 239–268, zit.: *Mönning*, in: FS Uhlenbruck, S. 239
Moss, Gabriel	Principles of EU insolvency law, Insolv. Int. 2015, S. 40–44, zit.: *Moss*, Insolv. Int. 2015, 40
Moulière, François	Nantissement de créances futures, nouveau contrat aléatoire, RTDcom. 2011, S. 677–687, zit: *Moulière*, RTDcom. 2011, 677
Mugdan, Benno	Die gesamten Materialien zum bürgerlichen Gesetzbuch für das deutsche Reich, Band III: Sachenrecht, Aalen 1979, zit. *Mugdan*, Materialien III

Müller-Freienfels, Wolfram Auslandskonkurs und Inlandsfolgen, in: Caemmerer, Ernst von/ Nikisch, Arthur/Zweigert, Konrad (Hrsg.), Vom deutschen zum europäischen Recht – Festschrift für Hans Dölle, Band II, Tübingen 1963, S. 359–398, zit.: *Müller-Freienfels*, in: FS Dölle, Bd. II, S. 359

Münch, Joël Benjamin Abtretungsverbote im deutschen und französischen Zivilrecht, Frankfurt a.M. 2001, zit.: *Münch*

Naumann, Claudia Die Behandlung dinglicher Kreditsicherheiten und Eigentumsvorbehalte nach den Artikeln 5 und 7 EuInsVO sowie nach autonomem deutschen Insolvenzkollisionsrecht, Frankfurt am Main 2004, zit.: *Naumann*

Nerlich, Jörg/ Römermann, Volker (Hrsg.) Insolvenzordnung, Kommentar, Loseblattsammlung, München, Stand: 36. Ergänzungslieferung, Juni 2018, zit.: *Nerlich/ Römermann-Bearbeiter*

Neuhaus, Paul Heinrich Grundbegriffe des internationalen Privatrechts, 2. Aufl., Tübingen 1976, zit.: *Neuhaus*

Niggemann, Friedrich/ Blenske, Holger Die Auswirkungen der Verordnung (EG) Nr. 1346/2000 auf den deutsch-französischen Rechtsverkehr, NZI 2003, S. 471–480, zit.: *Niggemann/Blenske*, NZI 2003, 471

Nobbe, Gerd Konsequenzen aus dem Beschluss des Großen Senats für Zivilsachen des Bundesgerichtshofs zur Sicherheitenfreigabe, in: Horn, Norbert (Hrsg.), Bankrecht – Schwerpunkte und Perspektiven – Festschrift für Herbert Schimansky, Köln 1999, S. 433–456, zit.: *Nobbe*, in: FS Schimansky, S. 433

Nomos Kommentar Nomos Kommentar zum BGB,

Band 2.1, Schuldrecht, §§ 241–610, 3. Aufl., Baden-Baden 2016;

Band 3, Sachenrecht, §§ 854–1296 BGB, 4. Aufl., Baden-Baden 2016

zit.: *NK-Bearbeiter*

Oberhammer, Paul Von der EuInsVO zum europäischen Insolvenzrecht – Eine Zwischenbilanz über rechtspolitische Gestaltungsmittel und Ziele –, KTS 2009, S. 27–68, zit.: *Oberhammer*, KTS 2009, 27

Oberhammer, Paul/ Schwaighofer, Sonja Länderbericht Liechtenstein, in: Kindler, Peter/Nachmann, Josef (Hrsg.), Handbuch Insolvenzrecht in Europa, Loseblattsammlung, Stand: November 2009, zit.: *Oberhammer/Schwaighofer*, in: Kindler/Nachmann, Liechtenstein

Obermüller, Manfred Insolvenzrecht in der Bankpraxis, 9. Aufl. 2016, zit.: *Obermüller*

Obermüller, Manfred Insolvenzfestigkeit revolvierender Kreditsicherheiten, ZInsO 2016, S. 491–495, zit.: *Obermüller*, ZInsO 2016, 491

Oditah, Fidelis Legal Aspects of Receivables Financing, London 1991, zit.: *Oditah*, Receivables Financing

Paclot, Yann/ Gaède, Georges Ordonnance n° 2016-56 du 29 janvier 2016 relative au gage des stocks: aggiornamento salutaire ou »loi inutile«?, JCP E 2016, n° 8-9, S. 9–11, zit.: *Paclot/Gaède*, JCP E 2016, n° 8-9, 9

269

Palandt, Otto (Begr.)	Bürgerliches Gesetzbuch, 77. Aufl., München 2018, zit.: Palandt-*Bearbeiter*
Pallas, Maren	Die Rechtsstellung der Sicherungsgeber bei der Verwertung des Sicherungseigentums, Köln 2003, zit.: *Pallas*
Pannen, Klaus (Hrsg.)	Europäische Insolvenzverordnung – Kommentar, Berlin 2007, zit.: Pannen-*Bearbeiter*
Parsons, Timothy	England, in: Johnston, William, Security over Receivables, Oxford 2008, S. 147–163 (Rn. 11.01–11.41), zit.: *Parsons*, in: Johnston, Security over Receivables, Rn.
Parzinger, Josef	Fortführungsfinanzierung in der Insolvenz, München 2013, zit.: *Parzinger*
Paulus, Christopoh G.	Europäische Insolvenzverordnung – Kommentar, 5. Aufl., Frankfurt am Main 2017, zit.: *Paulus*, EUInsVO
Paulus, Christopoh G.	§ 1 InsO und sein Insolvenzmodell, NZI 2015, S. 1001–1006, zit.: *Paulus*, NZI 2015, 1001
Paulus, Christopoh G.	Grundlagen des neuen Insolvenzrechts – Schuldner, Gläubiger und Insolvenzverwalter, DStR 2003, S. 31–37, zit.: *Paulus*, DStR 2003, 31
Pérochon, Françoise	La fiducie-sûreté rendue opérationelle en cinq étapes, Rev.proc.coll. 2010, n° 2, S. 55–56, zit.: *Pérochon*, Rev.proc.coll. 2010, n° 2, 55
Pérochon, Françoise	Les interdictions de paiement et le traitement des sûretés réelles, RD 2009, S. 651–662, RD 2009, 651, zit. *Pérochon*, RD 2009, 651
Pétel, Philippe	Le nouveau droit des enterprises en difficulté: acte II – Commentaire de l'ordonnance n° 2008-1345 du 18 décembre 2008, JCP G 2009, n° 6, S. 17–28, zit.: *Pétel*, JCP G 2009, n° 6, 17
Petri, Gustav Adolf	Akzessorietät bei der Sicherungsübereignung, Giessen 1992, zit.: *Petri*
Piedelièvre, Stéphane	Le nouvel article 2286, 4°, du code civil, RD 2008, S. 2950–2951, zit.: *Piedelièvre*, RD 2008, 2950
Plappert, Alexander	Dingliche Sicherungsrechte in der Insolvenz: eine rechtsvergleichende Analyse unter Berücksichtigung der Rechtslage bei grenzüberschreitenden Insolvenzen nach Art. 5 EuInsVO, Baden-Baden 2008, zit.: *Plappert*
Pluta, Maximilian	Insolvenzaufrechnung und der Grundsatz der par conditio creditorum, Bielefeld 2009, zit.: *Pluta*
Pluta, Michael/ Keller, Christoph	Das virtuelle Sekundärverfahren nach der reformierten Europäischen Insolvenzverordnung, in: Graf-Schlicker, Marie Luise/ Prütting, Hanns/Uhlenbruck, Wilhelm (Hrsg.), Festschrift für Heinz Vallender zum 65. Geburtstag, Köln 2015, S. 437–454, zit.: *Pluta/Keller*, in: FS Vallender, S. 437
Pottschmidt, Günter/ Rohr, Ulrich	Kreditsicherungsrecht – Ein Handbuch für Studium und Praxis, 4. Aufl., München 1992, zit.: *Pottschmidt/Rohr*

Prager, Martin/ *Keller, Christoph*	Der Vorschlag der Europäischen Kommission zur Reform der EuInsVO, NZI 2013, S. 57–64, zit.: *Prager/Keller*, NZI 2013, 57
Rakob, Julia	Ausländische Mobiliarsicherungsrechte im Inland, Heidelberg 2001, zit. *Rakob*
Rauscher, Thomas/ *Krüger, Wolfgang*	Münchener Kommentar zur Zivilprozessordnung mit Gerichtsverfassungsgesetz und Nebengesetzen, Band 2, §§ 355–945b ZPO, 5. Aufl., München 2016, zit.: MüKoZPO-*Bearbeiter*
Regelsberger, Ferdinand	Zwei Beiträge zur Lehre von der Cession, AcP 63 (1880), S. 157–207, zit.: *Regelsberger*, AcP 63 (1880), 157
Reich, Norbert	Die Sicherungsübereignung, Bad Homburg, 1970, zit.: *Reich*
Reich, Norbert	Funktionsanalyse und Dogmatik bei der Sicherungsübereignung, AcP 169 (1969), S. 247–270, zit.: *Reich*, AcP 169 (1969), 247
Reinicke, Dietrich/ *Tiedtke, Klaus*	Kreditsicherungsrecht, 5. Aufl., Neuwied 2006, zit.: *Reinicke/ Tiedtke*, Kreditsicherungsrecht
Reinicke, Dietrich/ *Tiedtke, Klaus*	Sonderfälle des Sicherungseigentums, Zwangsvollstreckung und Verwertung, DB 1994, S. 2601–2609, zit.: *Reinicke/Tiedtke*, DB 1994, 2601
Rémy, Philippe	National Report for France, in: Hayton, D. J./Kortmann, S.C.J.J./Ver- hagen, H.L.E., Principles of European Trust Law, Den Haag 1999, S. 131–158, zit.: *Rémy*, in: Hayton/Kortmann/Verhagen, Principles of European Trust Law, S. 131
Reuss, Philipp M.	Forum Shopping in der Insolvenz, Tübingen 2011, zit.: *Reuss*, Forum Shopping
Reynolds, Phillip/ *Manning, Lee*	Pre-packaged sales in administrations: Statement of Insolvency Practice 16 (»SIP 16«), Int. C. R. 2016, 13(1), S. 1–3, zit.: *Reynolds/Manning*, Int. C. R. 2016, 13(1), 1
RGRK	Das Bürgerliche Gesetzbuch – mit besonderer Berücksichtigung der Rechtsprechung des Reichsgerichts und des Bundesgerichtshofs, Band III, 1. Teil, §§ 84–1011 BGB, 12. Aufl., Berlin 1979, zit.: RGRK-*Bearbeiter*
Riegel, Ralf	Grenzüberschreitende Konkurswirkungen zwischen der Bundesrepublik Deutschland, Belgien und den Niederlanden, München 1991, zit.: *Riegel*
Rombach, Patricia	Die anfängliche und nachträgliche Übersicherung bei revolvierenden Globalsicherheiten, Berlin 2001, zit.: *Rombach*
Rottnauer, Achim E.	Die Mobiliarkreditsicherheiten unter besonderer Berücksichtigung der besitzlosen Pfandrechte im deutschen und englischen Recht, Berlin 1992, zit.: *Rottnauer*
Rüthers, Bernd/ *Fischer, Christian/* *Birk, Axel*	Rechtstheorie mit Juristischer Methodenlehre, 9. Aufl., München 2016, zit.: *Rüthers/Fischer/Birk*, Rechtstheorie

Säcker, Franz Jürgen/
Rixecker, Roland/
Oetker, Hartmut/
Limperg, Bettina (Hrsg.)

Münchener Kommentar zum Bürgerlichen Gesetzbuch,

Band 2, §§ 241–432 BGB, 7. Aufl., München 2016;

Band 7, §§ 854–1296 BGB, WEG, ErbbauRG, 7. Aufl., München 2017;

Band 11, Internationales Privatrecht I, Europäisches Kollisionsrecht, Einführungsgesetz zum Bürgerlichen Gesetzbuche (Art. 1–26), 7. Aufl., München 2018;

Band 12, Internationales Privatrecht II, Internationales Wirtschaftsrecht, Einführungsgesetz zum Bürgerlichen Gesetzbuche (Art. 50–253), 7. Aufl., München 2018,

zit.: MüKoBGB-*Bearbeiter*

Savaux, Éric/
Grimonprez, Benoît

Subrogation réelle, in: Encyclopédie juridique Dalloz, Répertoire de droit civil, Bd. XI, So – Z, Loseblattsammlung, Paris Stand März 2018, zit.: *Savaux/Grimonprez*, in: Rép.civ.Dalloz, Bd. XI, Subrogation réelle

Schack, Haimo

Internationales Zivilverfahrensrecht, 6. Aufl., München 2014, zit.: *Schack*, Internationales Zivilverfahrensrecht

Schall, Alexander

Die *floating charge* im Wettbewerb der Insolvenzrechte, KTS 2009, S. 69–88, zit.: *Schall*, KTS 2009, 69

Schall, Alexander

Die neue englische *floating charge* im internationalen Privat- und Verfahrensrecht, IPRax 2009, S. 209–217, zit.: *Schall*, IPRax 2009, 209

Schimansky, Herbert/
Bunte, Hermann-Josef/
Lwowski, Hans-Jürgen
(Hrsg.)

Bankrechts-Handbuch, 5. Aufl., München 2017, zit.: Schimansky/Bunte/Lwowski-*Bearbeiter*

Schmidt, Andreas (Hrsg.)

Hamburger Kommentar zum Insolvenzrecht, 6. Auflage, Köln 2017, zit.: Hmb.Kom.-*Bearbeiter*

Schmidt, Karsten (Hrsg.)

Insolvenzordnung – Kommentar, InsO mit EUInsVO, 19. Aufl., München 2016, zit.: Schmidt-*Bearbeiter*

Schmidt, Karsten

Zur Akzessorietätsdiskussion bei Sicherungsübereignung und Sicherungsabtretung, in: Huber, Ulrich/Jayme, Erik (Hrsg.), Festschrit für Rolf Serick zum 70. Geburtstag, Heidelberg 1992, S. 329–350, zit.: *Schmidt*, in: FS Serick, S. 329

Schölermann, Hinrich/
Schmidt-Burgk, Klaus

Flugzeuge als Kreditsicherheit, WM 1990, S. 1137–1148, zit.: *Schölermann/Schmidt-Burgk*, WM 1990, 1137

Schulz, Patrick

Zur Zuständigkeit und den anwendbaren Recht für Annexverfahren bei Eröffnung eines Sekundärverfahrens, zugl. Anmerkung zu EuGH Urt. v. 11.06.2015, C-649/13, EuZW 2015, S. 596–598, zit.: *Schulz*, EuZW 2015, 596

Schütze, Pascal

Gesetz zum Erhalt von Unternehmen vom 26. Juli 2005 – Insolvenzvorbeugung in Frankreich – Ansatz auch für das deutsche Insolvenzrecht?, Frankfurt am Main 2010, zit.: *Schütze*

Schwab, Martin	Übersicherung und Sicherheitenfreigabe, zugl. Besprechung von BGHZ 137, 212, JuS 1999, S. 740–746, zit.: *Schwab*, JuS 1999, 740
Sealy, Leonard S./ Worthington, Sarah	Sealy and Worthington's cases and materials in company law, 10. Aufl. Oxford 2013, zit. *Sealy/Worthington*, Company Law
Seif, Ulrike	Der Bestandsschutz besitzloser Mobiliarsicherheiten im deutschen und englischen Recht, Tübingen 1997, zit.: *Seif*
Serick, Rolf	Eigentumsvorbehalt und Sicherungsübertragung, Monographie in fünf Bänden,
	Band II, Die einfache Sicherungsübertagung Teil 1, Heidelberg 1965, zit.: Serick, Sicherungsübertragung, Bd. II;
	Band III, Die einfache Sicherungsübertragung Teil 2, Heidelberg 1970, zit.: Serick, Sicherungsübertragung, Bd. III;
	Band IV, Verläängerungs- und Erweiterungsformen des Eigentumsvorbehaltes und der Sicherungsübertragung – erster Teil,
	zit.: *Serick*, Sicherungsübertragung, Bd. IV
Serick, Rolf	Zur Frage des Zusammenspiels der Sicherungsabtretung und einer aus dem Darlehensvertrag entstehenden und zu sichernden Darlehensrückzahlungsforderung, zugleich Anmerkung zu BGH ZIP 1990, 1541, EWiR 1991, S. 147–148, zit.: *Serick*, EWiR 1991, 147
Serick, Rolf	Einziehungsermächtigung in der kritischen Zeit und nach Eröffnung des Konkursverfahrens, KTS 1982, S. 339–354, zit.: *Serick*, KTS 1982, 339
Serick, Rolf	Die Verwertung von Sicherungseigentum, BB 1970, S. 541–552, zit.: *Serick*, BB 1970, 541
Sessig, Franz-Joachim/ Fischer, Petra	Das Verwertungsrecht des Insolvenzverwalters bei beweglichem Sicherungsgut, ZInsO 2011, S. 618–625, zit.: *Sessig/Fischer*, ZInsO 2011, 618
Sheehan, Duncan	The abolition of bills of sale in consumer lending, L.Q.R. 2010, S. 356–361, zit.: *Sheehan*, L.Q.R. 2010, 356
Sigman, Harry C.	Perfection and Priority of Security Rights, in: Eidenmüller, Horst/Kieninger, Eva-Maria (Hrsg.), The Future of Secured Credit in Europe, Berlin 2008, S. 143–165, zit.: *Sigman*, in: Eidenmüller/Kieninger, Secured Credit, S. 143
Simler, Philippe	Das Recht der Mobiliarsicherheiten in Frankreich, in: Kreuzer, Karl F. (Hrsg.), Mobiliarsicherheiten – Vielfalt oder Einheit?, Baden-Baden 1999, S. 105–123, zit.: *Simler*, in: Kreuzer, Mobiliarsicherheiten, S. 105
Simler, Philippe/ Delebecque, Philippe	Les sûretés – La publlicité foncière, 6. Aufl., Paris 2012, zit.: *Simler/Delebecque*, Les sûretés
Simler, Philippe/ Delebecque, Philippe	Gage sur stocks: quel est le bon régime?, zugl. Anmerkung zu CA Paris v. 27.02.2014, Az.: 13/03840, JCP G 2014, n° 21-22, S. 1083, zit.: *Simler/Delebecque*, JCP G 2014, n° 21-22, 1083

Sinz, Ralf/ *Hiebert, Olaf*	§ 21 Abs. 2 Nr. 5 InsO – Nutzung ohne Gegenleistung zulässig?, ZInsO 2011, S. 798–800, zit.: *Sinz/Hiebert*, ZInsO 2011, 798
Smid, Stefan/ *Nowitzki, Heiner*	Sicherungseigentum und publizitätslose Pfandrechte an Forderungen aufgrund Sicherungsabtretung als sachenrechtliche Typen, ZInsO 2009, S. 1721–1730, zit.: *Smid/Nowitzki*, ZInsO 2009, 1721
Smith, Marcus/ *Leslie, Nico*	The Law of Assignment, 2. Aufl., Oxford 2013, zit.: *Smith/Leslie*, Law of Assignment
Soergel, Hans Theodor *(Begr.)*	Bürgerliches Gesetzbuch Band 5/3, Schuldrecht 3/3, §§ 328–432 BGB, 13. Aufl., Stuttgart 2010; Band 14, Sachenrecht 1, §§ 854–984 BGB, 13. Aufl., Stuttgart 2002, zit.: Soergel-*Bearbeiter*
Sonnenberger, Hans Jürgen/ *Dammann, Reinhard*	Französisches Handels- und Wirtschaftsrecht, 3. Aufl., Frankfurt a.M. 2008, zit.: *Sonnenberger/Dammann*
Sorensen, Anker/ *Mathieu, Brice*	The fiducie-surete: the most effective French security interest?, J.I.B.L.R. 2015, S. 621–624, zit.: *Sorensen/Mathieu*, J.I.B.L.R. 2015, 621
Spahlinger, Andreas	Sekundäre Insolvenzverfahren bei grenzüberschreitenden Insolvenzen – eine vergleichende Untersuchung zum deutschen US-amerikanischen, schweizerischen und europäischen Recht, Tübingen 1998, zit.: *Spahlinger*
Staudinger, Julius von *(Begr.)*	Kommentar zum Bürgerlichen Gesetzbuch, §§ 397–432 BGB (Erlass, Abtretung, Schuldübernahme, Mehrheit von Schuldnern und Gläubigern), Berlin 2017; §§ 925–984 BGB, Anhang zu §§ 929 ff. (Sachenrecht 2), Berlin 2017; §§ 1204–1296 BGB, SchiffsRG (Pfandrecht), Berlin 2019; EGBGB/IPR Interntionales Privatrecht (Einleitung zum IPR), Berlin 2012; Einleitung zur Rom I-VO, Art. 1–10 Rom I-VO (Internationales Vertragsrecht 1), Berlin 2016, zit.: Staudinger-*Bearbeiter*
Steffek, Felix	Gläubigerschutz in der Kapitalgesellschaft, Tübingen 2011, zit.: *Steffek*, Gläubigerschutz
Stoufflet, Jean	Le nantissement de meubles incorporels, JCP G 2006, Supplement au n° 20, S. 19–22, zit.: *Stoufflet*, JCP G 2006, Supplement au n° 20, 19
Swienty, Alexander	Der Statutenwechsel im deutschen und englischen internationalen Sachenrecht unter besonderer Betrachtung der Kreditsicherungsrechte, Frankfurt am Main 2011, zit.: *Swienty*

Sykes, Edward J./ Walker, Sally	The Law of Securities, 5. Aufl., Sydney 1993, zit.: *Sykes/ Walker*, Securities
Szemjonneck, Jan	Die *fiducie* im französischen Code Civil, ZEuP 2010, S. 562–587, zit.: *Szemjonneck*, ZEuP 2010, 562
Taylor, Stephen	Conference on Reform of the European Insolvency Regulation, IILR 2011, S. 242–247, zit.: *Taylor*, IILR 2011, 242
Taupitz, Jochen	Das (zukünftige) europäische internationale Insolvenzrecht – insbesondere aus international-privatrechtlicher Sicht, ZZP 111 (1998), S. 315–350, zit.: *Taupitz*, ZZP 111 (1998), 315
Tetzlaff, Christian	Die anfängliche Übersicherung, ZIP 2003, S. 1826–1837, zit.: *Tetzlaff*, ZIP 2003, 1826
Tetzlaff, Christian	Prozessuale Durchsetzung der Unwirksamkeit von Sicherheiten-bestellungen wegen anfänglicher Übersicherung, DZWIR 2003, S. 453–457, zit.: *Tetzlaff*, DZWIR 2003, 453
Thole, Christoph	Gläubigerschutz durch Insolvenzrecht, Tübingen 2010, zit.: *Thole*, Gläubigerschutz
Thole, Christoph	Die Abgrenzung von EuGVVO und EuInsVO bei Annexklagen des Insolvenzverwalters und das Verhältnis zu Art. 31 CMR, zugl. Besprechung von EuGH Urt. v. 04.09.2014, C-157/13, IPrax 2015, S. 396–401, zit.: *Thole*, IPrax 2015, 396
Thole, Christoph	Die Reform der Europäischen Insolvenzverordnung – Zentrale Aspekte des Kommissionsvorschlags und offene Fragen, ZEuP 2014, S. 39–76, zit.: *Thole*, ZEuP 2014, 39
Tiedtke, Klaus	Erwerb und Verlust des Sicherungseigentums an eingelagerter Ware, WM 1978, S. 446–455, zit.: Tiedtke, WM 1978, 446
Traichel, Christian	Die Reform des französischen Zwangsvollstreckungsrechts, Bielefeld 1995, zit.: *Traichel*
Tribe, John	Company voluntary arrangements and rescue: a new hope and a Tudor orthodoxy, J.B.L. 2009, S. 454–487, zit.: *Tribe*, J.B.L. 2009, 454
Trunck, Alexander	Internationales Insolvenzrecht, Tübingen 1998, zit.: *Trunck*, Insolvenzrecht
Turck, Tilman	Priorität im Europäischen Insolvenzrecht – Perpetuatio fori und Entscheidungsanerkennung in der EUInsVO, München 2014, zit.: *Turck*
Uhlenbruck, Wilhelm/ Hirte, Heribert, Vallender, Heinz (Hrsg.)	Insolvenzordnung, Kommentar, Band 1, 15. Aufl., München 2019, zit.: Uhlenbruck-*Bearbeiter*
Vaines, James Crossley	Vaines' Personal Property, 5. Aufl., London 1973, zit.: *Vaines*, Personal Property
Veder, Michael	The Future of the European Insolvency Regulation – Applicable law, in particular security rights, IILR 2011, S. 285–297, zit.: *Veder*, IILR 2011, 285

Veneziano, , Anna   Attachment/Creation of a Security Interest, in: Eidenmüller, Horst/Kieninger, Eva-Maria (Hrsg.), The Future of Secured Credit in Europe, Berlin 2008, S. 113–134, zit.: *Veneziano*, in: Eidenmüller/Kieninger, Secured Credit, S. 113

Virgós, Miguel   The 1995 European Community Convention on Insolvency Proceedings, Forum Internationale Nr. 25, Den Haag 1995, zit.: *Virgós*, The 1995 Euroopean Community Convention on Insolvency Poceedings

Virgós, Miguel, Etienne Schmit   Erläuternder Bericht zu dem EU-Übereinkommen über Insolvenzverfahren, in: Stoll, Hans (Hrsg.), Vorschläge und Gutachten zur Umsetzung des EU-Übereinkommens über Insolvenzverfahren im deutschen Recht, Tübingen 1997, S. 32–134, zit.: *Virgós/Schmit*, Erläuternder Bericht

Weber, Hansjörg/ Weber Jörg-Andreas   Kreditsicherungsrecht, 9. Aufl., München 2012, zit.: *Weber/ Weber*

Wedemann, Frauke   EuGVVO oder EuInsVO bei gesellschaftsrechtlichen Haftungsklagen, zugl. Anmerkung zu EuGH Urt. v. 04.12.2014, C-295/13, IPRax 2015, S. 505–509, zit.: *Wedemann*, IPRax 2015, 505

Weigelt, Jan Hendrik   Sicherungsanordnungen gegenüber aus- und absonderungsberechtigten Gläubigern gemäß § 21 Abs. 2 S. 1 Nr. 5 InsO, Hamburg 2010, zit.: *Weigelt*

Weiland, Stefan   Par condicio creditorum – der insolvenzrechtliche Gleichbehandlungsgrundsatz und seine Durchbrechungen zugunsten öffentlich-rechtlicher Gläubiger, zit.: *Weiland*

Weller, Matthias   Allgemeine Lehren, in: Weller, Matthias (Hrsg.), Europäisches Kollisionsrecht, Baden-Baden 2016, S. 19–125 (Rn. 1–149), zit.: *Weller*, in: *Weller*, Rn.

Wessels, Bob   International Insolvency Law, 3. Aufl., Deventer 2012, zit.: *Wessels*, International Insolvency Law

Westermann, Harm Peter/ Gursky, Karl-Heinz/ Eickmann, Dieter   Sachenrecht, 8. Aufl., Heidelberg 2011, zit.: *Westermann/ Gursky/Eickmann*, Sachenrecht

Wiegand, Wolfgang   Die Entwicklung des Sachenrechts im Verhältnis zum Schuldrecht, AcP 190 (1990), S. 112–138, zit.: *Wiegand*, AcP 190 (1990), 112

Wieling, Hans Josef   Sachenrecht, 5. Aufl., Berlin 2007, zit.: *Wieling*, Sachenrecht

Wilhelm, Christopher   Das neue französische Mobiliarkreditsicherungsrecht, ZEuP 2009, S. 152–171, zit. *Wilhelm*, ZEuP 2009, 152

Wilmowsky, Peter von   Europäisches Kreditsicherungsrecht, Tübingen 1996, zit.: *v. Wilmowsky*, Europäisches Kreditsicherungsrecht

Wilmowsky, Peter von   Sicherungsrechte im Europäischen Insolvenzübereinkommen, EWS 1997, S. 295–300, zit.: *v. Wilmowsky*, EWS 1997, 295

Wimmer, Klaus (Hrsg.)   Frankfurter Kommentar zur Insolvenzordnung mit EUInsVO, InsVV und weiteren Nebengesetzen, 9. Aufl., Köln 2018, zit.: FK-*Bearbeiter*

Wimmer, Klaus (Hrsg.)	Die Besonderheiten von Sekundärinsolvenzverfahren unter besonderer Berücksichtigung des Europäischen Insolvenzübereinkommens, ZIP 1998, S. 982–989, zit.: *Wimmer*, ZIP 1998, 982
Windsor, Jo/ *Müller-Seils, Carsten O./* *Burg, Michael*	Unternehmenssanierungen nach englischem Recht – Das Company Voluntary Arrangement, NZI 2007, S. 7–12, zit.: *Windsor/* *Müller-Seils/Burg*, NZI 2007, 7
Wiórek, Piotr Marcin	Das Prinzip der Gläubigergleichbehandlung im Europäischen Insolvenzrecht, Baden-Baden 2005, zit.: *Wiórek*
Witz, Claude	Fiducie – Introduction et constitution, in: Juris Classeur Civil Code, Loseblattsammlung, Paris, art. 2011–2030, fasc. 10, Stand: März 2012, zit.: *Witz*, in: JCl. Civil Code, art. 2011–2030, fasc. 10
Witz, Claude	La fiducie française face aux expériences étrangères à la convention de La Haye relative au »trust«, RD 2007, S. 1369–1374, zit.: *Witz*, RD 2007, 1369
Witz, Claude	La fiducie en droit privé français, Paris 1981, zit.: *Witz*, La fiducie en droit privé français
Wolff Martin/ *Raiser, Ludwig*	Lehrbuch des Bürgerlichen Rechts, Band 3, Sachenrecht, 10. Aufl., Tübingen 1957, zit.: *Wolff/Raiser*
Worthington, Sarah	How Secure is Security, in: Gullifer, Louise/Vogenauer, Stefan (Hrsg.), English and European Perspectives on Contract and Commercial Law – Essays in Honor of Hugh Beale, Oxford 2014, S. 417–437, zit.: *Worthington*, in: Gullifer/Vogenauer, Perspectives S. 417
Zahn, Herbert	Das Sicherungseigentum der Bank in der Insolvenz der Leasinggesellschaft, ZIP 2007, S. 365–371, zit.: *Zahn*, ZIP 2007, 365

Sachregister

KTS Schriften zum Insolvenzrecht

Herausgegeben von
Reinhard Bork und Rolf Stürner

Band 6

Gegenseitige Verträge im internationalen Insolvenzrecht

Von Dr. Eberhard Schollmeyer, LL.M. (Emory Univ., Atlanta)
1997. XII, 249 Seiten. Kart.   ISBN 3-452-23736-2

Band 7

Der Verbraucherkonkurs

Von Dr. Peter Krug
1997. X, 220 Seiten. Kart.   ISBN 3-452-23927-6

Band 8

Der Ausgleich von Verteilungsfehlern in der Insolvenz

Von Dr. Peter Mohrbutter
1998. XIII, 204 Seiten. Kart.   ISBN 3-452-23960-8

Band 9

Gläubigermitwirkung und Stimmverbote im neuen Insolvenzrecht

Von Dr. Carsten Pay Oelrichs
1999. XI, 140 Seiten. Kart.   ISBN 3-452-24275-7

Band 10

Auswirkungen des inländischen Insolvenzverfahrens auf Schiedsverfahren und Schiedsabrede

Von Dr. Lucas F. Flöther
2001. X, 146 Seiten. Kart.   ISBN 3-452-24861-5

Band 11

Das englische Insolvenzarbeitsrecht
Ein Vorbild für die deutsche Rechtsentwicklung?

Von Dr. Robert Schumacher
2001. XVII, 336 Seiten. Kart.   ISBN 3-452-24919-0

Band 12

Die Bedeutung der §§ 92, 93 InsO für den Umfang der Insolvenz- und Sanierungsmasse

Von Dr. iur. Moritz Brinkmann
2002. XII, 213 Seiten. Kart.   ISBN 3-452-25174-8

Band 13

Probleme der Nichtteilnahme am und im Insolvenzverfahren

Von Dr. iur. Ulf Birkenhauer

2002. X, 167 Seiten. Kart.   ISBN 3-452-25183-7

Band 14

Litispendenz im Europäischen Insolvenzrecht

Von Dr. iur. Dr. phil. Sven Rugullis

2002. XI, 183 Seiten. Kart.   ISBN 3-452-25186-1

Band 15

Die Haftung des vorläufigen Insolvenzverwalters

Von Dr. iur. Stefan Meyer

2003. XVI, 258 Seiten. Kart.   ISBN 3-452-25479-8

Band 16

Die GmbH-Stammeinlageforderung in der Insolvenz

Unter besonderer Berücksichtigung der Reduzierbarkeit in Insolvenz- und Insolvenzplanverfahren

Von Dr. iur. Thilo Walker

2004. XII, 244 Seiten. Kart.   ISBN 3-452-25649-9

Band 17

Die Rechtsnatur des Insolvenzplans

Von Dr. iur. Eike Happe

2004. XVII, 298 Seiten. Kart.   ISBN 3-452-25662-6

Band 18

Grundpfandgläubiger und Unternehmensinsolvenz

Deutschland – England – Schottland

Von Dr. iur. Carsten Jungmann, LL.M. (Yale)

2004. XXIV, 464 Seiten. Kart.   ISBN 3-452-25712-6

Band 19

Fortgesetzte Vermögensbewirtschaftung in der Insolvenz

Von Dr. iur. Karl Pobuda

2004. XIV, 368 Seiten. Kart.   ISBN 3-452-25780-0

Band 34

Einwirkung des Insolvenzverfahrens auf schwebende Prozesse
Von Dr. Susann Rückert, LL.M.
2007. XII, 194 Seiten. Kart.   ISBN 3-452-26681-1

Band 35

Die Bewältigung von Massenschäden nach
U.S.-amerikanischem und deutschem Insolvenzrecht
Von Dr. Stephan Bauer
2007. XIII, 207 Seiten. Kart.   ISBN 978-3-452-26685-9

Band 36

Vertragliche und umsatzsteuerliche Neuverbindlichkeiten
des Schuldners in der Insolvenz
Von Dr. Ute Wagenknecht-Hose
2008. XVIII, 286 Seiten. Kart.   ISBN 978-3-452-26989-8

Band 37

Der Sonderinsolvenzverwalter
Von Marc Schäfer
2009. XIV, 218 Seiten. Kart.   ISBN 978-3-452-27059-7

Band 38

Wechselwirkungen bei der Insolvenz von Gesellschaft,
Gesellschafter und Organwalter
Von Torsten Göcke
2009. XIV, 338 Seiten. Kart.   ISBN 978-3-452-27121-1

Band 39

Die Insolvenzanfechtung im Dreieck
Von Ann-Kathrin Burchard
2009. XX, 364 Seiten. Kart.   ISBN 978-3-452-27176-1

Band 40

Das Erbbaurecht in der Insolvenz
Von Kristina Pfennig
2010. XII, 248 Seiten. Kart.   ISBN 978-3-452-27320-8

Band 58

Sicherungsübertragungen und besitzlose Pfandrechte im europäischen Insolvenzrecht

Unter besonderer Berücksichtigung des deutschen, englischen und französischen Rechts

Von Philipp Hartmann

2019. XIX, 284 Seiten. Kart.   ISBN 978-3-452-29268-1

Carl Heymanns Verlag